Lexikon der Lebensart

Mosaik bei
GOLDMANN

Andreas Odenwald
Günter Schöneis

Lexikon der Lebensart

Stilvoll leben und genießen mit Geist und Geschmack

Illustriert von Detlef Kersten

Mosaik bei
GOLDMANN

Für Smadar und Gudrun,
speziell das Stichwort auf Seite 313

FSC
Mix
Produktgruppe aus vorbildlich bewirtschafteten Wäldern und anderen kontrollierten Herkünften
Zert.-Nr. SGS-COC-1940
www.fsc.org
© 1996 Forest Stewardship Council

Verlagsgruppe Random House FSC-DEU-0100
Das für dieses Buch verwendete FSC-zertifizierte Papier *EOS* liefert Salzer, St. Pölten.

1. Auflage

Redaktion: Annette Baldszuhn
Umschlaggestaltung: Eisele Grafik-Design
Satz: Barbara Rabus
Druck und Bindung: GGP Media GmbH, Pößneck
Printed in Germany
CH · Herstellung IH
ISBN 10: 3-442-39091-5
ISBN 13: 978-3442-39091-5

www.goldmann-verlag.de

Abnehmen

Der Wunsch abzunehmen, »abzuspecken«, schlanker zu werden, ist einer der größten gemeinsamen Nenner in der erwachsenen Bevölkerung. Es passiert zwar immer mal wieder, dass eine mit schwellenden Formen gesegnete prominente Film- oder Theaterschauspielerin den übergewichtigen Frauen im Publikum wenigstens vorübergehend die Komplexe vertreibt. Und ein wohlbeleibter Bonvivant strahlt nach wie vor mehr Lebensfreude und Genialität aus als ein spindeldürrer, asketischer Marathonläufer. Doch der Trend lässt sich wohl nicht mehr umkehren: Die Schlankheit ist das dominierende Körperideal. Und das bei beiden Geschlechtern. Barocke Formen werden heute allenfalls noch auf einem Gemälde von Peter Paul Rubens (1577–1640) oder bei der Wiederaufführung von Marco Ferreris berühmter Filmsatire »Das große Fressen« (1973) als reizvoll oder zumindest amüsant empfunden. Von wenigen Ausnahmen einmal abgesehen, gelten solide Leibesfülle und mollige Figur beinahe schon als ungehörig, anstößig.

Wonnekörper und Waschbrettbäuche Wohin man auch blickt, schlanke Gestalten: Die Filmschönheiten aus Hollywood und Babelsberg. Die Sportler und die Models sowieso. Die Fernsehprominenz auf allen Kanälen. Die zarten verhuschten Rocksängerinnen und deren männliche Kollegen nebst dazugehörigen Musikanten, die oft derart abgemagert sind, dass man ihnen am liebsten ein Butterbrot zustecken möchte. Die fröhlichen Zeitgenossen, die man in der Bar oder in der Diskothek sieht. Die atemberaubenden Stromlinienkörper in den Annoncen der Lifestyleblätter. Die Waschbrettbäuche und die Wespentaillen, die in den Fitnessstudios um die Wette strampeln. Die Banker und Manager, die zum Frühstück im Speisewagen ein Knäckebrot und ein Glas Wasser bestellen. Und die Operndiven sind auch nicht mehr, was sie mal waren. Irgendwann ist es dann so weit. Man mag sich selber nicht mehr. Man möchte auch so gertenschlank sein, leicht und, ohne aus der Puste zu kommen, die Treppen hinaufschweben. Wie erreicht man nun möglichst schnell dieses Ziel? Die Crux an der Sache ist die, dass es nicht von heute auf morgen funktioniert. Es kann Monate dauern, manchmal sogar Jahre. Ungeduld verbietet sich also. Doch vertrackterweise ist gerade dieser Wesenszug bei allen »Abnehmern« besonders ausgeprägt. Jeden Tag mehrmals auf die Waage und bei jedem Gang am Wandspiegel vorbei der prüfende Blick: Schlabbert er schon ein bisschen, der früher eng anliegende Pulli?

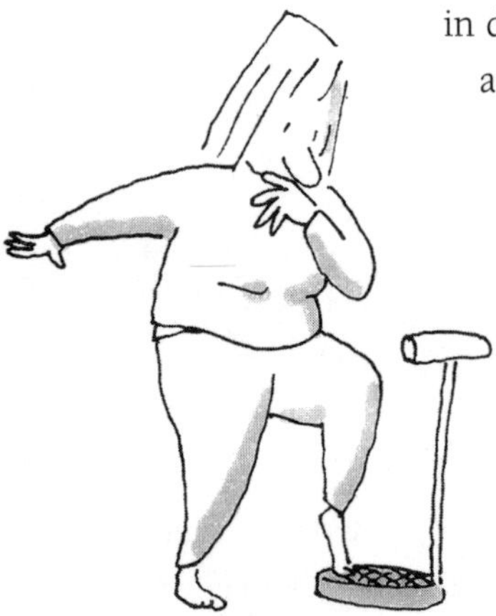

FdH oder Sport? Der Methoden gibt es viele: hunderte Diätvarianten, wie religiöse Lehren angepriesene Fastenkuren, Selbstkasteiungen. Manche schwören darauf, die Speisemenge zu halbieren, was unter dem Kürzel »FdH« (»Friss die Hälfte!«) in den Sprachschatz eingegangen ist. Andere empfehlen regelmäßigen Sport bis an die Grenze der Erschöpfung, damit möglichst viele Kalorien »verbrennen«. Den Appetit mit starkem Tabakgenuss zu dämpfen, wie das früher unter klammen Studenten üblich war, ist völlig aus der Mode gekommen.

Zwei ernsthafte Empfehlungen. Erstens: Wer es wirklich tun will (wir reden hier nicht von drei oder vier Kilogramm), möge sich vorher schlau machen über die Vorgänge und Gesetzmäßigkeiten der Ernährung im Allgemeinen und die Gegebenheiten des eigenen Körpers im Besonderen. Sich mit einem Fachmann im weißen Kittel zu beraten bringt dabei erheblich mehr, als den 43. »todsicheren Tipp zum A.« zu befolgen.

Zweitens: Man lässt es.

ADEL

Soziologisch gesehen birgt unsere Gesellschaft kaum noch Rätsel. So gut wie jeder Bereich ist vermessen, ausgezählt, abgefragt. Nur eine einzige Gruppe existiert noch, über der zumindest der Schleier eines Geheimnisses liegt: der Adel. Das ist eigentlich paradox, denn die öffentliche Neugier ist gerade, was diese Gruppe betrifft, besonders groß. Doch das Gros der Bevölkerung weiß über den A. wenig, hat allenfalls einige verschwommene Vorstellungen. Man kennt vielleicht jemanden mit einem »von« im Namen, ist aber bereits bei der Frage überfordert, wie ein Graf korrekt anzusprechen ist (➛ Anrede).

So ist es kein Wunder, dass zahllose Legenden ins Kraut schießen. Über nichts wird in den Boulevardzeitungen und Regenbogenblättern so blumig geschrieben wie über »blaues Blut«. Bevorzugt wird dabei die faktenarme bis faktenfreie Berichterstattung über die Mitglieder von ehemaligen und verbliebenen Herrscherhäusern. Auch was den übrigen A. betrifft, bedienen die kolportierten Geschichten kaum mehr als die abgegriffensten Klischees. Danach sind Adelige immer noch steinreich, leben in prächtigen Schlössern, in denen sie rauschende Feste geben, und gebieten über Scharen von Dienstboten. Ihr Liebesleben scheint überaus feurig und zügellos zu sein, weshalb Sexgeschichten aus ihren Kreisen mit besonderer Süffisanz genüsslich ausgebreitet werden – unter so ansprechenden Überschriften wie »Der geile Prinz und die schöne Arztwitwe«. Wenn sie betrunken sind (jedenfalls die männlichen Mitglieder des Standes), neigen sie zum Randalieren, zum Verprügeln von Fotografen oder ganz allgemein zu unflätigem Benehmen. Sie laden sich gegenseitig auf ihre Feste und Jubiläen ein, kennen sich allesamt untereinander, sind häufig verwandt und verschwägert.

Solche meist kräftig verzerrten Bilder prägen die Vorstellung einer verschworenen, fast geheimbündelnden Macht im Staate, in der – allen demokratischen Tendenzen des vergangenen Jahrhunderts zum Trotz – immer noch die Gesetze des Blutes, der Aristokratie, der selbstherrlichen Willkür und der Feudalherrschaft dominieren. Dabei ist es nun schon bald ein Jahrhundert her, dass dem A. in Deutschland und Österreich sämtliche Privilegien genommen wurden. 1919 war das, nach dem Ende des Ersten Weltkriegs. Seitdem ist ein Adelstitel offiziell nicht mehr als der Bestandteil eines Namens.

Kaiser Wilhelm am Bahnhof Heute leben in Deutschland

kaum mehr als 60 000 Adelige unterschiedlichster Abkunft. Der Varianten des A. sind viele: Uradel, Hochadel, niederer Adel, Briefadel – und der so genannte Bahnhofsadel, wie Hochwohlgeborene verächtlich zischen, wenn die Rede auf Kaiser Wilhelm II. und dessen finale Amtshandlungen in buchstäblich letzter Minute kommt. Der Krieg war bereits verloren, doch der Kaiser fuhr unverdrossen von einer Stadt zur anderen und überreichte auf dem jeweiligen Bahnhof, ehe der Zug weiterfuhr, verdienten Bürgern noch schnell ein Adelsprädikat.

Solange menschliche Gemeinschaften bestehen, hat es – im weiteren Sinne – Adelige gegeben: eine zahlenmäßig kleine Gruppe, »geadelt« durch verliehene oder an sich gerissene Privilegien. Aus denen leitete sie den Status der Herrschaftsschicht und, damit verbunden, ihren Führungsanspruch ab. Die Weitergabe der Vorrechte erfolgte in der Regel durch Geburt. Im germanischen Bereich bildeten im frühen Mittelalter die »Edelfreien« mit großem Besitz und Hoheitsrechten den A. Alle vor 1350 urkundlich als adelig nachweisbare Familien gehörten zum Uradel.

Der Begriff »blaues Blut« geht historisch noch weiter zurück und hat seinen Ursprung bei den Westgoten, deren König Roderich in der berühmten Schlacht von Jerez de la Frontera im Jahre 711 den Mauren unterlag. Besonders auffällig an ihnen war ihre helle Haut. Sie wirkte so weiß und fein, dass die bläulich schimmernden Blutgefäße an den Schläfen und den Handrücken deutlich hervortraten. Dies galt als ausgesprochen edel, und so kam es zur Kopplung der Begriffe edel (Adel) und blaublütig.

Keine Vorbildfunktion mehr Dass sie heute weder Vorrechte genießen noch eine Vorbildfunktion ausüben, hindert viele Adelige freilich nicht, weiterhin alten Bräuchen und Riten anzuhängen, sich lustvoll Überlegenheitsillusionen hinzugeben und in der Kommunikation untereinander eine teilweise bizarre Exklusivität vorzutäuschen. Sie führt beispielsweise dazu, dass sich selbst bis dato unbekannte Adelige schon bei der ersten Begegnung oder beim ersten Telefongespräch duzen. Obskure Zirkel und seltsame Vereinigungen blühen im Verborgenen. Eingeweihte studieren ihren »Gotha« und das »Adelsblatt«. Ein ominöser »gelber Kreis« informiert über die Anliegen seiner Mitglieder.

Kritik oder ironische Kommentare von außen tun dem A. meistens nicht besonders weh. Da scheint wohl noch etwas vom alten Elitedenken übrig geblieben zu sein: Was kümmert uns das Gekläff des gemeinen Volkes? Sehr empfindlich aber reagieren Adelige, wenn jemand aus den eigenen Reihen es wagt, den jahrhundertealten, mühsam bewahrten Konsens aufzukündigen. So galt vor einem Vierteljahrhundert die adelige Schriftstellerin Elisabeth von Plessen als Nestbeschmutzerin. Sie hatte in dem Bestseller »Mitteilungen an den Adel« schonungslos mit ihrem Stand abgerechnet.

ADLON

Die deutsche Hotellegende »Adlon« ist eigentlich ein Nachzügler unter den europäischen ➛Grandhotels. Und auch der Gründer war schon über 50 Jahre alt, als er mit Unterstützung des deutschen Kaisers und Königs von Preußen, Wilhelm II., den Bau eines Luxushotels am Brandenburger Tor gegen viele Widerstände durchsetzte. Der Mainzer Lorenz Adlon hatte eine Tischlerlehre absolviert, fühlte sich jedoch nach der Gesellenprüfung zur Gastronomie hingezogen und wurde zunächst in seiner Heimatstadt ein erfolgreicher Gastwirt. Schon bald beteiligte er sich an der Ausrichtung des Mainzer Karnevals. Beim Deutschen Schützenfest 1878 in Düsseldorf und 1883 bei der Weltausstellung in Amsterdam oblag ihm die Gastronomie.

In Amsterdam betrieb er auch sein erstes Hotel. Bald danach kaufte er das Berliner Restaurant »Hiller«, das er zur damals einzigen Adresse für Feinschmecker in der Reichshauptstadt entwickelte. Mit der Anpachtung des »Continental« am Bahnhof Friedrichstraße fasste er dann erstmals in der Berliner Hotelbranche Fuß.

»Ein Mensch ist nicht mehr als ein anderer, wenn er nicht mehr als ein anderer tut«, war sein Leitspruch. Mittlerweile hoch geachtet und wohlhabend, beschloss er, das beste, luxuriöseste und modernste Hotel Berlins zu bauen: am Pariser Platz, der feinsten Ecke der Stadt. Und so konnte Kaiser Wilhelm am 23. Oktober 1907 an der Adresse Unter den Linden 1 das erste wirkliche Berliner Grandhotel besichtigen: 305 Zimmer, alle mit regulierbarer Heizung, Telefon und elektrischer Uhr. Das war ein Luxus, der jenen im Berliner Schloss bei weitem übertraf. Außer der prunkvollen Halle, dem Wintergarten, dem Bankettsaal und der American Bar sollen dem Monarchen besonders die 140 Privatbäder in den Zimmern imponiert haben.

Aristokratischer Glanz Als sich im Mai 1913 Prinzessin Viktoria Luise mit dem Herzog von Braunschweig vermählte, diente das A. als standesgemäße Unterkunft für die angereisten gekrönten Häupter, allen voran der russische Zar Nikolaus II. und der englische König Georg V. Fortan war das A. für Weltreisende *die* Adresse in Berlin. Amerikaner schätzten das Haus als das modernste in Europa. Gerhart Hauptmann feierte hier, kurz nach seiner Auszeichnung mit dem Nobelpreis, seinen 50. Geburtstag. Enrico Caruso, Hugo von Hofmannsthal oder

Richard Strauss halfen, dem Haus die unvergleichliche Mischung aus aristokratischem Glanz, gepflegter Internationalität, eleganter Geselligkeit und künstlerischem Esprit zu geben, die das A. zur Legende werden ließ. Leinwandstars wie Greta Garbo, Marlene Dietrich, Mary Pickford, Douglas Fairbanks und Josephine Baker gehörten zu den Stammgästen.

Dann kam der Zweite Weltkrieg und mit ihm das Ende der glanzvollen Ära. In den Bombennächten gewährte das Hotel der Prominenz ein letztes Mal Geborgenheit: in seinen unterirdischen Geschossen. Als die Rote Armee Berlin besetzt hatte, war das A. nur wenig beschädigt. Es diente noch als Lazarett und Offiziersunterkunft. Doch wenig später brach ein Feuer aus, und das Prachthotel brannte völlig nieder. Ein Wiederaufbau war für den Ostberliner Magistrat kein Thema. So war es ein halbes Jahrhundert nur noch der Mythos A., der weiterlebte. Erst nach Mauerfall und Wiedervereinigung entstanden die Pläne, den Pariser Platz und damit das Hotel A. wiedererstehen zu lassen. Im August 1997 erlebte es im Beisein des Bundespräsidenten seine Wiedereröffnung, diesmal als Flaggschiff der Kempinski-Hotelgruppe. Schon bald gelang es dem neuen A., sich seinen Platz in der Riege der Berliner Spitzenhotels zurückzuerobern. Im Herbst 2005 wurde das Fünf-Sterne-Haus am Brandenburger Tor von der Vereinigung »The Leading Hotels of the World« zum »besten Hotel in Europa« gekürt.

ALESSI

Bei Ausstellungen eigener Produkte vergleicht sich das Unternehmen schon mal mit Hollywood: Alessi, die Traumfabrik. Alberto Alessi ist ein Mann mit Visionen und reicht diese munter weiter, wobei er auch zu seinen Flops steht. Ja, er ist sogar der Meinung, dass er gelegentliche Misserfolge braucht, als Markierungen für den richtigen Weg zwischen mutigen Designvisionen und Praktikabilität. Denn eigentlich produziert das Unternehmen Haushaltsgeräte, und manchmal eben auch solche, die im Haushalt nur bedingt geeignet sind, wie etwa die postmoderne unpraktische Orangenpresse von Philippe Starck.

Das Unternehmen wurde 1921 von Giovanni Alessi gegründet. Es war zunächst eine Gießerei und Metallwerkstatt. 1924 entstand die erste Kollektion. Inzwischen umfasst das Sortiment an die 1500 Produkte, und A. gilt als Inbegriff italienischen Designs. Der Firmenchef Alberto lässt keinen Zweifel, dass er nicht danach sucht, was der Verbraucher eventuell benötigen könnte: Auf die Träume, nicht auf die Bedürfnisse kommt es an, lautet seine Devise.

Mit den größten Designern arbeitet das Unternehmen zusammen. Vor allem Altmeister Stefano Giovannoni hat mit seinen fließenden Linien und gerundeten Ecken einen unverwechselbaren Alessi-Stil bei Küchen- und Haushaltsobjekten geprägt. Er verantwortet auch die von A. vorgestellte Komplettausstattung für das Bad.

Da Alberto Alessi sein Unternehmen als »Forschungslabor im Bereich der angewandten Kunst« oder »Vervielfältigung von Kunst« versteht, hat man den engeren Haushaltsbereich längst verlassen und entwirft beispielsweise eine bunte Uhrenkollektion oder – gemeinsam mit Siemens – ein Telefon. Noch nicht realisiert hat Alberto Alessi seinen Traum von einem Auto: dem »Alessimobil«.

ANREDE

Ein Feld mit zahlreichen Fallgruben. Nicht immer ganz einfach, hier keinen Fehler zu machen. Man kann sich leicht blamieren, und um das zu vermeiden, drucksen viele herum und umgehen die konkrete Anrede. Gerne genommen wird in solchen Fällen beim Guten-Tag-Sagen die Floskel »Ich grüße Sie«, mit der man nichts falsch machen kann, die gleichwohl etwas mager ist, vor allem, wenn man selbst vom Gegenüber mit vollem Namen angesprochen wird. Auch volkstümliche, regionaltypische Formeln wie »Grüß Gott« oder »Moin moin«, die zwar grundsätzlich ohne Namenszusatz funktionieren, können den Eindruck erwecken, man habe den Namen des zu Begrüßenden vergessen. Liebenswert und zur Kaschierung des Nichtwissens bestens geeignet ist der bayerische und österreichische Brauch, ein zwischen Unterwürfigkeit und Ironie oszillierendes »Habe die Ehre« zu säuseln. Das ist natürlich nur aus männlichem Munde passend. Der Wiener fügt manchmal noch an: »… Herr Hofrat«. Ist das Gegenüber eine Dame, lässt sich auch mit dem guten alten »Gnä' Frau« trefflich arbeiten.

Ein deutscher Akademiker legt nach wie vor Wert darauf, mit seinem Titel angesprochen zu werden – auch wenn er es einem bei wiederholten Begegnungen irgendwann großzügig erlässt. »Herr Doktor« allein klingt freilich immer etwas servil –

außer beim Arzt –, dann lieber nur »Doktor« oder, noch besser, die italienische Variante »Dottore«. Dazu gehört aber schon eine gewisse Vertrautheit. Am besten und höflichsten ist es, den Namen mitzunennen. Beim Professor hingegen, vor allem, wenn man selber sein Student ist, lässt man den Namen meistens weg: »Herr Professor« ist immer gut. Erstaunlicherweise reden zwei einander nicht sehr vertraute Professoren, die ja eigentlich wegen der gemeinsamen sozialen Augenhöhe den Titel weglassen könnten, sich gern mit »Herr Professor« plus Nachnamen an. Da schwingt vermutlich eine gute Portion Ergriffenheit vor der Bedeutung des eigenen Standes mit.

Vorsicht vor »Frau Gräfin« In der Welt des blauen Blutes (➛ Adel) ist Vorsicht geboten bei der A. »Herr« und »Frau«, es sei denn, man entschließt sich zum kleinsten gemeinsamen Nenner aller Adelsnamen: dem »von«. Dann kann man mit »Guten Tag, Frau von Bismarck!« oder »Wie geht's, Herr von Schulenburg?« nichts falsch machen. Will man aber auf die Adelstitel explizit eingehen, dann um Gottes willen nicht »Frau Gräfin« oder »Herr Baron«! So werden die Herrschaften nämlich nur von ihren Dienstboten angeredet. Man sagt: »Guten Tag, Graf!« Bei Prinzen und Herzögen nennt man den Titel, mal ohne, mal mit Namen. Zum Beispiel: »Prinzessin, meine Verehrung!«, aber auch: »Guten Abend, Prinz Rupert!« Oder man ist supervornehm und sagt »Hoheit« – sofern es sich um eine handelt. Nur schwer geht einem bürgerlichen Menschen von heute die früher gebräuchliche Anrede »Euer Durchlaucht« für Fürsten und Fürstinnen, Prinzen und Prinzessinnen von den Lippen. Selbst »Durchlaucht« allein oder auch »Erlaucht« wird in der Alltagskommunikation kaum noch benutzt – wenngleich es immer noch Hochwohlgeborene gibt, die Wert darauf legen. Dem Schreiber dieser Zeilen widerfuhr in der Wartehalle eines amerikanischen Flughafens einst die Ehre, Prinz Leopold von Bayern vorgestellt zu werden; der streckte die Hand aus und sagte nur »Bayern«. Umgekehrt hätte es sich zweifellos etwas ärmlich angehört, ihn – immerhin eine »Königliche Hoheit« – »Herrn von Bayern« zu nennen. Bei einer späteren Gelegenheit, auf einer Party in München, wählte er übrigens die sympathischste aller Varianten: »Ich bin der Poldi.«

Einen Offizier in Uniform mit seinem Dienstgrad anzusprechen verrät den Gedienten, der anhand der Schulterklappen zwischen einem Major und einem Generalmajor zu unterscheiden weiß. Zwingend nötig ist es aber nicht, allenfalls im förmlichen Brief mag es angebracht sein. Hohe Zivilbeamte mit ihrem Titel anzusprechen (»Herr Oberregierungsrat«) ist ein wenig aus der Mode gekommen. »Herr Direktor« sagt man zwar noch zum Schulleiter, als Kind ohne, als Elternteil mit Namen. Außerdem wird diese A. gern von Bettlern benutzt, um dem Passanten einen halben Euro abzuluchsen, und der Österreicher sagt es sowieso zu jedem Zweiten, den er begrüßt. Im förmlichen Behördenverkehr braucht man es kaum noch. Schreibt man an eine Dienststelle, empfiehlt sich das allgemeine »Sehr geehrte Damen und Herren«. Bei Polizisten weiß man ohnehin meistens gar nicht, welchen Rang sie bekleiden. Ein »Herr Wachtmeister« wirkt beleidigend, wenn der Angesprochene möglicherweise schon Hauptwachtmeister oder noch mehr ist. Und einen echten Wachtmeister mit »Herr Polizeipräsident« anzusprechen, das war zu Kaisers Zeiten mal die Masche von Berliner Freudenmädchen, die gut Wetter machen wollten, ist jedoch ebenfalls nicht mehr unbedingt en vogue.

Sollte man auf einem Empfang mit einem Botschafter oder einem ausländischen Regierungsmitglied ins Gespräch kommen, wählt man als korrekte A. »Exzellenz«. Dass man »Herr

Bundespräsident«, »Herr Bundeskanzler« und »Herr Ministerpräsident« sagt, ist klar. Unterschiedliche Varianten werden bei Politikerinnen angewandt. Es gibt Befürworter sowohl der doppelten wie der einfachen Weiblichkeitsform, also »Frau Bundeskanzler«, aber auch »Frau Ministerpräsidentin«. Dass hier noch Lernbedarf herrscht, ist nach jahrhundertelangen ausschließlich männlichen Herrschaftsstrukturen verständlich.

»Grüß Gott, Heiliger Vater!« Bei kirchlichen Würdenträgern arbeitet man sich folgendermaßen aufwärts: »Schwester« plus Vorname für die Nonne, »Pater« plus Vorname für den Mönch, »Herr Erzbischof«, »Mutter Äbtissin«, »Eminenz« für den Kardinal. Der Papst, bekanntlich ein Bayer, wurde bei seiner Amtseinführung von Bayerns Ministerpräsident Edmund Stoiber mit einem gleichzeitig demütigen und kameradschaftlichen »Grüß Gott, Heiliger Vater« angesprochen; solche Saloppheiten ziemen dem normalen Gläubigen freilich nicht; er sagt nur »Heiliger Vater«. Und wenn er ihn schriftlich bitten möchte, beim lieben Gott ein gutes Wort einzulegen, adressiert er das Schreiben an »Seine Heiligkeit, Papst Benedikt XVI.«.

Sollte sich's mal ergeben: Königin Elisabeth II. von England als »Queen« anzusprechen zieht zwar keine Einzelhaft im Tower of London nach sich, die weitere höfische Karriere kann man allerdings mit Sicherheit abschreiben. Die korrekte A. lautet »Your Majesty«.

ANTI-AGING

Die hippsten Klamotten, die ausgeflippteste Frisur, der abgefahrenste Szenejargon sind im Bemühen, jugendlich zu wirken, nutzlose Instrumente, wenn eines nicht stimmt: die Haut. Mag der Körper noch so durchtrainiert sein – dem Eindruck faltiger, schlaffer Haut hat er letztlich wenig entgegenzusetzen.

Seit der Antike versuchen die Menschen, ihre Haut jung zu halten. Öl und Eselsmilch, Wässerchen und Cremes sollen seit jeher die Falten glätten. Einige tausend Varianten sind in den vergangenen Jahrzehnten hinzugekommen – oft nur mit mäßiger Erfolgsgarantie. An die zwei Milliarden Euro geben die Deutschen heute pro Jahr für Kosmetik aus – nur für Shampoos bezahlen sie noch mehr. »Nichts an ihrem Körper ist den Menschen mehr wert als Haut und Haare«, hat der »Spiegel« beobachtet.

»Forever Young« Der Mensch will nun mal nicht alt werden. Bob Dylans berühmter Song »Forever Young« ist vielen eine Art Glaubensbekenntnis (➛ Jugendwahn). Da kommt die noch relativ neue magische Formel »Anti-Aging« gerade recht. Was ist das eigentlich genau? Fragt man zehn echte oder selbst ernannte Fachleute, bekommt man zehn verschiedene Antworten. Einen großen Raum nehmen allgemeine Entspannungs- und Wellness-Anwendungen ein, verbunden mit hautpflegenden Rezepturen. Eine andere Denkschule beschäftigt sich mit Hormonen und entsprechenden Behandlungen. Die Angebotspalette auf diesem nur verwaschen definierten Gebiet ist von verwirrender Vielfalt.

Bleiben wir deshalb bei der Kosmetik. Immer intelligentere Konzepte bieten die Firmen an, um den ewigen Wunsch nach Jung- und Schönsein zu unterstützen. Da gibt es – ein charmanter Tritt ans Schienbein der Schönheitsoperateure – Slogans wie »Liften ohne Skalpell«, auch umschrieben als »Straffen und Festigen auf die sanfte Art«. Bewerkstelligen sollen das die neuen so genannten Hightech-Cremes mit ihren wahren Super-Inhaltsstoffen. Ungewöhnliche, sicherlich nicht ganz unwirksame luxuriöse Substanzen wie Algen, Seide und Gold sind in diesen Anti-Aging-Cremes enthalten. Dass sie sündhaft teuer sind, hält die Kundschaft nicht ab, und tatsächlich liegt der Qualitätsanspruch hier auch um einiges höher als bei den üblichen Produkten.

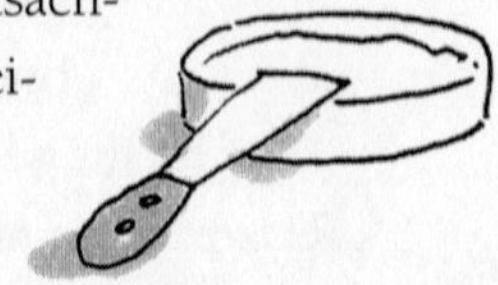

APERITIF

Der vom lateinischen Wort *aperire* (öffnen) abgeleitete Begriff stammt aus Frankreich. Mit ihm bezeichnet man den Magenöffner, den Appetitanreger, in der Barsprache: den Before-Dinner- bzw. den Before-Lunch-Drink.

In allen romanischen Ländern füllten sich früher am späten Vormittag die Plätze an der Bar und die Tische auf den Caféterrassen: Es war die Zeit des Aperitifs. In Italien oder in Frankreich war dieses Zeremoniell eine Selbstverständlichkeit. So viel Zeit musste sein! Es dominierten die leicht bitteren Getränke, oft auf Weinbasis. Cynar oder Dubonnet, Campari oder Vermouthgetränke waren die Klassiker. In Südfrankreich kam der Pastis, ein A. auf Anisbasis, als regionale Spezialität hinzu. Eine andere Spezialität, die in Burgund beheimatet war, aber bald ganz Frankreich und zeitweise auch Deutschland eroberte, war der Kir: Ein Schuss Crème de Cassis, Likör aus schwarzen Johannisbeeren, wurde mit trockenem Weißwein aufgefüllt. In den »besseren Kreisen« wurde der Weißwein durch Champagner ersetzt und Kir Royal genannt.

Als das 20. Jahrhundert amerikanischer wurde, verdrängten Cocktails diese Klassiker. Highballs, Sidecars, Whiskey Sours und immer wieder Dry Martini waren die angesagten A. Viele von ihnen besaßen allerdings den Nachteil, dass sie die Geschmacksknospen verschlossen und somit die eigentliche Funktion des A. zumindest stark verminderten. Denn ein A. sollte anregend wirken, ohne zu sättigen, sollte leicht alkoholisch sein, ohne den Alkoholpegel schon vor dem ersten Glas Wein unnötig hochzuschrauben. Der Schriftsteller Gregor von Rezzori hatte mit einem oder zwei Glas trockenem Sherry, also einem Fino, seinen idealen A. gefunden und widmete ihm sogar ein Buch. Nicht wenige bevorzugen auch ein frisch gezapftes Pils als A., und in der Tat ist ein Bier nicht nur ein idealer Durstlöscher, sondern durchaus auch appetitanregend. Verstärkt durchgesetzt hat sich in den letzten Jahren das Glas Champagner vor dem Essen, vor allem in guten Restaurants. Hier sollte man allerdings darauf bestehen, das Glas am Tisch eingeschenkt zu bekommen, um sicherzugehen, für den zu zahlenden Preis nicht irgendeinen Supermarktchampagner oder gar einen Prosecco untergejubelt zu bekommen.

Arabischer Edeltourismus

In nicht allzu weiter Ferne toben Kriege und Aufstände. Der Irak ist stellenweise nur tausendundeinen Kilometer entfernt. Doch hier merkt man nichts von den Kämpfen und Krisen der von Terror geschüttelten Region, die wir den Nahen Osten nennen. Wenn der Hotelgast in seiner geräumigen Edelsuite den Fernseher einschaltet, wirken die in den Nachrichten gezeigten Gemetzel und Selbstmordattentate noch irrealer und weiter entfernt, als wenn in Deutschland die Tagesschau darüber informiert. Denn hier, so scheint es, hat das Böse grundsätzlich keinen Zutritt. Hier locken Oasen des Friedens, der Behaglichkeit und des Luxus.

Die meisten Urlauber, die aus den neuen Ferienparadiesen im Südosten der arabischen Halbinsel zurückkehren, berichten euphorisch vom ultimativen Reiseerlebnis ihres Lebens. Gleichzeitig bekennen sie, leicht verlegen, von Land und Leuten nur relativ wenig mitgekriegt zu haben. Zu großen Ausflügen, anstrengenden Exkursionen, Besichtigungen von Sehenswürdigkeiten, Bekanntschaften mit Einheimischen sei man gar nicht gekommen. Zu überwältigend sei allein das Hotelerlebnis gewesen. Man habe sich gefühlt wie in einem Märchen, sei behandelt worden wie ein leibhaftiger Sultan oder Emir.

Draußen Wüste, innen Komfort Tatsächlich stellt der Komfort in den morgenländischen Luxushotels alles in den Schatten, was ein Europäer gewöhnt ist. Jedes Jahr kommen neue Paläste hinzu, die sich an teurer Ausstattung, exquisiter Lage und ausgefallenen Anlagen gegenseitig übertreffen. Oft locken die sündhaft teuren Ressorts mit einem faszinierenden Doppelerlebnis: vor der Haustür die Wüste, aber drinnen größtmöglicher Komfort, vom Wellness- und Fitnesscenter gigantischen Ausmaßes bis zur Kinoleinwand in der Suite. Von den kulinarischen Genüssen an fürstlich gedeckten Tafeln gar nicht zu reden. Und auch nicht vom Butler, der den Bewohnern einer Suite rund um die Uhr zur Verfügung steht.

Drei Destinationen sind es vor allem, die in den vergangenen Jahren den Ruf dieses Teils von Arabien als touristisches Traumland gefestigt haben: Dubai, Abu Dhabi und Oman. Die beiden Erstgenannten, auf die auch der Begriff Schlaraffenland zutrifft, gehören zu dem politischen Verbund Vereinigte Arabische Emirate (V.A.E.), zu dem sich 1971, infolge der Unabhängigkeit von Großbritannien, sieben Wüstenstaaten zusammenschlossen. Alle drei sind über ihre internationalen Flughäfen mühelos zu erreichen.

Dubai: höchstes Hotel der Welt Der Aufschwung des einst eher verschlafenen Wüstenstaates Dubai, der hauptsächlich vom Fischfang und von der Perlentaucherei an seiner Küste lebte, begann 1966. Da wurden erstmals Ölvorkommen entdeckt. Heute gilt Dubai-Stadt als die Perle der V.A.E.: kosmopolitisch, lebhaft, modern und traditionell zugleich, Umsteigeplatz für Reisende nach Fernost, Ziel für Geschäftsreisende aus aller Welt und eben Touristen. Das Emirat ist anderthalb mal so groß wie das Saarland, das ganze Jahr über scheint die Sonne, ein siebzig Kilometer langer Sandstrand erstreckt sich. Manche behaupten, Dubai sei das reichste Land der Erde, dem gegenüber steht aber die Statistik der V.A.E., wonach Abu Dhabi die reichste Region der Gemeinschaft ist. Wie auch immer, von den über eine halbe Million arabischen Bewohnern braucht kaum jemand geregelter Arbeit nachzugehen. Zum Arbeiten – das gilt auch für die übrigen Emirate – hat man asiatische und afrikanische Gastarbeiter. Das große Geld bringen die Gäste der vielen First-Class-Hotels. Jährlich sind es über drei Millionen, davon über 150 000 Deutsche. Der Luxustourismus beschert dem Emirat inzwischen mehr Einnahmen als die Ölförderung. Verantwortlich für diesen Boom ist die als besonders geschäftstüchtig bekannte Herrschersippe der al-Maktum, die das Land schon seit vielen Generationen regiert. So kam aus dem königlichen Haus nicht nur die ursprüngliche Idee, sondern auch eine Milliardenspritze, um den Bau des mit 321 Metern höchsten Hotels der Welt zu ermöglichen, des »Burj al Arab« (übersetzt: Arabischer Turm). 1999 wurde das »strahlende Symbol der Extravaganz« (»Welt am Sonntag«) eröffnet. Der weithin sichtbare, vor die Küste Dubais gesetzte Bau sieht aus wie ein riesiges, vom Wind gebogenes Segel. Das Wahrzeichen der Stadt schmückt sich mit dem Etikett »Einziges Sieben-Sterne-Hotel der Welt« – bis fünf wird in der Branche eigentlich nur gezählt. Schwellenderen Luxus als im »Burj al Arab« gibt es wohl weltweit nicht – was freilich nicht automatisch bedeutet, dass Gourmets und Weinkenner hier ihr Paradies ansiedeln. Unterdessen arbeiten die Planer des Emirats schon an einem neuen, kaum minder gigantischen Prestigeprojekt: »Hydropolis«, das erste Unterwasserhotel der Welt.

Abu Dhabi: Öl und Oasen V.A.E.-Nachbar Abu Dhabi ist das größte der sieben Scheichtümer. Die Einnahmequellen sprudeln hier genau andersherum als in Dubai: Erst kommt das Öl, dann der Tourismus. Doch der hat in den vergangenen Jahren kräftig dazugelegt, was kein Wunder ist angesichts der Schönheit des Landes. Hinter der flachen Küste erstreckt sich ein riesig breiter Streifen Sandwüste. Im Osten reicht das Emirat bis an das Oman-Gebirge. Auf einer Insel im Golf und durch eine Brücke mit dem Festland verbunden, liegt die gleichnamige Hauptstadt (nicht nur des Emirats, sondern auch der gesamten V.A.E.) mit herrlichen Alleen und der einladenden Promenade Corniche. Zum Emirat gehört auch die Oase Al Ain im Osten des Landes, nahe der Grenze zum Oman: eine prächtige, grüne Stadt mit ihrem in ganz Arabien berühmten Kamelmarkt. Hier wie dort: erstklassige Hotels. Das Prunkstück ist das 2005 eröffnete »Emirate Palace«, das zur Kempinski-Gruppe gehört und angetreten ist, dem »Burj al Arab« die Stirn zu bieten. Es liegt direkt am 1,3 Kilometer langen Sandstrand, unweit vom Stadtzentrum Abu Dhabis. Weithin sichtbarer Blickfang sind die 60 Meter hohe Kuppel des Hauptgebäudes und 114 weitere Kuppeln in der gesamten Anlage, allesamt mit reichlich Blattgold veredelt. Das Haus verfügt über zwei Helikopterlandeplätze und einen eigenen Yachthafen.

Oman: Morgenland in Reinkultur Zwischen den V.A.E.

im Nordwesten, Saudi-Arabien und dem Jemen, die sich von Nordwesten bis hinunter nach Südwesten ziehen, und dem arabischen Meer auf der Ostseite liegt der Oman. Das Sultanat ist etwa viermal so groß wie die V.A.E., allerdings nicht ganz so unverschämt reich. Immerhin: Das Öl sprudelt auch hier kräftig, und wenn das, wie an so vielen Quellen weltweit erwartet, in etwa 15 Jahren schwächer werden sollte, will man in Sachen Tourismus zur Weltspitze aufgeschlossen haben.

Falls man sich aus der Kindheitslektüre sowohl der »Märchen aus 1001 Nacht« wie der kaum weniger schönen Erzählungen des schwäbischen Dichters Wilhelm Hauff (»Die Karawane«) eine Vorstellung vom Morgenland bewahrt hat – hier kommt sie der Realität ansatzweise nahe, sofern man gewillt ist, einige hundert Jahre zu überspringen. Stolz berufen sich die Omaner auf Sindbad, den Seefahrer. Moscheen mit schlanken Minaretten und goldenen Kuppeln vermitteln ein Islam-Bild, das man angesichts der aktuellen Terror- und Kriegsszenarios schon fast vergessen hatte. Eine Reporterin des »Rheinischen Merkurs« beobachtete: »Weiß gekleidete Männer saugen an ihren Wasserpfeifen, plaudern mit Fischverkäufern, lenken Luxus-Limousinen. In den Souks gibt es feinstziselierten Silberschmuck, Seidenschals, Goldketten, Myrrhe und Weihrauch, das flüchtige Gold der Antike. (…) Reich verschnörkelte Villen erzählen vom Glanz alter Handelsdynastien, verfallende Lehmdörfer vom Schweiß der Bauern. Bombastische Hochhäuser und langweilige Wohnblöcke bleiben einem ebenso erspart wie Taschendiebe und bettelnde Kinder. Straßen und Plätze sind noch sauberer als in der Schweiz. Kein einziger Zigarettenstummel weit und breit.«

Rund ein Drittel der 2,6 Millionen Omaner lebt in der Hauptstadt Maskat, einer schneeweißen Stadtlandschaft zwischen rotbraunen Bergen und blauem Meer. Funkelnagelneue Geschäfts- und Wohnviertel, erstklassige Hotels, Banken – es fehlt an nichts. Zu einem der beeindruckendsten Erlebnisse innerhalb der arabischen Welt gehört der Besuch der Großen Sultan-Kabus-Moschee mit ihren weitläufigen Wandelgängen, der Eleganz ihrer mächtigen Kuppel und dem größten Teppich der Welt. Vieles kann man in dem Staat unternehmen: auf eigene Faust durch eine Sahara im Kleinformat chauffieren, durch pittoreske Canyons, schroffe Felsenlandschaften wandern, 3000 Meter hohe Berge hinaufstaunen oder den Rennkamelen beim Training zuschauen. Auf der Meerseite locken betörend schöne Küstenabschnitte mit unbelebten, fantastischen Badestränden. Manche sind regelrecht umgegraben von den Spuren der Meeresschildkröten, die hier das ganze Jahr hindurch nachts ihre Eier ablegen. Mag der Luxus in den V.A.E. Dimensionen annehmen, die man als braver Mitteleuropäer nicht für möglich gehalten hat – das Abenteuer Reisen wartet dafür eher im Oman, auch nicht gerade ein Armenhaus.

ARMANI, GIORGIO

Giorgio Armani zählt zu den erfolgreichsten, populärsten Modeschöpfern Italiens und der Welt. Der ehemalige Medizinstudent, der sein Studium nach vier Semestern an den Nagel hängte, begann als Schaufensterdekorateur im Mailänder Kaufhaus »Rinascente« eine neue Karriere. Sie ließ ihn bald zum Einkäufer für Mode und danach zum Leiter der Abteilung Herrenmode des Hauses aufsteigen. Dort lernte er Nino Cerruti kennen, der den talentierten jungen Mann als Designer engagierte. Neun Jahre sammelte Armani Erfahrungen, bevor er

1974, mit 40, den Sprung in die Selbstständigkeit wagte. Gemeinsam mit seinem Freund Sergio Galeotti gründete er das Modelabel »Giorgio Armani«, zunächst für Herren, ein Jahr später auch für Damen. Eine wahrlich fantastische Erfolgsgeschichte nahm ihren Anfang.

Seinen internationalen Durchbruch schaffte Armani, der stets in einem legeren schwarzen oder blauen T-Shirt auftritt, mit der Ausstattung bekannter Hollywoodgrößen. So kleidete er Richard Gere in den Filmen »American Gigolo« (»Ein Mann für gewisse Stunden«) und »Pretty Woman« ein. Es war ein ganz eigener, unspektakulärer Modestil, den er kreierte. Sein Credo: »Die Herrenmode soll so sein, dass man sich weder wie ein Yuppie noch wie ein Bankangestellter fühlen muss.« Jedoch verkauft der smarte, stets braun gebrannte Designer längst nicht mehr nur Edelklamotten. Parfüms, Lederwaren, Accessoires aller Art, Brillen oder Uhren kommen unter dem Label Armani auf den Markt. Daneben entwirft er Autos und sogar Hotels. In allem, was er schafft, verfolgt Armani unbeirrt seine ganz eigenen Vorstellungen von reduzierter Eleganz und Qualität. Der Erfolg gibt ihm Recht: 5000 Mitarbeiter weltweit und ein Umsatz von weit über einer Milliarde Euro sind die beachtliche Lebensbilanz des über Siebzigjährigen. Dennoch weigert er sich beharrlich, sich bei einem Bummel durch Mailand oder New York von einem Bodyguard beschützen zu lassen. Und: Er ist der Einzige seiner Branche, der sich nicht von einem der großen Konzerne aufkaufen ließ.

ASPIRIN

Jährlich werden rund um den Globus mehr als 12 000 Tonnen Aspirin produziert, das nicht nur zur Bekämpfung eines Katers Einsatz findet. Es ist das meistgenutzte Medikament der Welt. Die amerikanischen Kosmonauten haben es mit auf den Mond genommen, um ihre Muskelschmerzen zu bekämpfen.

Seine Vorgeschichte beginnt schon vor fast 4000 Jahren. Erste Hinweise auf die Vorläufer des A. finden sich in einer ägyptischen Papyrusrolle von 1550 v. Chr., wo von einem aus Weidenblättern gewonnenen Schmerzmittel die Rede ist. Auch der griechische Arzt Hippokrates nutzte zur Behandlung von Fieber und Schmerzen einen Absud aus Blättern und der Rinde des Weidenbaums. Anfang des 19. Jahrhunderts stieß der französische Apotheker P. J. Leroux durch Einkochen von Weidenrinde auf Kristalle, die er in Anlehnung an den lateinischen Namen der Weide, *salix*, Salicin nannte.

1897 entwickelte dann Felix Hoffmann, ein Chemiker in den Diensten des Unternehmens Bayer, die reine Form von Acetylsalicylsäure (ASS). Das Mittel war ursprünglich zur Behandlung rheumatischer Erkrankungen vorgesehen. Hoffmann wollte damit seinen kranken Vater behandeln. Da sich aber bald herausstellte, dass der neue Stoff auch andere Schmerzen linderte, meldete Bayer das neue Mittel unter der Marke A. an. Der Name entstand aus der Kombination von Acetyl und Spirsäure (die mit Salicylsäure identisch ist). Zunächst nur als Pulver in kleinen Fläschchen vertrieben, war A. bald eines der ersten in Tablettenform angebotenen Medikamente – ab 1904 mit dem eingestanzten Bayer-Kreuz.

Nicht nur Schmerzmittel Seine Funktion als Schmerzmittel war allerdings nur der Anfang der Geschichte. In regelmäßigen Abständen hat die Medizin immer neue Einsatzmöglichkeiten für dieses Wundermittel entdeckt: Zur Schmerzbekämpfung und Fiebersenkung kam die in höheren Dosen bewirkte Entzündungshemmung. Dann entdeckten Forscher, dass durch regelmäßige Einnahme von A. das Risiko der Alzheimer-Erkrankung vermindert wurde. Da A. auch das Blut verflüssigt, wird es seit Jahren zur Infarktvorbeugung eingesetzt. Schließlich haben amerikanische Forscher vor einigen Jahren begonnen, bestimmten Krebsarten mit der Verordnung von A. vorzubeugen. Das Einsatzspektrum scheint unbegrenzt, weit über die Hausapotheke hinausgehend.

Das Unternehmen Bayer, heute der wohl bekannteste Name in der Pharmawelt, war 1863 von Friedrich Bayer in Wuppertal-Barmen gegründet worden und produzierte zunächst ausschließlich Farbstoffe. Doch schon sehr bald wurde Bayer auch bei pharmazeutischen Produkten zu dem, was man heute einen Global Player nennt. Diese Entwicklung wurde durch den Ersten Weltkrieg abrupt unterbrochen. Einerseits war Bayer von seinen wichtigsten Absatzmärkten abgeschnitten, andererseits ab 1914 stark in die Kriegsindustrie involviert. Im Versailler Vertrag wurde dieses Engagement mit einer Konfiszierung von Markenrechten bestraft. Daraufhin verlieh die US-Regierung der amerikanischen Firma Sterling Drug die Lizenz, A. zu produzieren und zu vertreiben. Sehr viel später konnte Bayer die Markenrechte wieder zurückkaufen, dennoch hält die Mehrzahl der Amerikaner A. auch heute noch für ein amerikanisches Produkt. Dafür gehört ein echtes US-Produkt seit 1978 zum Portefeuille des Bayer-Konzerns: die Anti-Kater-Brausetablette Alka Seltzer, ein Mittel, das ebenfalls auf Hoffmanns Erfindung ASS basiert.

AUKTION

Das Wort kommt vom lateinischen *augere*, was »erhöhen« bedeutet. Erhöht wird bei der Auktion der Preis einer Ware durch gegenseitiges Überbieten. Der deutsche Begriff für diesen öffentlichen Vorgang ist die Versteigerung. Es ist ein alter Brauch. Bereits 500 Jahre vor unserer Zeitrechnung wurden in Babylon auf den jährlichen Heiratsmärkten Frauen versteigert. Später im alten Griechenland waren es Sklaven. Im *atrium auctionarium* versteigerten römische Soldaten regelmäßig ihre Kriegsbeute. Ende des 15. Jahrhunderts waren in England die so genannten Kerzenauktionen beliebt: Nach dem Anzünden einer ca. 2,5 Zentimeter hohen Kerze wurden die Gebote entgegengenommen. Das letzte Gebot vor dem Erlöschen der Flamme erhielt den Zuschlag. Auf diesem Wege wurden sogar Schiffe versteigert.

Die Versteigerungen nach noch heute bekannter Art gehen auf einen gewissen Samuel Baker in London zurück. Am 11. März 1744 bot er die Bibliothek von Sir John Stanley zum Verkauf, die aus hunderten von Büchern bestand. Der Erlös betrug wenige 100 Pfund Sterling. Zwei Jahrhunderte später versteigerte Bakers Unternehmen, das inzwischen den Namen seines Neffen John Sotheby trug, ein einzelnes Buch mit dem Titel »The Gospels of Henry the Lion« für acht Millionen Pfund. Doch auch Baker hatte noch eine Reihe von bibliophilen Kostbarkeiten erfolgreich unter den Hammer gebracht, so nach

Napoleons Tod alle Bücher, die dieser in sein Exil nach St. Helena mitgenommen hatte.

Kunsthändler aus aller Welt Die Nachfolger erkannten rechtzeitig, dass dem Haus neben Büchern ein weiteres Standbein nützlich sein würde, und öffneten ihre Räume in der New Bond Street für Zeichnungen und alte Meister. In die Annalen von Sotheby's ging die Versteigerung (1958) der Goldschmidt Collection ein, die sieben der berühmtesten Werke des Impressionismus beinhaltete. Hierfür wurde erstmals eine Abendauktion angesetzt; die Einladung schrieb ausdrücklich vor: *evening dress*. 1400 Personen kamen, unter ihnen William Somerset Maugham, Anthony Quinn, Kirk Douglas, Lady Churchill und natürlich hunderte von Kunsthändlern aus aller Welt. Die sieben Bilder waren innerhalb von genau 21 Minuten verkauft – für 781 000 Pfund, die höchste bis dahin erzielte Summe für eine Kunstsammlung.

1955 eröffnete Sotheby's eine Filiale in New York, neun Jahre später übernahm es das größte amerikanische Kunstauktionshaus Parke-Bernet. Auch in anderen Kunstmetropolen der Welt wurden Niederlassungen eröffnet, so in Genf. Hier stand 1987 der Schmuck der Herzogin von Windsor zum Verkauf: eine historische A. Über Satellit waren Bieter aus New York zugeschaltet und per Telefon Interessenten aus aller Welt. Insgesamt 50 Millionen Dollar wurden erzielt, das Fünffache dessen, was Sotheby's erwartet hatte.

Auch das zweite große Londoner Auktionshaus Christie's schrieb im 18. und 19. Jahrhundert Kunstgeschichte. Von James Christie am 5. Dezember 1766 gegründet, handelte das Unternehmen schon bald mit Kunstwerken der englischen Hocharistokratie und des Königshauses. Für die Zarin Katharina die Große ersteigerte Christie's die Gemäldesammlung von

Sir Walter Walpole, die später Grundausstattung der St. Petersburger Eremitage wurde.

Ein Picasso mit Rekordergebnis Dabei begann auch bei Christie's alles sehr bescheiden: In der allerersten A. wurden angeboten: 2 Nachttöpfe, 1 Bettlaken, 4 Bügeleisen. Dann, im Jahre 1900, konnte man immerhin schon mit einer Locke von Napoleon I. aufwarten. Doch die großen Sensationsversteigerungen mit reger Anteilnahme der internationalen Öffentlichkeit und immer höheren Rekorderlösen kamen in der zweiten Hälfte des 20. Jahrhunderts. Meilensteine waren 1970 ein Velàzquez (»St. Rufina«) für rund vier Millionen, 1987 van Goghs »Sonnenblumen« für 39,9 und 1990 noch ein Van Gogh (»Porträt des Doktor Gachet«) für 82,5 Millionen Dollar. Den bislang höchsten Preis für ein Gemälde erzielte 2004 bei Sotheby's New York Picassos »Junge mit Pfeife«: 104 Millionen Dollar.

Ein in der Fachwelt ebenso geschätztes Auktionshaus, das größte in Mitteleuropa, ist das Wiener Dorotheum. Es wurde 1707 von Kaiser Joseph I. gegründet und zog 70 Jahre später in das ehemalige Kloster in der Dorotheengasse um. Das frühere Pfandhaus hat sich gerade im Bereich der bildenden Künste mit seinen regelmäßigen Versteigerungen einen erstklassigen Ruf erworben. Für ausgefallene Immobilien und antike Möbel ist das Pariser Hotel »Drouot« bekannt.

Das mittlerweile umsatzstärkste Versteigerungshaus der Welt ist ein virtuelles. Man betritt es nicht durch eine vornehme Eingangshalle und kann sich auch nicht telefonisch mit ihm verbinden lassen, um aus der Ferne mitzubieten. Der Zugang erfolgt per Internet. ➛ Ebay ist eine der erfolgreichsten Gründungen der New Economy.

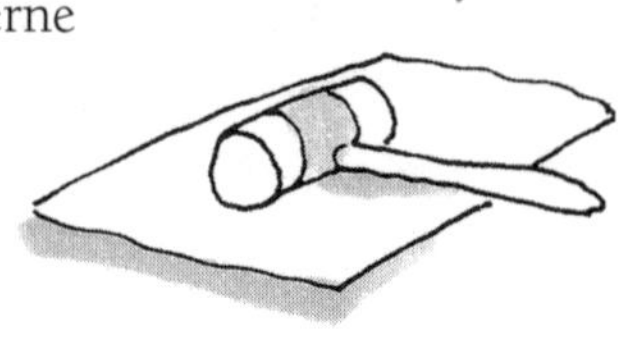

AUSLESE

Eine Auslese ist immer eine »Auswahl der Besten«. Im Weinbau ist gemeint: die von Hand vorgenommene Lese (Ernte) aller vollreifen oder edelfaulen Beeren einer Traube sowie der daraus produzierte Wein. Da es sich um einen Begriff aus dem deutschen Sprachraum handelt, findet man die A. vor allem in Deutschland und Österreich, in Ausnahmefällen auch in der Schweiz.

Eine besondere Spezialität ist die Trockenbeerenauslese, eine der höchsten Prädikatsstufen unter den deutschen und österreichischen Qualitätsweinen. Diese Weine, die an ein bestimmtes Mindestmostgewicht gebunden sind, das in Deutschland in Oechslegraden, in Österreich in KMW (Klosterneuburger Mostwaage) gemessen wird, gibt es fast nur in überdurchschnittlichen Weinjahren. Trockenbeerenauslesen werden aus edelfaulen Beeren bereitet, die so lange am Rebstock hängen gelassen werden, bis sie fast zu Rosinen geschrumpft und eingetrocknet sind. Diese liefern äußerst geringe Mengen eines sehr süßen, aber ebenso alkoholarmen Nobelweins, der mit Recht von Weinkennern hoch geschätzt wird. Da sie meist auch ein hohes Alter erreichen, sind Preise von über 100 Euro keine Seltenheit. Trockenbeerenauslesen entstanden zuerst im Rheingau und sind noch heute eine Spezialität dieses Weinbaugebiets.

Eine Kuriosität unter den A. ist der so genannte Eiswein. Bei diesem müssen die Trauben zum Zeitpunkt der Lese und Kelterung gefroren sein, und zwar bei mindestens minus sieben Grad Celsius. Die Beeren werden meist zu nächtlicher Zeit gelesen. Da durch den Frost Wasser gebunden wird, erhält man einen sehr konzentrierten Most, der allerdings eine hohe Süße mit einer gleichfalls hohen Säure verbindet. Auch in Österreich ist Eiswein als eigenständiges Prädikat anerkannt. Manche Eisweine erinnern in Duft und Geschmack an einen Spaziergang durch einen Obstgarten im späten Sommer, wenn Quitten, Birnen, Äpfel und Trauben ihre volle Reife erlangen. Andere wiederum changieren zwischen Limonen und Aprikosen.

AUSTERN

Carl Friedrich von Rumohr (1785–1843), der bedeutendste gastronomische Autor deutscher Sprache, beschrieb den Geschmack der Auster in seinem Buch »Geist der Kochkunst« als »eine Welt für sich, kühl, tief, gedankenvoll, eine harmonische, ungegliederte, gegensatzlose Einheit«. Und er fuhr fort: »Mit jeder Auster, die du schlürfst, schlürfst du auch deinen Anteil an Ozean. Ein Denkmal dem Wohltäter der Menschheit, der als Erster die Auster genießbar fand!«

Lebend frisch, wie sie zu 80 Prozent verzehrt wird, oder gekocht, gebraten oder geräuchert, bringt die A. Gourmets in aller Welt zum Schwärmen. Neben Hummer, Kaviar und Trüffel gehört sie zum Inbegriff der höheren Genüsse; und das seit den Zeiten der Römer, die 100 Jahre v. Chr. die Austernzucht begründeten.

Seit jeher wird der A. eine besonders durchschlagende Wirkung auf die Potenz nachgesagt – Ludwig XIV. soll am Tage seiner Hochzeit mit Maria Theresia von Spanien 400 davon hinuntergeschluckt haben. Die Vorstellung speist sich einerseits aus dem hohen Eiweißgehalt und wurzelt wohl auch in dem eigenartigen, transsexuellen Verhalten dieser Muschel: Je nach Wassertemperatur und Nahrungsbedingungen wechselt die A.

nämlich mehrfach ihr Geschlecht. In den Monaten Juli und August produziert die A. bis zu zwei Millionen Eier, die zunächst als Larven im Plankton schwimmen und anderen Meeresbewohnern als Nahrung dienen; nur ein Dutzend Nachkommen einer A. schaffen es, die ersten Wochen zu überleben. Sie suchen dann festen Halt, eine Art Ankerplatz, und diesen verschafft ihnen der Austernzüchter, der an besonders günstigen Stellen Ziegel, Dachschindeln, heute mehr und mehr Plastikrohre aufstellt. Die Larven klammern sich daran fest und beginnen sofort, ihre Schale zu entwickeln. Nach acht Monaten werden die heranwachsenden A. dann in Parks mit planktonreicherem Wasser gebracht, wo sie während der nächsten drei bis vier Jahre zu der Größe heranwachsen, die der Feinschmecker kennt.

Begehrt: die »Sylt Royal« Man unterscheidet vier Austernarten: die (inzwischen selten gewordene) Europäische Auster, die Portugiesische oder Felsenauster, die Pazifische und schließlich die Amerikanische Auster. Bei uns werden vor allem die beiden erstgenannten Sorten angeboten. Sie stammen überwiegend aus den französischen Austernparks an der bretonischen Atlantikküste (Belon), aus Arcachon und der Charente (Marennes). Aus niederländischen Aquakulturen kommen die Imperiales, aus Irland die Galway, aus England die Colchester, aus Dänemark die Limfjord, und auch Sylt hat eine kleine, aber außerordentlich begehrte Produktion aufzuweisen: »Sylt Royal«, eine pazifische Felsenauster.

Ebenso hartnäckig wie ihr Ruf der gesteigerten Liebeskraft hält sich das offenbar unausrottbare Vorurteil, dass die A. nur in den Monaten mit »r« genießbar sei. Richtig ist, dass sich die Qualität von Oktober bis zum Mai kontinuierlich steigert. Vor Oktober ist die A. vom Laichen geschwächt und noch etwas wabbelig. Jedoch spricht nichts dagegen, auch im Sommer – wenn einen die Lust überkommt – A. zu verzehren, vorausgesetzt, sie waren bei der richtigen Temperatur (2 bis 7 °C) gelagert. Dann kann man sie sogar noch nach drei Wochen mit Genuss und ohne Bedenken schlürfen. Wichtig ist allerdings, dass die Schalen fest geschlossen sind; nur so kann man sicher sein, dass die A. das umschlossene Meerwasser nicht verloren hat. Die geschmackliche Frische einer A. hängt direkt damit zusammen: In einer Stunde lässt sie sich von mehreren Litern Meerwasser durchspülen!

Am besten schmeckt die A., wenn man sie roh und frisch, mit einem Spritzer Zitronensaft und allenfalls ein ganz wenig Pfeffer, mit ihrem eigenen Wasser aus der Schale schlürft. Ob man die A. kaut oder im Ganzen hinunterschluckt, bleibt jedem Genießer selbst überlassen. Man reicht etwas Vollkornbrot oder Pumpernickel mit Cheddarkäse in kleinen Würfeln dazu. Als Getränk empfiehlt sich Champagner, Chablis oder Meursault. Wahrhaft königlich mundet ein Dutzend A. mit einer Flasche Coulée de Serrant von der Loire.

AYURVEDA

Zu den diversen kosmetischen, medizinischen, psychologischen und sportlichen Heilslehren, die im Zuge der Wellnesswelle über uns gekommen sind, hat sich ein hierzulande vor kurzem noch weitgehend unbekannter Begriff gesellt: Ayurveda. Man hört immer wieder aus dem Munde gestresster, regenerierungshungriger, meist weiblicher Zeitgenossen, sie wollten »mal 'ne Runde Ayurveda« machen oder hätten in Bad Soundso »zwei Wochen Ayurveda« gebucht. Auf die Nachfrage, worum genau es sich bei dieser Methode handle, bekommt man erstaunlicherweise nur ziemlich verschwommene Antworten. Viel mehr, als dass es »etwas mit Fernost« zu tun hat, erfährt man in der Regel nicht. Dieses bei uns noch weit verbreitete Unwissen korrespondiert mit dem Unwesen, das etliche Scharlatane treiben. Denn nach einem Crashkurs, der manchmal nicht länger als ein Wochenende dauert, darf man sich bereits Ayurveda-Therapeut nennen. Der Begriff ist nicht geschützt.

Im Ursprungsland Indien muss ein Ayurveda-Arzt studiert haben, genauso wie ein Schulmediziner. An etwa 40 Universitäten wird diese traditionelle indische Heilkunst gelehrt, deren erste Anwendungen (beispielsweise in der Zahnmedizin) schon aus dem Jahre 9000 vor unserer Zeitrechnung überliefert sind. Der Name stammt aus dem Sanskrit und leitet sich von den Wörtern *ayus* (Leben) und *veda* (Wissen) ab.

Energien im Organismus A. ist eine Kombination aus Naturlehre und Philosophie. Das Hauptaugenmerk liegt auf den für die Gesundheit wichtigen physischen, mentalen, emotionalen und spirituellen Aspekten, aber ebenso auf der Kehrseite: der Frage nach den Krankheitsursachen. Diese doppelte Betrachtungsweise verleiht dem A. seinen ganzheitlichen Charakter. Eine der zentralen Auffassungen der Lehre ist das Wirken dreier verschiedener Temperamente/Energien (Doshas) im Organismus. Bei jedem Menschen sind sie unterschiedlich stark ausgeprägt. Eine Balance aller drei Kräfte wird als Idealzustand betrachtet. Die verschieden starken Abweichungen von diesem Ideal erfordern ebenso verschiedene Methoden der Behandlung. Und der Vorsorge. Denn neben der Heilung ist das Vermeiden von ernsthaften Erkrankungen das Ziel der ayurvedischen Heilkunst. Zu diesem Zweck gibt es eine Reihe von Behandlungen und Anwendungen, beispielsweise diverse Ölmassagen und das so genannte Panchakarma, ein aus fünf Stadien bestehendes Entschlackungs- und Reinigungsprogramm.

Inwieweit die sich heftig ausbreitende deutsche Ayurveda-Szene mit der echten indischen Lehre zu tun hat, lässt sich generell schwer beantworten. Die Bandbreite reicht vom religiös indoktrinierten über den pseudoesoterisch angehauchten bis zum sich an die Urlehre anlehnenden seriösen Anbieter. Kritisches Infragestellen ist auch bei manchen ayurvedischen Medikamenten angebracht. Wiederholt wurde bereits der Vorwurf erhoben, dass einige Hersteller ihre Präparate nicht gründlich genug auf Belastungen mit Schwermetallen prüfen. So hat man beispielsweise in Weihrauchpillen gegen chronische Polyarthritis eine gefährlich starke Bleikonzentration festgestellt.

Bar

Den Ursprüngen und Verästelungen dieses englischen Wortes nachzuspüren ist so amüsant wie lehrreich. Die unterschiedlichsten Lebensbereiche streift man bei dieser Wanderung. So bezeichnet *bar* im Englischen den Takt in der Musik; aber wenn jemand sagt: »I read for the bar«, heißt das, er studiert Jura. Der Bedeutungen sind viele. Alle lassen sich zurückführen auf das französische *la barre:* die Stange, aus der die Barriere wurde, das Trennende, Unterteilende. Mittels einer Stange wurde einst im Gerichtssaal der Abstand zum Richtertisch gesichert, woraus sich wiederum der Beruf des *barristers* ableitete, des Anwalts, der, um sein Plädoyer vorzutragen, an eben diese Stange trat.

Eine starke Stange war gleichfalls nötig, um in öffentlichen Lokalen das Publikum davon abzuhalten, sich an den Getränkeflaschen dahinter kostenlos zu bedienen. Zur Sicherung des Ganzen wurde ein Mann abgestellt, der allein befugt war, einen Drink auszuschenken und dafür zu kassieren. Und damit sind wir endlich beim Thema, lassen uns an der B. nieder, nicken dem *bartender* freundlich zu. Das Risiko, dass hinter uns einer den Colt zückt und, wie einst im Wildwest-Saloon, auf die gefüllten Whisky-, Brandy- oder Ginflaschen schießt, ist heute eher gering. Die klassische B. ist es, die uns hier interessiert, nicht zu verwechseln mit der Tanzbar, Nachtbar, Animierbar. Es gibt sie als Hotel- oder Restaurantbar und in ihrer reinsten Form: der American Bar.

Cocktails im Ritz Viele Hotelbars sind zur Legende geworden, wie etwa die des Pariser »Ritz«, in der der britische Kronprinz Edward, Ernest Hemingway, F. Scott Fitzgerald oder Louis Bromfield Stammgäste waren. Der amerikanische Zeitungskolumnist und Satiriker Art Buchwald nannte sie »eine der berühmtesten Trink-Institutionen Frankreichs«. Vor allem waren es die Barchefs im »Ritz«, die in einschlägigen Kreisen Berühmtheit für ihre ➛ Cocktails genossen. Allen voran Frank Meier, Autor des Standardwerks »The Artistry of Mixing Cocktails«, und sein Nachfolger von 1926 bis lange nach dem Zweiten Weltkrieg, der legendäre Monsieur Bertin.

Einen ähnlichen Ruf behauptet die »Oak Bar« im New Yorker Hotel »Plaza« neben dem Central Park. Der Filmemacher Luis Buñuel, der hier seine Martinis zu sich nahm, pflegte seinen Freunden zu sagen: »Wenn ihr in New York seid und wissen wollt, ob ich da bin, geht mittags in die Oak Bar!« Ähnlich wie in der »Cumberland Bar« am Londoner Hyde Park braucht man allerdings auch in der »Oak Bar« einen Blindenhund, um seinen Platz zu finden; so stockduster erscheint sie im ersten Moment. Weiblichen Gästen war übrigens bis Anfang der 1960er Jahre der Zutritt verwehrt, ob allein oder in Begleitung. Dies hatte die B. mit den meisten englischen Clubs gemein.

Die Restaurantbar kann hier kurz gestreift werden: Ihre wesentliche Funktion ist es, dem Gast die Wartezeit so angenehm wie möglich zu gestalten, bis sein Tisch frei geworden ist.

Die Sehnsucht der Poeten Die American Bar ähnelt nur äußerlich einem irischen oder englischen Pub. Der war und ist zuallererst eine Stätte des Biergenusses. Die American Bar dagegen hat sich dem Genuss von alkoholischen Getränken in jeglicher Form verschrieben, allen voran Cocktails. Und sie ist Kultstätte zahlreicher Geschichten und Legenden, verbreitet in Filmen, Büchern und modernen Wandersagen. Sie beflügelte die Sehnsüchte von zahllosen Poeten und Essayisten. Einer, der sich um das kulturelle Erbe vieler B. ausnehmend verdient gemacht hat, ist Ernest Hemingway. Sowohl die legendäre »Harry's New York Bar« in Venedig wurde durch ihn berühmt als auch deren Namensvetter in Paris.

Eine echte B. lebt von ihrem Stammpublikum, in Frankreich *pilliers de bar* (Bar-Säulen), in England und den USA *barflies* (Bar-Fliegen) genannt. Sie braucht keine protzige Leuchtreklame draußen, keine Neonbeleuchtung drinnen. Eine Musikbox ist entbehrlich, allenfalls ein Sound à la Miles Davis ist angebracht, einsame leise Töne im Hintergrund. Das Klirren der Eiswürfel in den Gläsern ist Musik genug. Die aufgereihten bunten Flaschen hinter dem Barkeeper sind das passende Gemälde. Und er, der Barkeeper, der diesen Namen wirklich verdient, muss seinen Beruf natürlich beherrschen, über Mischungsverhältnisse und Zutaten bei den verschiedenen Drinks schlafwandlerisch Bescheid wissen. Und er sollte leise sein, aufmerksam, keineswegs aufdringlich: Psychologe, Beichtvater und Diplomat in einer Person.

Und der Gast? Es gibt ihn in unzähligen Varianten: redselig, in sich gekehrt, auf Kontakt aus, fröhlich, pessimistisch (meist aber nur bis zum dritten Glas). In einer guten B. wird jeder Typ akzeptiert, sowohl vom Barkeeper wie vom Gast auf dem Nachbarhocker. Nur zwei Dinge sind nicht unbedingt angesagt: Arbeit mit in die B. nehmen und in Akten blättern, endlose Handygespräche führen.

»Eine Bar nimmt einem die Ängste – sogar die vorm Leben«, formulierte unnachahmlich der Schriftsteller Alexander Mai.

BH

Das Kleidungsstück, das den Frauen in vielerlei Beziehung eine unentbehrliche Stütze ist und Jünglingsfantasien seit Generationen angeheizt hat wie kein zweites, wurde von einer Französin erfunden. 1889 meldete Herminie Cadolle (1845–1926) den »Bien-être« (frei übersetzt: Wohlfühler) zum Patent an. Elf Jahre später präsentierte sie ihre Kreation auf der Weltausstellung in Paris. Ihr Trick bestand im Grunde genommen darin, das bisher übliche Korsett in zwei Teile zerlegt zu haben. Jetzt wurde der Busen nicht mehr von unten gestützt, sondern von oben gehalten, mit Seidenbändern und -trägern an Schultern und Rücken befestigt. Das war das revolutionär Neue. Der untere Part war eine Art Korsage für Hüften und Po. An unseren heutigen Maßstäben gemessen, sah das Ganze aus wie ein noch etwas altertümlicher Vorgriff auf den ➛ Bikini. Für damalige

Verhältnisse jedoch unerhört und noch nie da gewesen – kein Wunder, dass der »Bien-être« in der Pariser Damen- und Modewelt auf Jahre für Gesprächsstoff sorgte.

Noch heute gibt es das Pariser Modehaus »Cadolle«, Top-Adresse für Lingerie, so das charmante englische und französische Wort für zarte Damenunterwäsche. Speziell für BHs ist es immer erste Wahl geblieben. Der schönen Spionin Mata Hari wurde hier eine Spezialanfertigung aus Metall angepasst, die Modeschöpferin Coco ➛ Chanel verlangte nach einem Modell, das ihren Busen kleiner wirken ließ. Die Herzogin von Windsor, Brigitte Bardot, Catherine Deneuve – die Namen der Kundinnen lesen sich wie ein »Who's who« der eleganten Welt. Geführt wird das Haus von Poupie Cadolle, der Ururenkelin der Gründerin. Ende der 90er Jahre wurde sie zur Unternehmerin des Jahres gewählt. Über ihre einfallsreiche, kluge und in unternehmerischer Hinsicht stets wagemutige Ururgroßmutter spricht sie mit dem allergrößten Respekt: »Ihre Tat war eine wahrhaftige Revolution für die Frauen.«

»Brusthalter« und »Frauenleibchen« Auch in Deutschland gab es Bestrebungen, der weiblichen Brust mehr Anmut und Haltung zu verschaffen. 1891 meldete ein gewisser Hugo Schindler sein Patent für den »Brusthalter« an. Dieser hatte zwei an einem Gürtel befestigte Kappen, die oben mit Bändern gehalten wurden. Vier Jahre später präsentierte in Dresden Christine Hardt ihre Erfindung: das »Frauenleibchen als Brustträger«. Es bestand aus zusammengeknüpften Taschentüchern und Männerhosenträgern. Die waren bereits verstellbar. Dann, 1904, trat der Schwabe Wilhelm Meyer-Ilschen auf den Plan. Anonym, weil er sich nicht zum Gespött machen wollte, meldete er eine »Bruststütze ohne Unterteil« zum Patent an. Erst neun Jahre später bekannte er sich zu seinem Werk. So löste das Kleidungsstück peu à peu das unbequeme Korsett ab. Die frühen Exemplare bestanden aus Leinen. Ab den 20er Jahren wurden sie auch aus Seide, Musselin oder Batist hergestellt.

Das erste große Geschäft freilich sollte einer Amerikanerin vorbehalten sein: Etwa zeitgleich mit Hugo Schindler hatte in den USA Mary Phelps-Jacobs einen Ersatz für das beengende Mieder ersonnen: Aus zwei Taschentüchern und einigen geschickt verknüpften Bändern fertigte sie ein Wäschestück, um ihre Brüste zu bedecken. 1914 ließ sie sich diese Erfindung patentieren und verkaufte das Patent anschließend für die damals sagenhafte Summe von 15 000 Dollar an die Warner Brothers Corset Company. Aufgrund dieser auch von der Presse beachteten Transaktion galt sie lange Zeit als die Erfinderin des *bra*, wie das zarte Stück in der englischen Sprache heißt. In Deutschland setzte sich etwa ab 1937 das Wortungetüm »Büstenhalter« im Sprachschatz fest; die alsbald häufig benutzte Abkürzung BH klingt wenigstens nicht ganz so unerotisch sperrig.

Spezialanfertigung für Jane Russell Anfang der 40er Jahre kam der berühmteste BH der Filmgeschichte ins Gespräch: Der milliardenschwere Erfinder Howard Hughes drehte als Regisseur den Film »Geächtet« mit Jane Russell. Seinen Konstrukteuren, so die Legende, ordnete er an, einen Spezial-BH für die mit übergroßen Brüsten gesegnete Schauspielerin zu entwickeln. »Wahr an der Geschichte«, so die Russell vor ein paar Jahren in einem »Stern«-Interview, sei aber nur gewesen, »dass er den Garderobenschneider gebeten hat, einen BH zu nähen.

Er mochte nämlich meinen nicht, weil man unter dem engen Trikot, das ich dauernd tragen musste, die Nähte sah. Getragen habe ich das Ding nie, das er bauen ließ. Es war viel zu unbequem. Ich habe mir einfach zwei Lagen Kleenex über meinen BH gelegt und damit gespielt. Howard hat es nie bemerkt.«

1947 hatte der BH endgültig über das Mieder gesiegt. Es gab ihn dann in allen Varianten: mit verstärkten Körbchen (erst mit Fischbein-, später mit Metallbügeln unterhalb der Schalen), wattiert, verstärkt, als »Push-up«, ohne Verschluss, mit Verschluss vorne oder hinten. 1952 verkaufte das Unternehmen Triumph als größter Miederwarenhersteller Europas 13 Millionen BHs. Neun Jahre später wurden in Deutschland jährlich 41 Millionen Stück produziert. Ab dem Jahre 1968 ist dann ein vorübergehender Durchhänger zu verzeichnen: Studentenrevolte, Flower-Power- und Frauenbewegung wehrten sich bekanntlich gegen jede Art der Unterdrückung – so auch gegen die Repression und Manipulation der weiblichen Brust. Das hatte erstens öffentliche BH-Verbrennungen zur Folge und zweitens einen erkennbaren Rückgang der Attraktivität des revoltierenden weiblichen Oberkörpers. Dankenswerterweise war diese Phase nur von kurzer Dauer. Ab 1994, mit dem Aufkommen des »Wonderbra«, 105 Jahre nach der Erfindung von Madame Cadolle, ist der BH mehr als nur ein »Bien-être«. Er kann jetzt sogar Wunder vollbringen.

Biennale

Die Biennale di Venezia ist ein kulturelles Weltereignis und findet – wie der Name schon sagt – alle zwei Jahre statt. Von der Stadt Venedig Ende des vorletzten Jahrhunderts ins Leben gerufen, ist sie im Lauf der Zeit immer bedeutsamer und internationaler geworden. Die erste »Internationale Kunstausstellung der Stadt Venedig« im Jahre 1895 lockte bereits 224 000 Besucher in die Lagunenstadt. Zunächst standen die bildenden Künste im Vordergrund. 1907 dann begannen einige Länder, im Rahmen der Ausstellung ihre eigenen Pavillons einzurichten. Heute wird ein »Goldener Löwe« für den schönsten Pavillon vergeben. Zwischen den beiden Weltkriegen wurde die Biennale *das* Forum für moderne Kunst. Zahlreiche bedeutende Künstler stellten – und stellen – sich in Venedig erstmals einem internationalen Publikum vor. 1931 wechselte die Kontrolle der B. vom venezianischen Stadtrat zur faschistischen Landesregierung in Rom. Sie erweiterte die B. um weitere Kulturbereiche: 1930 das Musik-Festival, 1932 das Internationale Film-Festival und 1934 das Theater-Festival. Nach vierjähriger Unterbrechung während des Zweiten Weltkriegs nahm die B. 1948 ihre Aktivitäten wieder auf und richtete sich mehr und mehr an die Avantgarde. So stand 1950 die abstrakte Malerei im Mittelpunkt, in den 60ern war es die Pop-Art. Bei der Neugestaltung der Ausstellungsflächen zwischen 1948 und 1972 setzte der italienische Architekt Carlo Scapa bemerkenswerte Akzente.

Die 68er-Protestbewegung ließ auch die B. nicht unberührt und stürzte sie in ihre tiefste Krise. Die bislang verliehenen »Großen Preise« wurden abgeschafft. Thematische Schwerpunkte bestimmten die Veranstaltung. Die B. von 1974 beispielsweise widmete sich ganz dem Thema »Chile«, als kulturelles Aufbegehren gegen die Diktatur Pinochets. Neue Preise wie die in verschiedenen Kategorien verliehenen »Goldenen Löwen« wurden ins Leben gerufen, und immer mehr Ausstellerländer beteiligten sich an der B. Auf der 51. Edition im Jahre 2005 präsentierten sich bereits 70 Länderpavillons, viele von so genannten Debütantennationen wie Albanien, Afghanistan, Kasachstan oder Usbekistan. Sechs kulturelle Bereiche stecken heute den Rahmen: Film, Architektur, Musik, Theater, Tanz und zeitgenössische Kunst. Die B., jeweils von Juni bis November, ist alle zwei Jahre ein »Must« im Kalender kulturbegeisterter Menschen.

Bier

Auch wer diesem Getränk mit einer gewissen Distanz gegenübersteht, wird zugeben müssen, dass als Durstlöscher nichts wirkungsvoller ist als ein kühles, frisches Bier. Selbst überzeugteste Weintrinker setzen häufig ein Pils als Schlusspunkt hinter eine ausgiebige Weinprobe. Und für einen Bayern ist B. schlicht ein Nahrungsmittel, was es früher in der Tat einmal war.

Die Geschichte des B. geht auf die Sumerer und Babylonier zurück. Die Germanen haben das B. also keineswegs erfunden, wie das Klischee es will. In römischen Geschichtsbüchern kann man jedoch nachlesen, dass sie die Braukunst mit Hingabe übernahmen. In diesen Vorzeiten wurde B. generell aus Brot hergestellt, das eingeweicht, gekocht und anschließend vergoren wurde. Tacitus erwähnt in seiner »Germania« aber bereits einen Aufguss aus Gerste und Korn. Anfangs existierten die unterschiedlichsten Rezepturen für die Herstellung von Bier; erst zur Zeit Karls des Großen wurden feste Regeln erlassen.

Wichtige Impulse für die Weiterentwicklung der Braukunst gaben zunächst die Klöster. Im 14. Jahrhundert übernahmen die Städte die Vorreiterrolle. So wurde Hamburg 1350 das Brauzentrum für einen großen Teil Norddeutschlands. 1516 bestimmte der Herzog von Bayern, dass für die Herstellung von

B. »allein Gersten, Hopfen und Wasser genomen und gepraucht sölle werden«. Dieses zuerst auf Bayern begrenzte so genannte Reinheitsgebot wurde 1871 vom ganzen Deutschen Reich übernommen. Es ist somit das älteste noch heute gültige Lebensmittelgesetz.

Die Iren liegen vorn Immer noch zählen die Deutschen zu den wahren Bierliebhabern im internationalen Vergleich, obwohl der Pro-Kopf-Verbrauch an B. allein zwischen 1999 und 2004 um jährlich fünf Liter abgenommen hat und heute »nur« noch 117,7 Liter beträgt. Innerhalb Europas liegen lediglich die Iren mit 118 Litern um eine Nasenlänge vor uns. Reich ist die Auswahl an deutschen B., die für jeden Geschmack etwas bieten. Die wichtigsten Sorten: dunkles und helles Lager (Export), Pils, Alt, Kölsch, Berliner Weiße, Bock oder das Weiß- bzw. Weizenbier.

Trotz Sortenvielfalt und Reinheitsgebot ist deutsches B. im Ausland zwar gut beleumundet, spielt mengenmäßig jedoch keine bedeutende Rolle. Eine der weltgrößten Brauereien liegt in Australien: Fosters. Ein weiterer Gigant des Biergeschäftes ist die amerikanische Brauerei Anheuser-Busch. Ihr Ursprung geht auf den Bayern Adolphus Busch zurück, der Mitte des 19. Jahrhunderts die Tochter eines anderen deutschen Auswanderers, Lilly Anheuser, heiratete und mit seinem Schwiegervater in St. Louis die Bavarian Brewery gründete. Da sie sich an den Qualitätsstandards ihrer Heimat orientieren wollten, importierten sie kurzerhand deutsche und tschechische Biere. Zu den tschechischen gehörten Pilsner Urquell, Budweis und Michelob. Die beiden letztgenannten beflügelten die Fantasie der zwei Herren zur Erfindung der Markennamen Budweiser und Michelob. Als dann die böhmisch-tschechische Brauerei einige Jahre später selbst nach USA exportieren wollte, musste sie feststellen, dass es ihr Bier dort bereits gab. Es folgten jahrelange Streitigkeiten und eine Aufteilung der Welt in Zonen, wo es das amerikanische Budweiser gibt (Nord- und Mittelamerika) und wo das Original (Rest der Welt).

Im Unterschied zu allen anderen alkoholischen Getränken verschweigt man beim B. den Alkoholgehalt. Denn wenn man hier von Prozenten spricht, geht es um den Gehalt an Stammwürze. Dazu gehören beispielsweise Malzzucker und sämtliche anderen Bestandteile außer Wasser und Alkohol. Bei 11- bis 14-prozentigen B. bedeutet dies einen Alkoholgehalt von drei bis vier Prozent, bei Starkbieren mit 16 Prozent Stammwürze und mehr sind es viereinhalb bis sechs Prozent Alkohol.

Bikini

Diese entzückende Textilie (streng genommen sind es ja zwei) trägt einen Namen, der nicht minder entzückend klingt: verspielt, lustig, leichthin, charmant. Wie es zu der Namensgebung kam, ist allerdings alles andere als charmant. Am 1. Juli 1946 ging – zu Testzwecken – eine amerikanische Atombombe auf einer vorher von den Einwohnern evakuierten Inselgruppe in der Südsee nieder: dem Bikini-Atoll. Vier Tage später lud der Pariser Modeschöpfer Louis Réard mehrere tausend Gäste ins mondäne Pariser Schwimmbad »Molitor«, um ihnen seine modische »Weltneuheit« zu präsentieren: den zweiteiligen Badeanzug. Von Haus aus war Réard Maschinenbauingenieur. Einen Amphibienwagen hatte er konstruiert und auch schon mal Brüste aus Gummi modelliert. Nun also einen Badeanzug, wenn er diese Bezeichnung denn überhaupt verdiente: vier winzige, mit Zeitungsausschnitten bedruckte Stoffdreiecke, die intimen Stellen des weiblichen Geschlechts gerade eben verdeckend. Die Mannequins waren entsetzt und weigerten sich, damit öffentlich aufzutreten. In letzter Minute wurden zwei, drei Revuetänzerinnen aus dem »Casino de Paris« engagiert. Doch der Zweiteiler schlug ein »wie eine Bombe« (den Ausdruck gibt es auch im Französischen), und so besaß Monsieur Réard die Feinfühligkeit, ihn nach dem Ziel der vier Tage zuvor am anderen Ende der Welt detonierten nuklearen Bombe zu benennen: Bikini. Die moralische Entrüstung über beide Bombenereignisse war übrigens gleich stark.

»Ein hübsches Nichts« An den Stränden, in den Parks, auf den Sonnendecks von Motoryachten und Ozeanriesen, in den Schwimmbädern hat der B. dann seinen Siegeszug angetreten. Langsam erst – die prüden 50er Jahre kamen ja noch –, dann aber mit Macht. Für seine sprunghafte Verbreitung sorgte 1962 der erste James-Bond-Film (»James Bond jagt Dr. No«): In einer Szene steigt Ursula Andress in einem B. aus weißer Baumwolle aus dem Meer, was Sean Connery zu der Bemerkung inspiriert: »Ein hübsches Nichts, das Sie da beinahe anhaben.« Fast 40 Jahre später fand die Schauspielerin das hübsche Nichts auf dem Dachboden ihres Hauses wieder und ließ es bei Christie's in London für umgerechnet 65 000 Euro versteigern.

Allerdings hat man den B. nicht überall auf der Welt gleich schnell akzeptiert. Als 1965 eine Schülerin im sexy Zweiteiler über den Münchner Viktualienmarkt spazierte, wurde sie festgenommen und von einem Gericht zur Strafe sechs Tage zum Putzen ins Altersheim geschickt. Etwa zur gleichen Zeit schlenderte in Rio de Janeiro ein bildhübsches blutjunges Mädchen im B. täglich an der Strandbar vorbei, in welcher der berühmte Bossa-Nova-Komponist Carlos Jobim seinen Caipirinha zu schlürfen pflegte. Das Geschöpf raubte ihm den Atem, und so hat er sie in seinem Welthit verewigt, einem der schönsten Titel der Jazzgeschichte: »The Girl From Ipanema«.

Blahnik, Manolo

Madonna findet seine Schuhe »besser als Sex«. Viele seiner Verehrerinnen möchten die guten Stücke abends, wenn sie sie ausziehen, am liebsten in einen gläsernen Safe stellen, damit sie ebenso sicher wie sichtbar bleiben. Manolo Blahnik entwirft die berühmtesten und begehrtesten Highheels der Welt. Kein anderer Schuhdesigner hat so viel Furore gemacht.

Blahnik wurde 1942 als Sohn einer spanischen Mutter und eines tschechischen Vaters auf der kanarischen Insel La Palma geboren. Seine Eltern hatten für ihn eine Karriere als Diplomat vorgesehen und schickten ihn zum Jura- und Politikstudium nach Genf. Dort hielt er es allerdings nur ein Semester aus, dann ging er nach Paris, um Literatur und Architektur zu studieren. 1965 schrieb er sich dort an der Kunsthochschule ein. Doch nach ein paar Jahren beorderte ihn sein Vater nach London, wo er sein Englisch aufpolieren sollte. Das tat der junge Manolo am liebsten im Kino. In seinem Lieblingstheater am Leicester Square schaute er sich manchmal mehrere Filme hintereinander an. Nebenbei arbeitete er als Gelegenheitsdesigner, bis er durch Paloma Picasso, die er aus Paris kannte, der damaligen Chefredakteurin der englischen »Vogue«, Diana Vreeland, vorgestellt wurde. Sie war speziell von seinen Schuhentwürfen begeistert und bestärkte ihn darin, sich ganz auf

Schuhdesign zu verlegen. Das tat Blahnik mit solcher Verve, dass er 1974 als erster Mann das Cover der Zeitschrift schmückte. Besonders gern stattete Blahnik mit seinen Stilettos die Schauen des schillernden Modeschöpfers Ossie Clark aus. 1978 kam dann mit einer Kollektion für das New Yorker Luxuskaufhaus Bloomingdales der endgültige Durchbruch auf dem amerikanischen Markt.

»Sex And The City« Waren seine Schuhe also schon in den 70er Jahren Objekte der weiblichen Begierde, die sich kontinuierlich steigerte, so wurde Blahnik endgültig Kult mit den US-Fernsehserien »Sex And The City« und »Absolutely Fabulous«. Seitdem kennt der Run auf die »Manolos« keinen Halt – sofern man sich ein Paar, das zwischen 500 und 1500 Euro kostet, denn leisten kann. Für die Fans sind es wahre Wunderwerke der Schuhmacherkunst, und es gibt kein Attribut, das ihnen nicht anhaftet: avantgardistisch oder zeitlos, ausgeflippt oder diskret. Einmütig wird die Passform dieser Highheels gelobt, die sich trotz ihrer zwölf Zentimeter hohen Absätze angeblich ohne Ermüdungserscheinungen den ganzen Tag tragen lassen.

Blahnik lebt und arbeitet weitgehend in London und wohnt in einem alten Haus in Bath, westlich der britischen Hauptstadt. Einige Monate im Jahr verbringt er in seiner Fabrik in Italien, die übrige Zeit fliegt er in der Welt umher. Seine Inspirationen holt er sich nach wie vor aus Filmen – und aus Gemälden von Velàzquez oder anderen alten Meistern. Das Verlangen seiner Kundschaft charakterisiert er so: »Was ist der Unterschied zu Zucker oder Schokolade? Menschen haben nun mal Süchte, und schuhsüchtig zu sein, ist wenigstens gesund!«

Blässe

Nicht auszudenken, welche Folgen es hätte, wenn dieses jahrhundertelang gültige Schönheitsideal wieder aufkäme. In der Kosmetik- und Freizeitindustrie wäre radikales Umdenken angesagt. Tourismusunternehmen würden katastrophale Konsequenzen drohen – bis hin zur Insolvenz. Viele Fluglinien könnten ihre Maschinen verschrotten. Es wäre ein Paradigmenwechsel, wie man ihn sich spannender und bizarrer kaum vorstellen kann, würden die Menschen eines Tages den Wert und die Attraktivität der Blässe neu entdecken. In der Sonne liegen: nicht länger als ein Viertelstündchen pro Woche. Das Malträtieren der geplagten Haut: passé. Sonnenbrand: nie wieder. Das lästige Einreiben mit Sonnenschutzmitteln: vergessen. Dieser schreckliche Konflikt, ob zum Urlaub auf die Malediven oder die Seychellen: over. Der Fetisch braun gebrannt = supergesund = supererfolgreich = unwiderstehlich: ausgedient.

Freilich ist es kaum wahrscheinlich, dass es so kommen wird. Zwar weiß man heute alles über die gesundheitlichen Risiken zu starker Sonnenbestrahlung. Dass langes Sonnenbaden die Haut schädigt, die Faltenbildung beschleunigt und sogar Hautkrebs verursachen kann, hat sich allgemein herumgesprochen. Trotzdem sind wir erst so richtig glücklich, wenn nach dem Urlaub die Kollegin sagt: »Mensch, hast du aber eine tolle Farbe!«

Es hält sich eben hartnäckig, dieses Ideal von der »gesunden Bräune«, was streng genommen ein Missverständnis ist. Denn unsere Haut wird nicht braun, damit wir schön aussehen, sondern um sich gegen die schädliche UV-Strahlung zu wehren. Bräunen ist kein Geschenk der Natur, sondern ein reiner Schutzmechanismus.

Was müssen das für seltsame Zeiten gewesen sein, als B. in unseren Breiten als vornehm galt. Nur Menschen niederen sozialen Ranges, die im Freien arbeiteten, trugen braune Haut zu Markte. Die britischen Aristokraten, die im Sommer an die Côte d'Azur reisten, setzten sich in den Schatten und schauten verzückt aufs Meer. Die feinen Damen versteckten ihr Gesicht unter einer dicken Puderschicht. Ohne Schleier oder Sonnenschirm verließ keine Frau das Haus. Manch eine trank sogar Essig oder wachte die Nacht durch, um blass und damit interessant auszusehen. Kaiserin Elisabeth von Österreich (Sissi) fürchtete das Sonnenlicht regelrecht. Deshalb trug sie stets einen blauen Schirm an ihrem Hut: zur Abwehr von Sonnenbrand und Sommersprossen. Noch bis in die 20er Jahre wurde in Annoncen und auf Litfaßsäulen für Seifen, Cremes, Puder oder Bleichmittel geworben, die der Erhaltung oder Wiedererlangung von »weißer«, »sammetweicher« Haut oder eines »zarten«, »blendend schönen« Teints dienen sollten.

»Brüder, zur Sonne!« Allmählich aber wurde dezente Bräune zum sichtbaren Zeichen von Wohlstand. Wer braun gebrannt war, bewies: Man konnte es sich leisten, Urlaub zu machen, zu verreisen. Der Zweite Weltkrieg verordnete den Menschen zwar noch einmal totale B., freilich nicht die ehemals vornehme, sondern die des Elends und der Verzweiflung. Doch ab den 50er Jahren galt dann die Parole der sozialistischen Internationale für jedermann: »Brüder, zur Sonne ...« Spanien und Italien wurden beliebte Ferienziele. Gebräunte Haut wurde zum Statussymbol, stand für Sportlichkeit, Gesundheit, Weltläufigkeit.

Langsam setzt sich inzwischen die Erkenntnis durch, dass die Gleichung ganz so einfach nicht aufgeht. Aber eine radikale Umkehr ist wohl eher illusorisch. Eine Gesellschaft, für die das Wort »blass« ganz allgemein ein eher abwertendes Adjektiv ist (»ein blasser Typ«, »ein blasser Text«, »eine blasse Rede«), wird einen blassen Teint kaum als erstrebenswert erachten. Und so lässt man sich in puncto Haut von der »Reparaturmentalität« leiten: Man schluckt Pillen, die hohe Dosen Vitamin E und C enthalten. Man hofft auf die segensreiche Wirkung einer ➛ Anti-Aging-Behandlung. Man reibt sich vor dem Sonnenbad sorgfältig ein, achtet bei der Wahl der Sonnencreme auf einen möglichst hohen Schutzfaktor. Man drosselt insgesamt die Sonnenzufuhr. Man vertraut auf die eigene Vernunft, die man dann, nach den langen kalten Monaten der Entbehrung, genauso vertrauensvoll wieder außer Kraft setzt.

Weil es eben einfach zu schön ist, behaglich in der Sonne zu liegen und dabei ganze Wagenladungen von Glückshormonen zu produzieren.

Bocuse, Paul

Paul Bocuse ist ohne Zweifel der bekannteste ➛ Koch der westlichen Welt. Diesen Ruf hat er sowohl seinen Leistungen auf dem Gebiet der Kochkunst als auch seinem ernormen Kommunikationstalent zu verdanken. 1926 in Collonges-au-Mont-d'Or, vier Kilometer nördlich von Lyon geboren, verbrachte er seine wichtigsten Lehrjahre bei Mère Brazier und Fernand Point. In der elterlichen »Auberge du Pont de Collonge« erkochte er sich als 35-Jähriger seinen ersten Michelinstern und ein Jahr später bereits den zweiten. Als er 1965 mit dem dritten Stern dem Zenit seiner Karriere schon sehr nahe war, musste er feststellen, dass er dem Restaurant in der Auberge nicht seinen eigenen Namen geben konnte. Denn der Großvater hatte Anfang der

20er Jahre ein kleines Restaurant am Ufer der Saône mit den Rechten an eben diesem Namen verkauft. So musste der Enkel zunächst einmal kräftig zahlen, bevor er den frisch gekürten Drei-Sterne-Tempel nach sich selber benennen konnte.

Nouvelle-Cuisine-Botschafter Dann ging alles ganz schnell. Gemeinsam mit seinen großen Kollegen, den Haeberlins, Alain Chapel, Gaston Lenôtre, Roger Verger, den Brüdern Troisgros, Michel Guérard, um nur einige zu nennen, gelang es Bocuse, die französische Hochküche als Inbegriff größter Kochkunst international zu etablieren. Dabei war Bocuse stets der unangefochtene Vorreiter, Sprecher und Bannerträger unter seinen nicht minder begabten Kollegen. Mit seinem Namen verband sich auch die Schule der Nouvelle Cuisine, die – häufig missverstanden und missinterpretiert – eine ganze Küchenepoche prägte.

Dass er sich nicht damit begnügte, einer der ganz Großen der französischen und damit überhaupt der Geschichte der Kochkunst zu sein, wird anhand seiner zahlreichen sonstigen Aktivitäten deutlich: Mit dem »Bocuse d'Or« kreierte er den ersten weltweiten Kochwettbewerb. 1990 gründete er mit dem »Institut Paul Bocuse, Hôtellerie et Arts Culinaires« eine der anerkanntesten gastronomischen Lehranstalten.

Vor allem aber hat sich Bocuse länger als jeder andere in der Spitzengruppe der Drei-Sterne-Köche (laut »Michelin«) gehalten, wurde dafür von Staatspräsident Giscard d'Estaing in die Ehrenlegion aufgenommen und danach von den Nachfolgern Mitterand und Chirac ge- und befördert. Schließlich verlieh ihm der »Gault Millau« 1989 den Titel »Koch des Jahrhunderts«.

BOLLINGER

Wie viele andere Champagnerhäuser geht auch die Marke Bollinger auf einen Deutschen zurück: Joseph Bollinger aus Württemberg, der sich später Jacques nannte, war einer von drei Partnern bei der Gründung des Hauses am 6. Februar 1829. Einer davon schied schon bald wieder aus, und acht Jahre nach der Gründung heiratete Bollinger die Tochter seines zweiten Partners, des Admirals Graf Villermont. Danach haben er und seine Nachkommen durch Zukauf bester Lagen den Besitz ständig ausgebaut.

B. zählt bei weitem nicht zu den größten Champagnerhäusern; was jedoch die Qualität der Weine betrifft – darin sind sich alle Kenner einig –, gehört das Unternehmen, wie das nicht minder geschätzte Haus ➛ Krug, in die absolute Spitzenliga der Champagne. Beide verwenden beispielsweise noch Holzfässer, um den Geschmack ihrer Weine ebenso köstlich wie unverwechselbar zu machen. B. praktiziert diesen Ausbau allerdings nur in sehr guten Jahren, Krug hingegen generell. Eine Besonderheit von B. ist der Besitz von Weinbergen in den Grand-Cru-Lagen Ay, Bouzy, Louvois und Verzenay sowie – und das ist einzigartig in der Champagne – von zwei mit Pinot Noir bepflanzten Parzellen, deren Rebstöcke noch aus der Zeit vor der Reblaus stammen. Das bedeutet, dass sie nicht auf amerikanischen Unterlagen aufgepfropft sind. Aus irgendwelchen Gründen waren diese Parzellen von der Reblauskrise verschont geblieben. Die Weine dieses einzigartigen Ursprungs werden getrennt vinifiziert und ergeben eine kleine Menge eines hochrenommierten Champagners, der nebenbei wohl auch der teuerste der Welt ist: Bollinger Vieilles Vignes Françaises Blanc de Noir.

Doch auch die anderen Qualitäten von B. sind Pinot-Noir-betont; diese Rebsorte macht rund 65 Prozent der Assemblage aus. Berühmt ist der Bollinger RD mit Jahrgang; das Kürzel RD steht für *récemment dégorgé* (kürzlich degorgiert). Er reift zehn Jahre und mehr auf der Hefe und wird dann erst degorgiert (das heißt: die Hefe wird ihm entzogen) und versandfertig gemacht, wobei das Degorgierdatum auf dem Rücketikett vermerkt wird.

BORDEAUX

Kein anderes Rotweingebiet der Welt verkörpert mit seinen Erzeugnissen so sehr Legende, Ruhm, Beständigkeit und Wertschätzung wie Bordeaux; es ist das Maß aller Dinge in Qualität und Preis. Mit Fug und Recht kann man B. als die Welthauptstadt des Weines bezeichnen, Athen und Rom in einem. Stadt und Weine verdanken ihre Bedeutung nicht zuletzt der Lage an der Gironde, dem Zusammenfluss von Garonne und Dordogne. Der Name ist die Verkürzung von *au bord de l'eau:* am Ufer des Wassers. B. liegt mit seinem Hafen etwa 100 Kilometer vom offenen Meer entfernt, und dieser Hafen war es, der den Weinen den Zugang zu den Weltmärkten erlaubte.

Neben der Qualität der Weine dieser Region war es das Châteaux-System (➛ Châteaux), das entscheidend zum Erfolg beitrug. In der Tat sind im Médoc die Schlösser zu Marken geworden. Das hat aber auch seine Schattenseiten. Die meisten Verbraucher können sich gerade mal eine Hand voll Châteaux-Namen merken. Es gibt aber tausende davon. Viele der großen Weingüter mit ihren prunkvollen Herrenhäusern verdienen es wirklich, sich Schloss zu nennen, andere – mit keinesfalls schlechteren Weinen – nehmen sich diesbezüglich eher bescheiden aus.

Marketing-Genie Napoleon III. Die lange Herrschaft der Engländer in Aquitanien vom 12. bis ins 14. Jahrhundert hat zweifellos die weltweite Verbreitung der Weine des Bordelais enorm gefördert – eine Art historisches Marketing. In England selbst genießen sie noch heute unter der Bezeichnung »Claret« einen geradezu legendären Ruf. Von Sinn für Marketing zeugt auch – im 19. Jahrhundert, die Engländer waren längst weg – der Auftrag von Kaiser Napoleon III. an die Handelskammer von B., eine Klassifizierung aller großen Bordeaux-Weine vorzunehmen. Diese erschien 1855 unter dem Titel »Classement officiel des grands crus de la Gironde« und umfasste Weine aus dem Haut-Médoc, das berühmte Château Haut-Brion aus dem Graves sowie einige

Weine aus dem Bereich Sauternes mit dem alles überstrahlenden ➛ Château d'Yquem. Hierbei wurden die Châteaux in fünf Klassen eingeteilt, bei Premier Cru (erstem Gewächs) beginnend. Diese Einteilung – heute gilt sie als überholt – verhalf seinerzeit den Weinen des Médoc zu Ansehen und Seriosität. Die Liste war Messlatte für Qualität und Preis. Später wurde sie mehrfach modifiziert und um die Anbaugebiete Pomérol und Saint-Émilion ergänzt.

In unseren Tagen haben eine Vielzahl von Weinjournalisten und sonstigen Vinophilen die Aufgabe der Handelskammer von B. übernommen. Jahr für Jahr klassifizieren sie die Weine nach einem ausgeklügelten System von Schulnoten, Punkten oder Sternen. Der einflussreichste Juror ist der amerikanische Anwalt Robert Parker. Mit seinem 100-Punkte-System nimmt er auf die Preisentwicklung der Weine eines neuen Jahrgangs entscheidenden Einfluss – und dies zu einem Zeitpunkt, wo sie noch im Fass und am Beginn ihrer Weinwerdung stehen.

Ein Charakteristikum der Weine der Region war stets, dass sie in ihrer Jugend eher eckig und unharmonisch anmuten, sich aber dann, viele Jahre später, zum überwältigenden Geschmackserlebnis höchster Individualität entwickeln. Paul ➛ Bocuse erklärte das so: »Früher kaufte man zur Geburt eines Kindes eine Flasche Wein und öffnete sie zu dessen Hochzeit.« Wohl gesprochen! Man muss Geduld haben mit den Weinen von B., heißen sie nun Pétrus, Haut-Brion, Latour, Lafite oder Rothschild.

BRIONI

Wenn allein 185 Bügelvorgänge und mindestens 18 Stunden Arbeit in die Herstellung eines Anzugs geflossen sind, müsste es mit dem Teufel zugehen, wenn dieser nicht perfekt sitzen würde. Das ist jedenfalls der nach Firmenangaben durchschnittliche Aufwand für einen Anzug der Marke Brioni. Dieses Haus steht in der Herrenmode für höchste Perfektion und untadelige Schneiderarbeit. Dass man unter 5000 verschiedenen Stoffen erster Qualität auswählen kann, macht die Sache auch nicht leichter – das wesentlichste Hindernis auf dem Wege zu einem Brioni-Anzug ist aber der Preis (3000 bis 15 000 Euro). Wer auch diese Hürde überwunden hat, darf sich zur Elite von nur 25 000 Brioni-Kunden weltweit zählen.

Von Gary Cooper zu Gerhard Schröder Der Name Brioni wurde 1945 geboren, als der Schneidermeister Nazareno Fonticoli und der Modedesigner Gaetano Savini ihr Geschäft für Herrenmode in Roms Via Barberini eröffneten. Sie nannten ihre Firma nach einer Insel an der Südwestküste Istriens, die kurz darauf als Sommerresidenz des jugoslawischen Herrschers Marschall Tito bekannt wurde. Ihre erste große Modenschau fand 1952 im Palazzo Pitti in Florenz statt. Als dann Rom in jenen Jahren eines der Zentren der Filmindustrie wurde, pilgerten Clark Gable, Gary Cooper, Kirk Douglas, John Wayne in die Via Barberini, um sich einen Anzug von B. fertigen zu lassen. Vor allem in den USA wurde B. zum Inbegriff für italienische Eleganz und Stil. In Deutschland ließ sich Gerhard Schröder in den noch relativ unbeschwerten Anfangsjahren seiner inzwischen beendeten Amtszeit als Bundeskanzler in B. (und mit Zigarre dazu) fotografieren: der eleganteste Regierungschef, den wir je hatten.

BULGARI

Die Vorfahren dieser bedeutendsten Juwelierdynastie Italiens kamen aus Griechenland, genauer: dem kleinen Ort Kallarrytes, nahe der albanischen Grenze. Sie hießen Boulgaris. Die meisten Bewohner der Gegend waren Bauern und Hirten. Doch seit byzantinischen Zeiten blühte dort auch das Handwerk des Silberschmieds. Aus einer solchen Familie stammte Sotirios Boulgaris, der Gründer des heute international bekannten Unternehmens.

Aufgrund politischer Unruhen in der Heimat ging Sotirios mit seinem Vater zunächst nach Korfu, wo sie ein Schmuckgeschäft eröffneten. Doch den unternehmungslustigen jungen Mann hielt es nicht lange auf der Insel. Von einem Freund ließ er sich überreden, das Schiff nach Brindisi zu nehmen und sein Glück in Italien zu versuchen. Das erste Geschäft eröffneten die beiden Partner in Neapel, wo ihnen aber schon bald der Laden ausgeraubt wurde, während sie beim Abendessen saßen. Also zogen sie weiter nach Rom. Bei einem griechischen Schwammhändler durften sie einen Teil des Schaufensters zur Darbietung ihrer Produkte nutzen. Der Verkauf ließ sich so gut an, dass sie bald ihr eigenes Geschäft aufmachen konnten. Der Erfolg führte jedoch zu Meinungsverschiedenheiten zwischen den Partnern. So entschied sich Sotirios im Frühjahr 1884 für einen eigenen Laden. Von fünf Uhr morgens bis spät in die Nacht arbeitete der fleißige Grieche in seiner kleinen Wohnung, die sowohl als Werkstatt wie auch als Verkaufsraum diente. Der Verkauf, den er in den ruhigen Sommermonaten auf St. Moritz ausdehnte, lief so gut, dass er Freunde und Verwandte nach Rom nachkommen ließ, damit sie ihn in der Firma unterstützten. Alsbald eröffnete er ein neues, größeres Geschäft, das er frei nach Charles Dickens »Old Curiosity Shop« nannte. Darunter stand an der Ladenfront: »S. Bulgari – Argenteria Artistica, Antiquités, Curiosités, Bijoux«. Es war also noch keineswegs das Luxussortiment, für das die Marke B. heute bekannt ist. Aus Sotirios Boulgaris war nun Sotirio Bulgari geworden. Er gründete Filialen in Pontresina und Luzern, San Remo und Neapel, die er allerdings später wieder schloss oder an Verwandte übergab.

Italienische Silberkunst Anfang des 20. Jahrhunderts stiegen die beiden Söhne in das Geschäft ihres Vaters ein. Sie bauten nicht nur die Verkaufsräume in der Via dei Condotti zu einer repräsentativen Adresse aus, sondern konzentrierten auch das Sortiment auf eigene Schmuckkreationen sowie antike Silberarbeiten aus allen europäischen Ländern und Epochen. Letzteres war die Passion von Costantino Bulgari, der später ein fünfbändiges Standardwerk über italienische Silberkunst verfasste. Giorgio hatte sich unterdessen in Paris weitergebildet. So brachten beide Brüder, einander perfekt ergänzend, Kompetenz, Geschmack und den Geschäftssinn des Vaters in das Unternehmen ein. Auch die dritte und vierte Generation Bulgari arbeitete daran, den Ruf des Hauses in technischer und künstlerischer Hinsicht auszubauen.

Unverwechselbar ist die Nutzung antiker Silbermünzen bei der Herstellung von edelstem Schmuck. Dies wurde in den 60er Jahren durch Nicola Bulgari zum eigentlichen Markenzeichen des Hauses. Er lancierte diesen Stil unter dem Thema »Gemme Nummarie«, was die Gleichsetzung von Münzen mit Edelsteinen beinhaltet. Inzwischen hat das Unternehmen B. das Spektrum um Bereiche wie Uhren oder Parfüms ergänzt. Mit Filialen in aller Welt gehört es heute zu den führenden Luxusunternehmen.

BURBERRY

Die Marke ist so britisch wie der Five-o'clock-Tea und ein eindrucksvolles Beispiel dafür, wie aus einer klassischen Gebrauchskleidung ein global geschätztes »Brit-Chic-Label« werden kann. Es begann eher unspektakulär, als nämlich der 21-jährige Thomas Burberry im Jahre 1856 in Hampshire einen kleinen Bekleidungsladen aufmachte, der sich bald auf Sportkleidung spezialisierte. Doch dann der große Eintrag im Textil-Geschichtsbuch: Herr Burberry erfindet den Gabardine, einen atmungsaktiven Stoff, bei dem das Gewebe imprägniert und somit nicht nur wasserdicht, sondern auch langlebiger wird. 1880 war das, und acht Jahre später meldete er seine Erfindung als Patent an.

Der Erfolg ermutigte Burberry zum nächsten Schritt: die Eröffnung eines Geschäfts am Londoner Haymarket. Sein Verkaufsschlager wurde ein Mantel, der als Vorläufer des Trenchcoats bezeichnet werden kann. Dieser schlug so gut ein, dass bereits zur Jahrhundertwende Filialen in Paris und New York gegründet werden konnten. Schon damals wusste man im Hause B., wie man es anstellt, weltweite PR zu erzielen, und so wurden mit den robusten Stoffen verschiedene Expeditionen ausgerüstet, beispielsweise 1911 die des norwegischen Forschers Amundsen zum Südpol. Das sprach sich, wie geplant, herum, und so war es kein Wunder, dass auch die Armee Haltung annahm: Die ab 1914 produzierten Militärmäntel basierten auf dem soliden Ruf dieses strapazierfähigen Kleidungsstückes.

1924 dann die nächste Neuerung, die sich als klug erweisen sollte: B. ließ seine Trenchcoats mit einem Futter in dem nachmals berühmten Karomuster ausstatten. Noch im selben Jahr gab's das Patent darauf. Dies war der entscheidende Schritt in die Welt der Mode. Alsbald zierte das berühmte »Burberry Check« nicht nur Mantelfutter, sondern auch Schirme, Gepäck und Schals. B. war zu einer begehrten Marke geworden.

BURGUND

Das alte Herzogtum Burgund (frz. La Bourgogne), im Osten Frankreichs zwischen Jura und dem Pariser Becken gelegen, hat französische und europäische Geschichte geschrieben und erlitten. An sie erinnern eindrucksvoll die Städte dieser Gegend, allen voran die Hauptstadt Dijon. Weit über seine Grenzen hinaus reicht allerdings der Ruf seiner Küche und Weine. Dabei ist das Weinbaugebiet B. lediglich ein zwar langer, aber äußerst schmaler Streifen von Chablis im Norden bis zum Beaujolais im Süden. Sein Boden ist seit Jahrhunderten für den Weinbau kultiviert und mit den Rebsorten bepflanzt worden, für die er sich am besten eignet: Pinot Noir, der auf Deutsch auch Spätburgunder heißt, und Chardonnay.

Eigentlich sind es fünf sehr unterschiedliche Weinbaugebiete, die sich unter dem Dach B. zusammenfinden: das Auxerrois ist die Heimat der großen, frischen und mineralischen Chablis. Die Côte d'Or südlich von Dijon bringt die größten Rotweine des B. hervor: Montrachet, La Tâche, Gevrey-Chambertin oder Romanée-Conti sind die Zauberworte, die einen sehnsüchtigen Glanz in die Augen der Weinkenner zaubern. Auch die Côte de Nuit und die Côte de Beaune bringen große Rot- und trockene Weißweine hervor. Weiter südlich schließen sich die Hügel der Côte Châlonnaise an und daran das Mâconnais mit seinen zu Recht berühmten Weißweinen wie dem Pouilly-Fuissé. Die Begrenzung von B. im Süden ist das Beaujolais mit seinen mit der Gamay-Rebe bepflanzten Granitböden. Leider hat der Beaujolais durch die übertriebene Vermarktung seines Primeur oder Nouveau einen schlechten Ruf erhalten. Jedoch kommen aus den großen Lagen wie Juliénas, Moulin à Vent oder Brouilly hochklassige, langlebige Weine.

Aber nicht nur im Beaujolais liegen Licht und Schatten dicht beieinander. Unter dem Namen Burgunder werden nämlich viele überragende, aber leider auch recht durchschnittliche Weine verkauft. Der Weinfreund hat es nicht leicht, die guten von den schlechten zu unterscheiden. Zwar gibt es als Anhaltspunkt die Qualitätsbezeichnungen »Premier Cru« (Cru = Gewächs) und als absolute Spitze »Grand Cru«, doch die heillose Zersplitterung des Weinbesitzes ist für den Nicht-Fachmann mehr als verwirrend.

Raffgierige Mönche Das war nicht immer so: Der Weinbau in B. ist mit der älteste in Europa. Die Römer fanden ihn vor, als sie das Land eroberten. Im Jahre 581 schenkte König Guntram der Abtei Sainte-Bénigne einige Weinberge. Dies sollte erhebliche Konsequenzen haben, folgten doch andere burgundische Herren zum Beweis ihrer Frömmigkeit diesem Beispiel. Bald hatten sich die Benediktiner und Zisterzienser die größten Flächen angeeignet. Dies galt besonders für die Abtei von Cluny, das damals größte Bauwerk der Christenheit. (Später wurde es vom Petersdom in Rom übertroffen.) Die Mönche der Abtei Cîteaux beispielsweise wussten vor allem die Hügel um Vougeot zu schätzen. Der Boden dieser Gegend bringt seit 800 Jahren einen der besten Rotweine der Welt hervor. Die Revolution Ende des 18. Jahrhunderts änderte die Situation radikal: Die Klostergüter wurden in Nationaleigentum überführt. Winzer, aber auch wohlhabend gebliebene Städter kauften davon, was sie kriegen konnten. Durch Erbteilung wurden die Parzellen immer kleiner. Allein die Rebfläche des Clos de Vougeot teilen sich heute nicht weniger als 80 Eigentümer.

Sicher die berühmteste, allerdings auch teuerste Weinlage in B. ist Vosne-Romanée. Im Vergleich zur Größe anderer berühmter Namen wie Richebourg oder La Tâche ist die Rebfläche mit 26 Hektar verschwindend klein. Am begehrtesten ist zweifellos der Romanée-Conti mit winzigen 1,8 Hektar. Der Ruf dieses Weines war schon in früheren Zeiten legendär: Dem Sonnenkönig Ludwig XIV. wurde er mit einem Löffel als Medizin verabreicht. Lange stritten Madame de Pompadour und der Fürst Conti um den Besitz dieses Weinguts; als Letzterer obsiegte, setzte er seinen Namen hinter Romanée.

Bussi Bussi

Der Wangenkuss zur Begrüßung und zum Abschied nimmt seit Jahren einen soliden zweiten Platz hinter dem Klassiker Sich-die-Hand-Geben ein, noch vor der Umarmung, mit der er gelegentlich kombiniert wird. In unseren Breiten bekannt und gesellschaftsfähig gemacht wurde er zunächst durch italienische und französische Filme, dann durch ausgeprägte praktische Anwendung unter Angehörigen der Society, der Theater-, Film- und Modebranche. Besonders ausgiebig begann man sich in den 60er und 70er Jahren in München auf die Wangen zu küssen. Und da ein Kuss im Bayerischen ein »Busserl« oder »Bussi« ist, sprachen Linke, Gesellschaftskritiker, Kabarettisten und andere Spötter alsbald abschätzig von der Münchner »Bussi-Bussi-Gesellschaft«.

Dieser Begriff wird immer noch gern benutzt, um das oberflächliche Partyleben der ➛ Schickeria in der bayerischen Landeshauptstadt zu bezeichnen. Dabei lässt man freilich außer Acht, dass heute in allen deutschen Städten, Gemeinden und Landstrichen, in sämtlichen Berufsgruppen und quer durch die soziologischen Schichten gebusselt wird, was die Lippen auf der einen und die Wangen auf der anderen Seite hergeben. Es küssen sich zur Begrüßung und zum Verabschieden Altlinke und Neureiche, Angepasste und Alternative, Partylöwen und Angehörige des Klerus, schick und nachlässig Gekleidete. Wie ein Blick in die Schattenbereiche der Metropolen belegt, busseln selbst Landstreicher, Alkis und Junkies einander zum mittäglichen Rencontre unter freiem Himmel.

Ausgesprochen innig zelebriert wird der Wangenkuss von Frau zu Frau, meist schmatzend und häufig begleitet von schrillen Begeisterungsschreien. Mann und Frau praktizieren ihn etwas weniger heftig, wobei sich in diese gleichsam klassische Paarung immer wieder mal – sowohl als neckische Variante wie auch als kühner Vorgriff – ein echter »lip-to-lip«-Kuss in die Zeremonie einschleicht. Ja, auf den Trümmern eines der letzten Tabus in unseren nordischen Breiten küssen neuerdings auch heterosexuelle Männer einander ungeniert auf die Bartstoppeln. Das war in früheren Jahren den Potentaten des Ostblocks vorbehalten.

CABRIOLET

Wenn die Definition stimmt, dass ein Cabriolet ein motorgetriebenes Vehikel ohne festes Dach ist, dann stellte im Jahre 1886 Carl Friedrich Benz mit seiner dreirädrigen Motorkutsche nicht nur das erste Auto auf die Straße, sondern auch das erste C., eingedeutscht: Kabriolett.

Ausgesprochen rustikale Transportmittel waren das vor rund 120 Jahren, die unser automobiles Jahrhundert einläuteten. Harte Typen saßen auf den ungeschützten Kutschen. So eine Type war Bertha Benz, die 1888 mit ihren zwei Söhnen die erste Langstreckenfahrt eines benzingetriebenen Automobils von Mannheim bis Pforzheim bewältigte. Tolle Leistung, und das auf einem Kutschbock ohne Verdeck und Schutz vor Regen, Sonne, Wind.

Der alte Benz, Berthas Gemahl, würde sich freuen, könnte er erleben, was aus seiner epochalen Idee geworden ist. Denn egal ob Kutschbock oder 300-PS-Bolide, Cabrio fahren ist immer noch die schönste Art, sich mit einem Auto von A nach B zu bewegen. Oben ohne entspannt über die Landstraße trödeln, die Vibrationen des Autos spüren, den Wind und die Sonne genießen. Mit dem offenen Wagen abends auf dem Boulevard cruisen – das Leben ist schön, und genau das signalisiert das C. Viele Cabrios der »guten alten Zeit« haben einen fast mythischen Ruf erlangt: der BMW 507, der Mercedes 300 SL, der Austin Healey 3000, der Triumph TR 6, der Morgan Plus 8, das Porsche 911 Cabrio und sicher der Jugendtraum aller Frischluftfans, das VW Käfer Cabrio. Alles klangvolle Namen, aber leider Vergangenheit.

Die heutige Generation Heute fing Anfang der 90er Jahre an. Da brachte die japanische Automarke Mazda den MX-5 auf den deutschen Markt und begründete damit nicht nur eine Roadster-Renaissance, sondern auch eine Wiederbelebung des Cabrio-Marktes. Seitdem boomt dieser Nischenmarkt, und das Käfer Cabrio hat mit dem New Beetle einen schicken Nachfolger bekommen. Mercedes ist erfolgreich mit SLK und CLK, BMW erobert die junge Elite mit seinem Z4 Cabrio, den MX-5 gibt es inzwischen in der fünften Generation. Kurz: fast alle großen Automarken führen inzwischen ein C. im Programm. Doch den ursprünglichen Charakter der harten englischen Roadster der 30er und 50er Jahre, die simple Technik und sprichwörtliche Zuverlässigkeit eines VW Käfer Cabrio – das haben die offenen Typen nicht mehr. Heute sollte ein C. sich innerhalb weniger Sekunden mittels eines faltbaren Metalldaches in ein Coupé verwandeln können. Und alles muss elektronisch gehen. Aussteigen und das Dach zusammenfalten – vorbei. Der

Cabriofahrer von heute bleibt am Volant sitzen, drückt auf ein Knöpfchen und erwartet, dass sich das Dach möglichst geräuschlos schließt, ohne dass man noch irgendwo Hand anlegen muss.

Die Gattung der offenen Autos wird in vier Modellvarianten unterteilt:

Das **Cabriolet** (die Bezeichnung wird doppelt benutzt: nicht nur als übergeordneter Gattungsbegriff, sondern auch als einzelne Kategorie eben dieser Gattung) ist optimal für die komfortable Art des offenen, sportlichen Reisens. Es ist meistens zwei- bis fünfsitzig, hat ein gefüttertes Dach, zwei oder vier Türen und vier Fenster.

Für die Individualisten des offenen Fahrvergnügens kommt eigentlich nur der **Roadster** infrage: zwei Sitze, Stoffverdeck, früher sogar ohne feste Seitenscheiben; als Türöffner diente oft nur eine Schnur, an der gezogen werden musste. Purismus im Innenraum, dafür aber Leistung satt.

Noch eine Nummer härter ist der **Speedster**. Typisch für ihn: die niedrige, flache Windschutzscheibe. Das Kennzeichen des Speedster-Fahrers ist eine Motorradbrille, die nach langer Fahrt nette weiße Abdrücke im Gesicht hinterlässt.

Der **Spider** ist die leider fast ausgestorbene Variante der Oben-ohne-Modelle. In seiner ursprünglichen Form war er ein zweisitziger Rennsportwagen mit Straßenzulassung. Berühmtester Fahrer dieser Spezies war der Filmrebell James Dean (geboren 1931), Superstar und Idol bis heute. Mit seinem Porsche Spyder 550 verunglückte er 1955 in Kalifornien tödlich.

Früher gab es noch eine fünfte Variante, das **Landaulet**: Das war eine vier- oder sechstürige Limousine, bei der nur die letzte Sitzreihe mit einem Faltverdeck geschützt war; ein höchst imposantes Gefährt also. Das Mercedes 600 Landaulet wurde beispielsweise als Staatskarosse benutzt.

Ganz gleich, welcher Typ und ob man es sich jemals wird leisten können: Ein offenes Automobil wird immer Objekt der Begierde bleiben. Ihm fliegen nun mal die Herzen zu – von Frauen und Männern gleichermaßen. Es ist schön, es ist elegant, es verfügt über alle Eigenschaften einer begehrenswerten, aus der Masse herausragenden, etwas verwöhnten Diva.

CARDIN, PIERRE

Unter den französischen Modemachern gehört Pierre Cardin zweifelsfrei zu den umtriebigsten. Nur mit dem Entwerfen von Kleidern oder modischen Accessoires hat er sich nie zufrieden gegeben. Stets drängte es ihn nach neuen Tätigkeitsfeldern für seine Kreativität und nach geografischer Expansion. Laut seiner Internetseite ist er »einer der sechs bekanntesten Franzosen in der Welt«.

Im Jahre 1945 war Cardin, in Italien geboren, nach Paris gekommen und hatte zunächst bei berühmten Herrenschneidern gearbeitet. Durch Jean Cocteau kam er mit Film und Theater in Berührung und entwarf sein erstes Filmkostüm (»Die Schöne und das Biest«). Nach einem kurzen Arbeitsverhältnis bei Christian ➛ Dior gründete er 1950 sein eigenes Modehaus. Da war er 28 Jahre alt. Bereits drei Jahre später präsentierte er seine erste Kollektion. Einen revolutionären Schritt wagte er, als er 1959 vom Olymp der elitären Modetempel herabstieg und im Pariser Kaufhaus Printemps eine Schau mit Konfektionsmode unter seinem Namen vorstellte und sich danach auch der Herrenkonfektion widmete.

Ganz allgemein hat sich Cardin in der Mode stets als Meister der Geometrie bewiesen. Kreis, Dreieck und Zylinder bestimmten oft seine Entwürfe. Plastik und Kunstleder mixte er mit Jersey zu futuristischen, nicht selten visionären Kreationen. Kaum minder begabt zeigte er sich als Geschäftsmann: Die Nutzung seiner Marke durch Vergabe von Lizenzen an verschiedenste Hersteller für Schmuck, Socken und viele andere Accessoires betrieb er systematisch und virtuos.

Zeichen setzte Cardin auch auf seinen häufigen Ausflügen nach London, damals in den 60er Jahren so etwas wie der Nabel der Welt: So verpasste er den Beatles ihre berühmt gewordenen kragenlosen Sakkos und entwarf die Kleider (meistens waren es ja Hosen) für Diana Rigg als Emma Peel in der legendären Fernsehserie »Mit Schirm, Charme und Melone«.

Als er 1981 das ehrwürdige Pariser »Maxim's« erwarb, ging es ihm nicht nur um das Restaurant selbst, sondern auch um die Chancen, die der weltberühmte Name barg: für verschiedene Boutiquen in Paris, für Restaurants in Schanghai, Genf, Monte Carlo und Moskau. In der sowjetischen Hauptstadt pflegte Cardin engen Kontakt zur Präsidentengattin Raissa Gorbatschowa, und 1991 wurde er zum »Geschäftsmann des Jahres« ernannt. Auch Wein- und Champagnerflaschen, Schokolade und Zigarren schmückte er mit dem Namen »Maxim's«.

Seine Leidenschaft ist Kultur All diese höchst unterschiedlichen Aktivitäten bescherten Cardin – übrigens der erste Couturier, der in die französische Akademie der Schönen Künste aufgenommen wurde – ein stattliches Vermögen. Er brachte es in eine Stiftung ein und widmete sich mehr und mehr dem kulturellen Mäzenatentum. So entstand in Paris das »Espace Pierre Cardin« mit Kinos, Theatern und Galerien, die jungen Künstlern zur Verfügung stehen. An der Côte d'Azur gründete er das »Palais Bulles«, wo in den Sommermonaten Theater- und Konzertabende stattfinden. Im Jahre 2000 erwarb der mittlerweile 80-Jährige die Burgruine des Marquis de Sade in Lacoste, sanierte das Gemäuer und rief sogleich ein Open-Air-Festival mit Theater- und Opernaufführungen unter seinem Namen ins Leben.

In seinen Funktionen als Couturier, Designer, Mann der Kunst, Chef des »Maxim's« und – seit 1991 – UNESCO-Botschafter eilt Cardin um die Welt. Es kann der Papst sein, den er trifft, Nelson Mandela oder Fidel Castro, der thailändische König oder der Präsident von Albanien. Bei seinem 21. Besuch der Volksrepublik China wurde ihm die Ehrenbürgerwürde der alten chinesischen Kaiserstadt Xiam verliehen. Ein wahrhaft reiches Leben.

Cartier

1847 übernahm Louis-François Cartier das Juweliergeschäft in der Pariser Rue Montorgeuil, in dem er bis dahin als Angestellter gearbeitet hatte. Er handelte mit Schmuck und *objets d'art* von verschiedenen Herstellern. 1874 übernahm sein Sohn Alfred das Geschäft, ergänzte den Kreis der Lieferanten um ein paar weitere berühmte Namen und ebenso den Kreis seiner wohlhabenden Klientel. Seine Kundschaft war es auch, die Cartier veranlasste, zunächst Reparaturen und Veränderungen an den Preziosen vorzunehmen und schließlich selbst Schmuck zu entwerfen und herzustellen.

Inzwischen in die vornehme Rue de la Paix umgezogen, gehörte zu Cartiers Kunden sogar das französische Kaiserhaus. Ein Meilenstein in der Geschichte des Hauses war 1902 die Krönung des englischen Königs Edward VII.: Cartier erhielt für die Feierlichkeiten derart viele Aufträge aus London, dass er seinen zweiten Sohn Pierre (der älteste, Louis, war bereits im Geschäft) damit beauftragte, von London aus direkt die neue Kundschaft zu betreuen. Hartnäckig hält sich das Gerücht, dass Edward VII. selbst damals Cartier gedrängt habe, in der britischen Hauptstadt eine Filiale einzurichten. 1909 bezog sie ihren Sitz in der New Bond Street, wo Cartier noch heute residiert.

New Yorker Villa gegen Perlenkette Pierre Cartier wurde in der Leitung der Londoner Niederlassung von seinem jüngsten Bruder Jacques abgelöst, während er selbst die Aufgabe übernahm, der millionenschweren amerikanischen Kundschaft den Weg nach Paris zu ersparen. Auch in New York fand Cartier eine standesgemäße Adresse: in der Fifth Avenue. Das im Renaissancestil erbaute Haus gehörte Morton Plant. Cartier erstand es im Tausch gegen eine vierreihige orientalische Perlenkette, die es Frau Plant angetan hatte.

Wenn in der ersten Hälfte des 20. Jahrhunderts alle Königshäuser Europas, amerikanische Millionäre und last, not least die wichtige Zielgruppe der indischen Maharadschas das Haus C. zu ihrem Juwelier erwählten, so lag dies auch an dessen unverwechselbarem Stil: Nach dem Girlandenstil mit Platin entstand 1906 der typische geometrische Art-déco-Stil. Schon früh hatte C. die Welt der Armbanduhren als begehrten Schmuck entdeckt. Bereits 1904 entwickelte Louis Cartier für den brasilianischen Flugzeugpionier Albert Santos-Dumont die gleichnamige Uhr. Die Uhrensparte ging auf eine Kooperation mit dem Elsässer Uhrmacher Edmond Jaeger und der Schweizer Firma LeCoultre zurück (➛ JägerLeCoultre).

Die berühmteste Cartier-Uhr, die seit 1917 und bis heute in verschiedenen Variationen und Materialien hergestellt wird, ist die »Tank«. Den Namen verdankt sie der Tatsache, dass ihre Form ursprünglich dem Grundriss eines Sturmpanzers von Renault nachempfunden wurde. Eines der ersten Exemplare überreichte Cartier zum Ende des Ersten Weltkriegs 1918 dem Befehlshaber des amerikanischen Expeditionskorps, General John Pershing.

In den 70er Jahren verkauften die Cartier-Erben das Unternehmen an die südafrikanische Familie Rupert, die ihre diversen Beteiligungen im Luxusbereich 1988 in die Schweizer Finanzholding Richemont einbrachte.

CASHMERE

Kaschmir oder Cashmere, so heißt ein ehemaliges Fürstentum am Fuße des Himalaya, das heute zwischen Indien und Pakistan aufgeteilt ist. Auch die Volksrepublik China kontrolliert einen kleinen Teil. In die internationalen Schlagzeilen geriet die Provinz kürzlich wegen eines verheerenden Erdbebens. Bis zu diesem Zeitpunkt dachten wir Europäer, wenn wir das Wort Cashmere hörten, als Erstes an die wohlig-schmeichelnde Wärme eines unwiderstehlich weichen und luxuriös flauschigen Pullovers oder Schals.

Diese Textilwohltaten verdanken wir den Kaschmirziegen, deren Heimat sich von Tibet bis zu den Hochebenen der Wüste Gobi erstreckt. Die Unterwolle dieser Tiere gehört zu den begehrtesten Gaben der Natur. Ihre feine Leichtigkeit korrespondiert mit einer starken Isolierwirkung: ein äußerst angenehmes Luxusmaterial, das schon Maharadschas und europäische Herrscher begeistert hat. Als Napoleon Bonaparte C. entdeckte, schenkte er seiner zweiten Frau, Kaiserin Eugénie, gleich 17 Cashmere-Schals. Und in London erweckte Anfang des 19. Jahrhunderts der ➛ Dandy »Beau« Brummell mit seinen weißen Westen aus bestem C. erheblichen gesellschaftlichen Neid.

Aus dem namensgebenden Gebiet stammt heute allerdings nur noch ein kleiner Teil der Weltproduktion. Weitere wichtige Erzeugergebiete sind China, die Mongolei und Tibet. Dort, auf den Hochplateaus, leben die robusten Ziegen, die als Schutz vor der trockenen, teils eisigen Kälte unter ihrem groben äußeren Deckhaar das feine, begehrte Flaumhaar tragen. Es dient als Basis für die Edelfaser C. Während des jährlichen natürlichen Haarwechsels im Frühjahr, der sich über mehrere Wochen hinziehen kann, wird den Ziegen der Flaum mit einem grobzinkigen Kamm ausgebürstet. In anderen Erzeugerländern wie Iran, Afghanistan oder Neuseeland werden die Tiere erst geschoren, dann das grobe Oberhaar und das Flaumhaar voneinander getrennt. Die natürlichen Farben sind Grau, Braun oder Weiß. Die Wolle lässt sich aber problemlos einfärben. Was eine Ziege an Flaumhaar hergibt, ist äußerst begrenzt. Vier Jahre würde es dauern, um von einem Tier einen Pullover zu produzieren.

CHAMPAGNER

Der »König der Weine und Wein der Könige« ist der Inbegriff des exklusiven Trinkgenusses, besonderen Gelegenheiten vorbehalten. Mit dem Wort Champagner wird oft großzügig umgegangen; nicht immer wird zwischen Ch., Sekt, Prosecco oder – volkstümlich allgemein – Schampus korrekt unterschieden. Dabei ist Ch. eine geschützte Ursprungsbezeichnung für die ausschließliche Klassifizierung von stillen oder schäumenden Weinen aus einem präzise definierten Gebiet innerhalb der französischen Provinz Champagne.

In der Tat handelt es sich bei Ch. um den meistkontrollierten Wein der Welt. Neben der Festlegung, wo auf dem berühmten Kreideboden der Region Reben angepflanzt werden dürfen, sind auch nur drei Rebsorten erlaubt: Chardonnay als weiße, Pinot Noir (deutsch: Blau- oder Spätburgunder) und Pinot Meunier (deutsch: Schwarzriesling) als rote Trauben. Dabei besteht die Kunst darin, die roten Trauben so behutsam zu keltern (auspressen), dass nur der klare Saft der Beeren, nicht aber die Tannine, Farbstoffe und Geschmackselemente aus Schale und Kernen, in den Most und späteren Wein gelangen. So erklärt sich, dass Ch. – von geringen Mengen Rosé abgesehen – ausschließlich weiß ist, obwohl die meisten Weingärten rote Rebsorten tragen.

Die Kunst der Kellermeister Eine weitere, für die Qualität äußerst wichtige Arbeit der Kellermeister liegt darin, das nicht immer ideale Klima der Champagne, dieses nördlichsten Anbaugebiets Frankreichs, »auszutricksen«, um auch in ungünstigen Jahren einen guten Ch. herstellen zu können. Dies geschieht durch das kunstvolle »Vermählen« (Vermischen) von Weinen verschiedener Jahrgänge, verschiedener Rebsorten und verschiedener Lagen zu einer Cuvée. Es gleicht dem Komponieren einer harmonischen Melodie aus einer Vielzahl einzelner Noten. Darüber hinaus soll diese Cuvée Jahr für Jahr den Stil eines Hauses widerspiegeln, sodass der Verbraucher überall auf der Welt seinen Moët, seinen Roederer oder seine Witwe Clicquot wiedererkennt.

Ausnahmen sind die Jahrgangschampagner (Millésimés), die nur aus Weinen eines einzigen, besonders guten Jahres komponiert werden und die Persönlichkeit dieses speziellen Weinjahrgangs festhalten. Als Spezialität gelten außerdem die ausschließlich aus Chardonnay bestehenden »Blanc de blancs«, übersetzt: Weißer aus weißen (Beeren). Die Bezeichnung macht nur in der Champagne Sinn, wo 72 Prozent des Ch. aus roten Trauben gewonnen werden.

Die Weine aus der Champagne waren bereits am Hofe Ludwigs XIV. hoch geachtet, und auch Napoleon I. galt als großer Freund dieses Getränks. Dessen Leidenschaft für Ch. war so bekannt, dass der britische Schriftsteller Sir Walter Scott gegen das Vorgehen seiner Regierung protestierte, die aus Sparsamkeitsgründen dem auf St. Helena gefangenen Kaiser nur eine Flasche Ch. pro Tag bewilligte. »Selbst der Trost des Rausches wird ihm verweigert!«, klagte Scott.

Zur Beliebtheit des Ch. in Großbritannien hat Winston Churchill viel beigetragen. Sein langjähriger Leibwächter Detective Inspector Thompson wusste zu berichten: »Das Einzige, was Sir Winston für seine Gesundheit tat: täglich mindestens einen halben Liter Champagner zu trinken.« Die Briten waren lange Jahre die wichtigsten Abnehmer von Ch., wenngleich die Bedeutung des Exports relativiert werden muss: Zwei Drittel der Gesamtproduktion trinken die Franzosen nach wie vor selbst. Sie gehen daher auch etwas selbstverständlicher mit dem Ch. um und genießen ihn nicht nur an Silvester, zur Hochzeit oder Taufe. Auch nicht ausschließlich zu Hummer oder Kaviar sollte er gereicht werden – aufgrund seiner geschmacklichen Eigenschaften und dank seiner Kohlensäure ist Ch. ein vorzüglicher Begleiter für kräftige Eintöpfe oder Sauerkraut. Einem in Deutschland gelegentlich auftauchenden Vorurteil zum Trotz wird Ch. nicht genippt, sondern in kräftigen Schlucken getrunken.

Chanel, Coco

Mit dem ➤ kleinen Schwarzen in den 20er Jahren und dem klassischen Chanel-Kostüm Mitte der 50er hat Coco Chanel Modegeschichte geschrieben.

Nachdem ihre Mutter früh verstorben und ihr Vater verschwunden war, wuchs die kleine Gabrielle Bonheur Chanel, Coco genannt, in einem von Nonnen geleiteten Waisenhaus auf. Mit 17 Jahren, als ihr die Schwestern gerade eine Anstellung als Näherin verschafft hatten, entschied sie sich anderweitig: für eine Karriere als Nachtclubsängerin.

Noch bevor sich herausstellen konnte, ob sie das Zeug zu einer zweiten Piaf hatte, wurde sie die Geliebte eines gewissen Etienne Balsan, der sie mit nach Paris nahm und ihr ein Hutgeschäft finanzierte. Mit jungenhaften Mützen setzte sie sich bewusst von der damaligen Hutmode ab, über die sie lästerte:

»Wie kann bloß ein Gehirn unter so etwas funktionieren?« Ihr nächster Gönner, Arthur (»Boy«) Capel, angeblich die Liebe ihres Lebens, ermöglichte ihr nicht nur den Weg von Hüten zu Kleidern, sondern auch von Paris in die mondänen Seebäder Deauville und Biarritz.

Der Erfolg stellte sich rasch ein. Da sie sich selber die teure damalige Mode nicht leisten konnte, lehnte sie diese rundum ab und entwarf – weitgehend von der Männermode inspiriert – ihre eigene: mit Sportsakkos, Schlips und allem, was sie bei den wöchentlichen Pferderennen sah, wo sie ihre ersten gesellschaftlichen Sprossen erklomm. Das Mischen von weiblichen mit männlichen Modeelementen und die Verwendung relativ einfacher Materialien wie Jersey wurden ihr Markenzeichen. Zwar war sie keineswegs eine Feministin, doch mit ihrer Mode trug sie entscheidend zur Befreiung der Frau bei, wie Jean Cocteau ihr bescheinigte.

»Nr. 5«, der zeitlose Klassiker So hatte sie bereits in den 20er Jahren einen annähernd legendären Nimbus. Folgerichtig dauerte es nicht lange, bis Hollywood rief. Sie folgte dem Ruf, kehrte jedoch schnell zurück. Um ein Haar hätte sie den Herzog von Westminster geheiratet, machte allerdings auch da einen Rückzug: »Es gab in der Geschichte schon viele Herzoginnen von Westminster. Es gibt aber nur eine Chanel!« Natürlich gab es in der Mode nicht nur eine Chanel; sie war kreativ und »erfand« sich ständig neu. Und doch wäre der Name nicht so glänzend geblieben, hätte nicht der Parfümeur Ernest Beaux ihr 1921 einen Duft kreiert, der sich als flüssiges Gold entpuppte: »Chanel Nr. 5« in dem Art-déco-Flakon, der ein zeitloser Klassiker wurde. Er heißt »Nr. 5«, weil er die fünfte Duftvariante war, die Beaux ihr vorschlug.

Dieser Duft hielt den Namen Ch. hoch, während Coco

selbst bei den Franzosen in Ungnade fiel. Die Nazis herrschten über Europa, und sie übte sich in antisemitischen und männerfeindlichen Ausfällen. Coco schloss ihr Modegeschäft und liierte sich mit Hans Günther von Dincklage, einem deutschen Offizier, der ihr die Annehmlichkeit bot, während der Kriegsjahre im »Ritz« zu wohnen.

Viele Jahre später, im Jahre 1954, gelang ihr ein Comeback. Es wird spekuliert, dass die Parfümumsätze zurückgegangen waren oder sie sich einfach langweilte. Jedenfalls war ihre neue Mode in Europa nicht so begeistert aufgenommen worden, wie sie das erwartet hatte. Die Amerikanerinnen allerdings waren wild auf die Chanel-Kostüme. Coco hatte den Zeitgeist wieder voll getroffen, und Katherine Hepburn spielte ihr Leben am Broadway.

1971 starb Coco Chanel 87-jährig in ihrer Suite im »Ritz«. Das Unternehmen Ch. war schon 1952 von den Brüdern Paul und Pierre Wertheimer übernommen worden. Der deutsche Modemacher Karl Lagerfeld fungiert seit 1983 als Chefdesigner des Hauses.

CHÂTEAU D'YQUEM

Über Jahrhunderte hat es dieser Wein geschafft, seinen Mythos als edelster Süßwein der Welt strahlend zu halten. Der legendäre Ruf dieses Sauternes schwebt fast metaphysisch weit über allen anderen edelsüßen Kredenzen, die die Natur den Genießern beschert. Doch jede Legende hat ihren guten Grund, und dieser ist beim Château d'Yquem das Zusammenspiel besonders glücklicher Voraussetzungen der Natur und einer extrem sorgfältigen und aufwändigen Herstellungsweise.

Die Region Sauternes liegt rund 40 Kilometer südöstlich von Bordeaux im Gebiet Graves. Sie umfasst die fünf Gemeinden Sauternes, Barsac, Preignac, Bommes und Fargues. Die Weinberge sind hier überwiegend mit den weißen Rebsorten Sémillon, Sauvignon Blanc sowie – in geringer Menge – Muscadelle bepflanzt. Hinzu kommt aber eine spezielle Klimabedingung, für die das kleine Flüsschen Ciron verantwortlich ist: Sein im Herbst schon ziemlich kühles Wasser führt im Zusammentreffen mit der noch warmen Luft zur Bildung von Nebeln, die vom Abend bis zum nächsten Vormittag, wenn sie der Herbstsonne wieder Platz machen, die Weinberge einhüllen. Diese Nebel sind die ideale Voraussetzung für die Entwicklung des Edelfäulepilzes *Botrytis cinerea*, der zwar auch an Mosel und Rhein oder in Tokaj vorkommt, aber in diesem Mikroklima besondere Aromen entstehen lässt. Dieser Pilz siedelt an der Beerenhaut und durchlöchert sie; das Wasser in der Beere verdunstet, die Beere schrumpft, Aromatik und Säure werden dichter, und der Gehalt an Zucker und Glyzerin steigt an.

Allerdings ist diese Edelfäule, in Frankreich *pourriture noble* genannt, ein launischer Geselle, für die Winzer Segen und Fluch zugleich. Ist das Wetter zu feucht, mutiert sie zu der unerwünschten Graufäule. Dann wartet die Welt vergebens auf einen großen Sauternes. Das Gleiche geschieht, wenn das Wetter zu sonnig und trocken ist. Auch passiert es selten, dass alle Beeren einer Traube gleichmäßig von der Edelfäule befallen werden. Deswegen müssen die edelfaulen Beeren einzeln herausgepflückt und die von der Graufäule befallenen entfernt werden.

Nur ein Glas pro Rebstock Auf den 104 Hektar von Château Yquem arbeitet ein Team von 150 Erntehelfern während der sechs bis acht Wochen dauernden Weinlese und liest jeden Rebstock bis zu zwölfmal. Der Ertrag ist schmerzhaft gering: nicht mehr als ein Glas Wein pro Rebstock. Dagegen stehen die extrem hohen Kosten: nicht nur Löhne und Gehälter für das qualifizierte Personal, sondern auch für die Gärung und die dreieinhalbjährige Reifung in jeweils neuen Fässern. Und doch erzielen die Weine der Familie Lur-Saluces auf allen ➛ Auktionen Höchstpreise.

Einer der frühen Liebhaber des Château d'Yquem war der amerikanische Politiker und spätere US-Präsident Thomas Jefferson. Über den Konsul in Bordeaux hatte er während der Zeit seiner Gesandtschaft am Hof von Versailles Verbindung mit den Grafen de Lur-Saluces aufgenommen. Jefferson misstraute nämlich allen Weinhändlern über die Maßen und legte höchsten Wert darauf, seine Weine »unverfälscht« vom Weinbauern direkt zu beziehen. Die Bestellungen verband er stets mit der Order, die Flaschen mit einer Diamantnadel einzeln zu gravieren: die für ihn bestimmten mit seinen Initialen TJ, die für seinen Präsidenten Georges Washington mit GW. Der Kellermeister von Yquem markierte die Flaschen für den weinliebenden Botschafter allerdings mit ThJ., wahrscheinlich weil Jefferson seine Briefe stets mit »Th. Jefferson« unterzeichnete. Einige dieser speziell markierten Flaschen der Jahrgänge 1784 und 1787 fanden aber offenbar nicht den richtigen Weg zu ihrer Bestimmung, denn rund 200 Jahre später tauchten sie in Europa auf und erregten großes Aufsehen. Der berühmte Weinsammler Hardy Rodenstock hatte eine Partie dieser Ware erworben und unter der dicken Staubschicht die mysteriösen Initialen entdeckt. Erst ein Besuch auf Château Yquem und ein Studium der alten Kellerbücher verschaffte Aufklärung. Eine Flasche ließ Rodenstock am 5. Dezember 1985 bei Christie's in London versteigern: Der 1787er Yquem erzielte den Rekordpreis von

156 450 Dollar. Das entscheidende letzte Gebot für die amerikanische Reliquie aus Bordeaux hatte Christopher Forbes aus der New Yorker Verlegerdynastie abgegeben.

Châteaux-Weine

Wenn von den großen Châteaux aus ➛ Bordeaux die Rede ist, dann tauchen immer wieder ein paar Namen auf, die wie Monumente für den Ruf der Region stehen. Natürlich haben auch diese in ihrer Geschichte Höhen und Tiefen durchlebt und macht jeder einzelne ihrer Weine in seiner Entwicklung unterschiedlichste Phasen durch. Dennoch entziehen sich die wirklich großen Weine jeder Bewertung und jedem Punktesystem. Stellvertretend für die vielen Säulen, auf denen der weltweite Ruf der Gewächse dieser größten französischen Weinbauregion ruht, sollen hier ohne Präjudiz einige davon vorgestellt werden.

Château Pétrus aus Pomérol gilt als der teuerste Wein des ganzen Bordelais. Er wächst auf zwölf Hektar Kiesboden, wie er in diesem Gebiet häufig anzutreffen ist. Das Château selbst hat nichts Imponierendes vorzuweisen, und auch der Wein ist eigentlich erst seit den 60er Jahren richtig bekannt und begehrt. Eine nicht geringe Rolle spielte dabei das New Yorker Restaurant »Pavillon« von Henri Soulé, der seinen berühmten Gästen wie den Kennedys, der Onassis-Familie, den Niarchos' und dem Herzogpaar von Windsor vorzugsweise Pétrus empfahl. In dieser Zeit begründete Pétrus seinen Ruf als Kultwein – sündhaft teuer und unbeschreiblich gut. Das heißt aber keineswegs, dass dieser Wein nicht auch schon früher von ausgezeichneter Qualität war. Bereits bei der Weltausstellung von 1878 erntete er Goldmedaillen und wurde auch später häufig ausgezeichnet.

In den Jahren nach 1980 allerdings wurde Château Pétrus endgültig zum »Must« aller Etikettentrinker, was seinen Preis in immer neue Höhen trieb. Einer der besten Jahrgänge der jüngeren Zeit war 1990.

Baron Rothschilds gute Nase Château Lafite, heute Lafite-Rothschild, kann auf eine rund 800-jährige Geschichte im Médoc zurückblicken. Angeblich war er der Lieblingswein der Marquise de Pompadour und auch von Madame de Dubarry. Seine enge Bindung an die Monarchie wurde ihm während der Revolution zum Verhängnis; das Chateâu ging in Staatsbesitz über, wechselte danach mehrfach den Besitzer, bis es schließlich 1868 von dem Bankier Baron James de Rothschild erworben wurde. Der früheste uns bekannte Lafite stammt aus dem Jahre 1707. Von Bacchus persönlich erwählten Genießern wurde die Gnade zuteil, Lafite-Weine aus jenen Jahren zu verkosten, bevor die Reblaus die Weinberge des Médoc vernichtete; die Jahrgänge 1864 und 1865, von denen nur noch einige Sammler die eine oder andere Flasche haben, waren Objekt der höchsten Lobpreisungen. Aber nicht nur historisch ist dies einer der bemerkenswertesten Ch. Auch was die erzielten Auktionspreise betrifft, ist Lafite führend. Für einen 1787er Lafite bezahlte der Amerikaner Malcolm Forbes 1985 umgerechnet 210 000 Euro.

Wenn ein Château auch als Bauwerk imponiert, dann ist es das ebenfalls im Médoc liegende Château Margaux. Die alten Schlossgebäude wurden 1810 durch das heutige beeindruckende Schloss im Empire-Stil ersetzt. Als Weingut gehörte Margaux bereits zur Elite der Premiers Crus in der ersten offiziellen Klassifizierung von 1855. Dennoch blickt auch dieses Haus auf eine wechselvolle Geschichte zurück. Zu Beginn der 70er Jahre des vergangenen Jahrhunderts wollte der griechischstämmige Unternehmer André Mentzelopoulos das daniederliegende Château erwerben, was ihm aber erst im zweiten Anlauf gelang: Da Margaux zu den nationalen Monumenten Frankreichs gehört, durfte es nicht an Ausländer verkauft werden. So musste sich Mentzelopoulos erst einbürgern lassen, bevor er Margaux sein Eigen nennen konnte. Château Margaux war einer der Lieblingsweine von Konrad Adenauer, der es nie versäumte, dem Schloss einen Besuch abzustatten, wenn es das Protokoll seiner Staatsbesuche in Frankreich erlaubte. Die Verehrung des Schriftstellers Ernest Hemingway ging sogar so weit, dass er seiner Tochter den Namen Margaux gab.

Aufstieg in die Elite Das Château Mouton war bis 1730 im Eigentum der Fürstenfamilie Ségur. 1835 kaufte Baron Nathaniel Rothschild (ein Bruder des oben erwähnten James) das Weingut, das seitdem Mouton-Rothschild heißt. In den 1920er Jahren übernahm dann sein Urenkel Philippe das Schloss und entwickelte es zielstrebig zu dem, was es heute noch ist: das bekannteste Weingut Frankreichs. Mouton war in der Klassifikation von 1855 »nur« als zweites Gewächs eingestuft worden; Philippe de Rothschild kämpfte viele Jahre gegen diese Klassifizierung. Er erreichte schließlich 1973 eine Revision und den Aufstieg in die Elite der Premiers Crus. Seit 1945 schmückt Rothschild seine Flaschen mit Künstleretiketten. Alle bedeutenden Künstler des 20. Jahrhunderts haben daran mitgewirkt, von Picasso bis Chagall, von Kandinsky bis Braque. Als einer der bedeutendsten Jahrgänge von Mouton gilt der 1945er.

Natürlich verdienten auch die Châteaux Latour, Ausone, Cheval Blanc, Beychevelle und viele andere eine ausführliche Erwähnung. Denn jedes dieser großen Weingüter hat eine ebenso große Geschichte. Darunter auch das erste Weingut Château Haut-Brion, das wohl im 16. Jahrhundert von der bekannten Bordelaiser Familie Pontac erworben wurde. François-Auguste Pontac eröffnete 1680 in London eine Weinschänke – »Der Kopf von Pontac« –, in der u. a. auch sein »Ho Bryon« ausgeschenkt wurde. Swift oder Defoe haben über dieses Wirtshaus geschrieben, und Château Haut-Brion wurde bald der bekannteste Bordeaux in England. Als einziger Wein aus dem Gebiet Graves wurde Haut-Brion 1855 in die Premier-Cru-Klassifizierung aufgenommen.

CHILLEN

»Gehen wir chillen!«, schlug der 17-Jährige am Telefon seinem Freund vor. Dann verabschiedete er sich von seiner Mutter, die mitgehört hatte, und verzog sich freudig grinsend in Richtung Clique. Die arme Frau war einer Ohnmacht nahe. Sie nahm an, ihr Junge sei auf dem Weg zu einer wüsten Rauschgiftorgie, und in ihrer Vorstellung sah sie ihn bereits in einer Entziehungsklinik landen. Als der Sohn spätabends nach Hause kam, plumpsten der Mutter dann gleich etliche Steine vom Herzen: Er hatte offenbar nicht mehr als das eine oder andere Bier zu sich genommen. Auf ihre Frage, wie denn der Abend so gewesen wäre, bekam sie zur Antwort: »Echt cool, wir hatten einen endgeilen Chill-out.«

Der ➤ Jargon der Jugendszene dient zwar oftmals dazu, gewisse verbotene, anrüchige oder nicht ganz gesellschaftsfähige Dinge zu verschlüsseln. Manchmal taugt er aber auch für das genaue Gegenteil: ein eher harmloses Vergnügen mit der Aura geheimnisvoller Verruchtheit zu umgeben und dadurch kräftig aufzuwerten. So wie beim Ausdruck »chillen«, der wesentlich aufregender, um nicht zu sagen ausschweifender klingt als das, was er so rätselhaft beschreibt. Tatsächlich heißt das englische Verb *to chill* »kühlen« oder »abkühlen«. Amerikanischer Slang hat daraus gemacht: sich beruhigen, sich entspannen, sich ausruhen. Drogenkonsumenten verwenden den Begriff für die Phase des Abklingens nach dem eigentlichen Rausch – von daher der dekadente Beigeschmack. In der deutschen Jugendkultur ist er jedoch gleichbedeutend mit »abhängen«, was wiederum ein vornehmer Begriff fürs Nichtstun ist. Früher nannte man das »rumgammeln«. Ruft jemand seinem aufgebrachten Kumpel zu: »Chill mal, Alter!«, bedeutet das so viel wie: »Reg dich ab!« In Diskotheken und Szene-Clubs, in denen Rave-, Techno- oder House-Platten aufgelegt werden, kommt das Wort ebenfalls zur Anwendung: Eine Chill-Zone ist der Bereich, in dem man nach wildem Tanzen ausspannen kann. Diese Regeneration wird Chill-out-Trance genannt. Und nach einem spannenden Actionfilm zelebriert die Streetgang gern noch irgendwo ihre Chill-out-Phase. Schließlich sei noch eine sehr individualistische Variante erwähnt: ganz allein »auf dem Sofa chillen«. Das hätte die oben erwähnte Frau Mama beim Sohnemann wohl am liebsten gesehen.

CHOPARD

Wenn in Cannes der jährliche Filmwettbewerb um die »Goldene Palme« beginnt, startet gleichzeitig die wichtigste Werbeveranstaltung des Schmuck- und Uhrenhauses Chopard. Caroline Scheufele, die mit ihrem Bruder Karl-Friedrich das operative Geschäft des Familienunternehmens leitet, ist Sponsoring-Partner der Filmfestspiele und darf die Stars an den Gala-Abenden mit Schmuck des Hauses ausstatten. Das ist einerseits Teil der

Öffentlichkeitsarbeit und bietet andererseits die Chance, dass so manche Schöne der Leinwand von einem Collier derart angetan ist, dass sie es gleich erwirbt.

Begonnen hat das Unternehmen Ch. allerdings fernab glamouröser Ereignisse: in den Bergen des Schweizer Jura. Dort gingen früher die Bauern während der langen Wintermonate als Zweitberuf der Herstellung von Uhrwerken nach, als *paysans-horlogers* (Bauern-Uhrmacher). Hier kam 1836 Louis-Ulysse Chopard auf die Welt, der sich mit 24 Jahren im Dörfchen Sonvilier als Uhrmacher selbstständig machte. Das unter den Initialen des Gründers L.U.C. schnell florierende Unternehmen stand hundert Jahre später vor einer schicksalsschweren Entscheidung, als der Enkel von Louis-Ulysse, Paul-André Chopard, im Alter von 80 Jahren einsehen musste, dass keines seiner Kinder Neigung zeigte, das Unternehmen weiterzuführen. 1963 fand er jedoch einen Käufer: den Deutschen Karl Scheufele, der in dritter Generation einer Familie von Goldschmieden und Uhrmachern aus Pforzheim entstammte.

Die Scheufeles hatten ihre Uhren bis dahin mit zugekauften Schweizer Uhrwerken ausgerüstet und suchten schon seit längerem nach einer Möglichkeit, sich von diesen Zulieferern unabhängig zu machen. So fügte das Schicksal die Interessen beider Unternehmer bestens zusammen, und Karl Scheufele begann umgehend, die Schweizer Neuerwerbung auszubauen. Vor allem aber wollte er aus Ch. eine der großen Luxusmarken der Welt machen. Tatsächlich kommen aus der Schweizer Manufaktur inzwischen nicht nur Damen- und Schmuckuhren, sondern mit L.U.C. auch hochrenommierte Herrenuhren, wie die Quattro- oder die Tonneau-Linie. Um die Exklusivität zu sichern, werden von jeder dieser Linien nur 1860 Stück hergestellt, eine Anspielung auf das Gründungsjahr von Ch.

CHRISTOFLE

»L'art de la table«, also die kunstvolle Inszenierung einer Tafel, bevor noch irgendetwas Essbares aufgetragen wird, gehört heute nicht nur in Sternerestaurants zu den Präludien eines großen Mahles. Auf den Tischen der Fürsten- und Königshöfe waren die goldenen, vergoldeten, silbernen oder versilberten Bestecke oder Kandelaber selbstverständliche Accessoires des standesgemäßen Lebens.

Als nach überstandener Revolution die vermögende Bourgeoisie Frankreichs den Glanz königlicher Zeiten in die eigenen vier Wände holte, entstand für derartige Attribute eine große Nachfrage. Diese befriedigte eine kleine Bijouterie, die 1830 von einem gewissen Charles Christofle gegründet worden war. Er war nicht der Einzige, vielmehr einer unter mehreren, bis ihm 1842 ein einmaliger Coup gelang: Er erwarb zwei geradezu revolutionäre Patente für das Elektroplattieren, also eine sensationell einfache Methode der Galvanisierung, die der giftdampfenden Quecksilber-Veredelung ein Ende bereitete. In nahezu 400 Prozessen verteidigte er sein Patent gegen jegliche Nachahmer und setzte so den Grundstein für eine unvergleichliche Entwicklung der Marke Christofle. Sein Tafelsilber war zunächst meist im Louis-seize-Stil (Ludwig XVI.) gehalten. Erst sein Sohn, der ihm 1907 nachfolgte, setzte mit großem Erfolg den Art-déco-Stil durch.

Auch ein Kaiser muss sparen Doch es war noch zu Lebzeiten von Charles Christofle, dass »Versilbertes« seinen ihm bis dahin anhaftenden Ruf des Anrüchigen verlor. Als Kaiser Napoleon III. 1853 sein Repräsentationssilber bestellen wollte, sah er sich einer Ausgabe von fünf Millionen Francs gegenüber. Er entschied sich für versilberte Prachtbestecke von Ch., die er für ein Hundertstel des Preises erstand. Ganz Frankreich und Europa taten es ihm gleich. Der Ruf des Hauses, die Galvanotechnik perfekt zu beherrschen, war nicht mehr zu erschüttern, mehr noch: Christofle-Silber war hoffähig geworden. Als Hoflieferant des »Bürgerkönigs« Louis-Philippe oder des deutschen Kaisers Wilhelm II. kam nun auch alles Versilberte für den Orientexpress aus dem Hause Ch., genauso wie die 45 000 Teile für den Ozeanriesen Normandie oder, in jüngerer Zeit, das Besteck für die Passagiere der Concorde.

Französische Brautpaare beginnen ihre Besteck-Kollektion mit Ch. und vertrauen darauf, dass das Familienunternehmen den Fortbestand einer Kollektion auf 50 Jahre garantiert. Dabei sind den Investitionen keine Grenzen gesetzt: Ein Edelstahllöffel kann 15 Euro kosten, versilbert das Dreifache, in Sterlingsilber das Sechs- bis Zweiunddreißigfache. Jedoch immer nach dem kompromisslosen Motto der Familie, dass es nur eine einzige Qualität gibt: die beste.

Club 55

»Nicht die Notwendigkeit, sondern der Zufall ist voller Zauber.« Auch wenn Bernard de Colmont dieses Bonmot des Dichters Milan Kundera nicht kannte, der Franzose hat immer danach gelebt. Colmont war Ethnologe, Abenteurer und Gründer zweier Clubs. Der eine hieß »Club des Explorateurs«; ihm gehörten der Meeresforscher Jacques-Yves Cousteau und der Polarforscher Paul-Emile Victor an. Der andere heißt »Club 55«, und hier lunchen P. Diddy, Madonna, Cathérine Deneuve, Beyoncé, Alain Delon, die Monacos und alles, was in den bunten Blättern sonst noch Rang und Namen hat.

Der »Club 55« liegt in Pampelonne, einer Bucht, die zu den schönsten unter der Sonne zählt. Nachdem Colmont von einer seiner Expeditionen – er hat die mexikanische Halbinsel Yukatan erforscht und als erster Mensch den Grand Canyon im Kajak durchfahren – nach Frankreich zurückgekehrt war, strandete er irgendwann mit seine Frau Geneviève in dieser Wildnis am Meer, die heute in der Saison zu den dichtbesiedeltsten Gebieten der Welt gehört. Colmont hatte eine kleine Erbschaft gemacht und erwarb ein Stück Land an der Bucht. Er baute eine Hütte, stellte Bänke, Stühle und einen großen Tisch vor die Tür. Und überdachte Holzpfähle mit Strandhafer, um sich vor der Sonne zu schützen. Hier, nur unweit vom Fischerdorf St. Tropez entfernt, wollte das Ehepaar Colmont mit seinen drei Kindern in Frieden, ohne Elektrizität und fließend Wasser, den Sommer verbringen. Das war 1953.

BB hatte Hunger und Durst Zwei Jahre später wurde die Idylle gestört. Ein Jeep brach sich Bahn durch die Wildnis. Die fröhlichen Insassen baten um Speis und Trank. Sie hielten Colmonts Hütte am Meer für ein Restaurant. Geneviève de Colmont bewirtete die Frauen und Männer, die zur Crew von Roger Vadim gehörten. Der Regisseur drehte in der Gegend gerade den Film »Et Dieu créa la femme« (Und Gott erschuf das Weib; deutscher Verleihtitel: »Und ewig lockt das Weib«). Und so kam es, dass Brigitte Bardot und 80 weitere Mitglieder des Vadim-Teams die folgenden Tage, bis zum Abschluss der Dreharbeiten, hier zu Mittag aßen. Die Getränke und die Nahrungsmittel wurden täglich mühsam auf verwunschenen Pfaden von den Colmonts aus St. Tropez herbeigeschafft.

Das war 1955. Der »Club 55« war geboren. »Club« nannte Bernard de Colmont das Restaurant, weil er nur Leute bewirten wollte, die ihm sympathisch waren. Und so hielt er es bis zu seinem Tod: Wer sich nicht benehmen konnte und meinte, es sei witzig, mit Champagner herumzuspritzen, flog raus. Nicht wenige Stars mussten das erstaunt zur Kenntnis nehmen. Heute ist alles ein bisschen größer als vor 50 Jahren. Der Stil ist jedoch der gleiche wie damals, und auch die ungeschriebenen Regeln haben sich nicht geändert. Dafür sorgen Bernards und Genevièves Kinder Patrice und Véronique de Colmont. Wer nicht bereit ist, eine halbe Stunde in der Schlange zu stehen, um auf seinen Tisch zu warten – egal, ob er Caroline von Monaco heißt oder Karl Maier aus Wuppertal –, hat im »Club 55« nichts verloren.

Der französische Filmregisseur Claude Sautet sagte einmal, Leute, die er hier trifft, seien dieselben wie überall auf der Welt. »Im Club 55 aber verlieren sie ihre Arroganz.«

COCKTAIL

Über den Ursprung dieses seltsamen Wortes kursieren verschiedene Anekdoten. Stammt der Begriff aus den Zeiten der amerikanischen Unabhängigkeitskriege, als die berühmte Barfrau Betsy Flannagan ihre Drinks mit in allen Farben schillernden Hahnenschwanzfedern garnierte und ein französischer Leutnant den Toast »Vive le coq taillé!« ausrief? Oder trifft die Geschichte aus den amerikanischen Südstaaten zu, derzufolge ein Wirt nach den traditionellen Hahnenkämpfen alkoholische Kreationen schuf, die man *on the cock's tail* leerte?

Die weitaus wichtigere Frage ist: Was ist drin in einem guten Cocktail? Neuerdings werden immer öfter alkoholfreie Mischgetränke als C. angeboten – was wir hier aber getrost vernachlässigen dürfen. Es gilt daran zu erinnern, dass ein klassischer C. stets eine hochprozentige Spirituose als Grundlage haben muss, sei dies Gin, Rum, Whisky oder Whiskey, Brandy, Wodka oder Obstbranntwein. Dazu gesellen sich Aroma- bzw. Geschmacksergänzer wie Vermouth, Liköre oder Fruchtsirupe. Doch sollte ein Rumcocktail immer nach Rum, ein Gincocktail immer nach Gin schmecken; diese eine Spirituose muss den Ton angeben, alle anderen Zutaten dürfen allenfalls das Thema variieren. Generell gilt, dass C. mit Kräuterweinen oder Bittern als ideale Appetitanreger (Before-Dinner-Drinks) gelten, Mixturen mit Zitronen- oder Orangensaft die Basis einer nachmittäglichen Cocktailparty sind und süße, likörlastige Kompositionen zu den so genannten After-Dinner-Drinks zählen. Neben dieser Grundeinteilung gibt es jede Menge Spielraum für Flips, Highballs, Crusta, Cobblers, Juleps, Sours, Collins, Punches und andere Fancy- und Longdrinks.

Kalt muss er sein, eiskalt Ein ganz wesentlicher Bestandteil eines exzellenten C. fehlt allerdings in den meisten Rezepturen: Wichtiger als Maraschino-Kirsche und Boston-Shaker ist das Eis. Sehr kalt muss es sein, am besten aus einem Gletscher der Antarktis geschlagen. In der Form eines Kubus und nicht eines Fingerhuts soll es dafür sorgen, dass der C. perfekt gekühlt, aber niemals verwässert wird. Nur wenn die Kühlung stimmt, kann beispielsweise die berühmte Frage diskutiert werden, ob der Martini-Cocktail besser gerührt oder geschüttelt werden sollte. Eine Nuance, die jedoch weniger wichtig ist als sein Mischungsverhältnis von Gin und Vermouth (natürlich: Noilly Prat!). Diese Relation variiert von fifty-fifty in manchen Teilen der Welt bis zu der Anleitung: Man nehme ein Glas Gin und proste damit einer gut verschlossenen Flasche Vermouth aus sicherer Entfernung freundlich zu!

Es ist dies alles natürlich auch eine Frage des Vertrauens in den jeweiligen Mann hinterm Tresen. Hierzu sei der in die Geschichte des C. eingegangene Satz des Milliardärs Nubar Gulbenkian zitiert: »Die ideale Cocktailparty besteht aus zwei Personen: Die eine bin ich, die andere ein verdammt guter Barkeeper.«

COFFEE-BAR/CAFÉ

»Ich hätte gern einen Kaffee.« – »Tasse oder Kännchen?« So lautete einst der Dialog im Café. Die Frage, ob mit oder ohne Milch, erübrigte sich, denn ein winziges offenes Gefäß, mit Büchsenmilch gefüllt, wurde sowieso mitserviert. Man trank diesen seinen Kaffee dann meistens schweigend, denn einem ungeschriebenen Gesetz zufolge schien es nur Hausfrauen nach dem Einkauf oder älteren, distinguiert wirkenden Damen in adretten Kostümen gestattet, sich etwas lauter zu unterhalten. Deren Gespräche verstummten sofort, wenn man als junger Mann ein Mädchen am Nachbartisch ansprach. Indigniert, tückisch lauernd oder gnadenlos neugierig verfolgten die Platzhalterinnen den solchermaßen schon im Ansatz zum Scheitern verdammten Flirtversuch.

Wen es, dieser Tristesse überdrüssig, nach etwas mehr Temperament dürstete – sowohl die Atmosphäre wie das Getränk betreffend –, der zog ein chromblitzendes italienisches Ambiente vor und bestellte sich entweder einen Espresso oder einen Cappuccino. Von solchen Eisdielen oder Espressobars gab es in der Regel nicht mehr als eine Hand voll pro Großstadt, und meistens stand darin eine Musikbox, aus der im Wechsel Adriano Celentanos »Una festa sui prati« und Rocco Granatas »Marina« ertönte.

Die von der Kaffeeindustrie dann in den 90er Jahren angestimmten Gesänge waren deutlich freudloser, eher Klagelieder. Drastisch zurückgehende Umsätze zwangen zur Notwendigkeit, das spießige Image der Tasse Kaffee (als abgestandene braune Brühe in der Büropause oder als Lebenselixier des Damenkränzchens) abzustreifen. Junge Leute hatte man im Visier, und denen wollte man ein »kaffeegemäßes Lebensgefühl« vermitteln. Worin das bestehen könnte, darüber allerdings herrschte allgemeine Ratlosigkeit.

Ganz neues Lebensgefühl Etwas mehr als ein Jahrzehnt später hat die Branche allen Grund zum Jubeln. Existenzangst: nicht die Bohne! Zwar ist das »plüschige Café« noch mehr aus der Mode gekommen und funktioniert allenfalls noch in nostalgisch-vornehmer Spielart. Auch die steife Kaffeetafel daheim hat nur noch Konjunktur, wenn sonntags die Verwandtschaft anrückt. Dafür aber hat sich in den vergangenen Jahren ein völlig neues, kommerziell nutzbares Lebensgefühl herauskristallisiert. Kaffeetrinken wird mit Modernität, einem hohen Grad an Kommunikation und Weltläufigkeit gleichgesetzt. Seinen Platz gefunden hat es in den hellen, verglasten, mit internationalem Flair lockenden Räumen der modernen Coffee-Bars oder -Shops italienisch-amerikanischer Provenienz. (Kaffeeliebhaber aufgepasst: Der Coffee-Shop ist nicht zu verwechseln mit der gleichnamigen Institution in Amsterdam, wo Haschisch und Marihuana in kleinen Mengen verkauft werden!) Statt Filterkaffee bekommt man hier gebrühten oder aufgeschäumten Kaffee serviert, Tischdecke und Silberbesteck haben ausgedient, und man wird auch nicht vom »Fräulein« in weißer Schürze bedient.

Der erste Coffee-Shop nach amerikanischem Vorbild wurde 1997 in Frankfurt eröffnet. Es folgten in ganz Deutschland hunderte dieser modernen Cafés, und ein Ende des Trends ist nicht abzusehen. So manches altmodische Kaffeehaus hat, den sicheren Untergang vor Augen, gerade noch die Kurve gekriegt und sich eine den Trendsettern abgeschaute Modernisierungskur verordnet.

Kaffeehausgigant Starbucks Anfangs wirkten viele Coffee-Bars noch wie Starbucks-Imitate. Der amerikanische Kaffeehausgigant betreibt weltweit an die 5000 Shops. Die meisten davon sind – mit viel dunkelgrünem und braunem Interieur – dem Diktat des Designergurus Howard Schultz verpflichtet, der in den 80er Jahren die italienische Espressobar als amerikanische Variante neu erfand. Mittlerweile ist Starbucks auch in deutschen Großstädten vertreten, wo es in Konkurrenz zu Ketten wie der San Francisco Coffee Company um Kunden wirbt – nicht selten (zum Beispiel in der Münchner Leopoldstraße) in Steinwurfweite voneinander.

Unterdessen entstehen auch mehr und mehr einheimische Kaffeehausketten, meistens, aber nicht zwangsläufig, auf eine Großstadt beschränkt. Vom Erfolg angenehm überrascht, spielen die Besitzer schnell mit dem Gedanken zur Expansion. So will auch die Berliner Kette Kaffee Einstein, in deren Filiale Unter den Linden auffallend viele Politiker und Medienschaffende beim Kaffeeschlürfen ihre Strippen ziehen, in anderen Städten neues Terrain erschließen. Sie steht unter österreichischer Leitung und fühlt sich daher nicht amerikanischem Vorbild, sondern einer im modernen Gewand daherkommenden Wiener Kaffeehaustradition verpflichtet.

COGNAC

Er gehört zu den wenigen alkoholischen Genüssen, deren Ursprung nicht hinter Klostermauern vermutet wird. Ja, nicht einmal die Franzosen können die »Erfindung« des Cognacs für sich reklamieren, denn ohne die Handelspartner in Nordeuropa wäre dieser edelste aller Weinbrände wohl nie entstanden.

Das Cognac-Gebiet – heute in seinen Grenzen streng reglementiert – liegt im Südwesten Frankreichs, nördlich von Bordeaux und südöstlich von La Rochelle. Diese Hafenstadt an der Atlantikküste war traditionell der Verladeplatz für die Weine der Charente, die allerdings im 17. Jahrhundert die Gunst der Kunden aus Irland, England und Skandinavien an die Weinkonkurrenz aus Bordeaux verloren. Zudem erschienen die Transportkosten für diese relativ dünnen Weine zu hoch, nahmen sie doch in Schiffen den gleichen Frachtraum ein wie andere, geschätztere Weine. So begann man, den Wein zu destillieren. Gebrannter Wein vertrug nicht nur den Transport besser, sondern war auch wegen seines geringeren Volumens preisgünstiger zu transportieren; schließlich rechnet man noch heute neun Liter Wein für einen Liter C. Die damit verbundene

Absicht war, das Destillat am Bestimmungsort mit Wasser zu einer Art Wein zurückzuverdünnen. Und so wurde es auch lange Zeit gehalten – bis man entdeckte, dass die unverdünnte Flüssigkeit besser schmeckte als andere damals bekannte Schnäpse.

Bis weit ins 18. Jahrhundert wurde C. sehr hell getrunken, so wie er aus der Destillation kommt. Da das Produktionsgebiet um das kleine Städtchen Cognac aber nicht nur Triumphe kannte, sondern auch immer wieder Rückschläge hinnehmen musste, stockte häufig der Absatz, und die Hersteller entschlossen sich in diesen Zeiten zähneknirschend, ihren C. in Eichenholzfässern aufzubewahren. So entstand der uns heute bekannte, dunkle C., der mit der Zeit seiner Reifung immer besser wird und vom Norden Europas aus seinen Siegeszug um die Welt antrat.

Der Feind kam aus Amerika Von der engen Verbindung der Charente mit den Britischen Inseln zeugen noch heute die Namen einiger der größten Cognac-Produzenten: Jean Martell kam von der Insel Jersey, Richard Hennessy, dessen Nachkommen noch heute im Unternehmen tätig sind, aus Irland, Thomas Hine war Engländer. Ironie der Geschichte: Als in den Jahren nach 1882 die aus Amerika eingeschleppte Reblaus fast die gesamte Rebfläche in Cognac vernichtete, schlug die große Stunde des bis dahin außerhalb seiner Heimat unbedeutenden ➛ Whiskys; er schlüpfte in die vom C. hinterlassene Lücke und entthronte ihn als weltweit meistgetrunkene braune Spirituose.

Seitdem erscheint der schon immer etwas verschlafen wirkende Landstrich um das kleine Städtchen, das seinem wichtigsten Exportprodukt den Namen gegeben hat, noch etwas ruhiger. Schließlich ist Zeit, also die Zeit, in der der C. in den riesigen, »Chai« genannten Lagerhallen reift, ein entscheidender Produktionsfaktor. Und es braucht viel Zeit, bis ein Destillat durch langsame Reifung im Eichenholz den Namen C. verdient und einige davon sogar den Weg ins »Paradis« finden – so nennt man die Lager, in denen die ältesten, oft weit über hundert Jahre alten C. ruhen.

Wichtiges Postskriptum: Man möge sich seinen C. nie in diesen riesigen Schwenkern zu Gemüte führen! Sie sind vielleicht für Goldfische geeignet, dem Genuss eines alten C. jedoch eher abträglich. Solche Monstergläser, mit denen man in der Werbung ältere Herren vorm Kamin sitzen sehen kann, weisen eine viel zu große Verdunstungsoberfläche auf, und der sich nach oben verjüngende Glasrand konzentriert ausschließlich den Alkohol in der Nase, gibt den vielfältigen Aromen eines alten C. aber keine Chance. Ein nicht zu großes tulpenförmiges Glas, das sich in der Mitte zu einem Duftkanal verengt und nach oben leicht ausgelippt ist, bringt das Bouquet am besten zur Geltung.

COOL

Bedingt durch inflationären Gebrauch in über einem halben Jahrhundert hat der einst so vielschichtige Begriff etwas abgewirtschaftet. Im ➤Jargon der deutschsprachigen Jugend steht er für den scheinbar auf alles und jeden passenden Ausdruck der Wertschätzung. Eine Sache kann cool sein, ein Typ, ein

Film, ein Song. In verstärkter Form lautet der Kommentar: »echt cool«. Auch gerade angesagte Trends und aktuelle Zeitgeistphänomene sind »cool«: Handys, Markenklamotten, Computerspiele, die favorisierte Musikrichtung. Lediglich in der leicht distanzierten, unterkühlten Art der positiven Bewertung schwingt noch ein Restbestand des ursprünglichen Bedeutungsspektrums mit. Insofern unterscheidet sich das Wort, wenn auch minimal, von eher euphorischen Lobpreisungen wie »klasse«, »super« oder »geil«.

Dass diese Vokabel zu mehr taugt als zur Beschreibung des Wetters oder eines Drinks, hat erstmals im Slang schwarzer Amerikaner seinen Niederschlag gefunden, irgendwann in den 40er Jahren, irgendwo im New Yorker Stadtteil Harlem. Von Anfang an schillerte der vorwiegend männlich besetzte Begriff in vielen Nuancen: »A cool cat« – das war ein Kompliment für einen richtigen Typ, keine Flasche, einer, der sich nichts sagen und nicht aus der Ruhe bringen ließ. Er kleidete sich auffällig und originell. Seine Körpersprache stimmte, und einen guten Spruch hatte er auch stets drauf. Locker und unaufgeregt war er und zeigte dabei anderen, wo es langgeht. Frauen drehten sich nach ihm um, Männer ahmten ihn nach. Wenn er seinem Kumpel an der Straßenecke eine Neuigkeit zusteckte oder eine gute Story erzählte, sagte der bewundernd: »That's cool, man!«

»Einsame Töne« von Miles Davis »Cool« war aber in jenen Jahren auch der neue Sound im Jazz. Im Gegensatz zum archaischen New-Orleans- und Chicago-Stil (»Hot Jazz«), zum ausgelassenen Freudentaumel des Swing und zum nervösen, hektischen Bebop kam er wahrlich unterkühlt daher. Zahllose Musiker pflegten diese zurückgenommene, ja introvertierte Spielweise, darunter das Modern Jazz Quartett, Tenorsaxofonist Lester Young, Pianist Lennie Tristano. Der Baritonsaxofonist Gerry Mulligan lieferte sich mit dem Trompeter Chet Baker Duelle um die Gefrierpunktgrenze. Vor allem aber war es Miles Davis, der der Ära den Stempel »cool« aufdrückte. Die schnörkellosen, vibratofreien »einsamen Töne«, die er seiner Trompete zu entlocken vermochte, haben der existenziellen Verlorenheit der Nachkriegsjugend in Amerika und Europa die Klangfarbe gegeben. Bis heute ungebrochen ist die Faszination von Davis' berühmter Langspielplatte »Kind Of Blue«, aufgenommen an wenigen Tagen des Jahres 1959 in New York City mit kongenialen Mitstreitern: John Coltrane (Tenorsaxofon), Julian »Cannonball« Adderley (Altsaxofon), Bill Evans und Wynton Kelly (Klavier), Paul Chambers (Bass) und Jimmy Cobb (Schlagzeug). Es ist eines der schönsten Alben der Jazzgeschichte und das bis heute erfolgreichste, immer wieder neu aufgelegt, inzwischen millionenfach verkauft. Cool war auch die Musik, die Davis im Jahr zuvor in Paris zu Louis Malles legendärem Kriminalfilm »Fahrstuhl zum Schafott« beigesteuert hatte, und nicht minder cool war die Methode: Mit französischen Kollegen setzte er sich nachts ins Filmstudio und improvisierte zu den laufenden Schwarzweißbildern live einen Soundtrack von kalter Schönheit.

Die Zigarette im Mundwinkel Beim Phänomen »Coolness« kommt man natürlich an den Idolen des Kinos jener Ära nicht vorbei. Neben der scheinbar lässigen Beherrschung ihres Handwerks bestand deren Faszination darin, cool bis in die Fingerspitzen zu sein. Wie dem amerikanischen Filmrebellen James Dean (»Denn sie wissen nicht, was sie tun«) die Zigarette im Mundwinkel hing, ist bis heute unübertroffen. Aber auch Jean-Paul Belmondos Auftreten in »Außer Atem« kann sich in puncto Coolness sehen lassen. Überhaupt war ja der Glimmstängel jahrzehntelang eines der wichtigsten, wenn nicht das wichtigste Requisit für einen coolen Typen. Millionen Jugendliche nahmen sich diese Attitüde zum Vorbild. Coole Raucher auf der Leinwand (und im richtigen Leben) waren auch Humphrey Bogart (»Der tiefe Schlaf«) und Yves Montand (»Lohn der Angst«). Letzterer bevorzugte Filterlose. Kultcharakter in Sachen Coolness weist außerdem die Lederjacke auf – etwa die von Marlon Brando in »Die jungen Wilden«.

Heute gehört es ja zum guten Ton, die 50er Jahre als rückständig, spießig und bieder zu klassifizieren. Gemessen an dem gewaltigen Aufbruch, der im darauf folgenden Jahrzehnt einsetzte, trifft das auch zu. Aber genau dieser verklemmte, sittenstrenge Hintergrund war es, vor dem Coolness erst gedeihen konnte – gewissermaßen als kulturelles Kontrastmittel. Spätere Epochen gebärdeten sich laut, lärmend, revolutionär, freiheitlich, stellten alles auf den Kopf, was bis dato gegolten hatte, brachen jedes Tabu. Doch hinsichtlich Coolness konnten sie nicht mehr so recht mithalten. Die Beatles waren genial und liebenswerte Burschen – aber cool waren sie nicht.

Charlie Watts grüßt Clint Eastwood Auch die Rolling Stones waren es nicht – bis auf ihren Drummer Charlie Watts, der den Nadelstreifenanzug ins Rock-Milieu einführte. Heute freilich kann man sagen: Dass die Stones nach über 40 Jahren sich noch immer nicht ihre Instrumente wegnehmen lassen und unerschrocken alle paar Jahre als »The Greatest Rock 'n' Roll Band Of The World« rund um den Globus auf der Bühne stehen, dabei in ausverkauften Hallen und Stadien auftreten und jedes Mal ein paar hundert Milliönchen abgreifen – das ist irgendwie ganz schön cool. Womit einmal mehr bewiesen wäre, dass ältere Herren durchaus in besagte Kategorie fallen können. Bis zu ihrem Ableben haben dies auch der Maler Pablo Picasso oder der Bluessänger John Lee Hooker eindrucksvoll belegt. Auch ein Clint Eastwood taugt zum Beweis dieser These.

Immer mal wieder – gerade wenn man meint, jetzt könne nicht mehr viel kommen – blitzt eine neue, frische Coolness auf, die uns Zuschauern das Herz wärmt. Einen Hauch davon, wenn auch etwas gewollt, verbreiteten vor einem Vierteljahrhundert die »Blues Brothers« John Belushi und Dan Aykroyd – nicht zuletzt dank des gekonnten Einsatzes des enorm wichtigen Requisits ➛ Sonnenbrille. Der Großmeister der Coolness aber, der sie versteht, beherrscht, perfekt in Szene setzt, dabei hinreißend coole Typen präsentiert und auch noch selber einer ist, heißt Jim Jarmusch, ist Amerikaner und unabhängiger Filmemacher. Gegen Ende der total uncoolen, von Ehrgeiz und Ellbogenmentalität zerfressenen 80er Jahre trat er mit ein paar wunderbar coolen Filmen auf den Plan: »Stranger Than Paradise«, sein Gesellenstück, und dann das Meisterwerk schlechthin: »Down By Law«, wie der Vorgänger in kühlem, distanzierten Schwarzweiß gedreht. Wie da die beiden maulfaulen Amerikaner John Lurie und Tom Waits mit dem heißblütigen, umwerfend komischen Roberto Benigni aus dem Knast ausbrechen und durch die Sümpfe Louisianas streifen, das ist der wahrhaft coolste Film des ausgehenden 20. Jahrhunderts.

Und in diesem, unserem Land, wie steht's da mit der Coolness? Man muss lange suchen – das ist vielleicht schon Antwort genug. Udo Lindenberg war in seinen besten Jahren obercool, sprachlich und im Auftreten, und ein Rest dieser Haltung umweht ihn immer noch. Dem nuschelnden Deutschrocker kommt zugute, dass ihm jedes Pathos fehlt. Das steht nämlich der Coolness unüberwindlich im Wege und hat letztlich auch einem Götz George den Weg dorthin verbaut. Immerhin hatte der als Schimanski durchaus coole Momente, ein Verdienst nicht zuletzt auch seiner Jacke. Ein weiteres Hindernis ist das Plagiieren. Der Möchtegern-Coole will so sein wie sein Vorbild, ist es aber nicht. Til Schweiger gibt halbwegs überzeugend den James Dean für Arme. Aber mehr ist nicht drin. Fernsehspötter Harald Schmidt war mal cool, sehr sogar, als er nämlich seine anzüglichen Witze noch im Kanal Sat 1 riss. Komischerweise war es damit vorbei, als er zum öffentlich-rechtlichen Fernsehen wechselte. Da ist er jetzt ein seriöser Herr mit Humorauftrag. Total uncool. Ulrich Wickert ist cooler.

CROSS-DRESSING

Was für »grauenvolle Momente« eine Frau morgens vor ihrem Kleiderschrank und dem Spiegel durchmacht, hat niemand so anschaulich beschrieben wie die Journalistin Anke Schipp in der »Frankfurter Allgemeinen Sonntagszeitung«: »Für jede Frau ist der Morgen die schwierigste Tageszeit. Modisch gesehen. In diesen Stunden wird alles entschieden. Der Auftritt im Büro, das Treffen mit der Freundin, das Mittagessen mit dem Geschäftspartner. Die Morgen-Frage erreicht einen meist vor dem Kleiderschrank, Tag für Tag, nicht unerwartet und doch unvermittelt: Was soll ich bloß anziehen? Lieber den braunen Rock mit der fliederfarbenen Bluse? Aber welche Schuhe passen dazu? Gedanklich schwenkt man kurz auf den dunkelblauen Hosenanzug über. Doch die passende Bluse ist in der Reinigung. Das graue Kostüm? Dann wohl eher den schwarzen Faltenrock mit Twinset und die flachen Ballerinas probieren. Hm? Pumps sähen besser aus, aber die sind gerade nur in Braun verfügbar.«

Diese tägliche seelische Pein könnte ein Ende haben. Ein neuer Dresscode, dessen hervorstechendes Merkmal darin besteht, sich selbst überflüssig zu machen, will Freiheit schaffen, wo vormals Zwänge herrschten; will gleichzeitig die Frau, die sich zu ihm bekennt, als mutig, avantgardistisch und dennoch gut angezogen dastehen lassen.

Kombinieren nach Herzenslust Cross-Dressing heißt so viel wie: über Kreuz kombiniert. Alles ist plötzlich erlaubt, nichts muss wirklich mehr zusammenpassen. Man kann anziehen, was man will, nach Herzenslust kombinieren: Grün mit Blau, Rosa mit Gelb, Streifen mit Karomuster, Seide mit Drillich, Baumwolle mit Chiffon, Lackstiefel mit Petticoat, Federboa mit Jogginganzug. Ein »No-Dresscode«, wie die Modezeitschrift »Elle« es formulierte. Was früher kopfschüttelnd als Geschmacksverirrung kommentiert worden wäre, gilt auf einmal als Signal der neuen Unberechenbarkeit, als Abschied vom Schubladendenken. Material, Farben, Muster, Stile – alles darf bedenkenlos gemixt werden. Wenn die Handtasche partout nicht zur Jeans oder zu den Schuhen passt – umso besser. Wenn jedem auf der Vernissage auffällt, dass das kostbare Designerjäckchen der Besucherin eine vom Zahn der Zeit angenagte Secondhandbluse bedeckt, dann soll das so sein. Falls jemand den Mut hat, die Trägerin darauf anzusprechen, wird diese sich unerschrocken zu ihrer ganz persönlichen »Collage« bekennen. Adieu Modediktat, es lebe der Individualismus! Es gilt der kalkulierte Stilbruch.

Viele Modehäuser haben sich dem Trend zum »Samplen«, der mit der amerikanischen Fernsehserie »Sex And The City« seine begleitende Promotionkampagne erfuhr, freudig angeschlossen – wenn sie ihn nicht gar selber kreiert haben. Modeketten wie H&M und, auf gehobener Ebene, ➛ Burberry propagieren ungeniert die kunterbunte Mischung, was den Vorteil hat, Einzelposten, die früher nie und nimmer zusammengepasst hätten, nun als Teile eines Ganzen zu definieren und zu vermarkten.

Bleibt die Frage, ob dies alles die Frau grundsätzlich freier macht oder ob das fantasievolle Durcheinander, das scheinbar so spontan und zufällig daherkommt, in Wirklichkeit nicht noch mehr generalstabsmäßige Garderobenplanung erfordert. Zwar geben Mode- und Lifestyle-Magazine ihren Leserinnen seitenweise Orientierungshilfen. Dennoch ringt manche Frau, die sich schon einmal probeweise darauf eingelassen hat, nun die Hände und stöhnt: »Damit wird die Quälerei ja noch schlimmer!«

Und eine weitere Gefahr lauert; wir zitieren noch einmal die Kollegin Anke Schipp: »Der Schritt von der Style-Queen zur Vogelscheuche ist nur ein kleiner mit fataler Wirkung.«

DAMENRUNDEN

Noch vor zwei, drei Generationen war das fein säuberlich aufgeteilt: Wenn die Männer unter sich sein wollten, gingen sie abends in die Kneipe oder in die Bar; die Frauen trafen sich mit ihren Freundinnen im Café oder daheim zum Damenkränzchen. Nachmittags wohlgemerkt, denn am Abend hatte das »schwache Geschlecht« damals noch keinen Ausgang. Ein nur mit Damen besetzter Tisch in einem Abendrestaurant hätte an den Nachbartischen unweigerlich zu neugierigen bis amüsierten Blicken und anzüglichem Getuschel geführt – nicht zuletzt auch bei jenen Frauen, die in männlicher Obhut unterwegs waren.

Heute hocken Männer noch immer gern am Tresen, der ihnen aber keineswegs mehr allein zur Verfügung steht. Denn seit einigen Jahrzehnten – zunächst noch trotzig aufbegehrend, dann mit immer größerer Selbstverständlichkeit – haben die Frauen zu neuen Formen der Geselligkeit unter ihresgleichen gefunden: Sie treffen sich, wo und wann sie wollen, und sei es um Mitternacht, in Gasthäusern, Bars und Restaurants, in Cocktail-Lounges und Coffee-Shops. Sie gehen zusammen ins Kino und in die Oper, auf den Tennisplatz und ins Fitnesscenter. Inzwischen gibt es sogar Golfclubs und -turniere nur für Frauen, wenngleich sich diese spezielle Variante nicht hundertprozentig durchzusetzen scheint.

»Weiberabend« und »Ladies' Lunch« Interessant (jedenfalls aus männlicher Sicht) ist in diesem Zusammenhang, welche Begriffe die Frauen heutzutage für ihre Zusammenkünfte verwenden. So klebt an dem abendlichen Stelldichein hartnäckig das Etikett »Weiberabend«. Kaum ein Mann würde es heute noch wagen, diese eigentlich zutiefst antiemanzipatorische Vokabel in Gegenwart einer Frau auszusprechen. Fragt man die Damen nach dem tieferen Sinn des Ausdrucks, bekommt man höchst unterschiedliche Antworten. »Selbstironie, die euch Männern fremd ist« wird da ins Spiel gebracht, aber auch die »geballte Power«, die einer Ansammlung mehrerer »Weiber« seit jeher innewohne. Wieder andere geben zu Protokoll, mit dem etwas abschätzig klingenden Begriff »Weiberabend« werde durch die Blume gesagt, dass eine Runde mit Männern letztlich doch die attraktivere Form der Geselligkeit ist.

Eine weitere Variante ist der »Ladies' Lunch«, der seinem Namen nach am Mittag zelebriert wird. Hier zieht es weniger die guten Freundinnen an den gemeinsamen Tisch, sondern einander vom gesellschaftlichen Parkett her wohlbekannte und -vertraute Gattinnen. Die Ehemänner sind in den allermeisten Fällen nicht gerade arm und werden der so genannten besseren Gesellschaft zugerechnet: Industrielle, Fabrikanten, Manager, Börsianer, Großgastronomen. Beim »Ladies' Lunch« handelt es sich zunächst mal um ein typisches Metropolenphänomen, das mittlerweile aber auch auf kleinere Städte übergreift. Auf dem Dorf wäre so etwas allerdings kaum denkbar. Was die Ladies, etwa bei Eisbergsalat mit Shrimps, Chardonnay und Espresso, zu besprechen haben, variiert stark. Es kann die Vorbereitung der nächsten Party sein, aber auch die Organisation eines Events für wohltätige Zwecke (➤ Wohltätigkeit). Manchmal ist der Geburtstag einer Teilnehmerin der Runde das Thema, manchmal der lang ersehnte Frühlingsanfang und mit ihm die neue Frühjahrsmode.

Powerfrauen unter sich Seine Steigerung erfährt der »Ladies' Lunch«, wenn ausschließlich so genannte Powerfrauen an der Tafel sitzen. Zwar nennen sie sich selber im Allgemeinen nicht so, wohl aber verstehen sie sich als solche. Die Mitspielerinnen in dieser Liga werden nicht nach ihrem üppigen Bankkonto oder dem gesellschaftlichen Rang ausgesucht, sondern in erster Linie nach der einflussreichen Position, die sie bekleiden.

Immer beliebter in gut situierten Kreisen ist ein »ausgedehntes Wochenende« (bescheidene Umschreibung für eine knappe Woche), das mehrere Ladies gemeinsam außer Haus verbringen. Beliebte Reiseziele sind Weltstädte wie London, Paris, Florenz, St. Petersburg oder New York, und besonders gern wird als Reisezeit der Herbst gewählt. Denn zu dieser Zeit muss der Herr Gemahl – sei er nun selbstständiger Fabrikant oder Vorstandsmitglied – auf den letzten Metern bis Ultimo noch mal ordentlich die Ärmel aufkrempeln. So ist die Gefahr, dass er heimische Präsenz verlangt oder gar mitkommen will, relativ gering.

DANDY

Der blendend aussehende junge Mann, der eine Menge Geld und viel Aufwand in seine Kleidung, in modische Accessoires, in die Frisur investiert; dem sein Auftritt in Gesellschaft über alles geht; dessen geistreiche Plaudereien einem Drehbuch zu entstammen scheinen; den man nie mürrisch, geschweige denn unhöflich erlebt. Hätte er in unserer Zeit noch eine Chance? Wohl eher nicht. Einen »Schönling«, »Schwätzer« oder beides würde man ihn schelten. Gehässige Spekulationen zöge er auf sich: Wie viele Stunden pro Tag der wohl vor dem Spiegel verbringt? Woher der wohl das nötige Kleingeld für einen so aufwändigen Lebensstil hat?

Der Dandy: Weder als Lebenskünstler noch als Schaffenskünstler ginge er heute durch. Übertriebene Höflichkeit, geschliffene Manieren, zuvorkommendes Wesen, wie aus dem Ei gepellt gekleidet – wer sich so geriert, muss wohl ein waschechter ➤ Snob sein. Seit jeher, das ist sein Missgeschick, hat man den D. mit ihm verwechselt.

Aber wer weiß, vielleicht ist der D. in seiner Zeit ebenfalls viel stärker auf Ablehnung gestoßen, als man das aus der heutigen, leicht verklärten Rückschau annehmen darf. Möglicherweise waren es nur ein paar Damen der höheren Gesellschaft, die hingebungsvoll an seinen Lippen hingen, sein lässig geschlungenes Halstuch bewunderten, seinen Bonmots applaudierten. Der Haus- oder Atelierbesitzer, dem er drei Monatsmieten schuldete, mag ihm ganz anders gekommen sein.

Und wer weiß, vielleicht hat es ihn als dauerhafte Verkörperung einer von Stil und Eleganz definierten Lebensform überhaupt nicht gegeben. Zumindest nicht so, wie wir, die wir uns sehnlichst einen Hauch von ebendiesem Stil und ebendieser

Eleganz zurückwünschen, ihn heute vor unserem geistigen Auge in den Salons des späten 18. und des 19. Jahrhunderts brillieren sehen. Es sei uns natürlich fern, hier muffig einen lieb gewonnenen Mythos zu zertrümmern, der in zahllosen gescheiten Abhandlungen von Generation zu Generation weitergereicht wird. Aber mal ehrlich: Ließe man alle Dandys der jüngeren abendländischen Kulturgeschichte gemeinsam aufmarschieren, dann würden die sich in jenen Salons keineswegs auf die von edlem Schuhwerk umhüllten pedikürten Füße treten. So viele waren es nämlich gar nicht.

Makellose Eleganz: »Beau« Brummell Ahnherr aller Dandys – und sein Rang ist nun wirklich unbestritten – war der Engländer George Bryan Brummell (geboren 1778), der nichts dagegen hatte, dass die Londoner Society seinen Vornamen in Beau (französisch für »der Schöne«) abwandelte. Als enger Freund des Prince of Wales (ab 1820 König Georg IV.) ging er am Hofe ein und aus und stand, wie man das heute ausdrücken würde, auf allen Gästelisten ganz oben.

Etwa 18 Jahre lang, beginnend als gerade mal 20-Jähriger, beherrschte er mit der makellosen Eleganz seiner Erscheinung und seinem untrüglichen Stilempfinden die Londoner Mode- und Salonwelt. Lässig ließ er durchblicken, dass er am Tag fünf Stunden zum Anziehen brauchte. Bewunderern, die ihn um Rat bestürmten, empfahl er, die Stiefel täglich mit Champagner zu polieren. Drei Friseure, so raunte man sich zu, würden von ihm beschäftigt: einer für die Stirn, einer für die Seitenpartien und einer für den Hinterkopf. Als er von einem neureichen Verehrer zur Dinnerparty geladen und aufgefordert wurde, die Tischrunde selber zusammenzustellen, soll er, als die Gäste versammelt waren, sein Befremden darüber geäußert haben, dass der Gastgeber sich erkühnt hatte, mit am Tisch Platz zu nehmen. Einem

Beruf ging er zunächst nicht nach. Die Pflege seines Äußeren, die Kunst der Konversation und das Vergnügen an seiner Rolle als »Arbiter elegantiarum« – Sachverständiger in Fragen des guten Geschmacks – müssen ihn völlig ausgefüllt haben. Eine leicht frivole, selbstverliebte, beinahe schamlos hedonistische Aura umgab ihn. Dass er bei allen Ausschweifungen und Eskapaden stets auf das Wohlwollen und die finanzielle Unterstützung seines Gönners, des Kronprinzen, angewiesen war, zeigte sich erst, als er bei diesem in Ungnade gefallen war. 1816 war das. Spielschulden kamen hinzu; sie zwangen ihn, England zu verlassen. Freunde verhalfen ihm zum Posten des britischen Konsuls in der französischen Stadt Caen. Doch dann wurde die Stelle gestrichen. 1840 starb »Beau« Brummell 62-jährig als armer Mann in der Normandie, fern von der Stadt, die ihm einst zu Füßen gelegen war.

Tagedieb auf hohem Niveau In deren Mauern ist wohl auch der Begriff D. irgendwann entstanden. Zwar gibt es über die Herkunft des Wortes keine zuverlässigen Aussagen. Anzunehmen ist aber, dass der mutmaßliche Vorläufer »Jack-a-dandy« von ehrenwerten und fleißigen Londoner Bürgern in abwertendem Sinne benutzt wurde: für einen übertrieben herausgeputzten, keiner geregelten Tätigkeit nachgehenden jungen Mann mit »zwitterhaftem« Einschlag. Um es mal so vorsichtig zu formulieren, wie es in jener Epoche, als Homosexualität noch mit dem Tod bestraft werden konnte, wohl auch nötig war. Im in jeder Beziehung fernen deutschen Kulturraum nannte man solche jungen Männer, nicht minder abfällig, Gecken oder Stutzer.

Als einen Tagedieb auf höchstem Niveau hat man den D. gezeichnet. Die Kunst des Müßigganges soll ihm zu Eigen gewesen sein wie keine zweite. Eine auch auf das elegante Nachbarland Frankreich übergreifende Kunst, die, je mehr das 19. Jahrhundert in die Melancholie des Fin de siècle mündete, sich von der ursprünglichen impertinenten Unbekümmertheit in Richtung Dekadenz wandelte.

Sind Literaten Müßiggänger? Dass als maßgebliche und stilbildende Vertreter dieser Disziplin meist jene Schriftsteller genannt werden, denen wir die Beschreibung des Phänomens überhaupt verdanken – das ist es freilich, was die oben formulierten Zweifel nährt. Zugegeben: Bestimmt lag so hochsensiblen Künstlerseelen wie Oscar Wilde, Lord Byron, Stendhal, Charles Baudelaire, Jules Barbey d'Aurevilly oder Marcel Proust nicht nur die Ästhetik ihres Stils am Herzen, sondern auch die ihrer äußeren Erscheinung. Zweifellos haben auch sie Stunden darauf verwandt, sich mit lässiger Eleganz herzurichten, wenn ihnen der Bote eines herrschaftlichen Hauses eine Einladung zum Diner oder zur Soiree überbrachte. Und ebenso sicher dürften sie schon auf der Fahrt, hinter den zugezogenen Vorhängen der Pferdedroschke, an den Bonmots gefeilt haben, die man in einer halben Stunde von ihnen erwarten würde. Doch ein Merkmal des D. hat ihnen allen gefehlt, und zwar ausgerechnet das entscheidende: der Müßiggang nämlich. Wären sie nicht allesamt so fleißig gewesen, so unermüdlich, ehrgeizig, selbstquälerisch, voller Hingabe an ihre Bestimmung, das Schreiben, dann wären heute unsere Bücherregale leerer. Und die Literaturgeschichte um eines der reizendsten Kapitel ärmer: die Epoche des D.

DANKBARKEIT

Da hat man das Geschenk mit Liebe ausgesucht und nett verpackt, noch ein paar persönliche Zeilen dazugeschrieben. Man ist zur Post geeilt, damit die Sendung den Empfänger rechtzeitig erreichen möge. Und dann – wartet man, auch wenn man es vor sich selbst vielleicht nicht zugeben mag. Man wartet auf ein Dankeschön. Schließlich möchte man ja wissen, ob alles gut angekommen ist. Ob es gefällt. Ob es Freude gemacht hat. Aber nichts tut sich, weder meldet sich der oder die Beschenkte am Telefon noch per E-Mail. Vom handschriftlichen Brief ganz zu schweigen. Nichts. Keine Reaktion. Und nach ein paar Tagen steigt dann ein Gefühl in einem hoch: Man ist verstimmt über das Verhalten bzw. Nichtverhalten des Undankbaren. Nie wieder soll der ein Geschenk bekommen! Hat er gar nicht verdient!

Nicht jeder ist schließlich so souverän, wie Theodor Fontane es für zweckmäßig hielt: »Das Undankbarste, weil Unklügste, was es gibt, ist Dank verlangen.« Mag ja sein, aber andererseits – wir bleiben noch auf einen Abstecher im Zitatenbuch – war die Dankbarkeit für den römischen Senator und Philosophen Cicero »die Mutter aller Tugenden«. Eine unverzichtbare – allen immer mal wieder aufflackernden modernistischen, rationalistischen Tendenzen zum Trotz. Sie gehört zur zwischenmenschlichen Hygiene, auch oder gerade weil es im Grunde ein zutiefst irrationaler Wert ist, dieses ewige Dankeschönsagen. Eine Welt ohne D., das wäre eine Welt ohne Rücksicht. Es wäre eine Welt, in der nur das Funktionieren zählt, nicht das winzige Bindeglied zwischen zwei einander noch so fremden Menschen, die sich vielleicht nie wiedersehen werden.

Die Verkäuferin, die uns ein Viertelpfund Schinken abwiegt,

einpackt und aushändigt, hat uns weder gerade einen Riesengefallen getan, noch aus einer Patsche geholfen, noch vor einem großen Unglück bewahrt. Sie hat nur diesen Schinken über den Tresen gereicht, dabei vielleicht nett gelächelt. Und dafür danken wir ihr. Und darüber freut sie sich. Und wenn wir nicht danke sagen, wird sie verwundert sein. Man dankt dem Zimmermädchen beim Verlassen des Hotels (falls man es auf dem Flur trifft). Man dankt dem Nachbarn, der einen schönen Tag wünscht. Man bedankt sich sogar für erlittene Qualen beim Zahnarzt.

Ein ulkiges Paradox muss hier erwähnt werden: Zwar erwarten wir, dass sich jemand bei uns bedankt, aber wenn er es tut, winken wir oft beschwichtigend ab: »Keine Ursache, nicht der Rede wert.« »De rien«, sagt der Franzose, das ist doch gar nichts, und der Engländer stapelt tief: »Not at all!« Der Amerikaner, noch zuvorkommender: »You're welcome!«

Und an dieser Stelle, lieber Leser, danken wir recht herzlich für die Aufmerksamkeit und verabschieden uns aus diesem Thema mit dem drolligen Kindervers, den wir früher auf Hinterhöfen und Spielplätzen herunterleierten. Er reimt sich nicht mal richtig, aber schön ist er trotzdem: »Schornsteinfeger Lampe/geht zu seiner Tante/frisst den ganzen Kuchen auf/und sagt nicht mal danke.«

DAVIDOFF, ZINO

Die Geschichte der ➛ Zigarre wurde in besonderem Maße von einem Mann geprägt: Zino Davidoff, unangefochtener König auf diesem Terrain. Bis er den Thron erklommen hatte, war es ein weiter, abenteuerlicher Weg. Davidoff wurde 1906 in Nowgorod in der Ukraine geboren. Sein Vater stellte in Kiew Tabakmischungen her, meist aus türkischen Tabaken. 1911 floh die jüdische Familie mit dem fünfjährigen Zino vor den zunehmenden Pogromen und ließ sich in Genf nieder. Hier eröffnete der Vater ein kleines Geschäft, in dem er Zigaretten aus selbst gemischten Orienttabaken verkaufte. Zino musste selbstverständlich mithelfen. Später erinnerte er sich, dass der elterliche Laden häufig von Exilrussen besucht wurde, die mit der Vorbereitung der Revolution beschäftigt waren. An einen dieser Kunden, dessen leuchtende Augen in einem hageren Gesicht ihn beeindruckten, hat er sich stets besonders intensiv erinnert. Der sprach viel und laut, der bezahlte nie. Im Auftragsbuch vermerkte der Vater die sich anhäufenden Summen hinter dem Namen Wladimir Uljanow – Lenin nannte er sich erst später.

So wurde der kleine Davidoff mit dem Tabak groß und mit dessen Genießern unterschiedlichster Couleur. Im Alter von 20 Jahren beschloss er, die Länder zu bereisen, die schon damals für den Tabakanbau von Bedeutung waren: zunächst Argentinien und Brasilien und dann von 1928 bis 1931 Kuba. Er lernte alle Stationen der Tabak- und Zigarrenherstellung kennen. Nach Genf zurückgekehrt, war seine erste Handlung, einen Feuchtekeller, den ersten in Europa, zur Lagerung der Zigarren im väterlichen Geschäft zu installieren. Das lief schon damals gut, doch der wirkliche Durchbruch kam mit Ausbruch des Zweiten Weltkriegs: Die Kubaner, deren bedingungsloses Vertrauen Davidoff genoss, sorgten sich um ihre Riesenbestände an Zigarren, die in den verschiedenen europäischen Freihäfen lagerten. Sie baten den »kleinen Russen«, wie manche ihn nannten, den Vertrieb zu übernehmen. So wurde der Laden in der Genfer Rue de la Rive zum Mittelpunkt der Welt für alle europäischen Zigarrenliebhaber.

Zigarren und Wein Nach dem Krieg landete Zino Davidoff einen Geniestreich: Er begann, seine Zigarren mit den Namen der größten Châteaux aus ➛ Bordeaux zu verbinden. 1947 war die Geburtsstunde der berühmten Château-Serie von Davidoff: von Château Margaux über Lafite, Haut-Brion bis Mouton-Rothschild. Etwas später entstand dann als Krönung die Doppel-Corona unter dem Namen ➛ Dom Pérignon.

1962 verhängten die Amerikaner ein Embargo über alle Importe aus dem inzwischen kommunistischen Kuba. Daraufhin tat Davidoff zweierlei: Er kreierte für den US-Markt eine Zigarrenserie, die er in Honduras herstellen ließ. Gleichzeitig erwirkte er von den Kubanern die Genehmigung, seine eigene Zigarrenmanufaktur auf Kuba zu errichten – äußerst ungewöhnlich für ein politisches System, in dem alles über staatliche Unternehmen abgewickelt wurde. So entstanden in einem alten Palast am Rande Havannas, gefertigt von der Elite kubanischer Zigarrenmacher, ab 1969 die Davidoff Nr. 1 und 2 und danach die berühmte Serie Davidoff 1000, 2000, 3000, 4000 und 5000.

Um sein Werk auf Dauer zu sichern, schloss sich Zino Davidoff 1970 dem Basler Handelsunternehmen Oettinger an. Es ist noch heute Besitzer der Marke. 1991 eskalierte dann der Streit zwischen Davidoff und Oettinger auf der einen und den Kubanern auf der anderen Seite. Es ging um die mangelnde Qualität, welche die Partner aus Europa bei den Kubanern beklagten. Schließlich verlagerte Davidoff die Produktion in die Dominikanische Republik.

Bis ins hohe Alter blieb Davidoff dem Unternehmen und dem Tabak treu: Er rauchte jeden Tag mehrere Zigarren und dazwischen Zigaretten. 1994 starb er im Alter von 87 Jahren.

Delikatessen

In Deutschland werden Delikatessen oft mit Feinkost gleichgesetzt, sozusagen als die gute deutsche Übersetzung. In Wahrheit prangt das Wort Feinkost an vielen ganz normalen Krämerläden, die nichts Delikates zu bieten haben. Andererseits kann es auch für ein gehobenes Sortiment stehen. D. jedoch sind wesentlich höher anzusiedeln. Sie sind gewissermaßen die Aristokraten unter den Lebensmitteln, und deshalb gab es schon früh Einzelhändler, die sich hierauf spezialisierten.

Erstaunlicherweise entstanden Delikatessengeschäfte in Paris, der Hauptstadt der ➛ Gourmets, erst relativ spät. Das erste eröffnete Ferdinand Hédiard 1880 an der Place de la Madeleine unter dem Namen »Gewürz- und Kolonialkontor«. Später taufte er es in »Kolonial- und Algerienkontor« um. Er hatte sich auf Tee, Kaffee, Vanille und Gewürze aller Art spezialisiert und ergänzte später sein Sortiment um Ananas, Bananen, Mangos und andere wohlschmeckende exotische »Südfrüchte«, die damals etwas ganz Besonderes waren. Sein Verkaufspersonal in jener Zeit waren hübsche junge Damen von Martinique oder den Französischen Antillen in ihren Landestrachten. Heute vertreibt Hédiard in vielen Filialen inner- und außerhalb Frankreichs Produkte aus eigener Herstellung, wie etwa Konfitüren.

Kurz nach Hédiard, aber lange, nachdem ➛ Harrod's mit seiner Food Hall in London bereits internationalen Ruf genoss, machte Monsieur Auguste Félix Fauchon sein Geschäft auf, ebenfalls an der Place de la Madeleine. Ähnlich wie sein Konkurrent Hédiard war auch Fauchon vorher lange Jahre mit seinem Marktkarren in Paris unterwegs gewesen, auf dem er in erster Linie Obst und Gemüse anzubieten hatte. Binnen kurzem ergänzte Fauchon sein Sortiment um regionale französische Spezialitäten wie Foie Gras aus dem Périgord, Olivenöle aus der Provence, Schinken aus dem Jura oder Würste aus dem Elsass, alles mit den passenden Weinen aus den französischen Provinzen. Bereits um 1890 zählte sein Weinkeller 800 000 Flaschen. 1895 eröffnete er eine eigene Bäckerei und Pâtisserie, und 1898 den Grand Salon de Thé, wo er – very british – den »Five-o'clock-Tea« einführte. Den lernte die Pariser Gesellschaft schnell zu schätzten.

Francesco Peck kam aus Prag, als er 1883 in Mailand sein erstes Delikatessengeschäft eröffnete. Er machte sich schon bald einen Namen über die Grenzen Mailands hinaus. Nach diversen Inhaberwechseln übernahmen die Brüder Stoppani das Unternehmen und modernisierten sowohl Restaurant wie Geschäft für die anspruchsvollste Klientel.

Dallmayr, Käfer, KaDeWe Das älteste noch bestehende Delikatessenhaus Deutschlands ist Dallmayr in München. Hier wird die Tradition hochgehalten, wenngleich die meisten Deutschen aufgrund der Fernsehwerbung Dallmayr ausschließlich für einen Kaffeeröster halten mögen. Doch ➤ Kaviar und ➤ Hummer & Co. haben im Geschäft mindestens denselben Stellenwert. Zu einer Aufholjagd setzten in den 70er Jahren die Brüder Gerd und Helmut ➤ Käfer an. Tatsächlich besaß Feinkost Käfer zeitweilig die größere Attraktivität, nicht zuletzt deshalb, weil neben exzellenter Frischware aus den Pariser Markthallen der Besuch »beim Käfer« wegen der prominenten Kundschaft auch ein gesellschaftliches Ereignis war. Die unbestrittene Nummer eins der deutschen Delikatessenanbieter ist in Berlin zu finden: die sechste Etage des Kaufhauses ➛ KaDeWe.

Auch Märkte sind eine angestammte Heimat der D. Natürlich nicht jeder Markt, das wäre wohl zu viel verlangt. Doch Stätten wie der Viktualienmarkt in München, der Naschmarkt in Wien und der Isemarkt in Hamburg, wo D. in reicher Auswahl offeriert werden, sind beliebte Ziele für Feinschmecker – ob zum Verzehr vor Ort oder zum Einkauf. Einer der gleichermaßen stimmungsvollsten und bestsortierten Märkte ist der Mercato de la Boqueria in Barcelona.

DIAMANTEN

»Diamonds Are A Girl's Best Friends« singt Marilyn Monroe sehnsuchtsvoll im Film »Blondinen bevorzugt«. Hoffentlich hat sie zu schätzen gewusst, welchen langen, beschwerlichen, manchmal auch blut- und tränenreichen Weg die kleinen Freunde hinter sich haben, ehe sie endlich die liebliche Halspartie oder die grazilen Finger einer Frau schmücken dürfen. Das beginnt bei der Diamantensuche, an deren Mühsal auch das heute benutzte moderne Gerät nicht viel geändert hat: In fünf oder mehr Tonnen Gestein steckt häufig nicht mehr als ein Karat Diamanten. Ein Karat – das ist so viel wie das Gewicht des Samens des Johannisbrotbaumes, etwa 0,2 Gramm. In dieser Maßeinheit wurden in alten Zeiten D. aufgewogen. Seit die Menschheit sich nicht mehr mit Rohdiamanten zufrieden gibt, die im Aussehen mehr einem Kieselstein oder Kandiszucker denn dem Inbegriff eines strahlenden Feuers ähneln, kann es Wochen und Monate dauern, bis aus dem unscheinbaren Mineral ein wertvoller Edelstein wird. Bei großen Rohdiamanten müssen Spezialisten genauestens ausloten, wie er am besten geschnitten und in wie viele größere und kleinere D. er geteilt wird. Erst das dann folgende geometrische Schleifen bewirkt, dass das Licht durch den Stein gebrochen wird und er Brillanz und sein typisches Feuer erhält.

Schwarzer Fleck Kinderarbeit Dies geschieht auch heute noch zu einem großen Teil in den Schleiferhochburgen Indiens. Nach Schätzungen von Greenpeace verarbeiten dort 800 000 Menschen, darunter viele Kinder, 80 Prozent der Weltproduktion, bevor die Steine zur letzten Perfektionierung nach Israel, Antwerpen oder New York gehen. Kinderarbeit – das ist einer der schwarzen Flecken auf der nicht hundertprozentig weißen Weste der Branche. Der andere Fleck: Trotz entsprechender Beschlüsse der Weltgemeinschaft stammen immer noch D. aus Konfliktgebieten wie Angola, Sierra Leone oder dem Kongo und dienen somit der Finanzierung von Guerillas und deren Gräueltaten.

Der Name D. geht auf das griechische Wort *adamas*, der Unbezwingbare, zurück. Das spielt auf die Härte des Materials an. Am Anfang der Geschichte der Diamantengewinnung steht Indien. Man weiß, dass hier bereits vor 3000 Jahren mit D. gehandelt wurde. Die kostbarsten Steine waren im Besitz indischer Maharadschas oder in indische Götterstatuen eingearbeitet. Es waren dies jedoch harte, ungeschliffene Rohdiamanten, die man damals noch nicht bearbeiten konnte. Nach Europa kamen die ersten Steine als Kriegsbeute oder über arabische und persische Händler. Im 13. Jahrhundert dann die bahnbrechende Entdeckung: Der optische Effekt ließ sich durch Polieren der Oberflächen erhöhen. Doch bis zum modernen Brillantschliff sollte es noch bis Anfang des 20. Jahrhunderts dauern.

Zufälliger Fund mit Folgen Man kann nicht über D. sprechen, ohne drei Namen zu erwähnen, die mit der Geschichte dieser Steine eng verbunden sind: de Beers, Cecil Rhodes und die Familie Oppenheimer. Mitte des 18. Jahrhunderts hatte die portugiesische Kolonie Brasilien das bis dato führende Land Indien als Hauptproduzent von D. abgelöst. Bis Ende des 19. Jahrhunderts seine Minen nahezu erschöpft waren, beherrschten brasilianische Steine den Diamantenmarkt. Dann führte ein Zufall die Diamantensucher in den Süden Afrikas: Ein Farmer hatte 1866 am Oranje-Fluss unter den Spielsteinen seiner Kinder einen schön glitzernden Stein gefunden, der sich später als D. von fast 22 Karat herausstellen sollte. Doch erst der ebenso zufällige Fund eines noch größeren D. in unmittelbarer Nähe ließ das Diamantenfieber in Südafrika ausbrechen, das viele Schatzsucher reich machen sollte. Nur der Farmer Nicolaas de Beers, auf dessen Land die ersten Steine gefunden wurden, ging fast leer aus; ein Schlitzohr hatte ihm sein Land für einen relativ bescheidenen, für ihn aber attraktiven Preis abgekauft. Sein weiteres Schicksal ist nicht überliefert, doch sein Name schreibt noch heute Geschichte.

Zehn Jahre nach den ersten Funden schien nämlich schon das Ende von Südafrikas Diamantenboom nahe. Nachdem die Funde in der ersten, relativ weichen Schicht von Tonerde erschöpft waren, stieß man auf eine harte Granitschicht, die mit einfachen Werkzeugen nicht zu durchdringen war. Die Grundstückspreise fielen ins Bodenlose, und dies sollte zur großen Chance von zwei Engländern werden. Der eine, Barney Barnato, Kleindarsteller und Sohn eines Londoner Lumpenhändlers, war im Diamantenrausch nach Südafrika gekommen. Als Zwischenhändler hatte er ein kleines Vermögen erworben. Der andere, Cecil Rhodes, Sohn eines englischen Vikars, wollte hier eigentlich nur eine Lungenentzündung auskurieren, als ihn der Rausch nach edlen Steinen packte. Als englischer Patriot wollte er allerdings nicht allein davon profitieren, sondern die Diamantenförderung und das ganze Land unter englische Kontrolle bringen. Beide Herren hatten anhand von geologischen Gutachten herausgefunden, dass der eigentliche Reichtum unter der Granitschicht wartete, und investierten ihr gesamtes Vermögen, um den enttäuschten Schürfern ihre scheinbar wertlosen Claims abzukaufen.

Ihre Gutachten trogen nicht: In kürzester Zeit waren beide Konkurrenten zu den reichsten Geschäftsleuten Südafrikas geworden. Rhodes gründete die De-Beers-Mining Company und Barnato die Kimberley Central Diamond Mining Company. 1888 schaffte Rhodes, der später sogar Premierminister der Kapkolonie werden sollte, die Fusion der beiden Gesellschaften; er errichtete ein Syndikat, um weltweit die Preise für D. kontrollieren und steuern zu können. Sein De-Beers-Imperium kontrolliert seitdem rund 70 Prozent des weltweiten Diamantenhandels.

Die Akte Oppenheimer Cecil Rhodes, der »Napoleon Südafrikas«, starb im Alter von 49 Jahren. Nachdem auch sämtliche Mitgesellschafter verstorben waren, schlug die große Stunde eines jungen Deutschen. Ernest Oppenheimer war einer von fünf Söhnen eines Zigarrenhändlers aus dem hessischen Friedberg, woher auch die Dynastie der Rothschilds stammt. Sein Vater hatte ihn als 16-Jährigen nach London geschickt, wo er das Diamantengeschäft lernte, das ihn schließlich nach Südafrika führen sollte. Hier machte er schnell Karriere, gründete die Anglo-American Corporation of South Africa, noch heute der größte Bergbaukonzern der Welt, und wurde schließlich 1929 Vorstandsvorsitzender bei De-Beers

Consolidates Mining. Während der großen Depression der 30er Jahre schmiedet er sein Weltmonopol, indem er alle Diamantenmärkte leer kauft und die Central Selling Organisation gründet, einen Club von 180 Mitgliedern, die den Weltmarkt kontrollieren, inklusive synthetischer Industriediamanten. Heute leitet Ernests Enkel Nicky Oppenheimer das Unternehmen, das längst über Südafrika hinausgewachsen ist und die gewaltigen Diamantenlager der früheren Sowjetunion ebenso leer räumte, wie man das heute mit den riesigen Vorkommen in Botswana tut. Mit dem so einfachen wie genialen Werbespruch: »A Diamond Is Forever« – »Ein Diamant ist unvergänglich« haben die Oppenheimers die Welt erobert. Der Slogan diente übrigens als Vorlage für einen Welthit von Shirley Bassey: »Diamonds Are Forever«.

Immer mehr Menschen folgen diesem Lockruf und leisten sich perfekt geschliffene und edel eingefasste D. in den Prachtstraßen von New York, Paris oder Tokio. Ihr Wert wird von den vier großen C bestimmt: Carat, Cut (Schliff), Colour (Farbe) und Clarity (Reinheit). Am begehrtesten sind die farblosen, lupenreinen Steine; deren Hauptabsatzgebiet sind die USA, wo Schmuckdiamanten im Wert von über drei Milliarden Dollar als »Girl's best friends« landen.

DIGESTIF

Es gab Zeiten, in denen das Schönste an einem deftigen Mahl der Schnaps danach war. Ein Berliner Eisbein mit Erbspüree, ein norddeutsches Grünkohlessen, ein bayerischer Schweinsbraten – solche Gerichte waren ohne eiskalten Wodka, Doppelkorn, Aquavit oder Bauernobstler schlichtweg nicht vorstellbar. Ja, man kennt auch Gerichte, wie etwa an der französischen Atlantikküste die berühmten Kaldaunen oder Kutteln (Tripes à la mode de Caen), bei denen der Calvados danach nicht ausreicht. Die verlangen nach dem *trou normand*, dem »normannischen Loch«; im Klartext: den Calvados zwischendurch, um für den Rest des Essens wieder ein bisschen Platz zu schaffen. Mehrfachreichungen sind durchaus möglich.

Das Wort »Digestif« kommt vom lateinischen Wort für Verdauung und gibt dem Getränk diesen wunderbar gesunden und beruhigenden Klang eines Heilmittels. Seine Übersetzung mit »Verdauungsschnaps« wäre viel zu gewöhnlich – Barkeeper umschreiben den D. beispielsweise mit »After-Dinner-Drink«, den man pur oder in Form von Cocktails genießen kann. Zu Letzteren gehören etwa Kreationen wie Golden Cadillac, Brandy Alexander oder Black Russian. Einer der berühmtesten D., der allerdings nicht unter den Begriff Cocktail fällt, ist der Irish Coffee. Er ist vermutlich noch bekannter als der dazugehörige Whiskey. Erfunden wurde er nach dem Krieg auf dem irischen Flughafen Shannon, wo die Propellerflugzeuge aus Kontinentaleuropa noch ein letztes Mal auftankten, bevor sie zum großen Sprung über den Atlantik ansetzten. Er war das klassische Getränk der Transitpassagiere vor dem Weiterflug. Inzwischen, im Zeitalter der Langstrecken-Jets, ist Shannon Airport in eine Art Dornröschenschlaf gesunken – die Botschaft des Irish Coffee aber ging in alle Welt. Da er sich aus einem starken Kaffee, Whiskey, Zucker und Sahne zusammensetzt, ist er streng genommen eher eine Kombination aus D. und Dessert.

Bei den pur zu genießenden D. ist die Auswahl schier unendlich; ihr Universum bietet etwas für jeden Geschmack und Geldbeutel: von Cognac, Armagnac und Calvados über Rum,

Malt Whisky, Grappa und Marc, über Obstgeist oder -brände bis zu den schon erwähnten, in Skandinavien und Norddeutschland besonders geschätzten Aquavits. Daneben gibt es so genannte Bittere oder Halbbittere wie Fernet Branca, Carpano, Averna oder Underberg, die auf einer unterschiedlichen Anzahl von Kräutern basieren. Selbst während der amerikanischen Prohibition galten bestimmte Bitterspirituosen als Medizin und fielen nicht unter das Alkoholverbot. Schließlich muss man zu den D. noch eine Unzahl von Likören zählen.

Da sowohl das Gesundheitsbewusstsein als auch die Angst vor einem Führerscheinentzug stetig zunehmen, geht der Konsum von D. seit Jahren ebenso stetig zurück. In den romanischen Ländern werden sie häufig durch verdauungsfördernde Kräutertees ersetzt, die von der medizinischen Wirkung sicherlich ebenbürtig sind. Niemals aber können sie das stimulierende Erlebnis wettmachen, wenn in einem guten Restaurant nach einem perfekten Essen ein reich bestückter Digestifwagen an den Tisch gerollt wird.

DIGITAL

Ein garantiert lustiges Ratespiel: »Was bedeutet eigentlich ›digital‹?« Die meisten Teilnehmer werden antworten, dass es »irgendwas mit Computern« zu tun hat. Oder »mit der Tonaufzeichnung bei CDs«. Oder »mit der modernen Telefontechnik«. Das ist auch alles richtig, und dass *digit* das englische Wort für Ziffer ist, stimmt ebenfalls. Aber genauso Recht hat der Urologe, der behauptet, es handele sich hier um eine diagnostische Technik seines Berufsstandes. (Wobei er sich, falls Damen in der Runde sind, mit Einzelheiten zurückhält.) Tatsächlich kommt der Begriff nämlich aus dem Lateinischen, genauer gesagt von *digitus* (Finger). Digital heißt also zunächst einmal: »mit dem Finger«. Weil der Homo sapiens seit Jahrtausenden die Finger zu Hilfe nimmt, sobald er anfängt, mit Zahlen umzugehen, hat die englische Sprache vermutlich die nahe liegende Wortbedeutung hergestellt: die Ziffer eben.

Seit den 80er Jahren des vergangenen Jahrhunderts schlich sich das Schlagwort von der »Digitalisierung« in den allgemeinen Wortschatz, zögerlich zunächst. Es begann auf dem Feld der Tonträger, als die Compact Disc (CD) gegen die Schallplatte antrat. Es folgten die Felder Telefon, Fernsehen und Rundfunk, Fotografie, Video, Film, Computer. Für den letztgenannten Bereich muss es häufig als Synonym herhalten: »In den kommenden Monaten geschlossen, wir digitalisieren unsere Bestände«, heißt es beispielweise im Aushang der Stadtbibliothek, wenn sie auf Computerbetrieb umrüstet.

Das Prinzip »ja oder nein« Theoretisch ist es ganz einfach: D. bezeichnet die Methode, elektronische Text-, Bild- und Toninformationen zur Übertragung und Vervielfältigung in Einsen und Nullen (für ja oder nein) zu zerlegen, bevor sie weitergeleitet und, am Ende der Kette, wieder entschlüsselt und zusammengesetzt werden. Das Verfahren geht auf die Erkenntnisse und Forschungen des amerikanischen Mathematikers Claude Elwood Shannon (1916–2001) zurück. Mitte der 30er Jahre arbeitete er am bedeutenden Massachusetts Institute of Technology. Sein Vorgesetzter, erstmals mit dem neuen Denkansatz konfrontiert, rief damals entsetzt aus: »Shannon must be crazy; he thinks digitally« (»Shannon muss verrückt sein; er denkt in Zahlen«). So entstand, zunächst in der englischen Sprache, das spätere Modewort. Als die USA 1941 nach dem Angriff der Japaner auf Pearl Harbour in den Zweiten

Weltkrieg eintraten, wurde Shannon, dessen wissenschaftliches Renommee sich bis ins Pentagon herumgesprochen hatte, damit beauftragt, an einer absolut wasserdichten Verschlüsselung von Telefongesprächen zu arbeiten. Der amerikanische Präsident Roosevelt und sein britischer Kollege Churchill sollten ohne Gefahr, abgehört zu werden, miteinander telefonieren können. Shannons Lösung bestand darin, die Signale zu digitalisieren, sodass die »Anzapfer« der deutschen und japanischen Geheimdienste keine Stimmen mehr hörten, sondern nur noch Rauschen und Piepen.

Ohne dieses mathematische Prinzip würde unsere Welt heute anders funktionieren. Vor allem aber: langsamer. Die großen Umwälzungen in Wissenschaft, Forschung, Technik, im Nachrichtenwesen, auf den Gebieten der Kommunikation und der Kriminalistik, in der Unterhaltungsindustrie hätten nicht stattgefunden. Auf das Mobiltelefon müssten wir verzichten. Den Personal Computer würde es nicht geben, ebenso wenig Internet und E-Mail. Computer: Das wären noch die Ungetüme in den Rechenzentren, bedient von Männern in weißen Kitteln. Allerdings gäbe es auch die todbringenden Lenkwaffen nicht, die mit zentimetergenauer Präzision ihr Kriegsziel treffen (sofern der Computer keinen Fehler macht und sie in Wohnhäuser einschlagen lässt).

Es war einmal ein Wachszylinder Früher war die Menschheit auf die so genannte analoge Methode angewiesen. Analog (das Wort kommt aus dem Griechischen und heißt »ähnlich«) sind technische Daten, die den zugrunde liegenden Texten, Bildern und Tönen *entsprechen*. Da sie nicht »kodiert« werden, sind sie ihnen ähnlich. Als Thomas Alva Edison 1877 den Vorläufer der Schallplatte erfand, den Phonographen, sprach er eine Strophe des Kinderliedes »Mary Had A Little Lamb« in einen Trichter. Die Schwingungen seiner Stimme setzten daraufhin einen Stichel in Bewegung, der die Klanginformation in einen Wachszylinder ritzte. Als er diesen abspielte, hörte er – noch ziemlich krächzend – seine Worte. Ein klassisches analoges Verfahren also, bei dem es im Prinzip (von zahllosen Verbesserungen und Verfeinerungen der Schallplattentechnik abgesehen) ein Jahrhundert lang blieb. Die Fotografie und der Film (Belichtung von Zelluloid), die Nachrichtenübermittlung (Fernschreiber), Rundfunk und Fernsehen (Senden originaler Bilder und Töne) arbeiteten ebenfalls analog.

Die großen Vorteile der Digitalisierung liegen in der Menge der Daten, die auf kleinstem Platz zusammengefasst werden können, und die Geschwindigkeit ihrer Übermittlung. Nicht nur Fernsehkorrespondenten und international vernetzte Polizeidienststellen profitieren von der neuen Nachrichtentechnik. Auch privat oder geschäftlich bietet sie – gemessen an früheren Standards – geradezu fantastische Möglichkeiten. Das mit der Digitalkamera im Bayerischen Wald geschossene Foto kann nach seinem Blitztrip via Computer, E-Mail, Internet um die halbe Welt in wenigen Minuten vom Empfänger in Buenos Aires auf dessen Bildschirm geöffnet werden.

DIGITALE FOTOGRAFIE

Es gibt ihn noch, den Kunden, der seinen Film im Fotogeschäft oder in der Fachabteilung des Kaufhauses erst zum Entwickeln bringt und hinterher, nach Abholung und Bezahlung, aufgeregt die Tüte öffnet, um zu schauen, ob die Bilder »was geworden«

sind. Man beobachtet ihn mit einer gewissen Wehmut, wie den Angehörigen einer langsam, aber sicher aussterbenden Spezies. Denn ähnlich wie auf dem Gebiet der Tonträger, wo die CD die Schallplatte verdrängt hat, oder im Heimkino, wo statt der Videokassette die DVD eingelegt wird, hat die digitale Revolution auch den Markt der Fotografie gründlich umgewälzt. Der Siegeszug der digitalen Kamera ist nicht mehr zu stoppen. Ein Vierteljahrhundert nach ihrem Start hat sie den analogen Fotoapparat mit eingelegtem Rollfilm, aus dessen Negativabbildungen im Labor positive Bilder entwickelt werden, in die Dunkelkammer der Fotografie verbannt.

1981 war es, als Sony der staunenden Branche erstmals eine elektronische Kamera (Sony Mavica) präsentierte. Die Öffentlichkeit nahm davon aber noch kaum Notiz. Und für den knipsenden Konsumenten zeichnete sich eine praktische Anwendung der neuen Technologie auf der Basis von Chips noch lange nicht ab. Erst mit dem Einzug des Personal Computers in Heim und Büro sollte sich das ändern. Noch 1999 waren von 4,3 Millionen in Deutschland verkauften Kameras nur 300 000 mit digitaler Technik ausgerüstet – knapp sieben Prozent. Fünf Jahre später sah die Sache schon völlig anders aus: 8,4 Millionen Fotoapparate wurden verkauft, und davon waren sieben Millionen (83 Prozent) digitale Geräte.

Aufregende Möglichkeiten Die digitale Fotografie hat sich zu einem Massenmarkt entwickelt. Die Faszination besteht dabei nicht nur in der einfachen Handhabung, der schnellen Abwicklung und dem ebenso schnellen Abrufen und Erkennen des Bildes auf dem Display des Fotoapparates. Der Reiz liegt auch in den Möglichkeiten der Bildbearbeitung auf dem und des Versendens vom eigenen Computerbildschirm. Hobby und digitale Technik befruchten sich dabei gegenseitig. Im Spannungsverhältnis zweier früher unvereinbar scheinender Medien ist so eine völlig neue Freizeitqualität entstanden.

Es liegt auf der Hand, dass der technische Fortschritt, der sich in immer größeren Sprüngen vollzieht, den Boom noch zusätzlich beflügelt. Immer rascher greift der Verbraucher nach dem jeweils neuen Gerät, das die technische Leistung des Vorgängers in den Schatten stellt. Einst galten Chips, die pro Foto drei Millionen Bildpunkte (Pixel) speichern konnten, als das Nonplusultra. Inzwischen gibt es Fotoapparate mit der doppelten, ja sogar dreifachen Kapazität. Das Motto der Branche lautet: »Immer kleiner, immer schneller, immer leistungsfähiger.«

Allerdings sind die Folgen für die Hersteller traditioneller Kameras häufig katastrophal. Sowohl die ehemaligen klassischen Branchenriesen wie Kodak, Agfa oder Leica, aber ebenso der jahrelang mit Umsatzsprüngen gesegnete Sofortbild-Pionier Polaroid haben in den vergangenen Jahren immer verzweifelter um ihr Überleben kämpfen müssen. Für viele Unternehmen rächt es sich jetzt, dass sie das Ausmaß der Digitalisierung anfangs völlig unterschätzten. Doch auch deren Nutznießer sind vor wirtschaftlichen Problemen nicht gefeit. Hohe Entwicklungskosten, üppige Werbebudgets und die teilweise drastischen Preissenkungen, die der Markt erfordert, ließen auch hier die Gewinne kräftig schrumpfen.

Dior, Christian

Die französische Haute Couture ist ohne den Namen Christian Dior nicht vorstellbar, obwohl seine eigentliche Karriere nur rund zehn Jahre dauerte. 1905 als Sohn einer wohlhabenden Industriellenfamilie in Granville in der Normandie geboren, musste er auf ausdrücklichem Wunsch des Vaters zunächst ein Studium der Politischen Wissenschaften in Paris antreten. Das gab er aber bald zugunsten seiner künstlerischen Ambitionen auf. Zu Christian Diors engsten Freunden zählten der Musiker Henri Sauguet, der Maler Christian Bégard und der Schriftsteller Pierre Gaxotte. Und so suchte auch er ein verwandtes künstlerisches Betätigungsfeld. Er fand es allerdings erst 1935, nach Beendigung seines Militärdienstes, als er begann, Modeskizzen anzufertigen, und erste Entwürfe für Hüte und Kleider verkaufte. Den Haupterwerb bildete damals noch seine Tätigkeit als Illustrator für den »Figaro Illustré« – bis ihn 1938 Robert Piguet, einer der größten Couturiers im Paris jener Zeit, für sein Haus engagierte.

Diors Talent sprach sich herum, und kurz nach dem Krieg durfte er dank der finanziellen Hilfe des französischen »Baumwollkönigs« Marcel Boussac 1946 sein eigenes Modehaus eröffnen; er wählte ein Lokal in der Avenue Montaigne Nr. 30, noch heute Sitz des Hauses. Ein Jahr später, im Februar 1947, stellte er seine erste Kollektion vor. Sie bestand aus 98 Teilen und kreiste um zwei Themen: das erste nannte er »Corolles« (Blumenkränze) und das zweite »Huit« (acht). Es war eine figurbetonende, sehr weibliche Mode mit schmalen Schultern, tiefem Dekolleté und Wespentaille. Nach den ärmlichen Kriegsjahren mit ihrer Zweckkleidung entfesselte Dior damit nun wahre Begeisterungsstürme im In- und Ausland. Das amerikanische »Time«-Magazin gab der Mode den Namen »New Look« und widmete dem Couturier eine Titelgeschichte. Zum weltweiten Ruhm der Marke Dior trug auch die Parfümlinie »Miss Dior« bei, die Christian Dior zusammen mit seinem Jugendfreund Serge Heftler 1947 ins Leben rief.

1957, erst 52 Jahre alt, starb der Modeschöpfer in Rom an

einem Herzinfarkt. Die künstlerische Leitung des Hauses ging an seinen langjährigen Assistenten Yves Saint Laurent. Als dieser gemeinsam mit seinem Freund Pierre Bergé sein eigenes Modehaus gründete, übernahm Marc Bohan für viele Jahre die kreative Leitung von »Christian Dior«. Anschließend verpflichtete das Haus – inzwischen Teil des Luxusimperiums von Bernard Arnault (➛ LVMH) – Gianfranco Ferré und danach, 1996, John Galliano.

DISKRETION

Man steht in der Schalterhalle einer Bank oder eines Postamtes und wartet, bis man endlich dran ist. Aber man wartet nicht irgendwo. Farbige Markierungen auf dem Fußboden oder sogar handfeste Absperrungen halten einen auf Abstand zum Vordermann, der es bereits bis zum Schalter geschafft hat. Diese Entfernung wird als »Diskretionsabstand« bezeichnet. »Absolute Diskretion« wird auch demjenigen versprochen, der sich per Internet Dessous oder Aphrodisiaka bestellt. Kreditinstitute, Geldverleiher und Pfandhäuser preisen D. als selbstverständliches Geschäftsprinzip, desgleichen astrologische Berater, Eheanbahnungsinstitute, Gummifetischistenvereinigungen, Sekten, Logen, Swinger-Clubs. Dienstleister wissen, wie wichtig die Zusage und Einhaltung von D. für die Kundschaft sind. Und damit fürs Geschäft.

Eine schöne und wertvolle abendländischen Tugend, so mag es auf den ersten Blick scheinen, hat unsere Gesellschaft da wiederentdeckt – weit über die Grenzen des klassischen Terrains hinaus, das von Ärzten, Anwälten, Seelsorgern und Prostituierten abgesteckt wird. Und in dem noch die gute alte

Schweigepflicht gilt. Doch der Schein trügt. Tatsächlich befindet sich der Kurswert der D. im freien Fall. »Verschwiegen, taktvoll, zurückhaltend« – so gibt das Fremdwörterlexikon die Bedeutung des aus dem Lateinischen stammenden Adjektivs »diskret« an. Doch von diesen Wertmarken sind wir so weit entfernt wie noch nie. Taktvoll und zurückhaltend schweigen – das ist passé. Heute wird herausposaunt, getratscht, schlecht geredet, breitgetreten. Wird etwa in einem politischen Gremium Stillschweigen vereinbart, dann hält das gerade mal so lange, bis ein Journalist des Weges kommt. Vertrauliche bis intime Vorgänge in den Milieus, denen besondere Aufmerksamkeit zuteil wird (Society, Film, Sport, Musikbranche, Kulturbetrieb), schreien förmlich nach einer Veröffentlichung: in der Presse oder – noch durchschlagender – in einem Enthüllungsbuch des Genres Prominentenbiografie.

Banalitäten und schmutzige Wäsche Hat sich ein stadtbekanntes Pärchen auseinander gelebt und geht schließlich getrennte Wege, ergreifen beide Partner eilfertig die Gelegenheit, den anklopfenden Klatschreportern die Gründe für das Scheitern der Verbindung zu erläutern. Da gibt es kaum jemanden, der Wert darauf legt, in Ruhe gelassen zu werden. Da zerrt man genüsslich Banalitäten ans Tageslicht. Da wird mit Wonne schmutzige Wäsche gewaschen. Im umgekehrten Fall bat in München ein Schlagerproduzent ein paar handverlesene Gesellschaftskolumnistinnen zum Champagner in die Bar eines Luxushotels, um seine neueste Freundin zu präsentieren. Bei der Gelegenheit referierte er auch gleich die ausgetauschten SMS-Liebesbotschaften im Wortlaut.

Eitelkeit, Mitteilungsdrang und eine offenbar grenzenlose Lust an der Indiskretion sind es, die an sich achtbare Bürger in Schießbudenfiguren verwandeln. Intimitäten und Nichtigkeiten werden ausgebreitet, dass es einen graust. Und da dies alles in den so genannten besseren Kreisen vorexerziert wird, gleicht sich der »normale« Zeitgenosse allmählich ohne Scheu an und empfindet es nicht mehr als Tabubruch, ein unter dem Siegel der Verschwiegenheit anvertrautes Geheimnis herauszuposaunen.

Die Quadratur der Indiskretion hat uns das Mobiltelefon beschert. In einem gut besuchten Restaurant ist man dazu verurteilt, Gespräche mit anhören zu müssen, deren Inhalte mitunter so privat sind, dass sie das Ohr des unfreiwilligen Lauschers beleidigen. Der Telefonierende lässt D. nicht nur schmerzlich vermissen, sondern zwingt auch noch andere dazu, indiskret zu sein.

Paradoxerweise liegt im allgemeinen Niedergang der D. aber auch ihre große Chance. Die etwas platte Kalenderweisheit »Reden ist Silber, Schweigen ist Gold« ist aktueller denn je. Wer in bestimmten Momenten der Versuchung zum Plappern widerstehen und den Mund halten kann, hat dem Gros seiner Mitmenschen jedenfalls viel voraus: Er erntet den Respekt, der einem Indiskreten nie zuteil wird. Denn mit der Indiskretion ist es wie mit dem Verrat: Man hört die Nachricht nicht ungern, aber vor dem Überbringer zieht man deshalb noch lange nicht den Hut.

DOLCE VITA

Man sagt das heute so beiläufig: »Mal ein paar Tage Dolce Vita machen!« Wahrscheinlich wollten viele eher »Dolce far niente« sagen. Denn meistens ist das süße Nichtstun damit gemeint: ein bisschen abhängen, gut essen und trinken und vielleicht auch … da war doch noch was? Stimmt, da war mal was: Dolce Vita, süßes Leben – dieser klangvolle Begriff stand einst für die geheimnisvolle Kombination aus Sünde, Laster und Ausschweifung, eine frivole Mixtur römischer Lebenslust und Dekadenz, zum geflügelten Wort geworden durch Federico Fellinis Kinomeisterwerk »La dolce vita« Anfang der 60er Jahre.

Sich einen Film aus Italien anzuschauen bedeutete in jenen Jahren ohnehin eine Verheißung der besonderen Art. Der (männliche) Kinogänger durfte im Dunkel des Vorführraums damit rechnen, dass seine Sinne betört wurden – auch wenn es dem Regisseur eigentlich um ein ernstes Anliegen ging. Der flammenden Botschaft eine spielerische, von erotischen Signalen durchsetzte Leichtigkeit zu verleihen – das beherrschten die wundervollen weiblichen Geschöpfe des italienischen Films in Vollendung.

Schön und schnippisch Es war schlicht unmöglich, einer italienischen Diva nicht zu verfallen. Das war schon in Guiseppe De Santis' Frühwerk von 1949, »Bitterer Reis«, so gewesen: Der wahrhaft kosmische Busen von Silvana Mangano erregte die Gemüter weit mehr als das Schicksal der ausgebeuteten Landarbeiterinnen. Mit der Mangano kam ein neuer Typ Frau auf die Leinwand: schön und schnippisch, leidenschaftlich und, wenn es sein musste, voll kämpferischen Zorns. Die Illustriertenpresse erfand damals das wenig galante Wort »Sexbombe« und belegte damit auch die Nachfolgerinnen der Mangano, Sophia Loren und Gina Lollobrigida, um deren Vorherrschaft ein erbitterter Streit unter den Fans ausbrach. Die Verehrer der einige Jahre später nachrückenden Claudia Cardinale setzten dann dieser italienischen Schönheit die Krone auf.

Man muss es wohl als eine Laune der Filmgeschichte sehen,

dass nicht einer Italienerin, sondern einer Schwedin die Ehre gebührt, im italienischen Kino für das erotisch strahlendste Glanzlicht gesorgt zu haben. Wie die hinreißende Anita Ekberg in »La dolce vita« in voller Garderobe in den Brunnen Fontana di Trevi steigt, das ist heute so sehenswert und prickelnd wie damals. Fellini brachte mit diesem Film das Kunststück fertig, ein frivoles Sittengemälde als filmästhetische Kostbarkeit auf hohem moralischen Niveau zu inszenieren.

Mit »La dolce vita« trat neben dem blonden Partygirl, dem man als männlicher Zuschauer am liebsten hinterhergestiegen wäre, auch der große Verführer des italienischen Kinos vor die Augen der Weltöffentlichkeit: Marcello Mastroianni hat in diesem Werk, in dem er einen Journalisten mit Playboy-Anklängen spielt, sein später so charakteristisches filmisches Ego vorweggenommen: der scheinbar kühle Beobachter, der seine Leidenschaft tarnende Eroberer, der zerstreute Liebhaber.

DOM PÉRIGNON

Er zählt zu den großen Mythen der Champagne: der Mönch und der nach ihm benannte ➛ Champagner. Der Benediktinermönch Dom Pierre Pérignon lebte – auf das Jahr genau – zeitgleich mit Ludwig XIV.: von 1638 bis 1715. Er war Prokurator der Abtei Hautvillers nördlich von Epernay in der Champagne, das heißt, er war für die Verwaltung aller weltlichen Güter des Klosters zuständig. Und dazu gehörten natürlich etliche Weinberge. Die ihm angedichtete »Erfindung« des schäumenden Weines fand allerdings schon einige Zeit vor ihm statt. Dom Pérignon experimentierte jedoch intensiv mit den Weinen der Champagne. Beispielsweise wird ihm das Keltern weißen Mostes aus dunklen Beeren zugeschrieben. Wahrscheinlich arbeitete er auch schon mit Assemblagen (Mischungen) verschiedener Weine und hat sich so in vielfältiger Hinsicht um die Gewächse der Champagne verdient gemacht.

Nach der Französischen Revolution, in deren Verlauf sämtliche Kirchen- und Klostergüter enteignet worden waren, erwarb der begüterte Weinhändler Jean-Rémy Moët aus Epernay die Abtei und ihre Weingärten. Was die Wirren der Revolution übrig gelassen hatten, rekonstruierte er. Und so gelangten die Abtei und das Vermächtnis Dom Pérignons in den Besitz des Hauses Moët & Chandon.

Jahrgang 1921 reifte 15 Jahre Die Champagnermarke DP entstand allerdings erheblich später: Die ersten Flaschen, die diesen Namen trugen, wurden 1935 aus Anlass des 100-jährigen Firmenjubiläums von Simon Brothers, dem damaligen britischen Importeur von Moët & Chandon, für 1000 englische Kunden bereitgestellt. Es war der Jahrgang 1921, der fast 15 Jahre in den Kellern des Hauses zur Vollendung gereift war. Der Erfolg war so groß, dass der verbleibende Bestand dieses Jahrgangs ab September 1936 in den USA zum Verkauf kam. Es dauerte zehn Jahre, nämlich bis zum 26. März 1946, bis die New Yorker Kundschaft einen neuen Jahrgang DP genießen konnte, diesmal den 1928er. Ab Februar 1949 wurden auch einige Kunden in Europa mit diesem Spitzenchampagner bedacht. Es folgten die Jahrgänge 1934, 1943, 1947, 1949, 1952 und weitere große Weinjahrgänge.

DP war die erste so genannte Prestigecuvée, also ein besonders erlesener Champagner, der in Sonderflaschen abgefüllt wird. Angesichts des Erfolgs von DP ließen die anderen Häuser sehr schnell ihre eigenen Sondercuvées folgen. Als der Schah von Persien anlässlich der Zweitausend-Jahr-Feier des persischen Kaiserreichs ein großes Bankett in Persepolis ausrichtete, hatte er sich etwas ganz Außergewöhnliches bestellt: In einer kleinen Auflage gab es für seine Gäste den ersten Dom Pérignon Rosé; es war der Jahrgang 1959, der dann ab Oktober 1970 auch kommerziell vertrieben wurde.

Ducasse, Alain

Alain Ducasse muss man als den Meister aller Klassen bezeichnen. Nicht nur als Küchenchef ist seine Leistung verblüffend und unübertroffen. Mit jeweils drei Michelin-Sternen in verschiedenen Restaurants ausgezeichnet, gründet und erfindet er, führt parallel dazu verschiedenste gastronomische Betriebe – das alles mit dem Ziel höchster Perfektion. Ducasse ist, wenn schon nicht der größte Koch aller Zeiten, der größte globale Unternehmer des guten Geschmacks. In seiner Biografie steht zu Recht: »Alain Ducasse ist gleichzeitig Küchen- und Unternehmenschef, Mannschaftskapitän, Schuldirektor, PR-Direktor und oberster Kommunikator, Talent-Scout, Erzieher und Ausbilder.« Ein Perfektionist, wie er im Buche steht: Obwohl er für 20 bis 30 Betriebe zuständig ist, kümmert er sich um alles selbst. Von der Einrichtung und der Wahl der Möbel bis zu Geschirr und Besteck, über die Einstellung des Personals, die Speise- und Weinkarten bis zur Pressearbeit von Monaco bis Tokio. Seine Marke ist eben nicht nur der Name des jeweiligen Restaurants, sondern die Marke Ducasse, ganz gleich ob er ein glanzvolles Diner im »Raffles«-Hotel in Singapur oder auf Château Margaux ausrichtet.

Geboren wurde Ducasse 1956 im französischen Südwesten. Als 16-Jähriger begann er seine Ausbildung mit dem Besuch der Hotelfachschule in Bordeaux. Fünf Jahre später erkämpfte er sich einen Platz im Team des Drei-Sterne-Kochs Michel Guérard; hier blieb er zwei Jahre, hin und wieder unterbrochen von Praktika beim König der französischen Pâtisserie, Gaston Lenôtre. Bei den großen Meistern Alain Chapel und Roger Vergé vervollständigte er seine Ausbildung. Als er bei Letzterem die Küchenleitung im »Hotel Juana« in Juan-les-Pins übernahm, wurden ihm seine ersten zwei Michelin-Sterne verliehen. 1987 bot ihm die S.B.M., die Seebädergesellschaft von Monaco, die Stellung eines Küchendirektors im »Hotel de Paris« und die Leitung des Restaurants »Louis XV.« an. Nur 33 Monate später erhielt das »Louis XV.« als erstes Hotelrestaurant überhaupt einen dritten Stern.

Der erste Chef mit neun Sternen 1996 eröffnete das Restaurant »Alain Ducasse« im Pariser Hotel »Le Parc-Sofitel«. Acht Monate später leuchteten auch über diesem Haus drei Michelin-Sterne. Das Jahr 2000 schrieb zwei wichtige Termine in den Karrierekalender von Alain Ducasse: Sein Pariser Restaurant zog in das Hotel »Plaza Athénée« um (und nahm natürlich seine drei Sterne mit). Gleichzeitig ging unter seinem Namen ein neues Restaurant im Essex House in New York an den Start, das ein Jahr später mit den begehrten vier Sternen der »New York Times« und Ende 2005 mit drei Michelin-Sternen dekoriert wird. Damit ist Alain Ducasse der erste Neun-Sterne-Koch der Welt.

Als wenn das alles nicht genug wäre, eröffnete er nach und nach fünf *auberges*, also Landgasthäuser mit hohem gastronomischem Anspruch (und entsprechenden Preisen). Unter dem Namen »Spoon, food and wine« entwickelte er ferner ein neuartiges gastronomisches Konzept: Aus einer Vielzahl von Produkten, Aromen und Beilagen stellt der Gast sein Menü selber zusammen und bestimmt, ob er es im Wok, auf dem Grill oder in der Pfanne, auf dem Lavastein oder im Dampf zubereitet haben möchte. Neben jedem Gedeck liegt ein Notizblock mit Bleistift, damit die kulinarischen Eindrücke unmittelbar notiert und mit nach Hause genommen werden können. Neben dem ersten »Spoon« in Paris gibt es inzwischen weitere in St. Tropez, London, Hongkong, Gstaad, Karthago und auf Mauritius. Ein anderes Motto des Umtriebigen lautet: »Bar & Boeuf« (Barsch & Rind). Dieses gastronomische Experiment im »Sporting«, gleich gegenüber von Monacos exklusivem Club »Jimmy'z«, steht für die »Begegnung von Land und Meer«. Hinzu kommt noch das Restaurant »mix« in New York, das seit 2004 einen Schwesterbetrieb in Las Vegas hat. Und damit in seinem Reich die Sonne nie untergeht, wurde als vorläufig letzte kulinarische Hochburg das »Beige« im obersten Stock der Chanel-Boutique an Tokios Edelmeile Ginza eröffnet.

DUCATI MONSTER

Wenige Namen erwecken unter Motorradfans vergleichbare Emotionen wie die Ducati Monster. Die Firma Ducati war 1925 in der Nähe von Bologna gegründet worden und hatte eine anständige Geschichte im Motorsport geschrieben. Dennoch gehörte sie Anfang der 90er Jahre nur zu einer unter vielen bekannten Motorradmarken. Es war die Zeit, als alle Motorräder mit stromlinienförmigen Verkleidungen aus Plastik und Blech auftraten. Zu dieser Zeit experimentierte Miguel Angel Galuzzi, ein junger argentinischstämmiger Designer im Caviga Research Center von San Marino, mit ein paar Motorradteilen, dem Rahmen einer Ducati 851, dem Zwei-Ventiler aus einer 900 Supersport und Resten des Modells 888. Er war auf der Suche nach einem Motorrad, das minimalistischen Ansprüchen genügte.

Was dabei herauskam, war zunächst derart hässlich, dass es durchaus den Namen »Monster« verdiente. Das Management von Ducati lehnte die ersten Entwürfe rundheraus ab. Doch dann setzte sich dieses erste »nackte« Motorrad tatsächlich durch. Wie in den Anfängen der Motorradgeschichte zeigte es Muskeln – mit seinem Profil eines Straßenkämpfers. Und es wurde eine unglaubliche Erfolgsgeschichte: Kaum ein anderes Motorrad gibt es in so vielen Varianten und Motorisierungen und wird von seinen Fahrern so gern umgebaut. Die DM ist bis zum heutigen Tag *die* Kultmaschine für Zweiradfreaks.

DUNHILL

Alfred H. Dunhill gründete im 19. Jahrhundert sein Unternehmen, das lange vor ➛ Davidoff zu den bedeutendsten Abnehmern der kubanischen Zigarrenindustrie gehörte. Das Geschäft im vornehmen Londoner Stadtteil Knightsbridge war lange Jahre die Adresse für Englands Havannafreunde. Ohne Übertreibung kann man sagen: eine Art Tempel. Seinem guten Ruf verdankte Dunhill die Position eines »Hoflieferanten« des wohl bekanntesten englischen Zigarrenrauchers, Winston Churchill.

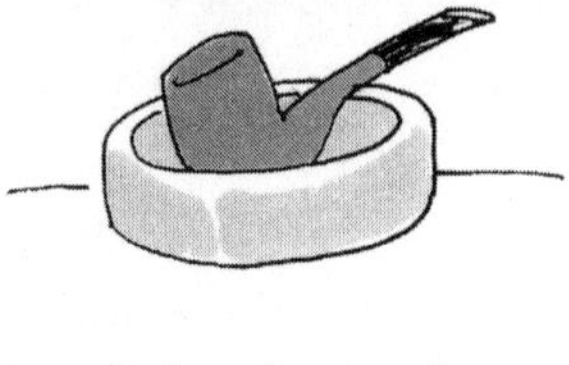

Diesen Ruf, der weit über das Königreich hinausging, hatte Dunhill zunächst mit besten Pfeifen- und Kautabaken begründet. Hinzu kamen die Pfeifen selbst, mit dem Markenzeichen des kleinen weißen Punktes, und auch die bald sehr begehrten Mischungen blonder Tabaksorten – alles Statussymbole seiner Zeit. Schon früh begann Dunhill außerdem, unter seinem Namen Produkte wie Feuerzeuge, Parfüms und diverse Herrenartikel anzubieten. Aber seine Liebe galt dem Tabak, dem er auch das Büchlein »The Gentle Art Of Smoking« widmete.

Als die staatliche kubanische Gesellschaft Cubatabaco Zino Davidoff angeboten hatte, unter seiner eigenen Marke Havannas zu vertreiben, glaubte sie dieses Privileg dem Stammlieferanten Churchills nicht vorenthalten zu können. Und so entstanden acht vorzügliche Zigarrensorten, über deren Qualität Dunhill persönlich wachte. Eigenhändig verfasste er eine Art Pflichtenheft für die Herstellung »seiner« Zigarren. Die Qualitätsbibel geriet allerdings in Vergessenheit, als Dunhill von der Firma Peter Stuyvesant übernommen wurde. Erst in den letzten Jahren gibt es wieder einige Zigarren, für die sich Alfred Dunhill nicht schämen müsste.

DUPONT

Es gibt Geräusche, die stehen für Lust und Luxus: das leise Seufzen (nicht das laute »Plopp«) beim Öffnen einer Flasche Champagner, der sanfte und doch kraftvolle Ton, mit dem die Tür eines Rolls-Royce ins Schloss fällt, und das satte, niemals blecherne »Klick« eines Dupont-Feuerzeugs.

Simon Tissot-Dupont, der 1847 im französischen Savoyen geboren wurde, dachte nicht an den berühmten Flammenspender, als er mit 25 Jahren ein kleines Unternehmen aufkaufte, das Dokumentenkoffer herstellte. Damit hatte er so viel Erfolg, dass er bereits 1884 die ersten Kaufhäuser belieferte, darunter das Grand Magasin du Louvre. Als 1919 seine Söhne die Firma übernahmen, nannten sie ihr Unternehmen Les Fils de S. T. Dupont und beschäftigten für die Produktion ihrer handgefertigten Koffer und sonstigen Lederwaren 250 Mitarbeiter. Die Qualität ihrer Produkte hatte sich herumgesprochen, und deshalb wurde einer der Söhne, Lucien, 1929 von Louis ➛ Cartier nach New York eingeladen, um den Vertrieb des Dupont-Programms über das Geschäft in der Fifth Avenue zu organisieren.

Auf der Überfahrt erfuhr Lucien von dem New Yorker Börsencrash, der eine globale Wirtschaftskrise auslöste. Doch anstatt zurückzustecken, beschlossen die Brüder, noch stärker in die Luxusfertigung zu investieren, denn – so ihre unumstößliche Überzeugung – bei allen wirtschaftlichen Rückschlägen gibt es immer auch Menschen, deren Reichtum über jede Krise erhaben ist. So viele Glückliche können es allerdings nicht gewesen sein, denn im Jahre 1930 wurden nicht mehr als zehn Koffer hergestellt, die es freilich in sich hatten: bestückt mit edelsten Materialien wie Krokodilleder, Silber, Gold und Elfenbein und folglich sündhaft teuer. Die Zukunft des Unternehmens konnte jedenfalls als gesichert gelten.

1941 ließen sich die Tüftler von D. ein erstes Benzinfeuerzeug patentieren. Als nach dem Zweiten Weltkrieg das Flugzeug mehr und mehr zum bevorzugten Verkehrsmittel wurde und für große Koffer kein ausreichender Platz mehr blieb, stieg man ganz auf die Produktion edelster Feuerzeuge um. Für die Luxuspositionierung kam den Duponts dabei zu Hilfe, dass sie bereits 1930 ein Verfahren entwickelt hatten, Chinalack auf Metall zu applizieren. Dann ging es Klick auf Klick: 1952 kam das erste Gasfeuerzeug von D. auf den Markt, ab 1966 dann mit regulierbarer Flamme. Es folgten Schreibgeräte, Lederwaren, Uhren und weitere Accessoires – immer nur für den

Gentleman. Denn das Haus D. – obwohl inzwischen eine globale Luxusmarke – erlag nie der Versuchung, die Bedürfnisse der Damenwelt befriedigen zu wollen.

DUZEN

Früher gehörte es zum guten Ton, dass fremde Erwachsene einander siezten und erst bei fortschreitender Bekannt- und Vertrautheit das Du anboten. Dies geschah häufig, indem man sich mit einem alkoholischen Getränk zuprostete und feierlich »Brüderschaft trank« – ein Brauch, der immer seltener gepflegt wird. In bestimmten Berufsgruppen freilich war man immer schon gleich per du, etwa in der Fabrik, im Hafen oder – wenn auch nur auf derselben hierarchischen Ebene – bei der Post, bei der Polizei und bei der Armee. Andererseits, was heute kaum mehr vorstellbar ist: Noch in den 60er Jahren siezten sich deutsche Studenten, sofern sie einander nicht näher bekannt waren: »Sagen Sie, Herr Kommilitone, wo geht's denn hier zum Hörsaal A?«

Mit der 68er-Bewegung kam das »Sie« dann in Verruf und aus der Mode. Dies führte dazu, dass in den antiautoritär geprägten 70ern sogar Schüler ihre Lehrer, Studenten ihre Professoren und – seltener – Angestellte ihre Abteilungsleiter duzten. In vielen Unternehmen und Behörden ist das Du unter Kollegen inzwischen selbstverständlich, und zwar von Anfang an. Eine neue Mitarbeiterin stellt sich immer seltener mit ihrem Nachnamen vor, sondern eher mit den Worten: »Ich bin die Katrin.« Womit man dann automatisch beim gegenseitigen Du ist. Doch nach wie vor unüblich ist es, dass in einem großen Konzern Vorstandsmitglieder in der zweiten Person Singular miteinander kommunizieren. Allenfalls mit dem Vornamen plus »Sie«, was auf der Führungsetage schon der Gipfel der Lockerheit ist. Umgekehrt – eine in Norddeutschland traditionell beliebte Variante – duzen sich Arbeiter und Angestellte in Büros und Amtsstuben, in denen das normale Du noch nicht so selbstverständlich daherkommt, manchmal mit dem Nachnamen: »Frau Heberling, kannst du mal eben fünf Euro wechseln?«

Im öffentlichen Ämterdasein wird auch heute noch streng gesiezt. In der Politik beispielsweise oder bei Gericht verbietet sich das vertrauliche Du auch dann, wenn es privat längst gepflegt wird. Undenkbar, dass der Bundeskanzler in der Parlamentsdebatte seinen befreundeten Kabinettskollegen duzt oder der Moderator einer Fernseh-Talkshow den ihm auch persönlich gut bekannten Würdenträger.

Dafür breitet sich auf den Bildschirmen, vor allem bei den privaten Anstalten, die aus amerikanischen News-Shows abgeschaute Masche aus, dass der Nachrichtenredakteur im Studio den Reporter am Brennpunkt des Weltgeschehens in kumpelhafter Manier um Informationen bittet: »Uwe, hast du neue Nachrichten aus dem Kreml?«

Keine These ohne Antithese, das sagten schon die sozialistischen Vordenker Karl Marx und Friedrich Engels (die sich in ihren Briefen übrigens siezten): In jüngster Zeit scheint das klassische »Sie« wieder an Boden zu gewinnen. Gesicherte Erkenntnisse hierüber liegen zwar noch nicht vor. Doch trifft man neuerdings wieder häufiger auf Zeitgenossen, die bei geschäftlichen wie privaten Beziehungen zumindest zu Anfang Wert auf eine gewisse Distanz legen und davor zurückschrecken, einen wildfremden Menschen gleich sprachlich zu umarmen.

Ebay

Spätestens als in der deutschen Filiale des weltweit tätigen Internet-Auktionshauses eine Frau ihren vier Monate alten Säugling für 10 000 Euro Startgebühr zur Versteigerung anbot, stellten sich selbst hartgesottene Kinder des digitalen Zeitalters eine bange Frage: Ist es nicht eine ziemlich perverse Welt, in der wir leben? Auch wenn die Offerte schnell wieder aus dem Netz genommen wurde, nachdem ein User Anzeige erstattet und die Polizei zu ermitteln begonnen hatte, auch wenn sich herausstellte, dass nicht die Mutter des Kindes die Inserentin war, sondern ein offenbar irregeleiteter »Scherzbold«: Man konnte nicht anders, als ungläubig und angewidert den Kopf schütteln. Das Resümee, dass diesem einst so originellen virtuellen Flohmarkt allmählich die Unschuld abhanden kommt, drängte sich auf.

Als »Auctionweb«, der Vorläufer von Ebay, 1995 in den USA gestartet wurde, hat sich solche Auswüchse wohl niemand ausmalen können. Genauso wenig wie sich vorhersehen ließ, dass die Auktionsplattform in relativ kurzer Zeit zum größten Marktplatz des Internets aufsteigen würde. Und dass man dort einmal auf so unterschiedliche Offerten wie sechs leibhaftige Frauen als Partygespielinnen (die sich, nebenbei bemerkt, selber feilboten) und ein funktionstüchtiges Flugzeug würde bieten können. Vom gebrauchten Auto des Papstes ganz zu schweigen.

Ein kaputter Laserpointer soll es gewesen sein, was Gründer Pierre Omidyar damals als Erstes zur Versteigerung ins Netz stellte. Seitdem hat Ebay, wie die Adresse alsbald lautete (weil der geplante Name »Echobay« schon vergeben war), wahrlich die Welt erobert, die Kleinanzeigenbranche weitestgehend ruiniert und jede Menge seiner Kunden zu Süchtigen gemacht. Da sind natürlich einmal die, die ohnehin vom ➛ Internet nicht lassen können und am liebsten jede Website studieren würden. (Dazu müssten sie übrigens über eine Million Jahre leben.)

Das Wundertütenmedium Aber da sind vor allem jene Abhängigen, die einmal als Quereinsteiger angefangen haben: die Hausfrau, die zunächst zaghaft ihre alte Waschmaschine anbietet und sich dann immer häufiger, immer besessener in dieser virtuellen Warenwelt tummelt. Der Autofahrer, der Stunden, wenn nicht Tage bei dem Versuch zubringen kann, hier ein Abschleppseil billiger als im Fachgeschäft zu erwerben. Die Musiker und Hi-Fi-Freaks, die ohne Unterlass Gitarren, Klaviere, Saxofone und Verstärker er- und versteigern. Menschen aus allen Schichten, die, anstatt ihre alten Plünnen vom Dachboden zu entsorgen, sie lieber für ein paar Euro versilbern und dafür gern die Strapaze auf sich nehmen, nach Gebotsende die Teile einzupacken, zur Post zu tragen oder einen Spediteur zu beauftragen. Fast alle sind sie innerhalb kürzester Zeit dem Wundertütenmedium aufs Heftigste verfallen. Wie man dem ausgeklügelten, öffentlich zugänglichen Statistik- und Bewertungssystem unschwer entnehmen kann, gibt es »Ebayer«, die mit weit über tausend bereits getätigten Transaktionen aktenkundig sind.

Logisch, dass es wie immer im Leben auch bei E. nicht lange gedauert hat, bis die üblichen Schieber und Abzocker auf den Plan traten und dem an sich originellen Unternehmen den verspielten Zauber der Gründerjahre zu rauben begannen. Da schmücken sich Ganoven mit Ware, von der sie allenfalls ein Foto besitzen. Ohne Gegenleistung kassieren sie die manchmal kräftig hochgesteigerte Kaufsumme und verschwinden auf Nimmerwiedersehen. Mit so genannten Phishing-Methoden (das Wort kommt von »Password-Fishing«) versuchen zwielichtige Gestalten Passwörter zu angeln, die sich bei späteren Betrügereien als nützlich erweisen können. Auch sich unter fremder Identität anzumelden, ist nicht besonders schwierig.

Geniales Prinzip Trotz allem ist es wohl glaubhaft, was die einzelnen nationalen Geschäftsleitungen immer wieder versichern: dass nämlich diese Gaunereien nur einen winzigen Bruchteil des gesamten Geschäftsvolumens ausmachen. Das Gros der Kundschaft führt keine krummen Sachen im Schilde. So hat sich das geniale Prinzip, Unbekannte zum Kaufen und Verkaufen online zusammenzubringen, im Großen und Ganzen bewährt. Mehr noch: Durch die Bewertungen, die man seinem »Geschäftspartner« in aller Öffentlichkeit ins virtuelle, von allen einsehbare Stammbuch schreibt, ist sogar ein gewisser erzieherischer Wert nicht von der Hand zu weisen. Und last, not least gehört E. heute untrennbar zur Internetkultur – wenn man denn geneigt ist, selbige zur Kenntnis zu nehmen. Kaum irgendwo anders stöbert es sich so herrlich, was wohl damit zusammenhängt, dass hier nur die Methode, nicht aber die Inhalte digitalen Charakter haben. Die Inhalte sind zum Anfassen, zum Besitzen. Nicht zu vernachlässigen ist zudem der enorm hohe Informations- und Unterhaltungswert für den passiven Marktplatzschlenderer.

Die Plattform hat heute, verteilt auf 33 nationale Märkte, weltweit an die 160 Millionen Mitglieder. Diese bieten in einem Jahr um die anderthalb Milliarden Teile an und kaufen Waren im Wert von 34,2 Milliarden Dollar. Die Nachrichtenagentur AP errechnete, dass im Weltdurchschnitt von hundert ausgegebenen Dollars 14 an Ebay-Anbieter gehen. Der Gewinn für das Auktionshaus speist sich aus zwei Provisionen: zum einen die geforderte Anfangssumme, was ebenfalls genial ausgedacht ist, hält es doch die Startpreise meistens vergleichsweise niedrig, oft weit unter Wert. Die zweite Provision errechnet sich aus dem Endbetrag, der bei der Versteigerung erzielt wird.

Kein Ende abzusehen Auch wenn E. für Schnäppchenjäger nicht mehr ganz so interessant ist wie in den Anfangsjahren, weil zu viele Bieter die Preise verderben, auch wenn sich immer mehr professionelle Händler auf dem einst so charmanten virtuellen Flohmarkt breit machen – ein Ende der weltweiten Faszination ist nicht abzusehen. Allerorten hört man im Freundes- oder Bekanntenkreis Sätze wie: »Das habe ich von Ebay!« oder: »Um Gottes willen, nicht wegschmeißen, das kann man doch bei Ebay anbieten!«

Gründer Omidyar, der einst den Slogan »Das Internet als Marktplatz« prägte, ist heute unermesslich reich. An die zehn Milliarden Dollar schwer soll der ehemalige Programmierer sein, noch keine 40 Jahre alt; auf der Forbes-Liste der reichsten Menschen der Welt rangiert er auf Platz 35. Auch um seinen Partner damals wie heute, Jim Griffith, einen ehedem erfolglosen Künstler, braucht man sich keine Sorgen zu machen. Steinreich ist auch er geworden. Und die oberste Konzernlenkerin Meg Whitman, die früher für ein Spielzeugunternehmen arbeitete und E. gar nicht kannte, als sie von einem Headhunter angesprochen wurde, gilt heute als eine der mächtigsten Business-Ladies Amerikas.

Als sich abzeichnete, dass E. ein gutes Geschäft ist, hatte Omidyar versprochen, ein Prozent seines Gewinns dazu zu verwenden, Gutes zu tun. Bei dem einen Prozent ist es nicht geblieben. Er gilt wahrhaft als »Big Spender«, auch und gerade, was Projekte in der so genannten Dritten Welt betrifft.

EBEL

Als der vormalige Formel-1-Weltmeister Alain Prost über die Ziellinie fuhr, streckte er seinen Arm zum Sieg hoch – auf den Fotos erkannte man später, dass er eine Uhr seines Freundes Pierre-Alain Blum am Handgelenk trug. Dieser war nach langen Umwegen Chef des von seinem Großvater gegründeten Unternehmens, des Hauses Ebel, geworden.

Dass die Uhrenmanufaktur aus La Chaux-de-Fonds nicht Blum hieß, lag am Erfindungsreichtum von Eugène Blum, der den Firmennamen aus seinen und den Initialen seiner Frau Ellis Levy zusammenfügte. Das war im Jahre 1911, und lange bevor das Logo Ebel auf den Zifferblättern auftauchte, fertigte Eugène Uhren, die, wie die meisten dieser Zeit, den Namen des Kunden und nicht des Herstellers trugen. Dennoch stiegen seine Anerkennung und sein Bekanntheitsgrad, vor allem nachdem er gegen Ende des Ersten Weltkriegs ein extrem flaches Uhrwerk entwickelt hatte. Unter seinem Sohn Charles setzte sich der Aufstieg des Unternehmens unspektakulär, aber stetig fort. Der gute Ruf des Namens E. drang bis in fernste Länder.

Der Sohn hatte das Händchen Der bereits erwähnte Pierre-Alain Blum, Mann der dritten Generation, verspürte zunächst keinerlei Interesse an der Übernahme der Firma und studierte erst einmal mehrere Jahre Elektrotechnik. Als sich im Laufe der Zeit seine Begeisterung für den Ingenieurberuf erschöpfte, beschloss Pierre-Alain in die Vereinigten Staaten auszuwandern. Als kaufmännischer Angestellter in einem New Yorker Importunternehmen fand er seine Erfüllung. Den Umsatz seines Arbeitgebers steigerte er um ein Vielfaches – kein Wunder, dass dieser ihn an der Firma beteiligen wollte. Doch dann erreichte den Sohn der Wunsch seines Vaters, in die Schweiz zurückzukehren. Nach anfänglichem Weigern folgte er dem Ruf und stieg in das elterliche Unternehmen ein, obwohl er da nur ein Zehntel dessen verdiente, was er in New York am Monatsende ausbezahlt bekam. Anfangs erwies sich die Zusammenarbeit mit dem Vater als äußerst schwierig. Doch als Charles Blum nach einem Unfall gezwungen war, seinem Sohn die Firmenleitung zu übertragen, konnte Pierre-Alain sein Talent als Verkäufer frei entfalten: In nur drei Jahren verdoppelte er den Umsatz von E.

Verschiedene neue Kollektionen festigten den Ruf der Ebel-Uhren: als Erstes das Modell »Leader«. Die nach der besten Kaviarqualität benannte »Beluga« war ein weiterer großer Erfolg. Es folgten zum 75-jährigen Jubiläum das Modell »1911« und die »Voyager«, eine automatische Uhr, die neben der lokalen auch die Zeit in allen wichtigen Großstädten der Welt anzeigt. Viele Ebel-Uhren erscheinen in limitierten Editionen und steigern so trotz ihrer hohen Preise die Begehrlichkeit.

EHENAMEN

Zu diesem Thema gibt es einen zarten Trend zu vermelden. Er ist freilich statistisch noch nicht gesichert. Auf allen deutschen Standesämtern zu recherchieren, das wäre dann doch etwas mühsam gewesen. So weltbewegend ist das Thema nun auch wieder nicht. Ob die Frau nach der Eheschließung den Namen des Mannes annimmt, wie das jahrhundertelang vorgeschrieben war, ob die umgekehrte Methode praktiziert wird oder ob sich ein oder beide Ehepartner der Option des Bindestriches zwischen beider bisherigen Namen bedienen – das ist eine zutiefst private Entscheidung. Sie braucht prinzipiell weder Einmischung noch Empfehlung. Allenfalls etwas Bedauern bringt man den jungen Paaren entgegen, die im Begriff stehen, den Bund fürs Leben zu schließen: Anstatt sich süßen Erwartungen hinzugeben, geraten sie hinsichtlich dieser Frage in tage- und wochenlanges Grübeln und Diskutieren. Da werden Verwandte, Bekannte und Kolleginnen um Rat gefragt, im stillen Kämmerlein Unterschriften schon mal probeweise hingekritzelt, kurzum alle Möglichkeiten gewälzt, die das freizügige deutsche Namensrecht gestattet.

In der basisdemokratisch orientierten Epoche der Wohngemeinschaften war dieser Findungsprozess noch um ein Vielfaches beschwerlicher. Denn da stimmte die Vollversammlung in der Gemeinschaftsküche über den künftigen Namen mit ab. Es war dies auch die hohe Zeit der Doppelnamen. Denen verfielen merkwürdigerweise mit einer gewissen Lust vor allem Frauen, die erstens selber schon einen komplizierten Nachnamen mit einbrachten und zweitens im Begriff waren, einen Mann zu heiraten, der ebenfalls mit einem Zungenbrecher allererster Güte ausgestattet war. Da musste unsereiner sein Gedächtnis schon reichlich strapazieren, wenn er auf der Straße Frau Gerretsheimer-Oberkantenberg, ohne ins Stottern zu kommen, einen schönen Tag entbieten wollte. Nicht ohne Tücken auch der Versuch, beim Anruf in der Behörde die Sachbearbeiterin Frau Olschakowski-Grassebener auf Anhieb korrekt anzureden.

Nun aber zum besagten Trend: Immer mehr junge Frauen scheinen der großen Freiheit in der Namensfindung überdrüssig zu sein. Wie einst ihre Großeltern entscheiden sie sich für die einfachste Variante: den Namen des Mannes anzunehmen. Denn es ist schließlich nicht unpraktisch. Es erspart endlose Debatten vorher. Es enthebt die künftige Gattin der Notwendigkeit, irgendetwas beweisen zu müssen. Selbstverwirklichung schön und gut, aber die muss man ja nicht unbedingt am Nachnamen festmachen. Der Nachweis von Eigenständigkeit und Gleichberechtigung lässt sich auch anders erbringen. Soll doch der Mann ruhig wieder Herr im Haus sein, für ein geregeltes Einkommen sorgen und dafür an der Wohnungstür ein Schild mit seinem Namen anbringen.

Kürzlich war wieder von einem Fall zu hören, wo die künftige Ehefrau sich ganz selbstverständlich für den Nachnamen des Mannes entschied, und das, obwohl ihr Mädchenname schöner klingt. Ihre Begründung: Ein Mann, der den Namen der Frau annimmt, sei ja nicht nur ein »Softie«. Er müsse sich mit der Hypothek abschleppen, als »Weichei« wahrgenommen zu werden. Möglicherweise – noch schlimmer – sogar als »Warmduscher«. Solche Männer will doch heute niemand mehr.

EITELKEIT

Jeder verdammt sie, und doch ist niemand frei von ihr. Hierin ähnelt eine der ältesten menschlichen Eigenschaften ihrer Verwandten, der Lüge, wenngleich sie moralisch nicht ganz so verwerflich besetzt ist wie jene. Im ewigen sittlichen Ringen ist die Eitelkeit die große Gegenspielerin der Bescheidenheit; der Blick auf die Geschichte des Homo sapiens lehrt zweifelsfrei, dass sie auf lange Sicht immer die Siegerin ist. Sie als schändlich zu geißeln, was bedeutende Geister seit Generationen gern tun, ist zwecklos. Unsere Natur ist nun mal so. Und wer im Tierreich etwa den Gockel oder den Pfau beobachtet, wird E. auch nicht unbedingt als ausschließlich menschliches Phänomen begreifen.

Fast jedes Zeitalter hat bisher beklagt, die Auswüchse der E. seien noch nie so schlimm gewesen wie eben »jetzt«. Für unsere Zeit scheint das zu stimmen – wenn man E. nicht als individuelle Charaktereigenschaft betrachtet (da ändert sie sich kaum), sondern als beängstigend anschwellendes Massenphänomen. Die E. hat sich tatsächlich zu einer Art Volksleiden entwickelt.

Eitle Selbstdarsteller Den Kult, den Massenmedien um Prominente betreiben, und die vermittelte Illusion, ein jeder habe das Zeug zum »Star«, lassen häufig die letzten Restbestände an Zurückhaltung fallen. In den Talkshows der Fernsehsender wird man Zeuge einer schier unerträglichen Zurschaustellung der immer gleichen eitlen Kaste. Das Wort E. ist da fast schon untertrieben – treffender müsste man von schrankenlosem Exhibitionismus sprechen. Ein weiteres Indiz für die epidemieartige Verbreitung der eitlen Selbstdarsteller ist die Schwemme von Autobiografien bekannter und weniger bekannter Mitbürger. Nur in den seltensten Fällen haben die Autoren wirklich etwas zu sagen.

Doch das Phänomen E. lässt sich zwischen zwei Buchdeckeln auch anders darstellen, nämlich amüsant, geistreich und auf hohem Niveau. Das belegt einer der schönsten Romane der englischen Literaturgeschichte: »Vanity Fair« (deutscher Titel: »Jahrmarkt der Eitelkeit«) von William Makepeace Thackeray, 1847/48 als Serie im Satiremagazin »Punch« und 1877 (da war der Schriftsteller bereits 14 Jahre tot) erstmals als Buch veröffentlicht. Der Klassiker erzählt die Geschichte einer attraktiven, ehrgeizigen, moralisch ungehemmten jungen Frau auf ihrem Weg nach ganz oben. Alle liebens- und verachtenswerten menschlichen Eigenschaften kreuzen sich in diesem großartig erzählten Werk.

Dass eine amerikanische Zeitschrift, die heute als bestes Gesellschaftsmagazin der Welt gilt, den Namen dieses berühmten Romans trägt, darf man durchaus als Verbeugung vor Thackerays Meisterwerk werten. Und es beweist, dass die E. weit mehr ist als nur das Abbild bloßer Selbstverliebtheit. Sie ist eben auch immer wieder Vorlage für die nie endende menschliche Komödie.

EROTISCHE ROMANE

Solange es Bücher gibt, handeln die weitaus meisten vom Begehren, von der Leidenschaft, von der Liebe. Und von den Verstrickungen, Problemen und Konflikten, die diese Gefühlswallungen mit sich bringen. Je weiter aber die Menschheit in ihrer zivilisatorischen Entwicklung voranschritt, desto mehr unterlag die Darstellung des mit den großen Emotionen einhergehenden »Verlangens des Fleisches«, wie es in der Bibel heißt, der Zensur. Den Löwenanteil daran haben die Sittenwächter der diversen Weltreligionen. Noch heute existiert in Deutschland eine Bundesprüfstelle für jugendgefährdende Schriften, die darüber entscheidet, ob ein Buch oder eine sonstige Publikation wegen Verbreitung anstößiger Inhalte auf den Index kommt oder nicht.

Eine so farbenfrohe, sinnliche, lustvolle, nuancenreiche und gleichzeitig auf hohem erzählerischem Niveau angesiedelte Darstellung geschlechtlicher Freuden, wie man sie beispielsweise in uralten chinesischen Romanen findet, war in der Literaturgeschichte der neueren Zeitrechnung nicht mehr denkbar. Der abendländische Poet hat lernen müssen, körperliches Verlangen und dessen Erfüllung mehr oder weniger zu verschlüsseln.

Scheinheilige Aufschreie In die Lücke, die dadurch entstand, stieß der erotische Roman. Immer wieder sorgte dieses Genre für Furore und Skandale, für euphorisches Interesse der Leserschaft wie für den scheinheiligen Aufschrei des Bürgertums mit seiner spießigen Doppelmoral. Die weitaus meisten erotischen Romane früherer Epochen, die heute – immerhin – über dem Ladentisch verkauft werden dürfen, waren in ihrer Zeit indiziert, verboten, geächtet. Ihr Verbreitungsfeld: der Untergrund. Und nicht selten mussten ihre Urheber drakonische Strafen in Kauf nehmen. So verbrachte beispielsweise der Marquis de Sade, einer der großen erotischen Schreibkünstler seiner Zeit, viele Jahre im Gefängnis.

Die folgende Liste berühmter erotischer Romane soll nicht mehr als eine kleine anregende Auswahl darstellen. Gemeinsam ist allen Werken, dass sie heute auch von der so genannten seriösen Kritik als ernst zu nehmende Literatur eingestuft werden. Die Reihenfolge ist willkürlich. In Klammern steht jeweils das Jahr der Fertigstellung des Manuskripts. Von da an bis zur Veröffentlichung sollte es manchmal noch Jahre, wenn nicht Jahrzehnte dauern.

— *Venus im Pelz*, Leopold Ritter von Sacher-Masoch (1869)
— *Lady Chatterley*, David Herbert Lawrence (1928)
— *Das Delta der Venus*, Anaïs Nin (1942)
— *Fanny Hill*, John Cleland (1749)
— *Die 120 Tage von Sodom*, Marquis de Sade (1785)
— *Salz auf unserer Haut*, Benoîte Groult (1972)
— *Angst vorm Fliegen*, Erica Jong (1972)
— *Wendekreis des Krebses*, Henry Miller (1935)
— *Lebensgeschichte einer Wiener Dirne*, Josefine Mutzenbacher (Pseudonym); wirklicher Autor: Felix Salten alias Siegmund Salzmann (1905)
— *Das sexuelle Leben der Catherine M.*, Catherine Millet (2000)
— *Kamasutra oder die Kunst des Begehrens*, Sudhier Kakar (1998)
— *Geschichte der O.*, Pauline Reage (Pseudonym); wirkliche Autorin: Dominique Aury (1954)
— *Die Großtaten eines jungen Don Juan*, Apollinaire Guillaume (1909)
— *Lolita*, Vladimir Nabokov (1953)

ESPRESSOMASCHINE

Sie heißt auf Italienisch *la macchina* – wie das Auto. Und es klingt ähnlich leidenschaftlich und nur für Insider verständlich, wenn die echten Fans über technische Details streiten, die die eine von der anderen unterscheidet. Lediglich geht es hier statt um 12- oder 16-Ventiler, Nockenwellen oder PS um drei- oder viergruppige Geräte, Handhebel- oder Siebträgermaschinen, Vollautomaten oder Ähnliches. Auch eine Berufssparte existiert schon: die *baristas*. Sie stellen ihre Kompetenz in jährlichen Championships unter Beweis und ziehen für die Espressokultur in die Schlacht. Sie lieben ihre chromblitzenden Maschinen, ihre handwerklich gerösteten Kaffeemischungen. Kaffeemühle und Maschine handhaben sie mit Grandezza und Perfektion.

Natürlich liegt es nicht nur an der Maschine, ob der *caffè*, wie die Italiener ihren Espresso nennen, wirklich *perfetto* wird. Und auch nicht am Design, das – wie könnte es bei einem italienischen Produkt anders sein? – eine nicht zu unterschätzende Rolle spielt. Der Kaffee muss aus der richtigen Mischung von Robusta und Arabica bestehen, die Röstung muss optimal sein und möglichst nicht länger als vier Wochen zurückliegen, der Mahlgrad sollte perfekt auf die Temperatur und den Druck abgestimmt sein. Außerdem ist die Wasserhärte zu berücksichtigen, und allein der Pumpendruck ist eine Wissenschaft für sich.

Hoher Dampfdruck 1855 wurde auf der Weltausstellung in Paris die erste Espressomaschine vorgestellt. Eine perfekte Tasse Kaffee sollte auf Bestellung jeweils frisch so schnell zubereitet werden, dass ein Kunde in wenigen Augenblicken bedient werden konnte. Darüber hinaus sollten Qualität und Aroma-Ausbeute gegenüber herkömmlichen Zubereitungsmethoden verbessert werden. Dies geschah zunächst durch hohen Dampfdruck, der mit verschiedenen, aufwändigen Regelhähnen dosiert wurde. Bis jedoch die ersten Geräte industriell gefertigt wurden, dauerte es noch einige Jahre. Die damaligen Maschinen waren äußerst kompliziert, teuer und schwierig in der Bedienung. Daher kamen sie nur in Lokalen mit speziell geschultem Bedienungspersonal zum Einsatz. Dieser »neue Kaffee« – der Espresso – und seine Lokalitäten waren so erfolgreich, dass daraus der weltweite Inbegriff einer besonderen Kaffeespezialität wurde.

Im Jahre 1901 war es, als Luigi Bezzera, der erste Hersteller auf industrieller Basis, eine Maschine patentieren ließ, die aus vier »Gruppen« und einem Boiler bestand. In jede »Brühgruppe« passten unterschiedliche Filtergrößen. Kochendes Wasser und Dampf wurden durch das Kaffeepulver gepresst. Der Druck musste über verschiedene Ventile gekonnt dosiert werden. 1903 wurde Bezzeras Patent von Desiderio Pavoni erworben, zwei Jahre später begann La Pavoni die Produktion nach dem gleichen Prinzip.

Eine dieser frühen Handhebelmaschinen steht als Repräsentant ihrer Gattung im New Yorker Museum of Modern Art. 1935 entwickelte der Triester Francesco Illy seine Illetta. Es folgten die technisch immer aufwändigeren, inzwischen Zwölf-Zylinder-Motoren ähnelnden, mehrgruppigen Modelle von Gaggia, Cimbali, Saeco und natürlich Faema. Für solche Modelle aus den 50er oder 60er Jahren werden heute Liebhaberpreise von vielen tausend Euro bezahlt.

Doch auch wenn der Barista in Bestform, die Espressomaschine der letzte Schrei und die *crema* auf dem Espresso zum

Malen schön ist, behauptet eine bestimmte Fraktion von Genießern, dass doch noch eine Veredelung möglich ist: mit »eine kleine Grappa«. Am besten zum Ausspülen der leer getrunkenen Espressotasse.

EXISTENZIALIST

Ab und zu werden sie wieder hervorgeholt aus dem Schattenreich ehemaliger Zeitgeisttypen. Sie müssen dann für einen gewissen Nonkonformismus herhalten, was ja noch ganz ehrenvoll ist. Man reduziert sie aber auch gern – in der Modeberichterstattung zum Beispiel – auf die Farbe Schwarz. Das jedoch haben die Existenzialisten nicht verdient. Denn es gab eine Zeit, ihre große Zeit, in er sie für mehr standen als nur einen Farbtupfer.

Anfang der 50er Jahre war das, in Paris zunächst. Das Lebensgefühl der jungen Leute aus gut- und großbürgerlichem Milieu orientierte sich an der in den Nachkriegsjahren ungeheuer populären geistigen und künstlerischen Strömung namens Existenzialismus. Als deren Ahnherren gelten bedeutende Vertreter der abendländischen Philosophie wie Hegel, Husserl, Kierkegaard und Heidegger. Aber weit mehr als diese großen, akademisch-abstrakt formulierenden Denker waren es die zeitgenössischen Multibegabungen als Philosophen, Literaten, Dramatiker und Essayisten, die den Begriff Existenzialismus verkörperten und vorzuleben schienen. Allen voran Jean-Paul Sartre und Albert Camus. In der Résistance gegen die deutschen Besatzer aktiv, zählten sie nun zu den herausragenden Repräsentanten des neuen geistigen Frankreichs – Sartre (geboren 1905) damals gerade eben über 40, Camus (1913) noch jünger. Ihre bekanntesten Werke (von Sartre etwa der Roman »Der Ekel«, die Theaterstücke »Die ehrbare Dirne« und »Die Eingeschlossenen« und das Filmdrehbuch »Das Spiel ist aus«; von Camus der Roman »Der Fremde« und philosophische Essays wie »Der Mensch in der Revolte« oder »Der Mythos von Sisyphos«) besaßen Kultstatus. Beide Autoren, obwohl immens fleißig, verkrochen sich nicht in ihren Schreibstuben, sondern waren öffentliche Personen, ja regelrecht Stars, die tagsüber in Pariser Cafés saßen, mit Malern und Musikern diskutierten, sich spätabends in Jazzkellern herumtrieben. Beide wurden umschwärmt von den interessantesten Frauen, beide tranken gern, beide qualmten wie die Schlote. Und beide waren, bis zu ihrem späteren legendären Zerwürfnis, gute Freunde.

Freiheit und Verantwortung Den Existenzialismus hier in drei Sätzen abhandeln zu wollen, wäre vermessen. Wohl aber lassen sich die Kernbegriffe herausschälen, für die junge Menschen, nicht nur in Paris, entflammten. Es waren dies Maximen wie persönliche Freiheit und die totale Verantwortung des Einzelnen: nicht vor Institutionen, dem Staat oder der Gesellschaft, sondern in erster Linie vor sich selbst. Nach den Jahren des Krieges und der Unterdrückung aller persönlichen Sehnsüchte wirkte dieses Gedankengut wie eine Droge.

Es dauerte nicht lange, bis der Lebensentwurf auf das in jeder Beziehung ausgehungerte Deutschland übergriff. Das Zentrum der Bewegung war Hamburg, wo man den E. abgekürzt »Exi« nannte. Er kam aus den gutbürgerlichen Vierteln wie Eppendorf oder Blankenese, ging aufs Gymnasium, wirkte stets etwas blasiert. Der männliche Exi fuhr häufig eine ➛ Vespa, ließ einen langen Wollschal um den Hals flattern und trug die typische Frisur, den in die Stirn gekämmten so genannten Cäsarenschnitt. Literarisch definierte er sich ebenfalls über die französischen Vorbilder, später auch über amerikanische »Beatnik«-Schriftsteller wie Jack Kerouac (»Unterwegs«). Weibliche Exis stylten sich gern wie die junge Juliette Gréco und lasen mit Vorliebe die Romane von Françoise Sagan (»Bonjour tristesse«) oder die gesellschaftspolitischen Schriften von Sartres nicht weniger legendären Lebensgefährtin Simone de Beauvoir (»Das andere Geschlecht«). Die Nächte schlugen sich die Exis am liebsten in Jazzkellern um die Ohren.

Es war dies eine Clique, deren bloße Anwesenheit die Jugendlichen aus den Arbeitervierteln wie Altona oder Barmbek zur Weißglut trieb. Deren Lebensstil orientierte sich an Rock 'n' Rollern wie Eddie Cochran oder Bill Haley. Sie hatten Pomadenfrisuren wie Elvis, fuhren Motorräder und trugen Lederkleidung. Ihr Schlachtruf lautete: »Lieber dumm und Rocker sein als ein blödes Exischwein!« Es kam zu wüsten Prügeleien zwischen beiden Gruppen, bei denen die Exis meistens den Kürzeren zogen.

Besagter Exi-Haarschnitt hat dann übrigens modische Weltgeschichte geschrieben. 1961 war es, als die blutjungen Beatles, gerade erst flügge und als Rocker mit Elvis-Tollen nach St. Pauli gekommen, sich auf Anraten und unter Anleitung ihrer Hamburger Freundin, der Fotografin Astrid Kirchherr, die Haare in die Stirn kämmten. Damit begann – zaghaft zunächst und dann immer wallender – eine Epoche, in der sich das Ideal der persönlichen Freiheit weniger aus dem geschriebenen Wort als aus der Haarpracht speiste (➛ Friseur).

FABERGÉ

Dem Namen Fabergé begegnet man heute nur noch auf Parfümflakons und, in den USA, als zugkräftige Marke für Haushaltsartikel wie Teller, Schüsseln, Besteck und Kerzenleuchter mit nostalgischen Motiven aus dem alten Russland. Peter Carl Fabergé, 1846 in St. Petersburg geboren, war Juwelier am Zarenhof. Berühmt wurde er für seine kunstvoll emaillierten Ostereier aus edelsten Materialien wie Gold und Silber. Es gehörte zur Tradition im orthodoxen Russland, seinen Lieben am Ostermorgen, begleitet von drei Wangenküssen, Eier als Symbol der Wiederauferstehung zu schenken. Natürlich konnten dies am Zarenhof keine bemalten Hühnereier sein. Und so beauftragte Zar Alexander III. 1885 erstmals Fabergé mit der Anfertigung eines solchen österlichen Geschenks für Zarin Marie Feodorowna. Dieses erste Ei von Fabergé zierte das Abbild einer goldene Henne. Es folgten Eier mit Motiven wie einem Miniaturelefanten, Pfauen, einem Kuckuck. Als Alexander starb, setzte sein Sohn, Zar Nikolaus II., die Tradition fort, schenkte aber nicht nur seiner Frau Alexandra, einer gebürtigen Gräfin Hessen-Darmstadt, jedes Jahr ein Ei, sondern auch seiner Mutter. So entstanden zwischen 1885 und 1916 insgesamt 54 Eier von unschätzbarem Wert. Unklar ist bis heute, ob Fabergé noch 1917, im Jahr der Oktoberrevolution, zwei Eier fertigen durfte.

Doch Fabergé arbeitete nicht nur für den Zarenhof. Auch der durch Goldminen zum Milliardär gewordene Alexander Ferdinandowitsch Kelch beglückte seine Frau zu Ostern mit Fabergé-Eiern. Dabei ging Fabergé sparsam mit seiner Fantasie um und kopierte sich meist selbst. Denn er stellte für Kelch die gleichen Motive her, die er schon für die Zarenfamilie gefertigt hatte, allerdings mit anderer Farbemaillierung.

Als Fabergé 1920 im Schweizer Exil starb, stieg der Wert seiner Werke rasch in extreme Höhen. Ein Teil seiner Ostereier verblieb in Russland; im Kreml sind noch heute zehn davon zu besichtigen. Ein weiterer Teil fand seinen Weg nach Europa und Amerika. Elf sind heute Teil der Forbes-Collection in New York. Für das Ei mit dem Kuckuck zahlte Forbes 1985 bei einer Versteigerung 1,76 Millionen Dollar.

Fälschungen

Dass man unter dem Oberbegriff »Lebensart« keine Imitate oder Fälschungen einordnet, versteht sich. Wer wissentlich eine gefälschte Rolex-Uhr trägt, dem gilt unser Mitgefühl nicht – wohl aber demjenigen, der sich eine hat andrehen lassen, ohne zu merken, dass sie nicht echt ist. Um das zu vermeiden, sollten Luxus-Markenartikel nur dort erworben werden, wo man sich ihrer Originalität hundertprozentig sicher sein kann. Meistens sind das die Läden, die den Namen des gewünschten Produkts tragen (Cartier, Tiffany, Louis Vuitton usw.). Es können aber auch die zum Verkauf lizenzierten großen Schmuckgeschäfte, Juweliere oder Luxusabteilungen in den Kaufhäusern sein, wo man sich die schönen Stücke mit den edlen Namen ohne Bedenken aneignen kann. Bei Privatpersonen, auch wenn sie noch so vertrauenswürdig scheinen, ist stets Vorsicht geboten und zumindest eine gründliche Recherche angezeigt, was die Echtheit des angebotenen Produkts betrifft. Unbedingt müssen frühere Kaufbelege oder Echtheitszertifikate vorgelegt werden.

Nicht nur, dass man sich mit einer F. irgendwann lächerlich macht, also genau das Gegenteil des gewünschten Effekts erzielt. Neuerdings lauert eine noch unerfreulichere Gefahr: Man kann sich als Käufer gefälschter Ware sogar strafbar machen. In Italien beispielsweise gibt es einen Regierungserlass zur Bekämpfung des illegalen Handels mit gefälschten Markenartikeln, der nicht nur auf den betrügerischen Händler, sondern auch auf den Käufer angewendet werden kann. Das erste aktenkundige Opfer war im Sommer 2005 eine dänische Touristin, die an der Côte d'Azur Urlaub machte und für einen Einkaufsbummel ins italienische Grenzstädtchen Ventimiglia gekommen war. Polizisten erwischten sie dort auf dem Wochenmarkt beim Kauf einer gefälschten Dior-Sonnenbrille. Während der Händler im Getümmel entwischen konnte, wurde die Kundin mit einem Bußgeld von 3333 Euro belegt. Ein teures Schnäppchen – das Original wäre deutlich preiswerter gewesen.

Hier sollte wohl vor allem ein Exempel statuiert werden: auf kollegialen Druck der französischen Behörden, denen es seit langem ein Dorn im Auge ist, dass jenseits der Grenze vornehmlich F. französischer Luxusmarken in Umlauf sind. Die gefälschten Uhren, Brillen, Taschen und Gürtel kommen teilweise aus Asien, werden aber auch in Neapel produziert, dem Zentrum des italienischen Schwarzmarktes. Im Zuge des kleinen Grenzverkehrs zwischen Frankreich und Italien hat dieser illegale Handel an der »Blumenriviera« in den vergangenen Jahren sprunghaft zugenommen.

FAULHEIT

Bei diesem Stichwort ist Vorsicht geboten. Man bewegt sich auf dünnem Eis. In Zeiten, in denen Millionen keine Arbeit haben und lieber alles andere wären als faul, scheint es irgendwie unpassend, die Segnungen des Müßiggangs zu preisen. Auch klingt uns noch das berühmte Machtwort drohend in den Ohren, das im Jahre 2001 der damalige Bundeskanzler Schröder gesprochen hat: »Kein Mensch hat das Recht auf Faulheit.«

Und doch – lassen wir einmal die Probleme des Arbeitsmarktes und den permanenten Leistungsdruck, der auf vielen von uns lastet, für eine kurze Verschnaufpause beiseite. Dann fühlen wir vielleicht etwas in uns aufsteigen, was wir längst erloschen glaubten. Es ist diese uralte Sehnsucht nach dem Nichtstun, nach dem süßen Zauber der bewusst ausgelebten Faulheit, die sich, um in die Nähe einer Tugend zu gelangen, den Namen Muße zugelegt hat.

War das nicht herrlich, wenn wir früher Schule, Vorlesungen oder Kurse an der Uni schwänzten? Dieses himmlische Gefühl, sich am Morgen im Bett auf die andere Seite zu drehen und zu beschließen: »Heute mal nicht!« Auf dem Weg zu einem Termin sich seitwärts in die Büsche zu schlagen, es sich an der Alster (oder welchem Gewässer auch immer) gemütlich zu machen, in der Sonne den Schwänen und Booten hinterher zu blinzeln, einen Grashalm im Mund wie der »Taugenichts« von Eichendorff.

Wir werden immer atemloser Warum bloß geht das heute nicht mehr? Warum hecheln wir Erwachsenen immer atemloser aneinander vorbei? Trifft man einen alten Bekannten, den man lange nicht gesehen hat, reicht die Zeit gerade dafür, die Handynummern auszutauschen. »Wir telefonieren«, rufen wir uns zu, schon im hastigen Weitergehen begriffen, und wissen beide genau: Das wird doch nichts. Früher wären wir spontan zusammen in der nächsten Gastwirtschaft verschwunden, um das Wiedersehen zu begießen. Früher hatten wir unendlich mehr Zeit. Oder ist das nur eine Illusion?

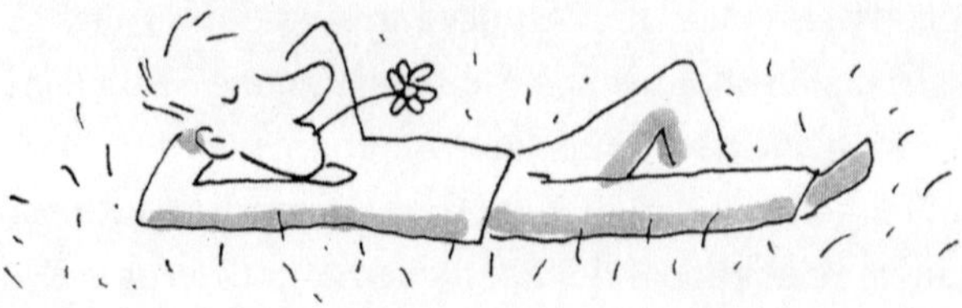

Wie uns freilich ein Blick auf das Leben der jungen Leute lehrt, kennen auch diese kaum noch solche verschütteten Werte wie Muße, Nichtstun, Sichtreibenlassen, einfach so, ohne Ziel und ohne Zweck, seinen Gedanken nachhängen. Selbst wenn sie zusammen im Straßencafé sitzen, scheinbar entspannt, blicken sie doch fortwährend auf die Uhr oder reißen alle drei Minuten ihr Handy ans Ohr. Nur ja nichts verpassen! Immer unter Strom!

Wie gesagt, F. predigen ist nicht comme il faut. Das sehen wir ein. Aber ein paar Argumente darf man vielleicht schüchtern vorbringen: Dass der Faule, während er sich vorübergehend aus dem Geschehen verabschiedet, das wir Alltag nennen, seinen Denk- und Gefühlsapparat keineswegs abschaltet – dies wird von den Kritikern der F. immer übersehen. Dass die F. dazu angetan ist, dem Menschen über sich selbst und den Zustand der Welt etwas Klarheit zu vermitteln – niemand erwähnt diesen durchaus wertvollen Aspekt. Und dass, wer im Gras liegt und scheinbar träge das Spiel der Wolken beobachtet, in Wirklichkeit seiner Fantasie zu den köstlichsten Höhenflügen verhilft – wann endlich wird man diese kreative Komponente der F. zu würdigen wissen?

Literatur übers Nichtstun Damit niemand dieses Stichwort als Aufforderung zur Anarchie missversteht, schließen wir, wie es sich für ein seriöses Nachschlagewerk geziemt: mit Querverweisen auf die Welt der Kunst und des Geistes. Neben der bereits angeklungenen Meistererzählung »Aus dem Leben eines Taugenichts«, 1826 von Joseph Freiherr von Eichendorff veröffentlicht, ist der 63 Jahre später erschienene Roman »Drei Mann in einem Boot« des englischen Autors Jerome Klapka Jerome zu nennen. Beide Bücher zählen nicht nur zur Weltliteratur, sondern besitzen in der Disziplin F. durchaus Lehrbuchcharakter, jedes auf seine Art: Das eine bedient sich deutscher Romantik, das andere englischen Augenzwinkerns.

Mit einer besonderen Variante der F., nämlich der am Arbeitsplatz, beschäftigt sich das dank seiner originellen Polemik zum Kultbuch avancierte Werk »Die Entdeckung der Faulheit« von Corinne Maier, einer Französin, im Hauptberuf leitende Angestellte beim staatlichen Energiekonzern EDF. Ihr Leitmotiv ist »aktive Distanzierung« im Arbeitsleben, ihre Empfehlung:

Innerhalb seines Unternehmens suche man sich möglichst eine Nische, um mit geringstmöglichem Einsatz und ohne Risiko durch den Büroalltag zu kommen. Ein köstliches und für alle Lebensbereiche höchst lehrreiches Handbuch ist »Die Enzyklopädie der Faulheit« von Wolfgang Schneider, der tragischerweise im Jahre 2003, kurz vor Beendigung seines »Anleitungsbuches« (Untertitel), bei einem Autounfall ums Leben kam.

Wer zu faul ist, sich dem Thema F. durch Lektüre zu nähern, und sei sie noch so leicht und amüsant, dem ist natürlich kein Vorwurf zu machen. Schließlich liest auch einer der liebenswertesten Faulpelze der Kunstgeschichte, der »Hirtenknabe«, kein Buch, sondern liegt einfach nur behaglich auf dem Rücken und schaut in den Himmel. Das herzerwärmende, ungemein suggestive Gemälde von Franz von Lenbach aus dem Jahre 1860 hängt übrigens in der Schackgalerie in München.

FENG-SHUI

Die meisten von uns sprechen diesen Begriff falsch aus, nämlich so, wie man ihn liest. Richtig ist: *fang shuei*, wobei das *uei* hinten wie beim braven Soldaten Schweijk betont wird. Und eine weitere Vorbemerkung: Es handelt sich keineswegs, wie häufig angenommen, um eine der bunten esoterischen Heilslehren zum Kurieren seelischer Blessuren oder zum Beheben von Stresssymptomen. Zwar steht grundsätzlich auch beim Feng-Shui das emotionale Gleichgewicht im Mittelpunkt. Doch der Weg dorthin führt nicht über therapeutische Anwendungen, sondern über die unser Leben bestimmende Architektur. F. ist die jahrtausendealte chinesische Lehre von der Harmonie des Menschen mit den Räumen, in denen er lebt und die ihn umgeben. Den architektonischen Formen und der Farbgestaltung werden unmittelbare Auswirkungen auf die körperlichen, seelischen, intellektuellen und spirituellen Befindlichkeiten zugeschrieben.

Negative Energien verscheuchen In beiden chinesischen Staatsgebilden werden Neu- und Hochbauten häufig nach den Regeln von F. errichtet. Danach ist zum Beispiel die günstigste Lage eines Wohnhauses auf halber Höhe eines Berges oder Hügels, an einem Südhang, mit Aussicht auf Wasser. Überhaupt hat Wasser, ob als Meer, Teich, natürlicher oder künstlicher See, Bach oder Springbrunnen, im F. eine große Bedeutung. Wasser wird als so genanntes Aufnahmemedium aufgefasst: von negativer Energie reinigend. So spielt F. auch in der chinesischen Gartenkunst eine maßgebliche Rolle. In der Innengestaltung eines Gebäudes oder Hauses soll sichergestellt werden, dass sich in den Räumen keine so genannten verstockten Energien festsetzen können. Deshalb wird beispielsweise auf harte Kanten verzichtet. Symmetrische Anordnungen sind wichtig. Als großer Energieträger wird die Sonne betrachtet. Dass jede Himmelsrichtung gemäß dem Verlauf der Sonne ihre eigene Energie entfaltet, gehört ebenfalls zum Gedankengut. Danach ist der Norden die ruhigste Himmelsrichtung, der Süden die aktivste. Alles das hat unmittelbare Auswirkungen auf die Anordnung der Schlaf- und Wohnräume. Schließlich wer-

den die Erkenntnisse auch beim Begräbnis der Toten herangezogen.

Auch in der westlichen Welt beginnen immer mehr Städteplaner, Landschaftsgestalter und Architekten sich für F. zu interessieren und berücksichtigen bereits Ansätze der Lehre für ihre Entwürfe.

FERRARI

Enzo Ferrari ist für jeden Aficionado des Motorsports der Übervater, seine Sportwagen bleiben meistens unerfüllte Träume. Selbst die Fahrer eines Jaguar E-Type, Porsche oder Lamborghini blicken ehrfurchtsvoll, wenn sie einem Ferrari begegnen. Mehr als alle anderen Marken riecht er förmlich nach Rennstrecke.

Lange vor dem ersten Sieg eines F. im Jahre 1947 war der Name in Motorsportkreisen bestens bekannt: Enzo Ferrari war nämlich seit 1920 zunächst Rennfahrer und später Rennleiter von Alfa Romeo. Als dieses Unternehmen sich 1929 entschloss, dem Rennsport den Rücken zu kehren, baute Ferrari die erfolgreichen Modelle Alfetta und Bimotore zunächst noch in seiner eigenen Werkstatt in Modena auf Basis von Alfa Romeos weiter. 1938 endete Enzos Zusammenarbeit mit Alfa endgültig. Doch kurz danach erhielt er den Auftrag, für das berühmte Rennen Mille Miglia von 1940 zwei Rennwagen zu bauen. Da er vertraglich noch gebunden war, konnten diese auf Teile eines Fiat konstruierten Autos nicht unter seinem Namen laufen und starteten unter der Bezeichnung Auto Avio Construzioni 815. Fachleute gehen davon aus, dass dies die ersten wahren F. waren.

Von Fangio bis Schumacher Die Marke selbst wurde erst 1947 in Maranello geboren. Ein Jahr später erfolgte die erste Auslieferung eines F. Im Mittelpunkt des Interesses von Enzo Ferrari stand jedoch der Rennsport. F. ist die einzige Marke der Welt, die seit Gründung der Formel 1 ohne jede Unterbrechung an allen Rennen teilgenommen hat. Beim ersten Rennen 1950 in Silverstone ging der Rennstall aus Maradello noch leer aus, doch bereits 1951 stand ein Ferrari-Fahrer auf dem Siegertreppchen. Alle großen Fahrer der Formel 1 sind für diesen Rennstall gefahren, von Alberto Ascari über Juan-Manuel Fangio, Phil Hill, Niki Lauda, Jody Scheckter bis Michael Schumacher. In der Entwicklung des Hauses nicht zu unterschätzen ist die Rolle von Luca di Montezemolo, der als Enzos Assistent begann und später den effizienten Rennstall F. zusammenschweißte.

Natürlich ließen diese Erfolge auf den Rennstrecken auch das Image der Straßensportwagen von F. von Sieg zu Sieg glänzender erscheinen. Enzo Ferrari hatte die Sportwagen ursprünglich nur als Mittel zur Finanzierung seiner Rennleidenschaft gesehen. Doch Montezemolo gelang es, den Mythos des Rennstalls in Firmenumsatz umzumünzen. Jedes einzelne Modell wurde eine Legende, allen voran der 250 GTO (Grande Turismo Omologato); doch auch Daytona, Testarossa, F 40 oder Modena sind Kodeworte, die ein Leuchten in die Augen von Sportwagenfreaks zaubern. Eigentlich bräuchte man für diese Fahrzeuge auch noch eine private Rennstrecke, wenn man mehr möchte, als nur mit dem Wagen vor einer eleganten Caféterrasse vorzufahren.

FINK'S

Es gibt Abende in der Fremde, da braucht der Reisende einfach vertrautes Essen, vertraute Drinks, vertraute Musik. Keine kulinarische Folklore, keine alkoholischen Experimente, keine heißen Rhythmen, sondern ein Stück gutes altes Europa.

»Fink's Bar und Restaurant« in Jerusalem ist eine solche Oase. Wer sich von Araberjungen, die alle Mohammed heißen, über die Via Dolorosa zum Grabe Christi hat führen lassen, wer sich in den engen Gassen der Altstadt der Andenkenverkäufer dreier Weltreligionen erwehrt hat, wer die Zitadellen der Kunst und des Gedenkens im neuen Jerusalem bestiegen hat, das Israel Museum und Yad Vashem, der mache sich auf die Suche nach einem kleinen, gelb leuchtenden Finken in der Histadrut Street 2, an der Ecke zur Ben Yehuda Fußgängerstraße, Richtung Jaffator. Hinter der winzigen, verschlossen scheinenden Schiebetür öffnet sich eine Oase: gedämpftes Licht, stimmungsvoller Jazz, zwei tadellos gekleidete Kellner. Wer nur etwas trinken möchte, wird zur liebevoll bestückten Bar geleitet; wer Hunger hat, kann an einem der sechs Tische Platz nehmen, die, wie alles in diesem Land, ein Kompromiss zwischen Größe und Funktion sind, hier aber ein perfekter, entspannter, so wie man sich die Zukunft wünscht.

Von Offizieren und Agenten Zunächst das Essen, österreichisch-ungarisch-jüdisch wie der Gründer, ein Mann namens Fink, der 1931 nach Jerusalem kam und eines der ersten Restaurants mit mitteleuropäischer Küche eröffnete: Gulaschsuppe, Tafelspitz, Gefillte Fisch, vollendet freundlich serviert. Dann, zum Dessert (keine Milchspeisen, aber Schokoladiges ist zum Glück koscher), die weitere Geschichte: Mitte der 40er Jahre übernahm David Rothschild das Lokal und machte es schnell zum beliebten Fluchtpunkt der britischen Mandatsoffiziere, die sich im holzgetäfelten Saal wie in einem Good-Old-World-Club fühlten, tranken, rauchten und plauderten. Das wiederum zog die jüdischen Unabhängigkeitskämpfer an. Noch heute, darauf deutet der stolze Oberkellner, gibt es das Guckloch hoch oben in der Wand, von wo die Spione der zionistischen Untergrundorganisation Hagana die Briten beobachteten. Menachem Begin selbst, der spätere Premier, soll – als Frau verkleidet – von einem Tisch in der Ecke aus das Bombenattentat auf das King David Hotel koordiniert haben.

Aber vielleicht ist das eine orientalische Legende, wie diejenige von Henry Kissinger, dem ehemaligen amerikanischen Außenminister. Als der bei F. mit seinem Gefolge essen wollte, lehnte Rothschild die Reservierung des gesamten Lokals mit den Worten ab: »Verehrter Herr Kissinger, Sie kommen einmal in 25 Jahren. Wollen Sie, dass ich für Sie meine treuen Gäste wegschicke, die seit 25 Jahren jeden Abend kommen?« Einige Jahre später meldete sich Kissinger wieder, diesmal brauchte er nur einen Tisch für vier Personen. Aber auch diesmal musste Rothschild ihn enttäuschen: Es war Freitag, Shabbat, der Abend, an dem F. geschlossen ist.

Hollywoodstars wie Kirk Douglas, Shirley MacLaine, Paul Newman und viele weitere Berühmtheiten, die sich im Gästebuch verewigt haben, beachteten die lokalen Gepflogenheiten und verbrachten entspannte Abende unter sich. Auch die israelischen Premiers waren zu Gast, schließlich lag das alte Regierungsviertel gleich um die Ecke. »Nur auf Ariel Sharon haben wir in all den Jahren vergebens gewartet«, erzählt der Ober und bringt uns mit den Cocktails wieder in die Gegenwart zurück.

FLASCHEN

Seit die Glasflasche das Fass als das gebräuchlichere Behältnis abgelöst hat, in dem eine Spirituose oder ein Wein dem Verbraucher entgegentritt, haben sich gewisse Traditionen und Regeln etabliert. Farbe, Form und Größe der Flaschen sind keineswegs zufällig gewählt. Sie senden ganz bestimmte Signale aus. Besonders Spirituosenflaschen bieten sich an für kreative Fingerübungen von Designern und Marketingfachleuten. Allerdings müssen auch sie sich im Rahmen der gesetzlich geregelten Größenfestlegungen bewegen.

Beim Wein hält man sich mehr an die »Etikette«. Das fängt bei der Flaschenform an, die in der europäischen Tradition Ausdrucksmittel ihrer Herkunft ist, wenn sie nicht gar vorgeschrieben wird. So dürfen in Frankreich in die sehr schlanke und hohe Flûte d'Alsace nur ganz bestimmte Elsässer Weine gefüllt werden. Und so sind in Deutschland die Bocksbeutel nur Weinen aus Franken, dem badischen Frankenland oder aus einigen nordbadischen Gemeinden vorbehalten. Eine der meistverbreiteten Flaschenformen ist die Burgunderflasche. Sie ist nicht nur das klassische Behältnis für die roten und weißen Weine Burgunds, sondern inzwischen auch für gehaltvolle Rotweine aus anderen Weinbaugebieten der ganzen Welt. Als noch bedeutender darf man wohl die Bordeauxflasche einschätzen, die grüne etwa für Rot- und trockene Weißweine aus dem Bordelais, die farblose für Sauternes. Auch diese F. hat sich inzwischen über Frankreichs Grenzen ausgebreitet und genießt über

ihre Heimat hinaus eine Popularität wie die ebenfalls typische Rheinweinflasche, die im Rheingau grundsätzlich braun und an der Mosel grün ist.

Die Flaschenfarbe, gleich ob braun oder grün, dient in erster Linie dem Schutz des Weines vor zu starkem Lichteinfall. Wer einmal einen »lichtkranken« Wein getrunken hat, der unter Sonnenlicht im Schaufenster des Feinkostladens oder drinnen unter Neonbeleuchtung gelegen hat, weiß, dass selbst farbiges Glas keinen absoluten Schutz bietet, und verweigert tunlichst den Erwerb solcher Weinflaschen. Am besten, sie kommen aus dem dunklen Keller oder aus der Kiste.

Das kleine Einmaleins Auch die Flaschengröße ist bedeutsam: Je kleiner die F., in der der Wein lagert, desto schneller reift und altert er. So wird derselbe Jahrgang eines bestimmten Weines in der halben F. (Inhalt: 0,375 Liter) schneller trinkreif als der in der Normalflasche (0,75 Liter). Das ist auch der Grund, warum herausragende Weine in Großflaschen abgefüllt werden, in denen sie langsamer reifen und selbst nach vielen Jahren noch einen großartigen Genuss garantieren. Die verbreitetste Großflasche ist die Magnum mit dem Inhalt von 2 Normalflaschen (1,5 Liter). Das nächsthöhere Maß mit dem Inhalt von 3 F. oder 2,25 Litern nennt sich Marie-Jeanne. Danach kommt die Doppel-Magnum mit dem Inhalt von 4 F. oder 3 Litern, die Jeroboam mit 5 Litern (= 6 F.) sowie die Impériale mit 6 Litern (= 8 F.).

Beim ➛ Champagner ist die Nomenklatur nicht ganz dieselbe. Auch hier gibt es Zwerge und Riesen. Die Reihe beginnt mit der Viertelflasche (0,19 Liter), die in Deutschland wie beim Sekt auch Pikkolo genannt wird. Die halbe F. fasst 0,38 Liter. Dann folgen die Normal- und die Magnumflasche. Die Doppel-Magnum (3 Liter) heißt hier aber Jeroboam. Und auch die noch imposanteren tragen biblische Namen: Rehoboam (4,5 Liter), Methusalem (6 Liter), Salmanazar (9 Liter), Balthasar (12 Liter) und schließlich die Nebukadnezar mit 15 Litern – das entspricht 20 Normalflaschen. Solche Giganten sind zwar ein netter Partygag, doch schon beim Kühlen ist man ohne eine mit Eis gefüllte Badewanne aufgeschmissen, von den Problemen beim Einschenken ganz zu schweigen.

Optimal: Normal oder Magnum Aber auch qualitativ sollte man sich bei Champagner an die Normalflasche oder die Magnum halten, weil nur in diesen beiden Größen die Flaschengärung stattfindet. Bei allen anderen Flaschengrößen, ob niedriger oder höher, ist meistens aus der Flasche oder aus der Magnum nach der zweiten Gärung transvasiert (umgefüllt) worden; dabei können Qualität und Kohlensäure verloren gegangen sein.

Generell ist sowohl bei Wein wie bei Champagner noch ein weiteres Kriterium zu berücksichtigen: Je mehr das Mengenverhältnis von Luft zu Wein in der F. zugunsten des Weines tendiert, desto geringer ist die Gefahr der Oxidation. Da die Luftmenge unterhalb des Korkens stets die gleiche ist, haben größere Flaschen hier folglich bessere Voraussetzungen.

Aus alledem folgt: Mit der Magnum kann man nie etwas falsch machen. Deshalb wird sie vom Kenner bevorzugt. Allerdings sollte man mindestens zu zweit sein, wenn sie auf den Tisch kommt. Für die britische Königinmutter, gestorben 2002 im gesegneten Alter von 101, war sie allerdings nicht das Idealmaß. Der »Queen Mum«, die vom Trinkgenuss bekanntlich viel verstand, wird folgender Satz zugeschrieben: »Die Magnum ist eine sehr missliche Flaschengröße: für einen zu viel und für zwei zu wenig.«

FLIRTEN

Eine zarte, verführerische Leichtigkeit und ein Hauch von galanter Verspieltheit umgeben dieses Wort und das, was es beschreibt. Wie ernüchternd dagegen, im Internet mit ansehen zu müssen, wie das Flirten auf den Hund gekommen ist! Was da in unzähligen so genannten Flirt-Chatrooms an Varianten zur Kontaktanbahnung angeboten wird, ist von derart grotesker Einfallslosigkeit und Fantasiearmut, dass allenfalls das Etikett »plumpes virtuelles Anbaggern« angebracht wäre. Via Internet ist ein Flirt auch schon deshalb gar nicht möglich, weil er nach landläufigem abendländischen Konsens zwei Personen verschiedenen Geschlechts erfordert, die einander nicht virtuell, sondern vis-à-vis begegnen. (Es gibt selbstverständlich, das soll hier nicht unterschlagen werden, auch den Flirt unter Homosexuellen.)

Der Franzose ist Meister Der Ursprung des Begriffs ist so rätselhaft ungewiss wie die Dramaturgie und der Ausgang eines guten Flirts selbst. Dass das Wort aus dem Englischen kommt, ist unbestritten, ebenso sicher aber auch, dass Franzosen vom F. weit mehr verstehen als Engländer und Amerikaner zusammen. Wahrscheinlich haben die Londoner einst, schwer beeindruckt, wie gekonnt die galanten Herren in Paris Frauenherzen zu erobern verstanden, gut zugehört und das Wort *fleurette* (Blümchen) aufgeschnappt. *Conter fleurette à une femme*, wörtlich schwer zu übersetzen (etwa: einer Frau in blumenreicher Sprache etwas sagen), heißt ungefähr das, was wir unter F. verstehen. Jedenfalls ist vom IV. Earl of Chesterfield (1694–1773), dem in seiner Zeit angesehenen Politiker und Schriftsteller, der bei Hofe ein und aus ging, folgender nicht ganz uneitler Satz überliefert: »Bei der Geburt dieses ausgesprochen bedeutungsvollen Wortes ›Flirtation‹ habe ich assistiert. Es kam aus dem entzückendsten Mund der Welt.«

Wir müssen hier unsere Fantasie spielen lassen: Hat der gute Earl, dessen von Moral und Lebenserfahrung durchdrungene Briefe an seinen Sohn ihm in der Nachwelt einen Namen gemacht haben, da wohl nach allen Regeln der Kunst eine Französin beflirtet? Hat sie ihm vielleicht später ein Kompliment gemacht, dabei das Wort »Fleurette« benutzt und ihm so die Vorlage für die heute weltberühmte Vokabel »Flirt« geliefert? Wir wissen es nicht, wollen aber mal annehmen, dass der in den Adelsstand erhobene Kavalier (bürgerlich hieß er Philip Dormer Stanhope) seine Sache zur Zufriedenheit der Dame gemacht hat.

Ein ungemein reizvolles Spiel Die Kunst des F. ist schwer zu vermitteln. Es gibt Leute beiderlei Geschlechts, denen sie angeboren scheint, und solche, die auch nach der Lektüre eines entsprechenden Ratgeberbuches (schreckliche Vorstellung!) der irrtümlichen Meinung anhängen, flirten sei nicht mehr als Komplimente machen. Von einer Ratgeberattitüde weit entfernt, wollen wir hier dennoch versuchen, einige Grundvoraussetzungen zu klären: Der Flirt, wir sagten es schon, kennt keine Derbheiten, keine grobschlächtigen Annäherungsversuche, keine »Anmache« der vordergründigen Art. Er beginnt mit einem Blick, einer Geste, einem Lächeln, einem wie absichtslos hingeworfenen Wort. Höflichkeit, Aufmerksamkeit, Interesse, Galanterie, geistreiches Plaudern sind seine Ingredienzen. Daraus kann ein amüsantes reizvolles Spiel werden, ein kokettes Pingpong, bei dem es knistert, wo die Funken sprühen, die kleinen charmanten Neckereien nur so hin- und herfliegen, die Erwartungen sprießen und die Fantasie aufs Schönste gestreichelt wird. Zu einem Flirt passt keine Eile. Wer flirtet, lässt sich nicht gehen, allenfalls fallen: in das Abenteuer des Unbekannten. Dies aber nur ein bisschen, denn zum Flirt gehört immer auch die Inszenierung, die der Kontrolle nicht ganz entgleiten und dem Zufall nicht alles überlassen darf. Fußnote: Im Stadium des F. interessiert man sich für kaum jemanden sonst auf der Welt.

Der Flirt findet immer in der Möglichkeitsform statt; so ist er noch wunderbar unkonkret und beneidenswert aggressionslos. Denn Flirtende greifen noch nicht zu den berüchtigten Beziehungswaffen, die erst später aus dem Arsenal geholt werden: Vorwürfe, Eifersucht, Rache, Demütigung. Jedem Flirt, ob er nun weiterführt oder nicht, wohnt eine köstliche Unschuld inne. Und im Nachhinein eine bittersüße Wehmut: Nie wieder werden zwei Liebende – von Ehepartnern ganz zu schweigen – so einfühlsam, so zuvorkommend und so respektvoll miteinander umgehen wie bei ihrem allerersten Flirt.

FREIZEIT

Niemals in unserer Geschichte hat die Freizeit in so üppigem, um nicht zu sagen verschwenderischem Maße zur Verfügung gestanden wie heute. Früher freute man sich über die wenigen arbeitsfreien Stunden am Tag; da konnte man zum Tanzen, ins Konzert, ins Kino, ins Schwimmbad oder in die Kneipe gehen; man konnte lesen, mit der Familie zusammen sein, ein bisschen entspannen, seinem Hobby frönen. Ein freies Wochenende begann – für Berufstätige und für Schüler – in der Regel am frühen Samstagnachmittag. Die abwechslungsreichsten, aufregendsten Wochen des Jahres waren Urlaub bzw. große Ferien. F. wurde herbeigesehnt und, wenn es so weit war, in vollen Zügen und im vollen Bewusstsein ihrer Kostbarkeit genossen. Wer vor einem halben Jahrhundert vorausgesagt hätte, dass F. einmal ein Wert für sich sein und auf der Skala der Lebensqualität ganz oben rangieren würde – für viele weit vor dem Beruf und für manche sogar noch vor der Familie –, den hätte man für einen fantasiebegabten Sozialutopisten erklärt.

Heute ist F. – quantitativ und qualitativ – weit mehr als nur eine relativ kurze Zeitspanne zum Regenerieren. Der Begriff hat sich gewissermaßen emanzipiert von seiner ursprünglichen, im großen Existenzkampf eher zweitrangigen Bedeutung. Seine F. zu gestalten, sinnvoll auszufüllen und möglichst variantenreich auszuleben, sie in den Dienst sowohl des Vergnügens und der Erbauung, der geistigen und der körperlichen Herausforderung zu stellen – das ist in unseren Tagen beinahe eine Existenzfrage. Es gehört zur individuellen Lebensplanung.

Wünsche werden erzeugt Auf diesem so wichtig gewordenen Feld darf der Mensch natürlich nicht allein gelassen werden. Von allen Seiten prasseln Empfehlungen, Ratschläge, Tipps auf uns ein, wie und womit wir unsere F. verbringen sollen. Zeitschriften und Fernsehmagazine widmen sich dem Thema. Schaufenster werden unter eben diesem Motto dekoriert. Ganze Warenhausabteilungen erzeugen Wünsche in Sachen F. Komplette Freizeitparks locken Ausflügler an.

Im Gespräch mit Kollegen und Bekannten, wo man einst gern mit dem Auto, dem Fernsehapparat, der Hi-Fi-Anlage oder der Satellitenschüssel auf dem Dach renommierte, misst man sich heute lustvoll am Freizeitwert. Bedauernswerter Wicht, der weder Golf noch Tennis spielt, nicht segelt oder Ski fährt, dem nichts daran liegt, Berge zu erklimmen oder in die Tiefen des Meeres zu tauchen, dessen Wohlergehen nicht von Ayurveda und Wellness abhängt, der als Lieblingsbeschäftigung einfach nur »sich's gemütlich machen«, lesen oder Musik hören angibt.

Die Beispiele sind mit Bedacht gewählt, denn die Mehrheit der Bevölkerung versteht unter einer sinnvollen Freizeitbeschäftigung vor allem sportliche Aktivitäten und solche, die dem körperlichen Wohlbefinden dienen. Doch auch kulturelle Freizeitwerte stehen hoch im Kurs: Musikveranstaltungen, Theater, Film, bildende Kunst, Literatur. Die Konzertsäle, Opernhäuser, Musikclubs, Galerien, Kunsthallen und Literaturhäuser erfreuen sich schwellender Besucherströme. Schließlich zählen auch ein Restaurantbesuch mit Freunden, die Party, das Grillen unter freiem Himmel, ein ➤ Picknick, gemeinsame Wanderungen, überhaupt ein immer stärker ausgeprägtes Geselligkeitsverhalten zur Freizeitgestaltung.

Manchmal recht stressig Bei so viel F. und den verschiedenartigsten Möglichkeiten, sie zu nutzen, müssten wir eigentlich ein glückliches Volk sein, im Reinen mit uns und unserem selbstbestimmten Privatleben. Sieht man sich aber in unserem Land um, scheint sich die erste Silbe des Wortes »Freizeit« oft nicht so recht zu bewahrheiten. Richtig frei macht die reichliche Zeit wohl doch nicht, im Gegenteil: Viele Leute – Jugendliche weniger – ächzen förmlich unter dem Programm, das sie sich aufgebürdet haben. Zum Entspannen oder Ausruhen kommen sie kaum noch. Ausländischen Besuchern fällt dies manchmal besonders auf. Dass die Deutschen alle sehr angestrengt, nervös und freudlos wirken, hörten wir von einer jungen Rumänin, die zu Besuch in München weilte und fassungslos das hektische Treiben auf der Maximilianstraße beobachtete. Und eine italienische Journalistin notierte in ihrem Reisebericht: »Die Deutschen scheinen in ihrer Freizeit mehr Stress als am Arbeitsplatz zu haben.«

FREMDSPRACHEN

Nach jedem Auslandsaufenthalt nehmen wir es uns von Neuem vor: jetzt endlich die Sprache des Landes zu lernen, das wir bereisten. Wieder konnten wir im Restaurant die Speisekarte nicht entziffern. Wieder mussten wir neidvoll mit anhören, wie die junge Dame im Liegestuhl nebenan fließend mit dem Bademeister in dessen Mundart parlierte. Wieder war unser Wortschatz auf kaum mehr als ein mageres »Wie geht's?« reduziert. Das muss anders werden! Doch dann kehrt man wieder nach Hause zurück, der Alltag erhebt sein garstiges Haupt, Beruf und Privatleben fordern wie immer mehr Zeit, als einem zur Verfügung steht. Wie und wann um Himmels willen soll man da noch einen Sprachkursus unterbringen?

Kaum ein Wunsch kehrt so beharrlich wieder, wie seine Erfüllung auf Eis gelegt wird: wenigstens eine Fremdsprache fließend in Wort und Schrift zu beherrschen. Des Respekts der Mitmenschen könnte man sicher sein. Welche Freude, sich mit den Abkömmlingen eines fremden Landes in deren Idiom zu unterhalten. Romane und Zeitungen stünden einem im Originaltext zur Verfügung. Bei den Spielfilmen auf DVD könnte man endlich auf die Synchronfassungen oder die lästigen Untertitel verzichten.

Schulkenntnisse reichen nicht Denn was man einst in der Schule mitgekriegt hat, reicht meistens nicht aus, schon allein deshalb, weil es so lange her ist. Fremdsprachenkenntnisse verschwinden schnell in der Versenkung, wenn sie nicht regelmäßig aufgefrischt werden. Allerdings kann man sie auch relativ schnell wieder reaktivieren; das stellt man sowohl beim zaghaften Benutzen wie auch beim erneuten Lernen erfreut fest. Andererseits: In der Schule war die Auswahl ja auch nicht besonders groß. Über Englisch und Französisch ist sie in der Regel nicht hinausgegangen. Das nützt einem heute herzlich wenig, wenn man gern Italienisch, Spanisch, Schwedisch oder Polnisch sprechen würde.

Wie wichtig heute in der ständig wachsenden Völkerfamilie Europas wie überhaupt im internationalen Miteinander die Beherrschung von Fremdsprachen ist, darüber gibt es keinen Zweifel. Doch ebenso sicher ist auch, dass die deutschen Schulen darauf nicht genügend vorbereiten. Eine vom Institut der deutschen Wirtschaft herausgegebene Studie zeigte kürzlich, dass in anderen Ländern der Europäischen Union das Interesse an fremden Sprachen größer ist, das Sprachtraining früher beginnt und breiter angelegt ist. Während luxemburgische Schüler im Schnitt fast drei Fremdsprachen lernen, finnische 2,4 und dänische 1,9, bringen es deutsche Schüler nur auf 1,2 fremde Sprachen. In Deutschland lernen 94 Prozent der Schüler ab der fünften Klasse Englisch, etwa ein Viertel erhält Unterricht in Französisch, ein Prozent in Spanisch. In Schweden lernen alle Schüler Englisch; 42 Prozent Deutsch, 19 Prozent Französisch und 5 Prozent Spanisch. Selbst die nicht gerade als sprachenbegeistert geltenden französischen Schüler zeigen sich lernfreudiger als die Deutschen: 98 Prozent üben sich im Englischen, 34 Prozent lernen Spanisch und 28 Prozent Deutsch.

Auch Lernen ist Fitness Und so haben wir wieder einmal geschickt die Verantwortung von uns abgewälzt und auf die Obrigkeit geschoben. Unser Schul- und Erziehungssystem ist schuld an der Misere! Man hat uns eben die Lust am Lernen einer fremden Sprache nicht ausreichend vermittelt. Also doch nicht zum Sprachkurs anmelden und weiterwursteln wie bisher? Jeder muss es natürlich selber wissen. Doch ganz *en passant* und *by the way* sei hier die Frage aufgeworfen, ob sich nicht auf eine Stunde Jogging und/oder eine Stunde Golf und/oder eine Stunde Tennis und/oder eine Stunde Wellness und/oder eine Stunde Fernsehen pro Woche verzichten lässt. Die ersparte Zeit böte sich locker an zum Erlernen der Fremdsprache, die zu beherrschen man sich spätestens nach dem nächsten Urlaub wieder sehnlichst wünscht. Im Übrigen: Auch das Sprachenlernen ist eine Art Fitnesstraining. Fürs Köpfchen und für die Seele.

FREUNDSCHAFT

Immer wieder ergreifend ist sie, die berühmte Schlussszene aus dem Kultfilm »Casablanca« (gedreht 1942 von Michael Curtiz): Ingrid Bergmann sitzt im Flugzeug, das sie und ihren Mann sicher nach Amerika bringt. Humphrey Bogart hat auf sie, seine große Liebe, verzichtet. Nun stapft er mit dem Polizeichef Claude Rains über das neblige Rollfeld und spricht den schönsten letzten Satz der Filmgeschichte: »Louis, dies ist der Beginn einer wunderbaren Freundschaft.«

Im richtigen Leben benutzen gestandene Männer »Bogies« goldene Worte in abgewandelter Form für Geburtstags- oder sonstige Glückwunschbotschaften: »Ich danke dir für die wunderbare Freundschaft!« Andere sagen es mit dem Zitat des philosophisch angehauchten amerikanischen Schriftstellers Ralph Waldo Emerson (1803–1882): »Einen Freund kann man sehr wohl als das Meisterwerk der Natur bezeichnen.« Und dann gibt es natürlich den berühmten Aphorismus des italienischen Dichters Dante Alighieri (1265–1321): »Ohne Freunde ist unser Leben kein richtiges Leben.«

Politik und Pathos Freundschaft steht hoch im Kurs, sowohl als kultureller Wert wie als persönlicher Lebensentwurf. Nicht nur wird sie – wie zu allen Zeiten – mit Selbstverständlichkeit praktiziert. Neu ist, dass sie darüber hinaus mit einer gehörigen Portion Pathos zelebriert wird. Unsere letzten drei Bundeskanzler sind an dem Trend nicht ganz unschuldig: Helmut Schmidt und der französische Staatspräsident Valéry Giscard d'Estaing luden sich gegenseitig nach Hause ein, tranken Rotwein und besprachen die Dinge der Welt. Ihre Nachfolger Helmut Kohl und François Mitterand hielten sich über den Kriegsgräbern von Verdun an den Händen und lebten so die Versöhnung zwischen beiden Völkern vor. Helmut Kohl war es auch, der in den 80er Jahren mit dem bayerischen Ministerpräsidenten Franz Josef Strauß durch die Berge stiefelte, Proviantbrot verspeiste, eine Maß Bier stemmte und damit – zumindest vorübergehend – seinen alten Widersacher zum »Männerfreund« wendete. Seitdem gehört dieses im Grunde überflüssig aufgeblähte Wort »Männerfreundschaft« (»Freundschaft« wäre doch völlig ausreichend!) zur Umgangssprache – großartiges Gegenstück zur »Frauensolidarität«. Nachfolger Kohls als Kanzler wurde dann Gerhard Schröder, der – nicht faul – alsbald ebenfalls mit einem Busenfreund aufwartete: Russlands Präsident Wladimir Putin. Fast hätte man beide, wenn sie sich wieder einmal zuzwinkerten oder etwas ins Ohr flüsterten, für zwei Matrosen auf Landgang halten können – wären da nicht die meistens auch noch präsenten Ehefrauen gewesen.

Es gibt größere Freundesrunden, aber die echte, die wahre F., das ist die zwischen zwei Personen. Dieser Zweierbund mit einem Partner des gleichen Geschlechts – vielleicht ist er tatsächlich eine der wenigen typisch menschlichen Errungenschaften: endlich mal etwas, das der Homo sapiens nicht aus dem Tierreich abgekupfert hat.

Berühmte Freundespaare Dieses Etwas scheint unter Männern verbreiteter zu sein als unter Frauen – jedenfalls in der Literatur, im Theater und im Film. Dort sind die großen Freunde meistens Männer. Für ihr hehres Gefühl gibt es dabei kaum einen gemeinsamen Nenner. Während bekanntlich in der Liebe die Dramen und Komödien letztlich immer nach dem gleichen Schema ablaufen, inszeniert F. sich jedes Mal erfrischend anders: Die Blutsbrüderschaft zwischen Karl Mays Helden Winnetou und Old Shatterhand – nicht zu vergleichen mit den Briefen, die die Dichter Theodor Storm und Gottfried Keller zwischen Husum und Zürich wechselten. Der französische Schriftsteller Michel de Montaigne widmete seinem 1563 verstorbenen Freund Etienne de la Boétie den Essay »Von der Freundschaft« – Mark Twains Held Huckleberry Finn verstand unter F., sich mit dem entlaufenen Negersklaven Jim auf dem Mississippi flussabwärts treiben zu lassen.

Eine F. kann scheitern: am Verrat wie im Gangsterfilm; an unterschiedlichen philosophischen Standpunkten wie zwischen den französischen ➛Existenzialisten Jean-Paul Sartre und Albert Camus; am Einfluss der Frauen wie zwischen den beiden Beatles Paul McCartney und John Lennon. Freunde müssen miteinander weinen können, sagen die Softies in den alternativen Kneipen. Aber kann man sich vorstellen, dass Humphrey Bogart, John Wayne oder Alain Delon bitterlich schluchzen, weil ihnen der Freund abhanden gekommen ist?

Nein, für Freundschaft gibt es kein Regelwerk, allenfalls ein paar Selbstverständlichkeiten: Dass man seinen Freund nicht verrät: logisch. Dass man ihm nicht die Tür vor der Nase zuschlägt, wenn er überraschend auf der Matte steht: klar. Dass man seine Frau in Frieden lässt: versteht sich. Aber: Würde man ein Verbrechen für ihn begehen? Ihn vor der Polizei verstecken, falls die ihn sucht? Das eigene Konto für ihn leer räumen, wenn er sein Geld verzockt hat? Nicht für jeden ist F. grenzen- und bedingungslos.

FRISEUR

Es gab eine Zeit, da bangte die Zunft um ihre Existenz. Entsprechend wütend klapperten landauf, landab in der alten Bundesrepublik die Figaros mit ihren Scheren. Denn etwa ab 1965 ließen sich, wie fast überall auf der Welt, deutsche Teenager, Lehrlinge, Studenten und schließlich selbst Berufstätige die Haare lang wachsen. Bis auf die Schulter war keine Seltenheit. Manche bevorzugten die struppige, verfilzte Variante, die allenfalls eine Haarwäsche pro Monat bekam. Andere wuschen alle zwei Tage, zauberten Glanz auf die »Matte«, und es konnte passieren, dass man sie von hinten für Mädchen hielt. Die ließen alsbald ihr Haar auch immer länger wachsen und verschmähten die kunstgerecht mit dem Steckkamm toupierten oder die kurzen, elegant glatt gebügelten, knabenhaften Frisuren, die noch Anfang des Jahrzehnts – zumindest in den Großstädten – als typische Jungmädchenfrisuren gegolten hatten.

»Baby, Let Your Hair Hang Down« Haare, lange Haare – das war das Thema der Epoche. Es provozierte, es regte zu hitzigen Diskussionen an, es beeinflusste die Mode. Gespeist wurde es aus einem enormen Freiheitsbedürfnis. Ein Musical mit dem Titel »Hair«, das das Lebensgefühl der jungen Leute authentisch widerspiegelte, feierte gigantische Erfolge, erst am Broadway und dann überall auf der Welt. Nur die Friseure hatten das Nachsehen. In deren Salons herrschte die große Flaute, denn die jungen Leute griffen, wenn es denn überhaupt alle acht Wochen mal nötig war, am liebsten selbst zur Schere.

Doch spätestens, als in der zweiten Hälfte der 70er Jahre auch Abteilungsleiter, Lehrer und Universitätsassistenten, Schauspieler, ja sogar der eine oder andere Arzt und Anwalt mit der Zeit gingen und es nicht mehr unschicklich war, dass das Haar ein Viertel des Ohres und leicht den Hemdkragen bedeckte, hatte die Branche der Barbiere ihre Krise überwunden. Man ging wieder zum F., der seinerseits sein Können und seine Fantasie in die nunmehr gesellschaftlich akzeptierte Haartracht einbrachte und den Kopfputz seiner Kunden modisch zu »stylen« begann.

Dieses Wort zählt heute zum Standardvokabular vor allem der so genannten Prominenten- oder Starfriseure. Deren – vorwiegend weibliche – Kundschaft begnügt sich längst nicht mehr damit, einfach nur zum Waschen, Schneiden und Föhnen einen Frisiersalon aufzusuchen. Auf das richtige »Styling« des Kopfes kommt es an, weshalb die einst vornehme Berufsbezeichnung »Coiffeur« mehr und mehr der des »Haarstylisten« Platz macht.

Starfigaros als Medienstars Einer der bekanntesten Vertreter dieses Genres ist der Münchner Gerhard Meir, der vor zwei Jahrzehnten schlagartig berühmt wurde, als er der lebensfrohen Regensburger Fürstin Gloria von Thurn und Taxis eine extravagante Punkfrisur verpasste. Meir hat es verstanden, seine Popularität für eine beachtliche Medienkarriere zu nutzen. Unter seinem Namen und dem einer professionellen Co-Autorin erschienen drei Romane, deren Hauptfigur – wie sollte es anders sein? – ein Starfigaro ist. Auch als Kolumnist für Zeitungen ist er hervorgetreten; eine eigene Kundenzeitschrift rundet das Portfolio des Münchner Society-Lieblings ab. Sein Berliner Pendant ist Udo Walz, der Hauptstadtprominenz wie Sabine Christiansen und Angela Merkel frisiert und zu seinem Freundeskreis zählt. Auch er ein begehrter Talkshowgast und Interviewpartner, dazu Autor seiner eigenen Biografie. Eine gehörige Portion ➛ Eitelkeit, angeheizt durch die geradezu hysterisch anmutende Verehrung der ➛ Schickeria, aus der sich die Kundschaft in erster Linie rekrutiert, gehört wohl unvermeidlich zum Erscheinungsbild des Starfriseurs. Eine Ausnahme bildet da die »Grande Dame« der Branche, die Hamburgerin Marlies Möller. Berufliche Meisterschaft und die gesellschaftliche Stellung, die sie sich erarbeitet hat, korrespondieren mit einem hanseatisch zurückhaltenden, bescheidenen, unaufgeregten Charakter.

Garagenweine

Dieser Modebegriff aus der Weinwelt entstand zu Beginn der 90er Jahre. Das französische Wort ist *vin de salon*. Beide meinen die Überschaubarkeit der Produktion eines bestimmten Weingutes. Wegen ihrer geringen Menge könnte sie auch in einem Wohnzimmer oder eben in einer Garage erfolgen. Dies suggeriert nicht etwa mangelnde Qualität, sondern genau das Gegenteil: Ein ➛ Château, das lediglich ein paar hundert Kisten pro Jahr herstellt (deshalb auch »Mikro-Château« genannt), bringt besonders gute Weine hervor. Dieser Automatismus ist jedoch keineswegs zwingend. Für alle guten Bordeaux, egal ob auf großen oder kleinen Gütern, gilt gleichermaßen: Handsortierte Trauben aus besten Lagen, optimale Kellertechnik und neue Eichenholzfässer für den Ausbau sind Voraussetzungen für ein gutes Ergebnis.

Möglicherweise stehen oder standen zumindest die Assemblage-Tanks einiger Prototypen von Garagenweinen, wie etwa Château Le Pin oder Valandraud, wirklich in einem garagenähnlichen Gebäude. Dass sie deswegen aber gleich teurer als viele solide, durchaus nicht schlechtere Châteaux gehandelt werden, zeigt einmal mehr, was modische Trends bewirken können.

Vielleicht hat man hier, in der alten Welt des Weines, mit einer gewissen Begehrlichkeit auf die neue Welt, besser noch, die Begriffswelt der Computerbranche geblickt. Dort sind bekanntlich viele der heutigen Weltfirmen einst in einer kalifornischen Garage entstanden. Dass beide Branchen ansonsten kaum Gemeinsamkeiten haben, braucht wohl nicht extra betont zu werden. Dass selbstverständlich auch auf einem Weingut der Computer längst kein Fremdkörper mehr ist, steht auf einem anderen Blatt.

Geliebte

Sprachlich ist kaum ein schöneres Wort denkbar, um die Gefühle des Mannes für eine Frau zu beschreiben. Es klingt nach Hingabe, sich Verzehren. Es impliziert: jeden Wunsch von den Lippen ablesen, unbeschreibliche Sehnsucht verspüren und die Stunden zählen, bis man sich nach schmerzlich empfundener Trennung wieder in den Armen liegt. Unübertroffen werden alle diese kostbaren Seelenzustände zum Ausdruck gebracht, wenn man das Wort entweder als Adjektiv (»Meine geliebte Veronika!«) oder als Substantiv mit schmückendem Beiwerk (»Oh, du über alles Geliebte!«) verwendet.

Doch welch grässlicher Bedeutungswandel, wenn es beispielsweise heißt: »Schon gehört? Herr X. hält sich eine Geliebte.« Die poetische Anmut, die Reinheit des Gefühls, die Leidenschaft des wild schlagenden Herzens – alles auf einmal wie weggeblasen. Zurück bleibt ein hässliches Wort.

Verstecken und verschweigen Die Geliebte: Welch beklagenswertes Wesen im Spiel der Geschlechter! Wohlanständige Frauen begegnen ihr mindestens mit Mitleid, wenn nicht mit Geringschätzung oder Verachtung. Denn sie hat sowohl etwas von einer Hexe als auch von einer Verliererin. Sie liebt einen verheirateten Mann, den sie heimlich trifft oder – ebenso heimlich – bei sich zu Hause empfängt. Er liebt sie auch, aber nicht so sehr, dass er seiner Ehefrau reinen Wein einschenken würde, von der er immer wieder erzählt, wie wenig sie ihm und wie wenig er ihr noch bedeutet. Auch beteuert er seiner G. gegenüber ständig, bald, sehr bald schon werde er sich scheiden lassen. Dann sei Schluss mit dem Versteckspiel – ein Versteckspiel, das er aber meistens als ganz prickelnd empfindet.

Wenn er sie besucht, dann für wenige intime Stunden. Am Wochenende, an Festtagen und wenn Schulferien sind, kommt er gar nicht zu ihr. Telefonisch ist er dann schwer zu erreichen, weil er bei der Familie sein muss. In früheren Zeiten hat die G. in ihrer Not manchmal bei ihm zu Hause angerufen und mit dem Satz »Ich wollte nur mal eben deine Stimme hören« gleich wieder aufgelegt. In seiner Angst, sich zu verraten oder zu verhaspeln, traute sich der Mann oft nicht ans Telefon, wenn es klingelte. Noch mehr Angst hatte er aber davor, dass seine Frau oder eines der Kinder rangeht.

Liebesschwüre per SMS Heute sind diese Dinge ein bisschen einfacher, weil ein gnädiges Schicksal die Erfindung des Mobiltelefons ermöglicht hat. Das kann der Mann mitnehmen, wenn er vor dem Samstagabenddinner mit dem befreundeten Ehepaar von der Gattin noch schnell in den Keller geschickt wird, um Rotwein zu holen. Dort kann er in aller gebotenen Eile ein knappes Liebestelefonat mit der G. führen. Außerdem lässt sich über das Mobiltelefon leidenschaftliches Verlangen in

Kurzform per SMS senden. Eine beliebte Message lautet: »Wenn du wüsstest, wie ich dich vermisse!«

Das Telefon-Techtelmechtel mag ja ganz praktisch sein, kann jedoch nicht von der Tatsache ablenken, dass die G. einsam zu Hause sitzt. Zum hundertsten Mal schwört sie sich: »Wenn er nächste Woche nicht reinen Tisch macht, ist Schluss.« Ist es dann aber doch nicht, und so geht sie wieder allein ins Kino, ins Theater, in die Oper, fährt wieder allein in den Urlaub. Allenfalls auf eine Geschäftsreise darf sie mal mitkommen, aber auch da lauert Gefahr, denn die Angetraute des Geschäftsreisenden hat ihre Zuträger überall. Es besteht natürlich die Möglichkeit, sich in seinem Golfclub anzumelden. Doch da die Gattin mit hoher Wahrscheinlichkeit auch Mitglied ist, grenzt das an Masochismus.

Erstaunlicherweise ziehen sich manche dieser Verhältnisse über Jahre hin, trotz aller Abbruch- und Ausstiegsfantasien der frustrierten G. Gar nicht so selten kommt es daher vor, dass Mann und G. ihren zehnjährigen Jahrestag feiern – in einer verschwiegenen kleinen Weinstube am anderen Ende der Stadt. So abgelegen kann sie freilich gar nicht sein, dass der Tischherr nicht alle fünf Minuten unruhig zur Tür blickt, ob vielleicht ein Bekannter hereinschneit.

Wenn alles auffliegt Dass die Ehefrau irgendwann von der Affäre Wind bekommt, hat sich, wie jedermann weiß, bereits mehr als einmal zugetragen. Ab diesem Stadium gibt es mehrere Möglichkeiten für die Fortführung der Geschichte: Erstens: Sie verlangt von ihrem Mann, sich von »dieser Person« sofort zu trennen, was dieser in der Regel kleinlaut befolgt. Zweitens: Sie reicht die Scheidung ein. Das muss aber durchaus nicht automatisch ein Happy End für die G. bedeuten. Es besteht die Gefahr, dass der Mann seine neue Freiheit jetzt hundertprozentig ausleben will – auch ohne die G. Drittens: Sie trifft sich mit der G., was dazu führen kann, dass beide Frauen einander ganz sympathisch finden und sich zu Lasten des Mannes zusammentun.

In François Truffauts Film »Die süße Haut« wird der untreue Ehemann am Ende von der G. verlassen. Sie will nicht mehr. Dann sitzt er in einem Lokal beim Lunch. Allein. Und wird erschossen. Von seiner Frau.

Gemütlichkeit

Ein offenbar sehr deutscher Begriff. Jedenfalls gibt es in keiner anderen Sprache eine treffende oder auch nur sinnähnliche Entsprechung. Die Übersetzungen, die in den Wörterbüchern angeboten werden, sind allesamt umständlich, mühsam zusammengeschustert, passen, wenn überhaupt, eher zu unserem Wort »Behaglichkeit«. Aus dieser Kalamität heraus haben die Amerikaner das deutsche Wort einfach übernommen: »I like your Gemutlichkeit«, hört man als Kompliment, wenn man mit Gästen aus den USA ins Gespräch kommt.

Doch nicht nur Ausländer haben ihre Schwierigkeiten mit dem Begriff Gemütlichkeit. Auch als Deutscher tut man sich schwer – dann nämlich, wenn man herauszukriegen versucht, was G. eigentlich genau meint und woher sie kommt. Bei den Adjektiven und Adverbien anzufangen ist dabei besonders frustrierend, weil man auf höchst unterschiedliche Wortbedeutungen stößt. Einige Beispiele: »Es ist gemütlich warm«, aber »ungemütlich frisch«, »es herrscht eine gemütliche Stimmung«, »er gießt sich gemütlich einen hinter die Binde«, »ein gemütlicher Einkaufsbummel«, »ein gemütliches Lokal«, »gemütlich essen gehen«, »da hat mich einer gemütlich verkohlt«. Oder auch: »Mein Chef wird ungemütlich, wenn ich wieder zu spät komme.«

Die G. als Substantiv ist zwar gleichfalls recht vielschichtig, aber schon etwas besser einzukreisen. Dass sie offenbar mit Genuss und Genießen zu tun hat, belegt das Lied »Ein Prosit, ein Prosit der Gemütlichkeit«, die Hymne aller bayerischen Zecher. Wer sich ins Münchner Hofbräuhaus begibt, hört selbst Japaner singen: »Ein Plosit, ein Plosit …«

Geben wir bei unseren Nachforschungen dem Internet-Lexikon »Wikipedia« das Wort: »Gemütlichkeit, abgeleitet von Gemüt, ist ein subjektiv empfundener Gemütszustand des Wohlbefindens … gekennzeichnet von Ruhe, Ausgeglichenheit und Geborgenheit, Freiheit von Konflikten und Sorgen … Gemütlichkeit verträgt keine Aufregung, keinen Streit … ist auch unvereinbar mit gleichzeitiger schwerer Arbeit.«

Die Recherche nach literarischen Hinweisen zum Thema ist äußerst unergiebig. Unsere großen Denker haben sich zwar massenweise über das deutsche Gemüt ausgelassen. So auch Meister Goethe: »Die Deutschen«, so notierte er, »sollten in einem Zeitraum von 30 Jahren das Wort Gemüt nicht aussprechen, dann würde nach und nach Gemüt sich wieder erzeugen.« Ein bedenkenswerter Ansatz, keine Frage. Nur: Wo bleibt die G.?

Eine interessante Stelle, immerhin, findet man beim Publizisten und Gelehrten Joseph von Görres, geboren 1776 in Koblenz, später nach München umgesiedelt. Im Alter von 38 Jahren rühmte er die »Gemütlichkeit und Herzlichkeit Teutschlands«. Dabei meinte der Spätromantiker und erbitterte Franzosenfeind wohl weniger so etwas wie entspannte Behaglichkeit als eine bei den Deutschen seiner Meinung nach besonders ausgeprägte Gemütstiefe. Wie daraus der heute verwendete Begriff G. abgeleitet wurde, ist nicht überliefert – und darüber darf der interessierte Leser jetzt bei einem gemütlichen Glas Wein noch gemütlich ein bisschen sinnieren.

GENTLEMAN

Der englische Begriff »Gentleman« korrespondiert in gewisser Weise mit dem französischen »Gentilhomme« und auch dem deutschen »Edelmann«. Manchmal bedeutet er auch einfach nur »Herr« und dann auch wieder nur »Mann«, dann nämlich, wenn das Wort – oftmals in der Abkürzung »Gents« – an der Tür eines bestimmten Örtchens der Orientierung dient. Und wenn ein Redner seine Ausführungen mit »Ladies und Gentlemen« einleitet, vermutet er im Saal keine Versammlung von Adeligen. Verwirrende Bedeutungsvielfalt (wir wollen auch nicht unerwähnt lassen, dass *gentle* »freundlich«, »sanft«, »liebenswürdig« heißt), die einmal mehr die Vielschichtigkeit der englischen Sprache widerspiegelt, wo ein Wort in so vielen Farben schillern kann.

Der Ursprung liegt im lateinischen *gentilis*, als Zugehörigkeit zu einer *gens*, einer bestimmten Klasse. Von daher leitet sich auch das englische *gentry* ab, das in seiner Bedeutung dem deutschen Wort »Adel« nahe kommt. Viele Wandlungen hat der G. im Laufe der Geschichte durchmachen müssen. In Dokumenten des Mittelalters findet man noch keinen Hinweis auf eine Gesellschaftsschicht, die unter der Rubrik G. als eigene Adelsklasse geführt wird. Erst 1431 tauchten in einer Liste von Grundbesitzern neben diversen »Knights« und »Esquires« auch einige G. auf. Der Rang des G. als Repräsentant einer eigenen »Kaste« schälte sich erst allmählich in der zweiten Hälfte des 15. Jahrhunderts heraus. Zu Shakespeares Zeiten war der Titel G. untrennbar mit dem Besitz eines Familienwappens verbunden; das äußere Zeichen war das Tragen eines Schwertes.

Bildung und Benehmen Doch das kriegerische Element hat sich irgendwann wieder verflüchtigt, und die Bedeutung des Wortes G. nahm eine ganz andere Wendung. Bildung und Benehmen rückten in den Vordergrund. Deutlich wird dies an einer Geschichte, die dem nur drei Jahre (1685–1688) regierenden James II. zugeschrieben wird: Eine wohlhabende Frau richtet eine Petition an den König, ihren Sohn zum G. zu ernennen, worauf dieser antwortet: »Ich könnte aus ihm einen Adeligen machen, doch selbst der Allmächtige könnte aus ihm keinen G. machen.« Und die »Encyclopaedia Britannica« definiert in ihrer achten Ausgabe von 1856 den G. als einen »Titel für alle Bürger oberhalb gemeiner Händler, deren Benehmen auf einen gewissen Grad von Raffinement und Intelligenz hindeutet.« Getreu diesem Anspruch entstanden schon bald hilfreiche Zeitschriften wie etwa »The Gentleman's Magazine«, ein Monatsblatt für Nachrichten über alles und Kommentare zu allem, was einen gebildeten Menschen interessieren könnte: von lateinischen Gedichten bis zu Rohstoffpreisen. (Es war dies übrigens das erste Mal, dass das Wort Magazin nicht für ein Lagerhaus, sondern für ein Druckerzeugnis Verwendung fand.)

Amerikaner definierten den G. ungefähr zur gleichen Zeit noch etwas anders: In den »Rules Of Etiquette And Home Culture« von 1886 gehört es zu den Pflichten eines G., dass er »reiten, schießen, boxen, schwimmen, rudern und tanzen« kann. Doch inzwischen hat sich weitestgehend die Definition durchgesetzt, nach der ein G. ein Mann von »Anstand, Lebensart und ehrenhaftem Charakter« ist, wie es der »Brockhaus« ausdrückt.

Geschenk

In einigen indianischen Kulturen gab es den traditionellen Brauch, einander mit gegenseitigen Stammesgeschenken so lange zu übertreffen, bis irgendwann der gesamte Besitz des einen dem anderen Stamm gehörte. Auch heute noch erzeugt die Entgegennahme eines Geschenks einen gewissen gesellschaftlichen Druck, sich bei dem Schenkenden zu revanchieren. Dabei besteht doch – im Unterschied zum Tausch – der eigentliche Sinn eines G. darin, den anderen zu erfreuen, ohne dafür etwas zurückzuerwarten.

Da es nun aber ist, wie es ist, orientiert sich das G. nur noch selten an den Bedürfnissen des Beschenkten, sondern genügt sich selbst. Davon profitiert ein ganzer Wirtschaftszweig. In so genannten Geschenke-Boutiquen (die sich oft auch mit der englischen Bezeichnung »Gift-Shop« schmücken) präsentieren sich Produkte in opulenter Sortimentsbreite, die kein Mensch braucht, es sei denn, um sie zu verschenken. Da die Schachtel Pralinen für die Dame und die Flasche Cognac für den Herrn irgendwann nicht mehr originell genug erschienen, entwickelte sich die Geschenke-Beratungsbranche. Agenturen für Geschenkideen sprießen vornehmlich im Internet und bieten alles vom Fresskorb bis zum Geschenk-Bausparvertrag, den von einem Ghostwriter unter Verwendung von Namen der gesamten Verwandtschaft verfassten »eigenen« Roman, Geschenkideen für Golfer und Wanderer oder ein Jahresabo der »Ostfriesischen Nachrichten«.

Das Ritual des Schenkens hat die Menschheit schon in ihren Frühzeiten geschätzt. In manchen Kulturkreisen gab man den Toten G. mit ins Grab. Viele der bis heute gültigen Schenkanlässe sind religiösen Ursprungs: Weihnachten und Ostern, Namenstage, Geburt und Taufe, Hochzeit und Folgehochzeiten bis zur »goldenen« oder »diamantenen«. Daneben sind Mutter- und Vatertag beliebte Anlässe, natürlich auch der Valentinstag (14. Februar), die bestandene Prüfung, das Firmenjubiläum. Bei Einladungen zu einem Abendessen ist mindestens ein Blumenstrauß als G. fällig, den man übrigens mit einem Wort des Dankes auch erst am folgenden Tag zustellen lassen kann. Fällt ein Geschenk zu großzügig aus (sagen wir mal: eine Villa mit Park), wird sich möglicherweise der Finanzminister dafür interessieren und Schenkungssteuer verlangen. Andererseits kann er schenkenden Firmen auch entgegenkommen, indem er ihnen gestattet, das Geschenk als Betriebsausgabe von der Steuer abzusetzen.

Zum G. gehört natürlich die aufwändige Verpackung: Schmuckschachteln, Seidenpapier, bunte Bänder und Schleifen. Selbst wer seiner Liebsten zum Geburts- oder Hochzeitstag ein neues ➤ Cabriolet unters Fenster stellt, verzichtet ungern auf die Schleife um das Gefährt, es sei denn, dass nur der Autoschlüssel in kostbarer Verpackung auf den Frühstückstisch gelegt wird. Schließlich gehört zur Zeremonie des Schenkens, dass nur der Beschenkte selbst das G. von seiner Verpackung trennen darf.

GESCHMACK

Jeder kennt die Redensart, von der es, etwa im Verhältnis fifty-fifty, zwei Varianten gibt. »Über Geschmack soll man nicht streiten«, sagen die einen. »Über Geschmack lässt sich streiten«, sagen die anderen. Zwei scheinbar völlig entgegengesetzte Aussagen. Aber welche stimmt denn nun?

Hier müssen wir ein wenig Wortklauberei betreiben, um dann zu einem höchst verblüffenden Ergebnis zu kommen: Der angebliche Widerspruch ist gar keiner. Denn beides meint im Grunde das Gleiche.

Fangen wir bei den alten Römern an, die uns die Maxime schließlich eingebrockt haben: »De gustibus non est disputandum«, hieß es bei ihnen. Wörtlich übersetzt: »Über die Geschmäcker soll nicht gestritten werden.« Eine recht sympathische These, die von liberaler Denkungsart zeugt. Sie besagt: Lasst jedem seinen eigenen Geschmack; wenn zwei Menschen zu einem bestimmten Thema unterschiedlicher Meinung sind, ist dies noch lange kein Grund, sich zu zanken.

Wahre Glaubenskriege Unterschiedlicher Meinung sein dürfen – das ist jedoch genau, was diejenigen meinen, die sagen: »Über Geschmack lässt sich streiten.« Erinnern wir uns an erbitterte Auseinandersetzungen in Sachen G., die manchmal den Charakter von Glaubenskriegen annahmen. In den 50er Jahren stritten sich Männer in ganz Europa, wer den schöneren Busen vor sich hertrug: Gina Lollobrigida oder Sophia Loren. (Dieser Disput musste übrigens mit reichlich Fantasie ausgefochten werden, denn keine der beiden feurigen Italienerinnen hat das Objekt der Begierde je unverhüllt vorgeführt.) Im darauf folgenden Jahrzehnt hieß es unter Teenagern: Bist du für die Rolling Stones oder die Beatles? Dann kamen so weltbewegende Fragen wie: Lebt es sich angenehmer in Hamburg oder in München? Blondine oder Schwarzhaarige? BMW oder Mercedes? Apple oder Windows? Aktien oder doch lieber ein Ferienhaus auf Mallorca? Über all das ließ und lässt sich trefflich streiten. Argumentativ, hitzig, leidenschaftlich, jeder auf seinem Standpunkt beharrend, aber eben nicht im Sinne von Zank und Kampf, sondern als Austausch gegensätzlicher Meinungen.

Und wie lautet nun das Fazit unserer kleinen Spitzfindigkeit? Bringen wir es auf folgende Formel: Dass sich über G. streiten lässt, darüber soll man nicht streiten. Alles klar? Es müssen ja nicht alle Leute Erbsensuppe, einen bestimmten Bordeaux, französischen Ziegenkäse oder Matjesheringe mögen. Es kann doch wohl der eine einen Rolls-Royce, der andere einen Smart für das beste Auto der Welt halten. Dürften wir über persönlichen G., persönliche Vorlieben nicht streiten, also: verschiedener Auffassung sein – unser Leben wäre arm und in etwa so freudlos, wie es der griechische Philosoph Platon für wünschenswert hielt, der bekanntlich für ein krasses Geschmacksdiktat eintrat und sogar vorschreiben wollte, welche Tonarten in der Musik erlaubt sein sollten und welche nicht. (Johann Sebastian Bach hätte sein halbes Œuvre einstampfen müssen.)

Vorsicht vor den Aufpassern! Nun kommt aber doch noch eine kleine Komplikation ins Spiel. Denn es gibt noch eine andere Bedeutung des Wortes G. Jene, die nicht die persönlichen Vorlieben meint, sondern den allgemein gültigen und verbindlichen Konsens. Der wird in jedem Kulturkreis anders definiert und unterschiedlich streng gehandhabt. Dem Platon'schen Ideal ziemlich nahe kommen interessanterweise (interessant deshalb, weil beide Kulturen einander abgrundtief hassen und bekriegen) sowohl die Taliban in Afghanistan als auch die christlichen Fundamentalisten Nordamerikas. Diese selbst ernannten Geschmackswächter wollen über alles und jeden ein wachsames Auge haben, sie möchten den anderen vorschreiben, welche Bücher sie lesen dürfen und welche nicht, und am liebsten würden sie in der Privatsphäre der Bürger herumschnüffeln.

In unseren Breiten gilt heute glücklicherweise eher das Prinzip »leben und leben lassen«. Allerdings nicht in jedweder

Hinsicht. Denn selbst die freizügigste Lebensform kennt die allgemein gültige Definition von Stil und Anstand, von Benimm und Umgangsformen, von Rücksichtnahme und Takt, von gutem und schlechtem G. Wir äußern uns anerkennend, wenn jemand seine Wohnung »geschmackvoll« eingerichtet hat. Unserer Arbeitskollegin, die stets schick angezogen ist, bescheinigen wir »Geschmack«. Über einen »geschmacklosen« Witz können wir nicht lachen. Jede Frau schätzt einen Mann mit Manieren und »gutem Geschmack«. Und kaum ein schöneres Lob lässt sich über einen Menschen mit Lebensart machen, als dass ihm »in Geschmacksfragen keiner etwas vormacht«.

GIGOLO

In den Goldenen Zwanzigern, als man den Gigolo in deutschen Großstädten auch den »Eintänzer« nannte, war das ein Job, der zwar anstrengend, aber gut bezahlt war und darüber hinaus ungeahnte Möglichkeiten im Hinblick auf das andere Geschlecht eröffnete. Der Eintänzer oder G. arbeitete entweder auf Honorarbasis oder als Festangestellter. Seine Aufgabe bestand darin, auf einer Tanzveranstaltung bestimmte Frauen aufzufordern, auf deren Unterhaltung und Amüsement die Direktion Wert legte. Dies konnten Damen der Gesellschaft sein oder auch nur solche Besucherinnen, die selten oder gar nicht zum Tanz gebeten wurden – bis hin zum Mauerblümchen. Ein guter Eintänzer musste in allen Stilen hervorragend tanzen können, das war die Grundvoraussetzung. Außerdem verlangte man von ihm perfekte Garderobe, ein gepflegtes äußeres Erscheinungsbild, erstklassige Umgangsformen, Witz und Bildung, ein stets charmantes Auftreten.

Nach dem Ende des Ersten Weltkriegs versuchten viele aus der Armee entlassenen Offiziere ihren Lebensunterhalt als Eintänzer zu verdienen. Da sie die genannten Voraussetzungen in den allermeisten Fällen mitbrachten, waren sie sowohl bei den Geschäftsführern der Tanzlokale wie bei den Damen überaus geschätzt. Dass sie selber diesen Job, gemessen an ihrem früheren, nur als zweite Wahl betrachteten, lässt sich erahnen und wurde durch den damals beliebten Schlager »Schöner Gigolo« (Melodie: Leonello Casucci, Text: Julius Brammer) trefflich ausgedrückt:

Schöner Gigolo, armer Gigolo,
denke nicht mehr an die Zeiten,
wo du als Husar,
goldverschnürt sogar,
konntest durch die Straßen reiten.
Uniform passé,
Liebchen sagt adieu,
schöne Welt, du gehst in Fransen.
Wenn das Herz dir auch bricht,
zeig ein lachendes Gesicht.
Man zahlt, und du musst tanzen.

Acht Jahrzehnte später hat sich vieles verändert: die Sitten, die Tanzvergnügungen und -stile. Das nicht aufgeforderte Fräulein, das in scheuer Demut am Tisch sitzen bleibt, wenn alle anderen schwofen, ist ein Auslaufmodell. Wie ja überhaupt das klassische »Darf ich bitten?« völlig aus der Mode gekommen ist. Bei Rock, Hip-Hop oder Techno geht kein Jüngling mehr an den Tisch eines Mädchens und macht einen tiefen Diener, um es zum Tanzen aufzufordern. Diese Sitte findet sich allenfalls noch auf steifen Bällen oder altmodischen Festen.

Und auf Kreuzfahrtschiffen oder Luxuslinern, auf denen viele allein stehende ältere Damen ihre Zeit verbringen. Hier kommt der gute alte G. oder Eintänzer denn auch immer noch zu seinem Auftritt, wenngleich in abgewandelter Form. Auch wird er nicht mehr so genannt, sondern »Gentleman Host« oder »Distinguished Gent«. Im Auftrag und Sold der Reederei hat er Damen zum Tanz aufzufordern. Ein offenes Geheimnis ist es, dass nicht wenige weibliche Passagiere die Schiffsreise nur wegen dieses Herrn antreten. Sein typisches Alter liegt zwischen 45 und 72 Jahren. Das Reglement an Bord ist freilich strenger als früher im großstädtischen Tanzsaal. So darf er nur drei- oder viermal am Abend mit derselben Passagierin tanzen. Das Rauchen ist ihm untersagt, trinken darf er nur mäßig. Glücksspiele und intime Beziehungen zu den Gästen sind Kündigungsgründe. Oft gibt es nicht einmal festes Gehalt, sondern kaum mehr als freie Kost und Logis für die Kreuzfahrt.

In den USA scheint der Begriff G. stärker als in Europa in Richtung männliche Prostitution zu tendieren. Der Amerikaner, zumindest der anständige, zischt das Wort entsprechend verächtlich durch die Zähne. Im Film »American Gigolo« von 1980 (deutscher Titel: »Ein Mann für gewisse Stunden«) verkörperte Richard Gere einen käuflichen Liebhaber, der seine Kundinnen auf dem Hotelzimmer empfängt.

GIN

Diese englischste aller Spirituosen hat eine abenteuerliche Geschichte hinter sich. Ihr Heimatland ist nämlich Holland und ihr Vater der Genever. Letzterer ist ein klarer Getreideschnaps, der mit Wacholder aromatisiert wird. Wacholder heißt auf Lateinisch *juniperus* und auf Französisch *genièvre*. Schon im 15. Jahrhundert wurden der Wacholderbeere heilende Kräfte zugewiesen. Der holländische Arzt Franciscus de la Boe, genannt Dr. Sylvius, Professor an der Universität Leiden, wollte eine erschwingliche Medizin für die Armen herstellen und »erfand« dabei den Genever. Während der Kriege im 16. und 17. Jahrhundert lernten englische Soldaten das Getränk kennen und anglisierten das ihnen schwer über die Zunge gehende Wort zu Gin. Bald wurde der auch in England hergestellt.

Um den Import von französischen Weinen und ➛ Cognac einzudämmen, erließ das englische Parlament diverse Gesetze, die die Produktion und auch den Konsum von G. sozusagen zu einer patriotischen Aufgabe machten. Mit der Thronbesteigung von Königin Anne im Jahre 1702 wurden die Zölle und Abgaben auf Importe aus dem verfeindeten Frankreich in schier unerschwingliche Höhen getrieben und die Steuern auf einheimische Spirituosen quasi auf null gesetzt. So konnte G. vor allem von der armen Bevölkerung konsumiert werden, die sich damit über das Elend ihres Lebens hinwegtröstete.

Ganz England betrank sich Jedenfalls war den Maßnahmen der Regierung ein voller Erfolg beschert: Der Konsum von G. verzehnfachte sich bis zum Jahre 1729 auf fünf Millionen Gallonen (eine Gallone = 4,5 Liter) und erreichte elf Millionen Gallonen bis 1733. Als der Verbrauch 1742 die Rekordmenge von 19 Millionen Gallonen erreichte, hatte das Land (6,5 Millionen Einwohner) ein schweres Alkoholproblem. In den Romanen von Henry Fielding (1707–1754) und den Bildern William Hogarths (1694–1764), von denen eines den bezeichnenden Titel »Gin Lane« trägt, sind die Folgen der Trunksucht ganzer Bevölkerungsteile nachzuvollziehen.

So musste die Regierung die Situation langsam zur Kenntnis nehmen und reagierte mit verstärkten Kontrollen in qualitativer und quantitativer Hinsicht. Es entstanden die ersten Marken wie Booth, Gordon und Tanqueray. G. stieg zu einem Getränk der Mittelklasse auf. Mit dem britischen Empire dehnte sich dann auch der Ginkonsum aus. Britische Seeoffiziere mischten in den West Indies ihre »Bitters« mit G. als Präventivmedizin gegen verschiedene Krankheiten. In Afrika und Indien wurde dem G. das ebenfalls als Medizin verbreitete Chinin beigemengt – ein Vorläufer unseres Gin Tonic. So verlor der G. allmählich sein Image als Getränk der Elendsviertel, und man entdeckte, dass er sich hervorragend zum Mixen eignet. Crustas, Fizzes, Flips entstanden und natürlich Martinis und Collins. Die Ära der ➛ Cocktails brach an.

G. ist im Prinzip eine unkompliziert herzustellende Spirituose. Sie ist das Ergebnis einer Getreidedestillation unter Zugabe von bzw. Aromatisierung mit Wacholder sowie je nach Marke unterschiedlichen weiteren pflanzlichen Aromaten wie Zimt, Koriander, Lakritze, Orangenschalen. Eine aufwändige Reifung ist nicht nötig. Man könne ihn morgens destillieren und abends trinken, lästern bösartige Whiskytrinker.

GOLD

Goldmedaille, Goldstück, Golden Twenties, Goldene Schallplatte, Golden Goal, Goldene Kamera, Goldenes Zeitalter, Goldenes Kalb – keine andere Substanz ist so sehr zum Inbegriff des Superlativs geworden wie dieses weiche, gelbe Edelmetall. »Nach Golde drängt, am Golde hängt doch alles! Ach, wir Armen!«, sagt Gretchen im »Faust« beim Öffnen des Schmuckkästchens.

Es ist die Seltenheit dieses Metalls, die bei Arm und Reich so viel Begehrlichkeit weckt. Das chemische Kürzel für Gold ist Au und stammt vom lateinischen Wort *aurum* (Gold) ab. Geschätzt wird es seit prähistorischen Zeiten, wahrscheinlich war es das erste Metall, das in der menschlichen Zivilisation bei Ritualen und für jedweden Zierrat Verwendung fand. Das mag daran liegen, dass es am leichtesten zu schmieden ist; aus nur einem Gramm lässt sich ein ganzer Quadratmeter Blattgold hämmern. Hieroglyphen weisen darauf hin, dass G. bereits 2600 v. Chr. eine wichtige Rolle im alten Ägypten spielte, und im Alten Testament wird es ebenfalls mehrfach erwähnt. Das reichhaltige Vorhandensein und die verschwenderische Verwendung von G. in Mittelamerika, Peru und Kolumbien ließen die spanischen Eroberer oft ihren Verstand verlieren. Auch später noch löste etwa der kalifornische Goldrausch wahre Völkerwanderungen in den amerikanischen Westen aus.

Nuggets und Barren Dabei kann man G. nicht etwa einfach vom Boden aufsammeln. Es ist meist in Gestein oder anderen Erzen eingeschlossen, muss mit diesen gelöst oder gesprengt werden. Bei der Verhüttung von Erzen wird G. häufig als Nebenprodukt gewonnen, andernfalls wird es mit Quecksilber gelöst. Waschgold wird durch mühsames Auswaschen aus Sand oder Geröll gewonnen, und nur selten kommt es in kleinen, reinen Stücken, den so genannten Nuggets vor. Aus dem eingeschmolzenen G. entstehen die Goldbarren, die in verschiedenen Größen existieren. Ihre verbreitetste Variante sind jedoch die »London Good Delivery Bars«, die international gehandelt werden und jeweils 12,5 Kilogramm wiegen. Der Goldgehalt wurde früher, wie bei ➛ Diamanten, in Karat gemessen, heute hingegen in Tausendsteln. Bei reinem Gold (früher 24 Karat) hieße das: 1000/1000.

Die größten Goldvorkommen der heutigen Zeit liegen in Südafrika, Zentralasien, dem Ural sowie in Nordamerika und Australien. Gerade das Wissen um die Endlichkeit der Vorkommen hat die Menschen immer wieder dazu beflügelt, nach Möglichkeiten einer künstlichen Herstellung zu forschen. Alle Versuche der Alchemisten, G. aus anderen Materien herzustellen, sind allerdings fehlgeschlagen; die Beschäftigung mit verschiedenen Substanzen und das Experimentieren mit ihnen wurde aber eine der Grundlagen der modernen Chemie.

Schätzungen besagen, dass die Menschen der Erde bislang etwa 145 000 Tonnen G. abgerungen haben. Von den heutigen Vorkommen wird ein Drittel gewerblichen Zwecken zugeführt, das heißt entweder der Schmuckherstellung, legiert als Zahnfüllung, für elektrische Schaltungen oder zur Münzprägung. Der größte Teil diente und dient den Staaten als wirtschaftliche Goldreserve, dem so genannten Goldstandard, bei dem eine Währungseinheit einem bestimmten Gewicht an G. entspricht. Die USA verfügen über die größten nationalen Goldreserven, doch auch Deutschland liegt gemeinsam mit dem Internationalen Währungsfond auf einem der vorderen Plätze.

Was immer man dem G. an Reinheit, Wertigkeit und sonstigen herausragenden Eigenschaften nachsagt – in purer Form ist es zu weich und nur begrenzt einsetzbar. Daher tritt es uns meist in Legierungen mit Silber, Kupfer und anderen Metallen entgegen. Lediglich in den dunklen Kellern der Zentralbanken darf es noch reines G. sein.

GOLF

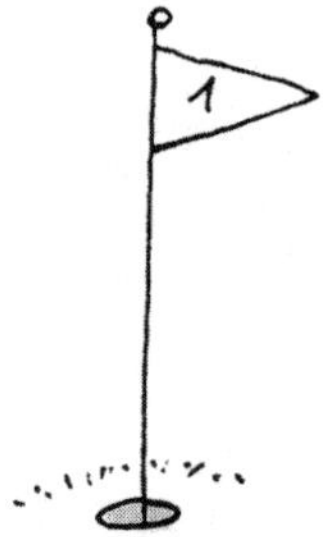

Nichts stimmt beim Golf: Wenn in einem deutschen Fernsehkrimi ein ganz besonders gerissener und fieser Halunke dargestellt werden soll – einer, der seine Frau betrügt, seinen Freund umbringt und seinen Hund tritt –, dann kann man fast sicher sein, dass er in seinem Auto neben der Leiche einen Sack mit Golfschlägern liegen hat. Jeder weiß dann: ein hochnäsiger Snob und nichtsnutziger Tagedieb, der nichts weiter zu tun hat, als einem albernen Zeitvertreib nachzugehen. Warum das so ist, weiß kein Mensch. In englischen Filmen tragen die Golfspieler Jacken aus sehr widerstandsfähigem Tweed und sehen so aus, als ob sie einen sehr guten Whisky bevorzugen und ein hoch verschuldetes Schloss besitzen. In amerikanischen Filmen ist das Spiel in Komödien verpackt, die mitunter tatsächlich witzig sind. Von Mördern keine Spur. Bei uns dagegen: Der Mörder ist immer der Golfer.

Nichts stimmt beim G.: Bernhard Langer, der in diesem Spiel so etwas wie Franz Beckenbauer und Michael Schumacher in Personalunion darstellt, schreitet im Fernsehen stets über einen frisch gemähten Rasen, auf dem ein kleiner weißer Ball breit und bräsig wie ein Wiesenchampignon herumliegt.

Die Realität für einen Golfspieler, der nicht Bernhard Langer ist, besteht darin, dass diese weißen Kugeln ein unheimliches Eigenleben entwickeln und grundsätzlich in hüfthohen Brennnesseln, sumpfigen Feuchtbiotopen und unzugänglichem Gestrüpp verschwinden. Davon lebt die Golfbälle herstellende Industrie.

Nichts stimmt beim G.: Freunde fragen entweder mitleidsvoll, ob man in die Jahre gekommen sei, oder neidisch, ob man im Lotto gewonnen habe. Das Erste ist eine Gemeinheit – das Zweite kommt so selten vor, dass es im täglichen Leben nicht relevant ist.

Nichts stimmt beim G.: Dieses Spiel erfüllt alle Kriterien, die man einer Sucht nachsagt: Abhängigkeit, der überwältigende Zwang, die Dosis zu erhöhen, Entzugserscheinungen, Schlaflosigkeit, Erregungszustände, Persönlichkeitsveränderungen, Störung der zwischenmenschlichen Beziehungen, eventuell Konflikt mit dem Gesetz. Wem das nicht reicht: Golfsucht hat Ehen vernichtet und Geschäfte zerstört. Ernst zu nehmende Menschen haben ihr Leben geteilt in jene Epoche, in der sie noch nicht Golf spielten, also ein völlig inhaltsloses Leben führten, und in jene andere Ära, die erfüllt ist von dem elementaren Bedürfnis, mit einem schlägerähnlichen Gerät einen wehrlosen Ball zu prügeln. Da dieses nur in den seltensten Fällen zufrieden stellend gelingt, kommt es zu Gemütszuständen, die mit einer unglücklichen Liebe zu vergleichen sind. Und jeder weiß, zu welchen Verrücktheiten unglücklich Liebende fähig sind.

Diese Warnung wird von einer wachsender Zahl sonst ganz

vernünftig wirkender Menschen nicht ernst genommen. Man kann mit ihnen kaum noch über etwas anderes reden. Aber man muss ihnen glauben, dass sie sehr viel Spaß haben.

GOURMET

Er wird häufig mit dem Gourmand verwechselt. Beide Typen können gleichzeitig den jeweils anderen verkörpern, müssen es aber nicht. Als Gourmet bezeichnet man heute den Genießer oder Kenner, der in Fragen von Essen und Trinken über eine besonders feine Zunge verfügt oder zumindest vorgibt, eine solche zu besitzen. Vom Gourmand sagt man eher: »Dem schmeckt es aber!« – allerdings ohne die negative Assoziation vom Vielfraß.

Dass beide Begriffe so nahe beieinander liegen, hängt mit ihrem Ursprung zusammen: Sie stammen vom altfranzösischen *gormat* oder *gromet* ab. Das war die Bezeichnung für bestimmte Domestiken, denen verschiedene Hausarbeiten zufielen. Insbesondere oblag dem G. die Pflege des Kellers, speziell des Weinkellers. Zeitweise war das ein Beruf, der dem des heutigen ➛ Sommeliers sehr ähnlich war. Wie dieser musste der einstige G. eine feine Nase haben, über eine sensible Zunge und einen ebensolchen Gaumen verfügen.

Aus dem dienstbaren Geist wurde der epikureische Genießer, wenngleich auf die ess- und trinkbaren Freuden begrenzt. Mit dem aufkommenden deutschen Küchenwunder in den 70er Jahren wollte nicht nur jeder gern als G. gelten. Der Begriff schuf sich auch sein eigenes Sprachuniversum mit Wörtern wie Gourmettempel, Gourmetführer und der dazugehörigen Gourmetpresse.

GRANDHOTEL

Eine eindeutige Definition, ab welcher Größe das Hotel zum Grandhotel wird, gibt es nicht. Der Begriff beinhaltet sowohl Größe als auch Grandeur. Jedenfalls entstanden die ersten G. mit der durch die Erfindung der Eisenbahn zunehmenden Reisetätigkeit vor allem der wohlhabenden Schichten. Die Bahnreisenden erwarteten an den Zielorten große, komfortable Hotels, meist in der Nähe der Bahnhöfe, die ja selbst – wie der beispielhafte Londoner Bahnhof Paddington – Pracht und Zukunftsglaube der aufkommenden Industrialisierung repräsentierten.

Die ersten wirklichen G. wurden aber nicht in Europa, sondern in den Vereinigten Staaten erbaut. Als erstes Luxushotel wird das 1829 eröffnete »Tremont House« in Boston genannt, das über 170 Zimmer verfügte und einen Speisesaal mit französischer Küche für 200 Personen bot. Sieben Jahre später entwarf der gleiche Architekt, Isaiah Roger, in New York das »Astor House« mit doppelt so vielen Zimmern, Zentralheizung und fließend warmem Wasser. Die Astors leisteten sich noch viele Hotels, darunter das »Waldorf Astoria« oder das »St. Regis«. Einige Jahrzehnte später entstanden für die gleiche Klientel die ersten riesigen G. in Florida, wohin man sich im Winter in seinen eigenen oder gemieteten privaten Eisenbahnwaggons begab, die an die Linienzüge angehängt wurden.

Der neue Luxus des Reisens Gegen Ende des 19. Jahrhunderts ließ die industrielle Revolution auch auf dem alten Kontinent eine neue, wohlhabende Bourgeoisie entstehen, die mit Eisenbahn und Ozeandampfer dem Luxus des Reisens frönte. Das förderte auch in Europa den Bau der ersten G.: Das im französischen Renaissancestil gehaltene »Great Western Hotel« in Londons besagtem Paddington Bahnhof war wahrscheinlich das erste europäische Luxushotel. Es folgten das »Grosvenor« an der Victoria Station und das »Charing Cross«.

Die großen internationalen Ausstellungen, insbesondere die Weltausstellungen, erhöhten den Bedarf an standesgemäßen Unterkünften im Europa der Jahrhundertwende. In Paris entstand das »Grand Hôtel du Louvre« in der Rue de Rivoli und 1862 das noch extravagantere »Grand Hôtel« gegenüber der Pariser Oper, in Berlin der »Kaiserhof«, in Frankfurt der »Frankfurter Hof«, in Wien das »Imperial«, einst das Palais des Herzogs von Württemberg. Alle hatten ein gemeinsames Merkmal: Die neue Bourgeoisie wollte königlich oder wenigstens fürstlich leben. Diesen Wünschen entsprachen die G. Mit ihren prunkvollen Fassaden, farbigen Glaskuppeln über der Eingangshalle, geschwungenen Freitreppen, riesigen Ballsälen und reichlich dekorierten Restaurants ahmten sie die Pracht der Schlösser nach.

»Bonjour, mon cher Ritz!« Nur die königlichen Herrschaften selber zierten sich noch und fremdelten inmitten des nachgemachten Prunks. Das änderte sich, als César Ritz, der größte Hotelier aller Zeiten, die Bühne betrat. Der junge Schweizer hatte mehrere Lehrstationen in der Schweiz durchlaufen, bevor er 1876 als Kellner im Pariser »Voisin« anfing. Rasch stieg er zum Maître d'hôtel im »Splendide« auf und lernte die Großen der Pariser Gesellschaft ebenso kennen wie die amerikanischen Millionäre Vanderbilt, Wanamaker und Goult oder den Herzog von Windsor. Die Crème de la Crème dieses goldenen Zeitalters traf während der weiteren Karriere von César Ritz immer wieder auf das vertraute Gesicht, und es wurde schick, »Bonjour, mon cher Ritz« sagen zu können. Bald übernahm er den luxuriösesten Hotelpalast der Schweiz, das

»Grand Hôtel National in Luzern«, das kurz vor dem Bankrott stand. Er modernisierte nicht nur das Haus, sondern vor allem Küche und Service, und schon kurz darauf gaben sich gekrönte Häupter, Opernsänger, amerikanische Millionäre und italienische Gräfinnen die Klinke in die Hand. Hier bewies sich, dass die feine Gesellschaft Europas nicht auf ihre *hôtels particuliers* angewiesen war, sondern dass es sich in öffentlichen Hotels vorzüglich leben und speisen ließ.

Im »Grand Hôtel de Monte Carlo« engagierte Ritz kurze Zeit später zum ersten Mal Auguste Escoffier, den größten und besten Küchenchef seiner Zeit. Und als er danach gemeinsam mit Escoffier das Londoner »Savoy« übernahm, bedeutete dies den endgültigen Sieg gegen die Vorurteile, die hier und da noch gegen die G. bestanden. Zur Eröffnung erschien nämlich sein Freund, der Prince of Wales. Als Mitglied der königlichen Familie ein öffentliches Restaurant, sozusagen im Schatten des Buckingham Palastes, zu betreten, war im viktorianischen England zunächst »shocking«. Danach jedoch war es für keinen englischen Herzog mehr unwürdig, ein solches Etablissement zu betreten.

César Ritz gab der internationalen Hotellerie, zunächst im »Savoy« und später im Pariser »Ritz«, entscheidende Impulse. Er machte das G. zum Zentrum des gesellschaftlichen Lebens einer Stadt und rückte das Hotelrestaurant in den Mittelpunkt der Gastlichkeit. Sicherlich gab es vor Ritz schon G., den großen Glanz allerdings erhielten sie durch seine Genialität.

In heutigen Zeiten ist die Bezeichnung G. aus der Mode gekommen. Natürlich gibt es noch Hotels, die das Wort im Namen tragen, doch hat jetzt das »Luxushotel« als Begriff seinen Platz eingenommen. Der Versuch einer objektiven Klassifizierung wird von offizieller Seite, jedoch von Land zu Land verschieden, mit der Zuteilung von Sternen unternommen, wobei die höchste Kategorie sich mit fünf Sternen schmücken darf. Aber das erfolgt beispielsweise in Deutschland auf der Basis einer Selbstauskunft der Betriebe. Daneben übernehmen Hotelführer wie der »Michelin« den Versuch einer Klassifizierung.

GUCCI

Firmengründer Guccio Gucci wurde im März 1881 in Florenz geboren. Nach einer Ausbildung zum Sattlermeister eröffnete er 1904 in seiner Heimatstadt eine Werkstatt für Sättel und Reiterbedarf. Da der junge Mann jedoch seinen Horizont erweitern wollte, reiste er durch die Welt. Er war fasziniert von der internationalen Modewelt, zu der er unbedingt dazugehören wollte. So kehrte er 1920 nach Florenz zurück und eröffnete dort ein Geschäft für exklusive Lederwaren. Der Erfolg ließ nicht auf sich warten, und bereits einige Jahre später folgte ein weiteres Geschäft in Roms Via Condotti. Gucci spezialisierte sich mehr und mehr auf elegante Handtaschen und Schuhe. Schon bald konnte er seine vier Söhne Aldo, Vasco, Ugo und Rodolfo in das Geschäft einbeziehen und sie mit der Führung einzelner Filialen betrauen, inzwischen auch eine in Mailand.

Während der Kriegswirtschaft im Zweiten Weltkrieg wurden bestimmte Materialien knapp. Gucci verlegte seine Kreativität auf die Verarbeitung alternativer Stoffe wie Hanf, Leinen,

Jute und Bambus. Diese wurden später typisch für das Gucci-Design. 1947 kam die erste Handtasche mit einem Henkel aus Bambusholz auf den Markt. In den 50er Jahren folgte ein weiterer Verkaufsschlager mit einem Mokassin-Schuh, dem berühmten Loafer, der zum zweiten Symbol des Gucci-Stils wurde. Stores in London, Paris und Palm Beach wurden eröffnet, und bald schmückten sich die Schönen Hollywoods wie Grace Kelly, die nachmalige Fürstin von Monaco, und Audrey Hepburn mit den Accessoires von G. 1966 entstand der berühmte Seidenschal für Jackie Kennedy.

Intrigen, Gier und Mord Als Ende der 60er Jahre das GG-Logo kreiert wurde, war die Marke bereits einzigartiges Symbol italienischer Eleganz und Designkunst; als ihr Pionier galt unangefochten Gründer Guccio Gucci, gestorben 1953. Mit dem Übergang des Unternehmens auf die dritte Generation sollte sich das ändern. Die Familie wurde von Turbulenzen gebeutelt, die Hollywood – und diesmal nicht die Requisiteure – zu interessieren begannen. Regisseur Martin Scorsese, selber mit italienischem Temperament gesegnet, arbeitete vorübergehend an dem Projekt einer Verfilmung der Gucci-Saga: Intrigen, Gier und Morde sorgten für eine ständige Präsenz der Marke in den Medien. So war es nicht verwunderlich, dass schließlich die Geschäfte rapide zurückgingen. In den 80er Jahren führte der Familienstreit zu einem weiteren Verfall des Unternehmens. 1989 wurde es schließlich an eine arabische Gruppe verkauft. Doch der Gründerenkel Maurizio Gucci mischte noch hier und da mit. 1990, fünf Jahre bevor er von einem Profikiller erschossen wurde, gelang ihm noch ein geschickter Schachzug zur Rettung des Lebenswerks seines Großvaters. Er betraute den texanischen Jungdesigner Tom Ford mit der künstlerischen Leitung des Unternehmens.

Gemeinsam mit seinem Partner Domenico de Sole rettete Ford nicht nur das Label vor dem Untergang, sondern führte G. vor allem im Modebereich auf immer neue Höhen. Hollywoodstars und Topmodels rissen sich um seine Kreationen. Ford krempelte das kränkelnde Haus G. komplett um und entwickelte es mit schwellendem Luxus zur weltweiten Top-Marke. Doch so erfolgreich das Duo Ford/de Sole die Marke G. auch führte – 1999, im Zuge der globalen Konzentration der Luxusbranche, fiel das Unternehmen für 7,2 Milliarden Dollar an die französische Unternehmensgruppe Pinault-Printemps-Redoute. Im Streit mit der neuen Konzernleitung verließen beide 2004 das Unternehmen. Vorher war es ihnen noch gelungen, das Label der Designerin Stella McCartney, der Tochter des Ex-Beatles, an das Haus G. zu binden.

GUERLAIN

Vor kurzem eröffnete die älteste und traditionsreichste französische Parfümmarke ihr neues Flaggschiff demonstrativ auf den Champs-Élysées, jenem Pariser Prachtboulevard, dessen äußere Erscheinung und Reputation während der letzten Jahrzehnte stark unter Billigläden und Fast-Food-Ketten gelitten haben. Im Inneren des Geschäfts knüpft Guerlain an eine alte Tradition des Hauses an: Neben den großen Düften werden auch maßgefertigte Kreationen für den individuellen Kunden angeboten.

1828 hatte der Gründer des Unternehmens, Pierre-François-Pascal Guerlain sein erstes Geschäft in der Rue de Rivoli eröffnet. Später wechselte er in die seinerzeit sehr trendige Rue de la Paix, wo er Kunden von Rang und Namen eigene Duftkreationen mischte. So begeisterte er die Königin von Belgien mit einem speziellen Duft. Richtig bekannt wurde er aber mit »Eau de l'Impératrice«, das er 1853 Eugénie de Montijo aus Anlass ihrer Hochzeit mit Kaiser Napoleon III. widmete. Diese revanchierte sich mit dem Titel »Kaiserlicher Hoflieferant«, und seither gehören die kaiserlichen Bienen zu den Insignien des Hauses G.

Geruchssinn ist vererbbar Die beiden Söhne Pierre-François und Aimé hatten die feine Nase ihres Vaters geerbt. Vor allem Aimé schrieb wichtige Kapitel der Firmen- und Familiengeschichte. Der 1889 entwickelte Duft »Jicky«, eine Hommage an den Vater, setzte Maßstäbe, nicht nur, weil ihm mit seinem einem Champagnerkorken ähnelnden Verschluss ein großer kommerzieller Erfolg beschieden, sondern auch, weil es das erste Parfüm war, das natürliche und synthetische Aromen miteinander verband. Aimé glückte mit dieser Komposition eine leicht orientalische Aromatik aus Bergamotte, Lavendel, Vanille, Sandelholz, Zitrone, Rosmarin und Rosenholz. Bereits zuvor hatte er mit »Fleur d'Italie« (1884), »Skine« (1885) und »Roco-co« (1987) wichtige Duftmarken für die Historie von G. gesetzt.

Auch in der ersten Hälfte des 20. Jahrhunderts gelangen G. eine Reihe von Kreationen, die in die Geschichte der französischen Parfümerie eingingen: von »Champs-Élysées« (1904) über die Sandelholznoten von »L'Heure Bleue« (1912), »Shalimar« (1925), dem gleichermaßen Antoine de Saint-Exupéry und der Air France gewidmeten »Vol de Nuit« (1933) bis zu »Samsara« (1985). Insgesamt kreierte die Familie Guerlain über 300 Düfte, die zum größten Teil noch heute in der Pariser Boutique angeboten werden. Obwohl das Unternehmen inzwischen zum Luxuskonzern ➛ LVMH gehört, kontrolliert als oberste »Nase« mit Jean-Paul Guerlain noch immer ein Mitglied der Gründerfamilie die Kompositionen des Hauses.

HANDKUSS

Einst galt er als Ausdruck besonderer Wertschätzung für eine Dame von Rang und Stand. Ursprünglich im spanischen Hofzeremoniell entwickelt und gepflegt, wanderte der Brauch nach Österreich; für die Wiener Charmeure war er wie geschaffen (»Küss' die Hand, gnä' Frau«). Nur einer verheirateten Frau durfte der Herr die Hand küssen, freilich nie in der Öffentlichkeit oder unter freiem Himmel.

Schien der Handkuss längst ausgestorben, so wird er in letzter Zeit wieder verstärkt praktiziert. Jetzt aber ohne Rücksicht auf den Familienstand, ohne Scheu vor Zuschauern und unter Missachtung des einstigen Sperrgebiets: auf Tennis- oder Parkplätzen, beim zufälligen Zusammentreffen auf belebtem Boulevard, im Café, in Theater- und Opernfoyers, bei der Begrüßung der Lebensgefährtin des Chefs. Was man als die wieder einmal aufgeflammte Sehnsucht nach der »guten alten« galanten Zeit deuten könnte, ist jedoch in den allermeisten Fällen eher unter der Überschrift Peinlichkeiten einzuordnen. Denn selten nur wird der Handkuss vom sprichwörtlichen Kavalier alter Schule in angemessener Salonatmosphäre und mit korrekten Manieren zelebriert: Die Hand der Dame wird nicht an den Mund geführt, sondern der Herr beugt sich über selbige. Dabei berühren seine Lippen den Handrücken gar nicht oder kaum; der Kuss bleibt somit nur angedeutet. »Die Gefahr eines Kinnhakens durch ungeübte Frauen ist groß«, warnte fünf Jahre nach der Wiedervereinigung die vormals kommunistische »Berliner Zeitung« und empfahl: »Am besten, man lässt es.«

HARLEY DAVIDSON

Im berühmten Roadmovie »Easy Rider« (1969) ist der Motorradmarke von Dennis Hopper und Peter Fonda ein dauerhaftes Denkmal gesetzt worden. Doch schon Jahrzehnte davor umgab die Harley Davidson der Nimbus einer amerikanischen Ikone, den sie bis heute behalten hat.

Die Geschichte begann 1903, im selben Jahr also, in dem Henry Ford seine Autofabrik gründete und die Brüder Wright erstmals mit ihrem selbst gebauten Flugzeug in die Luft gingen. Der Zeichner William Harley und seine Freunde, der Modellbauer Arthur Davidson und dessen Bruder Walter, bauten zusammen ihr erstes Motorfahrrad und gründeten die Harley-Davidson Motor Company, der sich auch der dritte Davidson-Bruder William bald anschloss. Von Anfang an gaben sie ihren Maschinen starke Motoren, damit sie sich in Rennen beweisen konnten, planten aber eigentlich ein richtiges Transportmittel.

Doch die sportlichen Erfolge standen zunächst im Vordergrund: Die Motorräder aus Milwaukee, Wisconsin, gewannen ein Rennen nach dem anderen, und bereits 1912 war das

Händlernetz auf 200 angewachsen. In den 60er Jahren belegte *the hog*, also die Sau, wie die Maschinen liebevoll genannt werden, siebenmal hintereinander den ersten Platz beim Daytona 200. Einige Jahre später gewannen sie den Geschwindigkeitsrekord für Motorräder. Während des Ersten Weltkriegs wurden knapp 20 000 Exemplare der HD im Auftrag der US-Regierung produziert. Im Zweiten Weltkrieg erfolgte die Produktion ausschließlich für kriegerische Zwecke. Wie auch der Jeep ging das Motorrad mit der amerikanischen Armee um die ganze Welt.

Marlon, Elvis & Paul In den 50er und 60er Jahren erreichte die HD mit ihrem blubbernden Motorgeräusch und dem tropfenförmigen Tank Kultstatus. Jugendliche Film- und Rockstars mit Rebellenattitüde wie Marlon Brando, Elvis Presley oder Paul Newman, aber auch draufgängerische Leinwandbräute wie Jayne Mansfield oder Nancy Sinatra knatterten auf einer Harley oder posierten wenigstens davor. Für viele wurde sie zum Inbegriff von Freiheit und Unabhängigkeit.

Kein anderes Motorrad der Welt ist in über hundert Jahren seinem klassischen Design in den wesentlichen Teilen so treu geblieben. Nur sehr behutsam wurden und werden technische oder gestalterische Innovationen vorgenommen. Unter den Besitzern einer HD besteht eine starke emotionale Verbundenheit. Sie tun sich in der »Harley Owners Group« zusammen, deren Abkürzung H.O.G wiederum dem oben genannten Spitznamen entspricht. In einem permanenten Dialog mit der Firmenleitung wird dieses Zusammengehörigkeitsgefühl intensiv gepflegt und verstärkt. Welche andere Marke kann tausende von enthusiastischen Fahrern in allen Teilen der Welt zu Wochenend-Rallyes mobilisieren und die Identifikation so weit treiben, dass diese sich das Markenlogo auf den Arm tätowieren?

Von der HD gibt es vier Typen-Familien: das Einstiegsmodell Sportster, die stärkere DynaGlide, die bequeme Softtail und die Oberklasse mit der ElectraGlide und der Road King, die auch von amerikanischen Streifenpolizisten auf den Highways eingesetzt werden.

Alle eine Familie Eigner von Maschinen aller dieser Klassen machen sich auf den Weg, wenn das Unternehmen HD zu einem seiner gigantischen Open-Air-Festivals ruft. So folgen inzwischen mehr als 400 000 Harley-Fans aus der ganzen Welt der Einladung zu der seit 1938 ununterbrochen einmal im Jahr veranstalteten Rallye in Sturgis, South Dakota. Rock'-n'-Roll-Bands, ausgeflippte Spiele und Wettkämpfe, die Präsentation der jeweils neuen Fanartikel, außerdem Preise in so skurrilen Kategorien wie »Der älteste Harley-Fahrer« oder »Der weitestangereiste Motorbiker« geben der Veranstaltung ihre Würze. Hunderte von Mitarbeitern des Unternehmens, auch die aus den Chefetagen, sind ebenfalls vor Ort. Bei den Besitzern und Liebhabern der Feuerstühle holen sie sich Anregungen für die Modellpolitik, für neue Accessoires und eben alles, was der Legende HD für die nächsten Jahrzehnte die Treue ihrer Kunden erhält.

So hat man sämtliche Krisen durchstanden, vor allem als Anfang der 80er Jahre die japanische Konkurrenz den amerikanischen Markt mit Hightechmaschinen überrollte. Heute nehmen die Kunden wieder geduldig Lieferzeiten von 6 bis 18 Monaten in Kauf, um das neueste Modell zu erstehen. Und die Firmenleitung sieht Aktivitäten der Mitbewerber mit großer Gelassenheit: »Die verkaufen Transportmittel; wir verkaufen Träume und Lifestyle. Das ist etwas ganz anderes.« Deshalb werden weiterhin alle Fahrer einer HD gespannt darauf warten, dass der jährliche Geschäftsbericht »ihres« Unternehmens mit dem neuen Poster herauskommt, das sie so gern in ihrer Garage aufhängen, und mit dem edel gestalteten Zubehörkatalog, der garantiert die spannendste Lektüre des Jahres verheißt.

HARROD'S

Dieses Londoner Edelkaufhaus gehört mit Recht zu den drei oder vier wichtigsten Sehenswürdigkeiten der britischen Hauptstadt. Harrod's ist der Urtyp des großstädtischen Warentempels, der keinen Wunsch offen lässt.

Charles Henry Harrod war – mit einigem Erfolg – Gemüsegrossist und Teehändler, als er 1849 beschloss, einen kleinen Shop im vornehmen Viertel Knightsbridge zu eröffnen. Das Geschäft florierte, und Charles baute es mit tatkräftiger Unterstützung seinen Sohnes aus. Dies ist durchaus wörtlich zu verstehen, denn nach und nach erwarb er zusätzliche Stockwerke und später auch Nachbargrundstücke. Da er nicht nur konsequent auf Qualität der angebotenen Waren, sondern auch auf exquisiten Service erpicht war, entwickelte sich sein Geschäft zum unbestrittenen Einkaufsparadies der Londoner Gesellschaft. 1889 wurde das Unternehmen in eine Kapitalgesellschaft umgewandelt, 1902 – fünf Jahre bevor das Berliner ➛ KaDeWe eröffnet wurde – beschäftigte es bereits 2000 Mitarbeiter in über 90 Abteilungen. Als elegantestes Kaufhaus der damaligen Welt war H. damals bereits eine britische Institution.

Und das ist es bis auf den heutigen Tag. Bis zu 300 000 Kunden berauschen sich täglich an dem überwältigenden Angebot. Neben den klassischen Warenhausbereichen Mode, Schmuck, Kosmetik oder Reisegepäck wartet H. auch mit einem »Hair & Beauty Salon« auf, der das Spa mancher Luxushotels arm aussehen lässt. Hier erwarten die Kundin Massagen, Gesichtspackungen und Aromatherapien in großer Variationsbreite. In der geradezu üppig bestückten Buchabteilung fehlt nicht ein einziges Werk über den britischen Hof und die anderen europäischen Königshäuser. Ein Kernstück von H. ist die Lebensmittelabteilung. Sie ist nicht so sehr auf Rekorde aus – beispielsweise die meisten Brotsorten anzubieten (es sind trotzdem 150) –, sondern bestrebt, das Beste vom Besten in einem gediegenen Ambiente zu präsentieren. Und wer sich nicht entscheiden kann, welchen Stilton-Käse er nehmen soll, darf an der Käsebar bei einem Glas ➤ Portwein den einen oder anderen probieren.

Manche Kunden, vor allem Amerikaner, verbringen einen ganzen Tag in dieser opulenten Kaufhauswelt; schließlich beherbergt das H. auch noch 22 Restaurationsbetriebe auf teilweise exzellentem gastronomischen Niveau.

Dodi & Diana Nachdem H. zu Beginn der 80er Jahre finanziell ins Schlingern geraten war, kaufte der ägyptische Geschäftsmann Mohamed Al Fayed 1985 das Unternehmen, investierte noch einmal 400 Millionen Pfund Sterling in die Modernisierung und ließ vor allem einen spektakulären ägyptischen Aufzug installieren. Seit dem tragischen Verlust seines Sohnes, der 1997 gemeinsam mit Prinzessin Diana in Paris bei einem Autounfall verunglückte, gibt es eine Abteilung »Dodi und Diana Memorial«. Hier sind Reliquien zu bestaunen, beispielsweise die Weingläser, aus denen die beiden im Pariser »Ritz« vor ihrer Todesfahrt getrunken hatten, oder der Verlobungsring, den »Dodi« der Prinzessin schenkte. Auch das gehört eben zum Motto des Hauses: »Everything For Everybody Everywhere.«

Haschisch/Marihuana

Bis in die zweite Hälfte der 60er Jahre hinein musste man in der Bundesrepublik Deutschland lange suchen, um jemanden zu finden, der Haschisch rauchte. In Hamburg zum Beispiel munkelte man, dass im Hinterstübchen der Kneipe »Palette« am Gänsemarkt heimlich Rauschgift genommen würde. Später hat Hubert Fichte dem Lokal mit seinem für die Zeit unerhört wüsten und rauschhaften Roman »Die Palette« ein literarisches Denkmal gesetzt. In diesem frühen, wenn nicht ersten Erzeugnis des Genres »bundesrepublikanische Untergrundliteratur« waren die Exzesse beschrieben, die dem normalen Gast verborgen blieben.

Als dann auf St. Pauli die englischen Beatmusiker von den bisher bevorzugten »Wachmachern« Preludin und Captagon auf Haschisch und Marihuana umstiegen, lagen auf einmal neue Gerüche in der Luft. Man begann zu schnuppern. Das also war der Duft, den die Rolling Stones in ihrem rätselhaft verschlüsselten Song »Lady Jane«, der poetischen Metapher für Marihuana, besungen hatten. Wobei die Stones im Vergleich zu ihren Kollegen von der amerikanischen Westküste Waisenknaben waren. Bands wie Grateful Dead oder Jefferson Airplane standen auf der Bühne wie im Studio unter Einfluss von teilweise auch härteren Drogen und propagierten ungeniert deren Konsum.

Spätestens 1969, als Peter Fonda und Dennis Hopper als abenteuerlustige, friedlich haschende, von Spießern und Polizisten gehetzte »Easy Rider« auf ihren ➛ Harley Davidsons in deutsche Kinos knatterten, griff das neue Lebensgefühl auch aufs Wirtschaftswunderland über. Die Derivate der Hanfpflanze, Haschisch aus dem Harz, Marihuana aus den Blüten, wurden verfügbar. Aus den amerikanischen Garnisonen im Süden der Republik drängten »Shit« und »Pot« auf den schnell wachsenden schwarzen Markt. Nach Germany versetzte Vietnamveteranen rauchten das Kraut, um die grauenhaften Kriegserinnerungen zu vernebeln. Die Gegner des Vietnamkriegs an den deutschen Universitäten kifften auf ihren Sit-ins, weil es zum revolutionären Habitus gehörte.

Das Ritual mit dem »Joint« Zum elektrisch verzerrten Underground-Blues von Jimi Hendrix kreiste in den studentischen Kommunen der »Joint«, die aus Tabak und Hanfbröseln gemixte, nach einigen Runden reichlich abgenuckelte Selbstgedrehte. Wie dieses Ritual abzulaufen hatte, lehrte das Szene-Kultlied »Don't Bogart This Joint«: Man hält ihn nicht lässig zwischen den Fingern wie Humphrey Bogart seine Zigarette, sondern zischt den Rauch durch die zum Trichter zusammengefügten Hände tief in die Lunge.

Die richtige Technik beherrschte Bill Clinton, wenn man ihm Glauben schenken darf, nicht. Kurz vor seiner Wahl in das höchste Amt der USA fanden Reporter heraus, dass er schon einmal Marihuana geraucht hatte. Die Sache war eindeutig, Leugnen zwecklos. Doch der Meister der Selbstverteidigung bekam doch noch die Kurve. Schon richtig, dass er geraucht habe, gab er zu, aber: »I did not inhale.«

Wir wissen also nicht, ob Clinton »was gemerkt« hat. Es war dies stets die bange Frage für den Neueinsteiger: Wie wird »es« wirken? Die Schauergeschichten aus der Boulevardpresse ließen das Schlimmste befürchten, wogegen die Erfahrungen des Kenners eine Art Paradies verhießen. Der Schriftsteller Peter Rühmkorf berichtet in seinem Buch »Die Jahre, die ihr kennt« (1972), wie er, als Gastdozent für moderne deutsche Literatur in Austin/Texas, an einer Hasch-Party in den Bergen teilnahm: »Ich erwartete nämlich etwas Ähnliches wie unsern guten alten Schnapskleister, vielleicht eine Steigerung desselben, einen Zuwachs an aktivem Mut und fröhlicher Unverfrorenheit. Das Gegenteil war der Fall. Je mehr und intensiver ich den Hanfgeist in mich aufsog, umso stärker begannen Erwartung und Erfüllung sich in die Haare zu kriegen, miteinander zu ringen, um die Vorherrschaft zu kämpfen, mein Bewusstsein zu dividieren und die Wahrnehmung meiner selbst auf die Wahrnehmung eines ungeheuerlichen Zwiespalts von Willen und Willenlosigkeit zuzuspitzen.«

Alle möglichen Wirkungen Nicht jeder spürte eine so intensive Wirkung wie Rühmkorf. Manch einer gab klammheimlich zu, »nichts gemerkt« zu haben – vielleicht hatte er, wie Clinton, nicht inhaliert. Einigen half es, die Begehrlichkeit auf das andere Geschlecht zu steigern. Es gab solche, die wie aufgedreht drauflosschnatterten, und solche, die – hierin Rühmkorf ähnlich – gebannt in sich hineinhorchten. Wieder andere hörten unter dem Einfluss der Droge in der Musik Dinge, die sie vorher nicht wahrgenommen hatten. Leute, die das Tagträumen verlernt hatten, entdeckten es wieder. Ein Bild von Renoir konnte eine völlig neue Dimension bekommen, wenn der Betrachter »gezogen« hatte. Und es gab auch den Studenten der Germanistik, der steif und fest behauptete, die vertrackte Prosa eines Arno Schmidt erst nach dem Einatmen der Dämpfe des »Grünen Marokkaners« in ihrer Großartigkeit zu begreifen.

Ab den 80er Jahren waren Haschisch und Marihuana dann kein wirkliches Reizthema mehr. Nur noch wenige prominente Anwender gerieten in die Schlagzeilen, wenn sie sich, wie Ex-

Beatle Paul McCartney oder »Spiegel«-Herausgeber Rudolf Augstein, mit ein paar Gramm erwischen ließen. Das heißt nicht, dass »Lady Jane« ihre Reize eingebüßt hat. Im Gegenteil. Unzählige junge Leute bauen sich heute wieder ihre Hanfstängel an. Sie hocken in ihren Buden oder feiern Reggae-Partys. Wer sich ein wenig Luxus gönnt, raucht sein »Ganja« (so heißt das heute auch) aus kleinen orientalischen Wasserpfeifen. Dazu schmökert man lustvoll in Fachorganen wie »High Times«.

Konservativen Politikern ist dies ein Dorn im Auge; für sie ist Haschisch eine »Einstiegsdroge«, die den Konsumenten über kurz oder lang an die schlimmen Drogen wie Kokain oder Heroin heranführt. Liberale und progressive Politiker behaupten dagegen, Haschisch sei harmloser als Alkohol, und verweisen anklagend auf kollektive Exzesse wie das Münchner Oktoberfest, die unsere von doppelter Moral durchdrungene Anti-Drogen-Gesellschaft durchaus akzeptiere.

»Roter Libanese« auf Rezept? Im Dienste des Fortschritts sollten vor einigen Jahren in Schleswig-Holstein Haschisch und Marihuana in kleinen Mengen in Apotheken angeboten werden – versuchsweise, unter staatlicher Aufsicht. Man hoffte, damit die »weichen Drogen« zu »entkriminalisieren«. Es war dies ein gut gemeinter Ansatz, der freilich nicht der Naivität entbehrte. Am Ende des langen Marsches vom Underground in die Pharmazie sollte kein harmloser Kiffer mehr wegen ein paar Krümel im Rucksack als Gesetzesbrecher behandelt werden. Er sollte sich einreihen in die Schlange derer, die nach Augentropfen oder Kopfschmerztabletten anstehen und laut und vernehmlich fragen, ob der »Rote Libanese« vorrätig sei – auch auf die Gefahr hin, dass die Leute in der Apotheke ihn anstarren würden wie ein seltenes Tier im Zoo. Die Initiative wurde jedoch vom Bundesgesundheitsamt gestoppt.

Die Kiffer wurden nicht integriert, und es ist der Öffentlichkeit erspart geblieben, das Thema als Teilaspekt der Reform im Gesundheits- und Pharmaziewesen wahrzunehmen.

Fast alles ist somit beim Alten geblieben. Zwar wird ein harmloser Haschraucher nicht mehr wie ein Schwerverbrecher abgeführt, wenn er sich denn hat erwischen lassen. Aber immer noch gibt es übereifrige Polizisten, die mit Wonne die kleine, liebevoll gepäppelte Cannabis-Plantage auf dem Balkon des Privatanbauers vernichten. Und wer beim Kiffen auf dem Schulhof erwischt wird, hat nach wie vor ganz schlechte Karten. Dafür kann es ihm aber passieren, dass sein Vater mit ihm am Samstagnachmittag einen »Joint durchzieht«. Überhaupt ist es nicht mehr nur der jugendliche Rebell, der sich gelegentlich die Dröhnung gibt – auch so mancher Manager und Professor baut sich zur Stressminderung gern seine »Tüte«.

HAUTE COUTURE

Als erster Vertreter der Haute Couture gilt – nein, kein Franzose, sondern ein englischer Modeschöpfer. Aber der Geburtsort war Paris. Dort gründete Charles Frederick Worth Mitte des 19. Jahrhunderts das erste große Modehaus für seine begüterten Kundinnen, zu denen die Kaiserin Eugénie, Königin Victoria und die Fürstin Metternich zählten. Er war auch der Erste, der seine Modelle von Mannequins präsentieren ließ. Bis dato waren es vorwiegend unbekannte Schneider und Schneiderinnen gewesen, die für die wohlhabenden Damen der Gesellschaft Kleidung entwarfen und fertigten. Einer von Worths Assistenten, später sein Nachfolger, war der Franzose Paul Poiret, zu dessen vorrangigen Zielen es gehörte, das bis dahin unverzichtbare Korsett aus der Damenmode verschwinden zu lassen. Bislang bestand diese nämlich im Wesentlichen darin, die Frau in ein »boutonniertes, rosshaarverstärktes Polstermöbel« zu verwandeln, wie es Prinz Asserate in seinem Buch »Manieren« formuliert.

Mit Worth und Poiret fing die Epoche der Schneiderkunst an, in der man einen bestimmten Modestil mit einem Modeschöpfer zu verbinden begann – die Vorstufe der eigentlichen HC, die sich dann 1868 in der Chambre Syndicale de la Couture Française organisierte. Die nächsten Modedesigner in dieser Tradition waren u. a. Jean Patou, Jeanne Lanvin, Coco ➛ Chanel, Cristobal Balenciaga oder Christian ➛ Dior.

Echte Kunstwerke Noch heute bezeichnet man mit HC die hohe Schule der Schneiderkunst. Mit Einfallsreichtum und gelungenen Schnitten schafft sie Unikate der Maßschneiderei, die wie Kunstwerke be- und gehandelt werden. So kann ein Kostüm durchaus 15 000 Euro, ein ausgefallenes Abendkleid dreimal so viel kosten. Manche Menschen mit entsprechender Passion und Liquidität wie die spanische Immobilienhändlerin Eloisa Bercero sammeln Modelle der HC wie andere Bilder. Eine Haute-Couture-Kollektion zielt auf eine kleine, jedoch betuchte Schicht von Kunden. In den letzten Jahren ist diese Schicht allerdings immer mehr geschrumpft. Viele bekannte Couture-Häuser haben deshalb in jüngster Zeit aufgeben müssen. Nur noch finanzstarke Unternehmensgruppen können sich diese elitäre Form der Modepräsentation überhaupt noch leisten. Denn um offiziell als Haute-Couture-Haus zu gelten, muss der Modeschöpfer bzw. -designer nicht nur dem oben erwähnten Syndikat angehören, sondern auch mindestens zweimal jährlich eine Modenschau veranstalten, auf der mindestens 35 verschiedene Modelle gezeigt werden.

Trotzdem gilt die HC nach wie vor als der Humus, auf dem die neuen Ideen der Modebranche gedeihen, wenngleich ihre Hauptfunktion heute darin liegt, Leuchtturm und Aushängeschild für die Konfektionskleidung, die Parfüm- und Kosmetikartikel und die Accessoires des jeweiligen Modehauses zu sein. So wird der Hauptumsatz nicht mit der HC, sondern mit der Konfektionsbekleidung (französisch: »Prêt-à-porter«, englisch: »Ready-to-wear«, deutsch: »von der Stange«) getätigt. Die wiederum profitiert natürlich von den jeweiligen Haute-Couture-Schauen, deren aktuelle modische Akzente sie adaptiert.

Auch Italien, genauer: Mailand kennt mit der »Alta Moda« ein Pendant zur Pariser HC. Die Camera Nazionale dell' Alta Moda Italiana übt dabei eine vergleichbare Funktion aus wie die Pariser Modekammer.

HAVANNA

Die Geschichte der ➛ Zigarre ist vor allem die der kubanischen, von den Aficionados liebevoll als »Havannas« oder »Puros« bezeichnet. Zwar unterscheiden sich die jeweiligen Lieblingsmarken der Verehrer, doch das Geschmacks- oder Qualitätsdach ist für alle der Name der kubanischen Hauptstadt. Deren Hafen war der Ausgangspunkt für die edle Ware auf ihrem Weg nach Europa und Nordamerika.

Die meisten der noch heute bekannten kubanischen Zigarrenmarken entstanden während der ersten Hälfte des 19. Jahrhunderts. Die älteste kommt aus der im Jahre 1827 von Don Jaime Partagas unter dem Namen Flor de Tabacos Partagas y Compana gegründeten Manufaktur, die heute am selben Platz wie damals steht und jedes Jahr hunderte von Zigarrenfreunden anlockt. In diesem ehrwürdigen, inzwischen etwas heruntergekommenen Gebäude fand 1850, also lange vor der kommunistischen Revolution, eine Premiere statt: Die Zigarrenroller hatten sich während ihres zwar viel Geschick und Konzentration erfordernden, jedoch monotonen Arbeitstages kulturelle Abwechslung gewünscht. So entstand das in allen Fabriken Kubas übliche Vorlesen von Werken bekannter Schriftsteller und Dichter. Heute kommen diese »Vorlesungen« allerdings meistens aus dem Radio oder vom Tonband, und der Inhalt besteht weniger aus hoher Literatur als vielmehr aus den Glaubenssätzen Fidel Castros.

In jener Epoche kamen weitere, später berühmte Marken auf den Markt: Punch, H. Upmann, El Rey del Mundo, Romeo y Julieta. Es folgten die Bolivar, Hoyo de Monterrey oder Ramon Allones. Die beliebte Montecristo gibt es seit 1935; der Name entstand bei der Lesung des Abenteuerromans »Der Graf von Monte Cristo« von Alexandre Dumas. Diese H. war jahrzehntelang eine der angesehensten Zigarren. Noch heute wird die großformatige Montecristo A von Industrie- und Filmmagnaten überaus geschätzt.

Nachdem Castro 1959 die Macht übernommen hatte, begann der große Kahlschlag. Markenartikel waren für ihn ein Auswuchs des Kapitalismus und durften nicht geduldet werden. Von den vor der Revolution existierenden 960 Marken wollte der »maximo lider« nur noch vier behalten. Die Prinzipien marxistischer Ökonomie sollten auch auf die H. übertragen werden. So kreierten die Revolutionäre die klassenlose Volkszigarre und tauften sie nach einem kubanischen Volkshelden: Siboney. Allerdings wollte die außerhalb Kubas niemand rauchen.

Castro holte Davidoff Kurz darauf wurde das Sozialisierungsprogramm jedoch wieder gestoppt und das Land – bis auf ein paar Großbetriebe – den kleinen Bauern zurückgegeben. Der Grund: Die Devisenmaschine H. sollte wieder in Schwung kommen. Castro schickte eine Delegation nach Genf, zum damals bekanntesten Zigarrenhändler der Welt, Zino ➤ Davidoff. Er genehmigte ihm die Herstellung einer eigenen H. Und er holte, was die weitere Entwicklung der kubanischen Zigarrenindustrie betraf, Davidoffs Rat ein, den er sogar beherzigte. So kam es, dass die staatliche Monopolgesellschaft Cubatabaco nach und nach die alten Marken wieder produzieren ließ, zumindest etwa 300 Sorten.

Dennoch ließ es Castro nicht ruhen, dass sein liebstes Exportprodukt Namen der früheren kapitalistischen Besitzer trug. So entstand 1981 die Cohiba: unter strengster Geheimhaltung in der Fabrik Laguito Uno, in der – bis zur Entzweiung der beiden Partner – auch die Davidoff hergestellt wurde (die heute aus der Dominikanischen Republik kommt). Mit der Cohiba wollten die Kubaner zeigen, dass Spitzenqualität auch außerhalb der Welt der großen alten Marken möglich ist. Sie gilt als Symbol für das Selbstbewusstsein von Castros Kuba.

HERMÈS

Dass Hermès mehr ist als die Kelly-Bag und Seidentücher, erfährt man u. a. hin und wieder im Wirtschaftsteil der Zeitungen. Das traditionsreiche Unternehmen gehört immerhin zu den zehn größten Luxusunternehmen der Welt und stellt sich auch entsprechend dar: Erst vor kurzem eröffnete H. als erstes europäisches Designerlabel ein eigenes Haus auf Tokios Ginza, dem wahrscheinlich teuersten Einkaufspflaster der Welt. Das imposante Gebäude ließ H. vom italienischen Stararchitekten Renzo Piano aus spektakulären Glasbausteinen gestalten.

Die französische Familie Hermès flüchtete während der Protestantenverfolgung in deutsches Exil und ließ sich im rheinischen Krefeld nieder. Erst Ende der 20er Jahre des 19. Jahrhunderts traute sich Thierry Hermès nach Frankreich zurück. 1837 eröffnete er in Paris einen Betrieb, der sich auf Pferdegeschirr spezialisierte. Das Renommee eines soliden Sattlerbetriebes – schließlich war Sattelzeug lange Jahrzehnte des Hauptprodukt des jungen Unternehmens – wurde zum Image der Marke H. und spiegelt sich noch heute in den Motiven der berühmten Seidenfoulards.

Grace Kellys Favorit Feinste Lederwaren gehören nach wie vor zu den tragenden Säulen des Hauses. Das berühmteste Stück war jedoch eine Riementasche für Damen, die seit Ende des 19. Jahrhunderts in unterschiedlichen Versionen hergestellt wurde. Ein moderneres Modell dieser Serie hat es dann um 1950 der amerikanischen Schauspielerin Grace Kelly angetan, der späteren Fürstin von Monaco. Schnell wurde aus diesem Modell die Kelly-Bag, mit Kultstatus versehenes Objekt der weiblichen Begierde.

Ob Lederwaren, Textilien, Seide oder auch Tischgeschirr, Gold- und Silberwaren – diese Produkte werden von H. in eigenen oder mehrheitlich kontrollierten Betrieben hergestellt. Damen- und Herrenmode hingegen wird in Lizenz in Italien gefertigt. Hinzu kommt noch die Uhrenherstellung, die mehr aus Zufall das Portfolio anreicherte: 1911 hatte das Haus eine Lederhalterung entwickelt, mit der Uhren am Handgelenk getragen werden konnten. Daraus wurde später ein breites Armband aus Zaumleder. Da fehlte eigentlich nur noch die Uhr selbst. Als der heute amtierende Firmenchef Jean-Louis Dumas-Hermès die Leitung übernahm, begann man konsequenterweise mit der eigenen Uhrenproduktion in einem Schweizer Werk, das inzwischen von seinem Neffen Guillaume de Seynes-Hermès geführt wird, einem Hermès in der sechsten Generation.

Zur Holding H., die sich mehrheitlich in Familienbesitz befindet, zählen nicht nur das angestammte hauseigene Sortiment, sondern auch der Londoner Edelschuhmacher John ➛ Lobb sowie Beteiligungen an dem deutschen Kamerawerk ➛ Leica und dem Pariser Modehaus Gaultier.

Heroin Chic

Wer jemals erlebt hat, wie die Heroinsucht den Körper und die Seele eines Menschen sowie – als Begleiteffekt – oft auch die Familie und den Partner zerstört, der wird vor der Versuchung gefeit sein, die Droge und das Milieu, in dem sie gehandelt und konsumiert wird, als schick zu empfinden. Von allen verfügbaren berauschenden Substanzen (wozu Kaffee genauso gehört wie Alkohol, Nikotin und Cannabis) dürfte Heroin die teuflischste sein.

Umso beklagenswerter, wenn in gewissen Kreisen, die eigentlich bürgerlich sind, es aber nicht so richtig sein wollen, immer wieder mit dem »Dropout«-Image der »Junkies«, mit der dekadenten Gegenwelt des »Undergrounds«, mit angeblich nur unter Drogeneinfluss möglichen Extremerfahrungen kokettiert wird. Wie aus solcher Koketterie buchstäblich über Nacht eine todbringende Abhängigkeit entstehen kann, haben zahlreiche Opfer und Angehörige leidvoll erfahren müssen.

In den 40er und 50er Jahren war es die Welt des Jazz, wo nicht nur erfahrene Musiker Heroin spritzten, sondern sich Neulinge »auf der Szene« und Fans ebenso der Illusion hingaben, die Droge sei der Türöffner für Höchstleistungen sowohl in der Musik als auch in der Liebe. Von der Jazzszene war es nur ein kleiner Schritt zur Rockmusik. In den 60er und 70er Jahren, als man bekanntlich schon freier über alles redete, wurden die privaten Drogengeheimnisse prominenter Künstler allmählich zum Informations-Allgemeingut einer lüsternen Gesellschaft von Voyeuren. Und so nahm die Welt Anteil, wie Janis Joplin an ihrer Sucht zugrunde ging oder Eric Clapton dank medizinischer Hilfe von seiner Sucht loskam.

Abstoßendes Leitbild Als es sich in den 90er Jahren dann endlich herumgesprochen zu haben schien, wie man unter Einfluss von Heroin vor die Hunde gehen kann, trat mit der Modebranche eine in ihrem Inneren offenbar ziemlich kaputte Berufssparte auf den Plan und kreierte eines der abstoßendsten Leitbilder des ausgehenden Jahrhunderts: den so genannten Heroin Chic. Vorgeführt wurde er auf den Laufstegen von den *waifs*. Das englische Wort kennt mehrere deutsche Übersetzungen: das Strandgut, die Heimatlose, das verwahrloste Kind, das streunende Tier. Was für ein Etikett für einen weiblichen Berufsstand, der sich bis dato über Schönheit und Ebenmaß definiert hatte!

Nun waren ja weder die Mannequins noch ihre Models genannten Nachfolgerinnen jemals wohlbeleibte Wonneproppen gewesen. Mit Topmodels wie Linda Evangelista, Christy Turlington, Naomi Campbell, Claudia Schiffer oder Cindy Crawford präsentierten sich auf dem Catwalk langbeinige Wesen von graziler, wenn auch unterkühlter Anmut, die in einem Wettbewerb um barocke Formen gnadenlos ausgebuht worden wären.

Doch wie füllige Matronen wirken sie im Nachhinein gegen die schrägen Püppchen, die um 1992 ins Rampenlicht traten: klapprige, ausgemergelte Wesen wie die erst 14-jährige Kate Moss und Kolleginnen wie Jaime King, Kirstin McMenamy und Stella Tennant. Sie schockierten die Öffentlichkeit mit ihren tiefen Augenringen und den knochigen Körpern, an denen teure Designerkleider hingen. Kein Wunder, dass da ziemlich schnell Gerüchte über Drogenexzesse und Magersucht unter den Models die Runde machten und die Branche immer mehr in die Schmuddelecke rücken ließen.

Bill Clintons Donnerwetter Ausgerechnet vom gegen Ende seiner Amtszeit als moralischer Hallodri in Verruf geratenen US-Präsidenten Bill Clinton kam ein heilsames Donnerwetter. Er schreckte die Modeindustrie mit einer geharnischten Kritik am HC auf. Fotos in Modeblättern, auf denen ausgezehrte Mannequins schicke Kreationen vorführen, gäben der Drogensucht einen glamourösen Anstrich und förderten die Popularität von Rauschgift, schimpfte der Präsident: »Die Verherrlichung von Heroin ist nicht kreativ, sie ist zerstörerisch.«

In der Branche löste die präsidiale Schelte umgehend Reaktionen aus. »Er hat festgestellt, was offensichtlich ist«, sagte beispielsweise Patrick McCarthy, Chefredakteur des Modemagazins »W« zur »New York Times«. Clinton hatte mit seinen Ausführungen auf einen Bericht eben dieser Zeitung über den Heroin-Tod des Modefotografen Davide Sorrenti reagiert. Nach jahrelangem Leugnen hätten die Redakteure der Modemagazine nun zugeben müssen, dass der von vielen jungen Fotografen gepflegte HC deren eigene Lebensweise widerspiegele und eine verführerische Wirkung habe, hatte das Blatt geschrieben.

Mit der Jahrtausendwende geriet der HC allmählich wieder in Vergessenheit. Die *waifs* schminkten ihre Augenringe weg, frisierten sich die strähnigen Haare und versuchten wieder etwas Speck auf die Rippen zu kriegen. Alles hätte man kaum mehr als eine sich allmählich verflüchtigende zynische Episode in Erinnerung, wäre da nicht im Spätsommer 2005 nachträglich eine makabre Pointe gesetzt worden.

Der Fall Kate Moss Es ließ sich nämlich die bereits erwähnte Kate Moss, inzwischen nicht mehr ganz so ausgezehrt, wenn auch noch weit entfernt von weiblichen Rundungen, von Reportern des »Daily Mirror« beim Kokainschnupfen erwischen und fotografieren. Kenner der Modelszene waren nicht wirklich überrascht. Und der Laie lernte, dass das, was einmal mit HC umschrieben worden war, in Wirklichkeit weniger auf Heroin als auf einer so genannten »Kokain- und Champagner-Diät« basiert. Wobei, gewissermaßen als Nachtisch, gelegentlich noch die Partydroge Special K (oder Vitamin K) gereicht wird. Das »K« steht für Ketamin, ein Narkosemittel aus der Tiermedizin. Als Droge, so wird berichtet, führe es zu einem Gefühl, als würde man seinen eigenen Körper verlassen oder mit der Umgebung zusammenfließen. Es kann zu Gedächtnisstörungen oder -verlust sowie zu Depressionen führen; in Verbindung mit weiteren Drogen oder Alkohol auch zum Tod.

Bei Kate Moss hatte man längst von übermäßigem Drogenkonsum getuschelt. Nun schienen die Gerüchte bewiesen, und in rascher Folge kündigten ihr Firmen wie H&M, Chanel, Burberry und H. Stern die Werbeaufträge. Von heute auf morgen war die einst so Umworbene, die man als Exotin eines schicken Undergrounds gestylt hatte, zur Aussätzigen geworden. Die Marketing- und Werbestrategen fürchteten um das Image ihrer Marken. Der Zuschauer dieses Schauspiels aber fragte sich, was eigentlich hässlicher ist: der HC oder die Scheinheiligkeit seiner einstigen Vermarkter.

HERRENHÜTE

Irgendwie sind sie als modisches Accessoire aus dem Straßenbild verschwunden. Warum eigentlich? Es sprach doch vieles für sie: Sie wärmten den Kopf im Winter und schützten ihn in den heißen Monaten vor der Sonne. Und sie waren auch ein Symbol für Stil und Eleganz. Manchmal wurden sie zu einem Markenzeichen des Trägers. Denkt man an Winston Churchill, Maurice Chevalier, Humphrey Bogart, den frühen Frank Sinatra oder an Joseph Beuys, so entsteht ein Gesicht mit Hut vor dem geistigen Auge. Die meisten Westernhelden setzten ihn eh nur ab, um sich den Schweiß von der Stirn zu wischen. Für Detektive, die ihn sich tief ins Gesicht zogen, gehörte er zur Berufskleidung. Und was wäre der Kinoheld Indiana Jones ohne seinen Schlapphut und die englische Fernsehserie »Mit Schirm und Charme und Melone« ohne die Kopfbedeckung von John Steed gewesen?

Ja, wo sind sie geblieben, der Zylinder oder Chapeau Claque, der Homburg, die Melone, der Stetson, die Fedora und all die anderen Formen, die noch lange im 20. Jahrhundert geläufige Begriffe waren?

Auf nach London! Gott sei Dank gibt es noch einige Refugien vergangener Pracht. Sie befinden sich – wie sollte es anders sein? – in London. Nicht das älteste, aber das bestsortierte Geschäft mit eigener Werkstatt ist seit 1790 Herbert Johnson Suppliers & Producers of Quality Civilian and Military Hats & Headwear. Hier suchte Steven Spielberg mit Harrison Ford das seit 1890 hergestellte Model »The Poet« für den Film »Indiana Jones« aus, das dann natürlich nicht nur auf

die Kopfgröße des Hauptdarstellers, sondern auch auf die diverser Stunts maßgefertigt wurde. Und natürlich findet man hier noch Bowler für alle Gelegenheiten: *black for town, brown for the country, grey for driving*. Neben schrotsicheren Jagdkappen hat Johnson auch die schönsten Strohhüte vorrätig, insbesondere Panamahüte. Erstaunlicherweise kommen diese gar nicht aus Panama, sondern aus Ecuador. Die besten und leichtesten, zu denen der Montecristi gehört, können schon mal 1000 Euro kosten. Am besten ersteht man dazu für rund 50 Euro Aufpreis eine Art Zigarrenetui, in dem er, ohne Verlust an Form, zusammengerollt jede Reise übersteht. Und – wir ziehen den Hut!– auch die italienische Kultmarke Borsalino ist noch vorrätig. Deren Produkte zählten einmal zu den elegantesten Dingen, die sich ein Herr leisten konnte.

Doch alle diese wunderbaren Kopfbedeckungen haben heute weitgehend ausgedient. Liegt es daran, dass die Männer heute mehr Wert auf ihre Frisuren legen als früher und sie sich vom Hut nicht zerstören lassen wollen? Oder sollte die Baseballkappe schuld sein? Die sieht man ja heute sogar auf den Köpfen von Vorständlern und Chefredakteuren. Wie auch immer – ziemlich frischer Wind da oben.

HOMOSEXUALITÄT

Erst seit 1994 ist Homosexualität in Deutschland straffrei. Bis exakt zwei Jahrhunderte zuvor hatte sie als ein Verbrechen gegolten, auf das die Todesstrafe stand. Ab 1794 dann wurde »die widernatürliche Unzucht, welche zwischen Personen männlichen Geschlechts oder von Menschen mit Thieren verübt wird, mit Gefängniß von sechs Monaten bis zu vier Jahren, sowie mit zeitiger Untersagung der Ausübung der bürgerlichen Ehrenrechte bestraft«, wie es im preußischen Gesetzbuch hieß. Das galt schon als fortschrittlich. Noch liberaler als Preußen war das Königreich Bayern. Dessen Gesetz von 1813 orientierte sich am neuen französischen »Code Civil«. Danach wurden nur noch homosexuelle Handlungen bestraft, die in die Rechte eines Dritten eingriffen. Einvernehmliche Liebesverhältnisse unter erwachsenen Männern waren zwar gesellschaftlich anrüchig, aber keine kriminellen Handlungen. Dass Bayerns »Märchenkönig« Ludwig II. (1845–1886) homoerotischen Neigungen frönte, tat der Zuneigung seiner Untertanen keinen Abbruch.

Mit der Gründung des Deutschen Kaiserreichs musste auch Bayern wieder auf die härtere gesamtdeutsche Linie einschwenken. Sie entsprach der preußischen und war ab 1872 im berühmt-berüchtigten Paragrafen 175 des Strafgesetzbuches formuliert. In den verschiedenen deutschen Rechtssystemen wurde er immer wieder modifiziert, mit unterschiedlicher Härte angewandt.

So machten die Nazis aus einem Vergehen wieder ein Verbrechen und hoben das zuvor gültige Strafmaß von maximal nur noch sechs Monaten auf fünf Jahre an. In besonders schweren Fällen (Ausnutzung eines Abhängigkeitsverhältnisses, homosexuelle Handlungen mit Männern unter 21 Jahren, männliche Prostitution) konnten auch Zuchthausstrafen bis zu zehn Jahren verhängt werden. Überdies machte das Regime exzessiv von der Möglichkeit Gebrauch, homosexuelle Männer durch die Gestapo in Vorbeuge- oder Schutzhaft zu nehmen – sogar noch nach Abbüßung ihrer regulären Strafe, falls diese als zu milde empfunden wurde. Etwa 4000 der an ihrer Anstaltskleidung mit einem rosa oder grünen Winkel gekennzeichneten Häftlinge überlebten die Torturen in den Konzentrationslagern nicht.

Die »175er« Nach dem Krieg bestand der Paragraf 175 in beiden deutschen Staaten weiter. Wie früher animierte die Ziffernkombination den Volksmund zu anzüglichen Witzen und Bemerkungen. So wurden Homosexuelle beispielsweise als »175er« bezeichnet. Oder man sagte abschätzig: »Der ist wohl am 17. 5. geboren.« Die letzte Fassung des Paragrafen von 1973 lautete: »1. Ein Mann über 18 Jahren, der sexuelle Handlungen an einem Mann unter 18 Jahren vornimmt oder von einem Mann unter 18 Jahren an sich vornehmen lässt, wird mit Freiheitsstrafe bis zu fünf Jahren oder mit Geldstrafe bestraft. 2. Das Gericht kann von einer Bestrafung nach dieser Vorschrift absehen, wenn der Täter zur Zeit der Tat noch nicht 21 Jahre alt war oder, bei Berücksichtigung des Verhaltens desjenigen, gegen den die Tat sich richtet, das Unrecht der Tat gering ist.«

Vor diesem Hintergrund wird verständlich, warum das Thema H. heute in der öffentlichen Debatte einen Raum einnimmt, den man als überrepräsentiert bezeichnen kann. Gut zehn Jahre nach Aufhebung der Strafbarkeit ihres Liebeslebens verspüren viele männliche Homosexuelle das Bedürfnis einer mitunter euphorischen Selbstdarstellung. So jedenfalls in den großen Metropolen, und dort in Branchen, deren Mitglieder ohnehin vom Bazillus ausufernder ➛ Eitelkeit befallen sind: Mode, Werbung, Fernsehen und Film, Friseurhandwerk. Was jahrhundertelang unterdrückt werden musste, worüber verschämt geschwiegen und allenfalls gewispert wurde, was auszusprechen mit großer Gefahr verbunden war, darüber kann man sich heute ungehindert und unzensiert austauschen.

Die eigene Homosexualität ist ein beliebtes, kaum mehr tabuisiertes Gesprächsthema geworden. Angestachelt durch das sich fortschrittlich-tolerant gebende, aber von Voyeurismus nicht unbedingt freie Interesse der Medien, lassen bekannte homosexuelle Zeitgenossen sich regelrecht vorführen. Gern gewähren sie einen Einblick in ihre Schlafzimmer. Freimütig beantworten sie Fragen nach Liebeslust und -leid, nach erotischen Praktiken; Fragen von einer manchmal derart aufdringlichen Impertinenz, wie ein heterosexueller Mitbürger sie sich verbitten würde.

Prominente Bekenner Das neue Selbstbewusstein schwuler Männer manifestiert sich im rauschhaften Zelebrieren eigener Feiertage (»Christopher Street Day«, übrigens auch für Lesben ein Tag des ausgelassenen Feierns). Es speist sich aus öffentlichen Bekenntnissen von Würdenträgern wie des Berliner Bürgermeisters Klaus Wowereit und seines Hamburger Amtsbruders Ole von Beust zu ihrer Homosexualität. Es findet seine scheinbare gesellschaftliche Akzeptanz in der so genannten Homo-Ehe. Doch über all der medienwirksamen und politisch korrekten Toleranz liegt eine große Portion Scheinheiligkeit. Um nicht als hoffnungslos rückständig zu gelten, gibt man nicht zu, unangenehm berührt zu sein, wenn zwei Männer auf der Straße Zungenküsse austauschen oder wenn ein prominentes schwules Pärchen die Öffentlichkeit daran teilhaben lässt, dass es ein Kind adoptiert. Und so werden die üblichen Witze über »Homos« und »Schwuchteln« nur dann gerissen, wenn keine Gefahr besteht, damit übel aufzufallen. Und wie ehedem wird hinter vorgehaltener Hand getuschelt, wenn im gehobenen gesellschaftlichen Milieu wieder einmal »ein Fall« ruchbar wird: »Hast du schon gehört …?«

Von der Normalität, die im Rampenlicht stehende Homosexuelle so gern beschwören und häufig mit aufgesetztem Exhibitionismus vorzuleben versuchen, sind wir bei näherem Hinsehen noch weit entfernt. Wie viele tausende homosexueller Mitbürger nach wie vor Angst vor einer Demaskierung und den damit verbundenen Folgen haben, welche teilweise abenteuerlichen Lügengebäude sie konstruieren, um ein »normales« Liebesleben vorzuspielen – das kann man nur ahnen. Und wer zählt die anonymen Hetzbriefe und -mails, die täglich nicht nur bei Homosexuellen selbst eingehen, sondern auch bei denjenigen, die öffentlich ihre Toleranz bekunden? Je weiter man sich wegbewegt vom Laisser-faire der Boulevards, desto mehr erinnern die Zustände an die Zeit vor 1994.

HUMMER

Hummer sind Weltbürger. Sie kommen, oder besser, sie kamen in allen Meeren der Welt vor, sind aber durch Überfischung zahlenmäßig arg zurückgegangen. Die Nachfrage nach diesem Symbol der Haute Cuisine ist stets größer als das Angebot. So sind die Bestände des europäischen H. derart dezimiert, dass der größte Teil inzwischen aus Amerika auf den Markt kommt. Teilweise ist er schon gekocht oder tiefgefroren. Doch reisen auch lebende Tiere als Luftfracht über den Atlantik. Ganz wichtig ist, dass die H. nicht zu lange nach dem Fang in einem Becken verbracht haben: Sie »verzehren« sich im Kummer der Gefangenschaft nämlich selbst, indem sie an Gewicht verlieren.

Zu erkennen ist der H. an den beiden kräftigen Scheren. Diese unterscheiden ihn von einer nahen Verwandten, der Languste. Statt mit Scheren sind die etwas kleineren Langusten, deren Geschmack dem des H. kaum nachsteht, mit langen Antennen ausgerüstet. Früher stammten die besten H. und Langusten von den Felsenküsten der Bretagne. Gegrillt, gekocht, sautiert oder *à l'armoricaine* kamen sie auf den Tisch. Bei letzterer Zubereitungsart, die den H. in Stücken in einer Schalotten-Tomaten-Sauce garen lässt, tobt ein heftiger, bis heute nicht gelöster Streit über den Ursprung des Wortes. Während die eine Fraktion *à l'américaine*, also »auf amerikanische Art«, als Namensgeber reklamiert, verteidigen die Bretonen mit Leidenschaft die Version, die von »Armor« abgeleitet ist. So hieß nämlich einst ihre Heimat, zu Deutsch: »Das Land am Meer«.

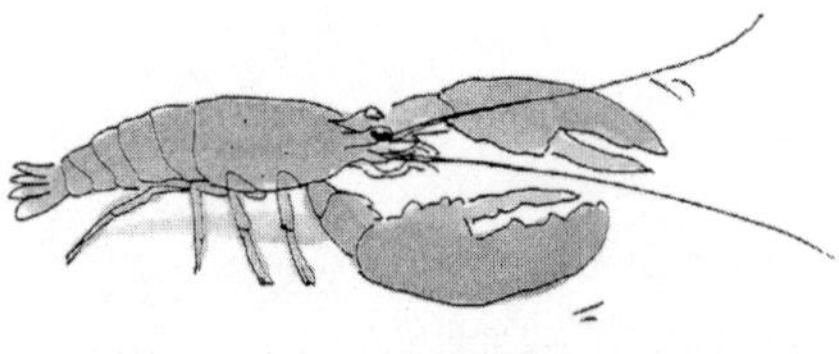

IMAGE

Englisches Wort lateinischen Ursprungs für »Bild«; nicht das, was man an die Wand hängt, sondern das, was man sich von jemandem macht. Als Fachausdruck von den Disziplinen Psychologie und Soziologie kommend, hat es sich im allgemeinen Sprachschatz festgesetzt. Wer unbekümmert und ohne sich ständig zu fragen, wie er auf seine Mitmenschen wirkt, durchs Leben geht, den interessiert das eigene Image herzlich wenig. Er freut sich, wenn er gut ankommt. Und wenn das Gegenteil der Fall ist, wird er sich – je nach dem Grad seiner Sensibilität – fragen, was er falsch gemacht hat.

Für viele Zeitgenossen aber sind der öffentliche Auftritt und die Wirkung nach außen nicht nur eine Frage der ➛ Eitelkeit, sondern auch des beruflichen und gesellschaftlichen Fortkommens. Auf ihr I. bedacht sind Fernsehstars, Unterhaltungskünstler, Wirtschaftsbosse und Politiker, öffentliche Personen also, deren Erfolg nicht nur auf der abgelieferten Leistung beruht. Ebenso wichtig, wenn nicht gar noch wichtiger, ist für sie das Bild, das sich Fans, Konsumenten, Wähler von ihnen machen.

Schillernder Berufsstand Die Aufgabe, dieses Bild so positiv wie möglich zu zeichnen, es zu pflegen und nötigenfalls auch zu ändern, obliegt dem Imageberater. Das Spektrum dieses schillernden Berufsstandes, der weitgehend im Verborgenen operiert und dessen Tätigkeitsfeld sich mit dem des PR-Beraters teilweise überlappt, ist breit gefächert und reicht von der Scharlatanerie bis zur Seriosität. Was alle professionellen Imageberater eint, ist das In-Rechnung-Stellen eines fürstlichen Honorars.

Leisten sich Politiker oder Staatsbeamte eine Imageberatung aus öffentlichen Mitteln bzw. kommt dies heraus, wird es meistens als faustdicke Affäre gebrandmarkt und von Rücktrittsforderungen begleitet. Eine besonders anschauliche, ja fast lehrbuchhafte Demonstration von Sinn und Unsinn der Imageberatung lieferte vor Jahren der deutsche Bundesverteidigungsminister Rudolf Scharping. Auf dem Höhepunkt des Kosovokrieges, an dem bekanntlich deutsche Soldaten teilnahmen, ließ er sich für eine Illustrierte glückselig im Swimmingpool einer Luxusvilla auf Mallorca fotografieren. Da hätte man ihm einen Imageberater gewünscht. Kurz darauf kam ans Licht, dass er tatsächlich nicht nur einen solchen beschäftigte, sondern dass dieser mit ihm auch noch teure Anzüge kaufen ging: eine Imageberatung, die nach hinten losging. Der Politiker war erledigt.

Nicht nur Personen haben ein I., sondern auch Institutionen und Firmen, Marken und Fabrikate, Parteien und Vereine, Feriengebiete und Städte. Besonders im Tourismus kommt es oft auf das richtige I. an. So freut man sich in München ungebrochen über das der Stadt vor vier Jahrzehnten vom »Spiegel«

verpasste Etikett »Deutschlands heimliche Hauptstadt«. Gemeint war damit die Spitzenposition in Sachen Lebensqualität, ein I., das der bayerischen Landeshauptstadt bis heute einen nicht endenden Touristenstrom beschert hat.

INTELLIGENZ

Der Intellektuelle flößt vielen Menschen Furcht ein. Er zeigt nach außen keine Gefühle. Man weiß nicht, ob er keine hat oder sie nur geschickt verbirgt. Persönliche Probleme würde die überwältigende Mehrheit der Zeitgenossen lieber mit einem Menschen durchschnittlicher Intelligenz besprechen, der dafür ein Mehr an Gemüt plus Lebenserfahrung mitbringt. Denn überhohe I. gilt als etwas Kaltes. Sie besitzt anscheinend weder Herz noch Seele. Den Intellektuellen kann man sich nicht als feurigen Liebhaber vorstellen; einen, der dreimal von der Schule geflogen und für systematische Geistesarbeit nicht tauglich ist, hingegen sehr wohl, wenn er die sonstigen für einen Don Juan notwendigen Attribute vorweisen kann.

Dass I. und Gefühl einander auszuschließen scheinen, wird durch das englische Wort für geheimdienstliche Nachrichtentätigkeit trefflich symbolisiert: *intelligence*. Ein *intelligence officer* lässt sich weder auf sein Gefühl, geschweige denn auf Mitgefühl ein. Menschliche Regungen in Ausübung seines Berufes sind ihm fremd. Er agiert in totaler Kälte. Vergisst er diese Grundregel, scheitert er – wie John Le Carrés berühmter »Spion, der aus der Kälte kam«.

Bis weit ins vergangene Jahrhundert wurde I. vorwiegend mit Bildung gleichgesetzt. Je mehr einer in sich hineingepaukt hatte, als desto intelligenter galt er. Den Gipfel der I. hatte traditionell ein deutscher Professor erklommen – unten im Tal siedelte das geistige Proletariat. Inzwischen hat sich herumgesprochen, dass man die Dinge wohl etwas differenzierter sehen muss. Nicht jeder Schlauberger ist automatisch gebildet und nicht jeder Gebildete intelligent genug für das Leben. Zwar kommt es selten vor, dass ein Dummkopf Professor wird, dafür aber oft genug, dass ein kluger Kopf dummes Zeug von sich gibt. Und nicht jeder, der nur die Grundschule besucht hat, ist deshalb dumm. Wohingegen es den Abiturienten gibt, der so dämlich zu sein scheint, dass er eigentlich zur Reifeprüfung gar nicht zugelassen werden dürfte.

Der gute alte IQ Spätestens seit den 60er Jahren, als die Psychologen bei Eignungsprüfungen aller Art den aus Amerika importierten Intelligenztest anwendeten, wissen wir etwas präziser, dass I. und Bildung nicht notwendigerweise eins sind. Da lernten wir, dass I. sich nicht nur darin zeigt, die Integralrechnung zu beherrschen oder die wesentlichen Daten und Ereignisse der Französischen Revolution herunterbeten zu können, sondern auch in der Fähigkeit, einen Fahrradreifen zu wechseln. Eine Vielzahl solcher und anderer praktischer Begabungen und geistiger Leistungen plus Fantasie und Motivation multipliziert mit der jeweiligen Intensität, dann alles addiert und das Ganze geteilt durch eine Größe, die nur der Psychologe kannte, ergab den Intelligenzquotienten, abgekürzt IQ. Um die 100 offenbarte er einen ganz passablen Denkapparat, bei 150 berechtigte er zu den schönsten Hoffnungen, bei unter 70 plädierte man für mildernde Umstände.

Mit dem Wort IQ um sich zu werfen gehörte zum ➛ Smalltalk des gebildeten Deutschen, der in jenen Jahren noch nicht hochmütig auf Amerika herabblickte und das Kürzel folglich auf Englisch aussprach: *ai kju*. Der Test selbst wurde als durchaus quälend empfunden, wenn man sich ihm denn unterziehen musste, aber der Kult um das Modewort war eine reizvolle gesellschaftliche Zeiterscheinung. Zwar fragte man sich, weshalb für die Eignung etwa eines Kleiderkammerbullen bei der Bundeswehr unbedingt der Intelligenzquotient gemessen werden musste. Andererseits war es höchst amüsant zuzuhören, wie Kinder auf dem Schulhof sich mit den Werten ihrer Väter brüsteten. Auch sorgte es für eine gewisse Gänsehaut beim Publikum, wenn vor Gericht der Staatsanwalt triumphierend den ungewöhnlich hohen IQ eines Delinquenten nannte und damit dessen moralische Verworfenheit eindrucksvoll belegen konnte.

Emotion ist gefragt Heute gilt der IQ nur mehr als bedingt tauglich, die I. eines Menschen zu messen. Der Personalchef in einem großen Unternehmen würde müde lächeln, schriebe ihm ein Bewerber, er verfüge über einen Intelligenzquotienten von 128. Der Bewerber müsste nämlich statt des IQ lieber seinen EQ angeben. Das ist die Formel, mit der Mitte der 90er Jahre der Intelligenzbegriff schlagartig eine völlig neue Dimension erhielt – befreit vom Panzer der Kälte. Beschrieben, definiert und in einem Bestseller (»Emotionale Intelligenz«) weltweit bekannt gemacht hat diese Formel der amerikanische Psychologe Daniel Goleman. Der EQ brachte erstmals die Emotion ins Spiel und misst etwas, von dem viele gar nicht wissen, dass sie es haben: emotionale Intelligenz. Renommierte Personalberatungsunternehmen predigen heute ihren Kunden, dass eine Führungskraft nicht nur knallhart und sachorientiert, sondern auch mit Gefühl, menschlicher Wärme und unter Berücksichtigung persönlicher Bedürfnisse ihre Untergebenen zu führen habe. Eine Erkenntnis, die mittlerweile durch zahllose Studien belegt wurde und sich auf den Chefetagen herumgesprochen hat.

Ein amerikanisch-englisches Forscherpaar ist noch einen Schritt weitergegangen und hat in der Tiefe des menschlichen Seins die dritte Dimension der I. ausgelotet: die spirituelle, abgekürzt SQ. »IQ und EQ, ob für sich genommen oder vereint, reichen nicht mehr aus, um die menschliche Intelligenz in ihrer ganzen Komplexität oder den Reichtum der menschlichen Seele oder Vorstellungsgabe zu erklären«, behaupten die amerikanische Philosophie- und Theologieprofessorin Danah Zohar und der englische Psychotherapeut Ian Marshall in ihrem Buch »Spirituelle Intelligenz«. »Computer«, so die Wissenschaftler, die miteinander verheiratet sind und in Oxford lehren, »haben einen hohen IQ. Sie kennen die Regeln und können sie fehlerfrei befolgen. Viele Tiere haben einen hohen EQ: Sie haben ein Gefühl für die Situation, in der sie sich befinden, und verstehen es, angemessen zu reagieren. Doch weder Computer noch Tiere stellen die Frage, warum die Regeln oder die Situation so sind, wie sie sind, oder ob sie anders oder besser sein könnten.«

Spirituelles Zentrum Solche entscheidenden Fragen nach Sinn und Sein, nach Zweck und Nutzen, nach gut und böse stellt laut Zohar und Marshall erst die spirituelle I. Sie helfe dem Menschen, Sinn- und Wertprobleme zu erfassen und zu lösen, das Leben in einen reichhaltigeren Zusammenhang zu stellen. Der – nicht messbare – SQ sei »das notwendige Fundament dafür, dass sowohl IQ als auch EQ wirkungsvoll funktionieren. Es handelt sich um unsere höchste Intelligenz.« Neuere Forschungsergebnisse würden demnach belegen, dass ganz bestimmte neurologische Prozesse der »Sinngebung« dienen, mehr noch: dass sich in unserem Gehirn eine Art ethische Kontrollinstanz befindet. Zohar und Marshall nennen sie das »spirituelle Zentrum« oder auch den »God Spot«.

Ganz so schlimm, wie man nach dem Studium der Morgenzeitung oder der Fernsehnachrichten annehmen könnte, scheint der Mensch also doch nicht zu sein. Die Frage ist nur: Wie bringt man ihn dazu, mehrmals täglich in sein spirituelles Zentrum hineinzuhorchen, damit er nicht auf dumme Gedanken kommt?

INTERNET

Seit Jahrtausenden beklagen sich Eltern und ältere Mitbürger gegenüber der Jugend: »Früher war alles besser!« Erstaunlicherweise sind die heutigen Erwachsenen diesbezüglich etwas zurückhaltender, als deren Eltern es noch gewesen sind. Das liegt vermutlich am bedeutendsten Fortschritt unserer Zeit. Von dem macht nämlich die ältere Generation erstens ebenfalls exzessiv Gebrauch. Zweitens muss sie zugeben, dass sie sich ihn früher in den kühnsten Träumen nicht hat vorstellen können. Hätte jemand vorausgesagt, was heute weltweit zum Alltagsleben gehört – es wäre in den Bereich der Sciencefiction verwiesen worden. Die Rede ist vom überwältigenden, immer noch anhaltenden Siegeszug des Computers und seines elektronischen Kommunikationsfeldes, des Internets. Die Anzahl der Benutzer des I. (User) nähert sich weltweit der Milliardengrenze. In Deutschland sind es mittlerweile 50 Millionen.

Bereicherung des Lebens Ein Argument der kontinuierlich schrumpfenden Gemeinde der Computer- und I.-Verweigerer lautet: Man braucht's nicht unbedingt zum Leben. Das stimmt. Richtig ist aber auch, dass beide Errungenschaften das Leben in einem einstmals unvorstellbaren Maß bereichert haben. Die neuen Formen der Kommunikation (E-Mail), der Recherche (knapp zehn Milliarden Websites allein im Suchdienst Google), der Datenübertragung (z. B. Bildversand und Musik-Downloads), der Selbstdarstellung von Unternehmen, Instituten, Vereinen und Privatpersonen (Homepage), des Bestellens und Anbietens von Waren oder Dienstleistungen (E-Commerce), des Er- und Versteigerns unterschiedlichster Produkte (➛ Ebay), der Suche nach dem Traumpartner (Online-Dating), der Möglichkeit des Gedankenaustausches mit Gleichgesinnten (Chatrooms): Für die Verrichtung all dieser Aktivitäten braucht man heute nicht mehr vor die Tür zu treten oder zum Telefonhörer zu greifen. Man muss es dabei ja nicht gleich übertreiben – so wie jene süchtigen Net-Surfer, die pro Woche 35 Stunden und mehr im I. verbringen (um die sechs Prozent aller User).

Al Gores falsche Federn Um die Geschichte des I. ranken sich die unterschiedlichsten und abenteuerlichsten Erzählungen. Manche erinnern an moderne Wandersagen, manche sind für das Verständnis eines normalen Users zu kompliziert. Wo man das alles nachlesen kann? Im I. natürlich. Völlig absurd ist die Behauptung des ehemaligen amerikanischen Vizepräsidenten Al Gore, er, der zugegebenermaßen viel für die Verbreitung und Akzeptanz des I. getan hat, sei dessen Erfinder.

Am Anfang stand ein Schock: das blanke Entsetzen der Amerikaner über den überraschenden Start des ersten sowjetischen Weltraumsatelliten »Sputnik« im Jahre 1957. Ohnmachtsszenarien und Ängste vor einem militärischen Überfall, der die Informationsverbindungen zwischen den verschiedenen Stützpunkten der Armee lahm legen könnte, führten nicht nur zu verstärkter Aufrüstung. 1958 wurde die Arbeitsgruppe ARPA (Advanced Research Projects Agency) ins Leben gerufen. Ihr Auftrag: ein Computernetz mit einer möglichst dezentralen und somit störungssicheren Technologie aufzubauen.

Das WWW kam aus Genf Im Jahre 1969 bestand das ARPANET aus vier vernetzten Computern, ein Jahr später waren es bereits 40. Auch wissenschaftliche Institutionen bekamen Zugang in das schnell wachsende Netz, dessen technische Methode TCP/IP bis heute die Grundlage des I. ist: Die Datenmenge wird in kleine Pakete gepackt, adressiert, übertragen und beim Empfänger wieder zusammengebaut. Bis 1992 war das Netz ein reines Textmedium. Der entscheidende Schritt in die heutige Richtung erfolgte dann im Genfer Europäischen Zentrum für Hochenergiephysik (CERN). Dort wurde unter der Leitung von Tim Berners-Lee das World Wide Web (WWW) entwickelt. Es ermöglichte die bahnbrechende Erweiterung der reinen Textinformation mittels Grafiken, Bildern und Tönen in Multimediadokumente. Aufgrund dieser Vielfältigkeit konnte das Web andere Internetapplikationen weitgehend vom Markt verdrängen.

Mit der Entwicklung der ersten Browser-Software von Netscape (Programm zum Suchen, Aufspüren und Öffnen von Internetseiten) war das I. dann Mitte der 90er Jahre endgültig massentauglich. Ein beispielloser Boom setzte ein. Die mediale Revolution und mit ihr die Vernetzung des Globus hatte begonnen.

JaegerLeCoultre

Es sind vor allem zwei Uhrenmodelle, mit denen die Marke JaegerLeCoultre in Verbindung gebracht wird: die »Reverso« und die »Memovox«. Erstere entstand im Jahre 1930 und war ursprünglich dafür konzipiert, Sporttreibenden die Möglichkeit zu geben, Glas und Zifferblatt zu schützen. Das erfolgte durch eine Konstruktion der Aufhängung, durch welche die Seite mit dem Zifferblatt gegen den Boden der Uhr umgeklappt werden konnte. Dieser Boden entwickelte sich im Laufe der Zeit zu einem Schmuckgegenstand, sei es durch die Verzierung mit Emaillearbeiten, sei es durch einen leicht gewölbten Boden aus Saphirglas, der den Blick auf die über 200 Einzelteile des Uhrwerks freigibt. Dieser Uhr, die zu ihrem 60. Geburtstag in limitierten Sondereditionen wieder aufgelegt wurde, kann ein Stammplatz in der Geschichte der Uhrmacherkunst nicht streitig gemacht werden.

Stammvater des Unternehmens war Charles Antoine LeCoultre, der 1830 im Alter von 30 Jahren gemeinsam mit seinem Bruder Ulysse ein Unternehmen gründete, das Zahnräder produzierte. Schnell landeten sie im Bereich der Präzisionsinstrumente und Uhren. 1870 wurden in dem kleinen Schweizer Städtchen Le Sentier bereits täglich 40 Uhren gefertigt. Gegen Ende des 19. Jahrhunderts belieferte LeCoultre die Firma Patek Philippe mit diversen Ersatzteilen. Bei der Suche nach weiteren Kooperationspartnern entstand der Kontakt mit David Edmond Jaeger, der für Cartier-Uhren viele Werke aus der Manufaktur von LeCoultre bezog – ein Kontakt, der schließlich 1925 zu einer Zusammenlegung der beiden Firmennamen führt.

Hatte die Manufaktur JaegerLeCoultre bislang in erster Linie andere renommierte Marken mit Kalibern beliefert, kamen Ende der 20er Jahre die ersten Uhren unter dem eigenen Namen in den Handel. 1940 erschien dann die »Memovox«, eine Armbanduhr mit Weck- und Alarmeinrichtung. Sie sollte nicht den guten alten Reisewecker ersetzen, sondern war als unterstützende Funktion des Terminkalenders gedacht. Klopfte der Weckerhammer anfangs noch gegen den Edelstahlboden, hämmert er heute diskret gegen eine Tonfeder. Die »Memovox« wurde jedenfalls zum berühmtesten Armbandwecker der Welt.

JARGON

Viele Bevölkerungsgruppen pflegen eine eigene Sprache, ihren speziellen Jargon: Theaterleute, die Computerbranche, Musiker, Fußballer, die medizinischen Berufe, das Zirkusvölkchen, Rechtsanwälte, Models, Luftfahrtpersonal – um nur ein paar Beispiele zu nennen. Zu jedem J. gehören besondere Wörter, Satzkonstruktionen, Redensarten. Für die allgemeine Kommunikation, ob mündlich oder schriftlich, ist der J. nur bedingt tauglich – andererseits liefert er dem lebenden Organismus Sprache immer wieder die nötige Auffrischung. Dies trifft besonders auf den Jugendjargon zu, der erstens selber einem ständigen Generationswechsel unterworfen ist und zweitens die Umgangssprache gelegentlich aufs Schönste bereichert. So sind typische Floskeln des J. wie »Du nervst!« (für »Du gehst mir auf die Nerven!«) oder »Echt?« (für das alte »Ach was!«) heute aus dem allgemeinen Wortschatz nicht mehr wegzudenken.

Manche Wörter durchlaufen in verschiedenen Jargonphasen erstaunliche Wandlungen. Das Adjektiv »geil« beispielsweise kommt ursprünglich aus der botanischen Begriffswelt und meint »üppig wuchernd«. Daraus wurde irgendwann das, was »Meyers Konversationslexikon« verschämt als »übermäßig geschlechtlich erregt, vom Geschlechtstrieb völlig beherrscht« beschrieb. Der Volksmund sprach von einem »geilen Bock«, und die Portiers auf St. Pauli priesen »geile Darbietungen« an. Dann, gegen Ende des vergangenen Jahrhunderts, begannen Jugendliche das Wort als Synonym für »toll« und »super« zu benutzen; die Steigerung war »megageil«. Und als die Wirtschaftsflaute ihr garstiges Haupt erhob, hieß der alle sozialen Schichten übergreifende Slogan »Geiz ist geil«.

Anleihen bei der Jugend Sich im reichhaltigen Sortiment des Jugendjargons zu bedienen ist immer besonders reizvoll für Erwachsene, die beweisen wollen, dass sie jung geblieben sind. Allerdings kann dabei genau das Gegenteil des gewünschten Effekts eintreten, denn viele Jargonschöpfungen sind, wenn sie bei der Elterngeneration angekommen sind, bei der Jugend schon wieder »out«.

Dem J. in allen seinen Ausprägungen besonders intensiv auf

der Spur ist traditionell die Werbebranche. In wie vielen Fernsehspots beispielsweise das Wort ➛ cool verwendet und damit veredelt wurde, lässt sich nicht mehr nachzählen. Aber auch an Peinlichkeiten herrscht kein Mangel: Wenn beispielsweise Sparkassen jungen Leuten im vermeintlichen Szenejargon die Einrichtung eines Girokontos schmackhaft machen wollen, wendet sich nicht nur die angepeilte Zielgruppe mit Grausen ab.

Jazz (die erste Aufnahme)

Als Louis Armstrong Ende der 50er Jahre auf der Höhe seines Ruhms weltweit als »King of Jazz« gefeiert wurde, litt Nick La-Rocca wie ein Hund. Den Namen Armstrong zu hören, das war für ihn jedes Mal wie der Peitschenhieb eines zutiefst ungerechten Schicksals. Verzweifelte, ellenlange Briefe schrieb der Sohn eines italienischen Schusters aus New Orleans damals an Radiosender und Zeitungsredaktionen, alle mit dem immer gleichen Tenor: »Nicht dieser Armstrong hat den Jazz erfunden! Wir waren es doch, meine Kameraden und ich! Ohne uns gäbe es das Wort gar nicht. Unsere Original Dixie Land Jass Band hat 1917, als Armstrong noch kein Plattenstudio von innen gesehen hatte, die allererste Jazzschallplatte überhaupt aufgenommen. Wir haben 1919 halb London zur Raserei gebracht und sogar vor König Georg gespielt.« Aber kaum jemand hörte Nick La Rocca zu, wenn er wieder einmal jammerte, und so starb er 1961 verbittert, verkannt und vergessen, zehn Jahre vor dem verhassten Armstrong. Was insofern ein gnädiges Schicksal war, als er nicht mehr erleben musste, wie jener in ihrer gemeinsamen Heimatstadt posthum mit einer Bronzebüste in einem Park am Mississippi geehrt wurde.

LaRoccas Kernthese, die kein Gehör fand, lautete: Entgegen landläufiger Meinung hat der schwarze Mann dem weißen Mann den Jazz weggenommen. Diese Lesart ist freilich so absurd und abstrus, dass kaum ein Musiker oder Musikwissenschaftler sie jemals aufgenommen, geschweige denn ernsthaft diskutiert hätte. Richtig ist allerdings, dass eine Laune des Schicksals eine Hand voll junger Weißer aus dem tiefen Süden der USA auserkor, dem seit der Jahrhundertwende in New Orleans populären Gebräu aus Ragtime, Blues, Marschmusik und der Folklore der französischen Ureinwohner den Namen »Jazz« anzuheften und unter dieser Flagge die erste Schallplattenaufnahme der Geschichte zu tätigen.

Als Gelegenheitsmusiker für Partys, Hauseinweihungen, Volksfeste und Straßenumzüge hatten sie angefangen. Nick LaRocca spielte Kornett, seine Kollegen bedienten Posaune, Klarinette, Piano und Schlagzeug; manchmal kam noch ein Banjospieler dazu. Zahllose Bands, vorwiegend schwarze, aber auch nicht wenige weiße, bewegten sich, jede auf ganz eigene Art, in diesem Stilgemisch. Als Großmeister des Genres galt der legendäre (schwarze) Kornettist Buddy Bolden, der so etwas wie Starkult genoss, während der Knabe Louis Armstrong noch in einer Erziehungsanstalt das Trompetespielen erlernte.

Ekstase in Chicago Alle diese musikalischen Festivitäten waren rein lokale Attraktionen; einen vergleichbaren Sound gab es im übrigen Amerika nicht. Dennoch war die Resonanz so nachhaltig, dass die Besitzer der Tanzcafés im entfernten Chicago hellhörig wurden. So bekamen LaRocca und seine Musikanten dort 1916 als Stein's Band from Dixie (Stein hieß der namensgebende Schlagzeuger) ihr erstes Engagement: in »Schiller's Café«. Und dort soll es dann passiert sein: Ein angetrunkener Fan, kein junger Spund, sondern ein gestandenes

Mannsbild, vom stampfenden Beat der neuartigen Musik erregt, sprang von seinem Stuhl auf und feuerte die Musiker mit dem Ruf an: »Jass it up, boys, jass it up!« *To jass* – das war ein ziemlich unschickliches Four-Letter-Word aus dem Unterweltjargon von Chicago, aber es traf die Stimmung wie die Faust aufs Auge. Der Lokalbesitzer wusste instinktiv, dass er einem historischen Moment beigewohnt hatte, und ließ für den kommenden Tag neue Plakate drucken, die den Auftritt der »Dixie Jass Band« verhießen. Der Zwischenrufer bekam gegen die Zusage freier Drinks den Auftrag, seinen obszönen Schlachtruf Abend für Abend zu wiederholen.

Schnell mauserten LaRocca und seine Mannen sich zu echten Profis, entledigten sich ihres alten Namens und nannten sich, dem neugeborenen Trend gemäß, »The Original Dixie Land Jass Band«. Ihrem Publikum heizten sie so kräftig ein, dass man jetzt sogar in New York aufhorchte und sie eilends dorthin engagierte. Und so informierte am 15. Januar 1917 eine Anzeige in der »New York Times« über den bevorstehenden Auftritt der berühmten »Original Dixie Land Jasz Band« in Reisenwebers Ballroom – das »sz« war kein Schreibfehler, sondern sollte wohl die Obszönität des Wortes ein wenig abmildern. Am 2. Februar, wieder in der »Times«, inserierte Reisenweber bereits mit dem Wort »Jazz«.

26. Februar 1917 Die Musiker selber aber schrieben ihren Bandnamen noch mit doppeltem »s«, als sie am 26. Februar das Angebot der örtlichen Schallplattenfirma Victor Talking Machine Company (der späteren RCA) annahmen, eine Platte mit dem neuen *crazy sound* aufzunehmen. Das wagemutige Unternehmen, das immerhin den großen Caruso im Programm hatte (und vier Jahrzehnte später einen gewissen Elvis Presley verpflichtete), produzierte damit die erste Jazzschallplatte der Welt, mit den beiden Titeln »Dixie Land Jass Band One-Step« und »Livery Stable Blues«. Der Erfolg war überwältigend – die Schellackplatte (78 Umdrehungen pro Minute) verkaufte sich im Lauf der Jahre mehr als eine Million Mal. In derselben Formation nahm die Gruppe bis Juli 1918 noch weitere zehn Stücke auf, darunter das Pflichtstück aller Dixielandbands bis auf den heutigen Tag, den von LaRocca komponierten »Tiger Rag«.

1925 kam das Aus für ihn. Er hatte sich verausgabt, die Lunge überstrapaziert, den Ruhm genossen, dem Schnaps reichlich zugesprochen, den Frauen gehuldigt. Mit allen seinen Bandkollegen war er heillos zerstritten. Sein Arzt verbot ihm weiterzumachen. Fast gleichzeitig kam Louis Armstrongs märchenhafte Karriere in Schwung, als er seinem Ziehvater Joe »King« Oliver nach Chicago folgte und als dort die Serie seiner legendären Aufnahmen begann. Der Rest ist Jazzgeschichte. Dass sie Nick LaRocca nur einer Fußnote für würdig befand, entbehrt nicht der Tragik. Ein Kapitelchen hätte der feurige Italiener schon verdient.

JUGENDSTIL

Er erlebt immer mal wieder eine Renaissance. Auf Antiquitätenmärkten gehören Objekte aus der Zeit des Jugendstils zu den meistgesuchten, seien es Tiffany-Lampen oder Drucke von Alfons Mucha. Dabei dauerte sein Triumphzug gerade 40 Jahre, und nicht einmal auf eine einheitliche Bezeichnung hat sich Europa einigen können. In Deutschland verdankt die Stilrichtung ihren Namen der 1896 erstmals erschienenen Münchner Künstlerzeitschrift »Jugend«. Doch auch der »Simplicissimus«, ebenfalls in München gemacht, und die Berliner Zeitschrift »Pan« waren seine Foren. In Österreich lief er unter der Bezeichnung »Wiener Sezession«, in Spanien unter »Modernismo«, in Italien hieß er »Stile Liberty«, in Frankreich »Art Nouveau« und in Großbritannien »Arts and Crafts«.

An der Schwelle zum 20. Jahrhundert entstand eine Gegenbewegung gegen die rasante Industrialisierung, die mit sich gebracht hatte, dass das traditionelle Handwerk an Boden verlor und einer billigen, industriellen Massenfertigung weichen musste. In der Tat waren die Veränderungen des 19. Jahrhunderts bahnbrechend gewesen: 1825 fuhr die erste Eisenbahn, 1886 das erste Automobil. 1879 leuchtete die erste Glühbirne, acht Jahre später kam das Grammofon. In England, dem Ursprungsland der industriellen Revolution, liegt auch die Geburtsstätte des Aufbegehrens gegen diese Uniformisierung. Es war der Versuch, die Natur, die in den wuchernden Ballungsgebieten verloren zu gehen drohte, in die Kunst und das Handwerk zurückzubringen. So schuf William Morris die Bewegung »Arts and Crafts«, die als Vorläufer des J. gilt.

Freiheit in Frankreich »Der Zeit ihre Kunst und der Kunst ihre Freiheit«, so sah es die Wiener Künstlervereinigung

»Sezession«. Gleichzeitig suchten Künstler in Frankreich, vor allem in Paris und Nancy, nach einer neuen Kunst, der »Art Nouveau«. So entstanden die filigranen Metroeingänge und die floralen Glasmalereien von Emile Gallé. Auch der tschechische Grafiker Alfons Mucha, der durch die Gestaltung eines Theaterplakats für die Schauspielerin Sarah Bernhardt über Nacht berühmt geworden war, fand in Frankreich ein umfangreiches Betätigungsfeld: Er entwarf Kostüme, Dekorationen, Plakate für diverse Champagnerhäuser, Briefmarken, Banknoten und Schmuck. Mit fließenden Linien, Kurven, Schnörkeln und anderen ornamentalen Mustern, die der Pflanzen- und Tierwelt entliehen waren, wollte man den Geschmack breiter Bevölkerungskreise ansprechen. Das Ziel formulierte der belgische Maler, Architekt und Kunstgewerbler Henry van de Velde in überschwänglichem Pathos: »Wiederkehr der Schönheit auf Erden, Anbruch einer Ära sozialer Gerechtigkeit und menschlicher Würde«. So innovativ diese Architektur, Malerei und Handwerk umfassende Kunst auch war, so teuer und unerreichbar war sie auch für jene Arbeiter, die damit doch eigentlich erreicht werden sollten.

Mit dem Ersten Weltkrieg endete die Zeit des J. abrupt. Die relativ kurze Epoche hinterließ neben Kunst und Kunsthandwerken einige bemerkenswerte architektonische Zeugnisse, so die »School of Art« in Glasgow von Charles Rennie Mackintosh. Zum J. gezählt werden auch die beeindruckenden Bauten von Antoni Gaudí, dem genialen Katalanen, an dessen größtem Werk, der »Sagrada Familia«, 1914 begonnen, noch heute gebaut wird. Nachdem er im Juni des Jahres 1926 in Gedanken verloren von einer Straßenbahn erfasst wurde und an den Folgen gestorben war, erlebte die Stadt Barcelona den längsten Trauerzug ihrer Geschichte.

JUGENDWAHN

Dies ist ein Phänomen unserer Epoche, häufig zitiert und beklagt, von dem nicht sicher ist, ob es wirklich existiert. Es beschreibt die angeblich ungerecht verteilte, überproportionale öffentliche Aufmerksamkeit, die heutzutage der Jugend zuteil wird. Ab wann und wie weit der Begriff »Jugend« reicht, ist dabei nicht klar definiert. Die Debatte wird auf vielen Feldern geführt: Mode, Film, Theater, Popmusik, Freizeit; besonders heftig entzündet sie sich aber in den Bereichen Fernsehen und Werbung. Dort die Programmgestalter und hier die Konsumgüterindustrie hätten nur mehr jugendliche Zielgruppen im Visier, so der oftmals erhobene Vorwurf. Die reiferen Jahrgänge würden vernachlässigt. Dies sei umso verwunderlicher, da es auf einer krassen Fehleinschätzung beruhe. Denn gerade die sowohl relativ zur Gesamtbevölkerung als auch in absoluten Zahlen stetig anwachsende Gruppe der Älteren sei heute so relevant wie nie: in der gesellschaftlichen Präsenz und als Verbraucher.

Es versteht sich von selbst, dass diese Debatte immer wieder von denen angezettelt wird, die sich benachteiligt fühlen, eben den Älteren. Und hier nun liegt die Ironie der Geschichte: Dieselben, die heute beklagen, ins Abseits gestellt zu werden, waren es in den unruhigen 60er und 70er Jahren, die besonders erbittert mit dem so genannten Establishment und der damaligen Elterngeneration abrechneten. Sie waren es, die auf die Straße gingen und gegen gesellschaftliche Verkrustungen protestierten. »Unter den Talaren der Muff von tausend Jahren«, so stand es auf einem Spruchband Hamburger Studenten. Sie verstanden sich als Teil der weltweiten aufbegehrenden Jugendbewegung. Sie definierten sich über ihre eigene Musik mit den ihr innewohnenden Botschaften und Mythen. Sie rebellierten mit Kleidung und langen Haaren. Sie schworen sich, nie so zu werden wie die damals Etablierten – »Trau keinem über 30« lautete ihr Slogan. Und zu einer ihrer Hymnen machten sie den Song »Forever Young« von Bob Dylan. Sie waren in der Historie die ersten Jugendlichen, die ihre Geschicke selbst in die Hand nahmen und jede Art von Diktat abzuschütteln versuchten.

Nicht loslassen können Inzwischen sind sie die Väter und Mütter, ja häufig auch schon die Großeltern von heute. Doch sie fühlen sich immer noch jung, viel jünger, als sich ihre Eltern einst fühlten, als die im gleichen Alter waren. Sie kleiden sich jugendlich-salopp. Man sieht sie auf Rockkonzerten – kein Wunder, denn viele ihrer ehemaligen, einst aufmüpfigen Idole (Rolling Stones, Paul McCartney, Elton John, Bob Dylan, Udo Lindenberg), in Ehren ergraut, können gleichfalls nicht loslassen und gehen unverdrossen auf Tournee. Verständlich also, dass sie noch mitmischen wollen und nicht gewillt sind, das zu tun, was sie einst von ihrer Vorgängergeneration forderten: abtreten.

Vor diesem Hintergrund verkehrt sich der angebliche Jugendwahn von heute eher in sein Gegenteil: Noch nie in der Geschichte sind die Älteren so lange jung geblieben – subjektiv. Und als ob sie diesen Zustand auf ewig konservieren wollen, verfallen sie dem häufig geradezu fanatischen Ehrgeiz, dem Alterungsprozess mittels Fitness, Wellness und ➛ Anti-Aging Einhalt zu gebieten. Dieses ist der eigentliche J. in unserer Gesellschaft.

Dass die scheinbare Überrepräsentation der Jugend von Medienkritikern und Konsumanalysten überhaupt als solche wahrgenommen wird, mag mit der rasanten Entwicklung des

Fernsehens zusammenhängen. Das startete 1952 zunächst mit nur einem Programm (ARD), 1963 folgte das ZDF. Bis 1967 wurde noch in Schwarzweiß gesendet. Ein stockseriöses Medium, mit verschwindend geringem Anteil an jugendlichen Sendungen (»Beat-Club«, »Musikladen«, »Talentschuppen«). Erst die Einführung des Privatfernsehens Mitte der 80er Jahre hat die gigantische Programmschwemme und damit das Aufkommen von Jugendsendern (MTV, VIVA) und auf die Jugend zugeschnittenen Formaten (»Deutschland sucht den Superstar«, »Big Brother«) begünstigt. Mit der Folge, dass diese Jugend als Werbezielgruppe besonders interessant und umworben ist. Denn sie hat erstens viel ➛ Freizeit zur Verfügung und zweitens so viel Geld in der Tasche wie nie zuvor.

Blutjunge Altmeister Richtig ist allerdings auch, dass in Kunst und Kultur, im Geschäftsleben, ja auch in der hohen Politik die Jugend von jeher den Ton angegeben hat: Das erste globale Supermodel, die Engländerin Twiggy (geboren 1949), startete ihre Weltkarriere mit 16. Brigitte Bardot (geboren 1934) drehte mit 18 ihren ersten Film. 21 Jahre alt war Elvis Presley (geboren 1935), als er die Massen zu verzücken begann. George Harrison (geboren 1943) von den Beatles war mit 20 ein Superstar. Mick Jagger und Keith Richards (beide 1943 geboren) waren 21, als die erste Langspielplatte der Rolling Stones entstand. Irene Koss (geboren 1928) debütierte mit 22 als erste Ansagerin des neuen Mediums Fernsehen in der Bundesrepublik. Rudolf Augstein (geboren 1923) war mit 23 Chefredakteur seines eigenen Blattes »Der Spiegel«. Marilyn Monroe (geboren 1926) hatte mit 20 ihre erste Rolle beim Film. Wilhelm II. (geboren 1859) wurde mit 29 zum deutschen Kaiser, Ludwig II. von Bayern (geboren 1845) mit 18 zum König gekrönt. Friedrich Schiller (geboren 1759) veröffentlichte sein Stück »Die Räuber« im Alter von 22 Jahren. Als Georg Büchner (geboren 1813) mit 23 starb, hatte er die aufrührerische Zeitschrift »Der hessische Landbote« herausgegeben, sich auf der Flucht vor der Polizei im Untergrund aufgehalten und ins Ausland abgesetzt, mehrere Theaterstücke (»Dantons Tod«, »Woyzeck«, »Leonce und Lena«) geschrieben und sich als Privatdozent für Anatomie und Physiologie habilitiert. Johanna von Orléans (geboren 1412) war 13, als sie von ihrer ersten Vision zur Rettung Frankreichs heimgesucht wurde.

Also: Ein Toast auf die Jugend! Aber auf die echte!

K

KaDeWe

Nachdem London 1848 mit dem ➛ Harrod's und die Neue Welt 1872 mit dem New Yorker Bloomingdale's vorausgegangen waren, dauerte es einige Jahre, bis auch Deutschland sein erstes Kaufhaus hatte. Erstaunlicherweise stand dies aber nicht in der Hauptstadt des Reiches, sondern in Gera, Thüringen. Der jüdische Kaufmann Hermann Tietz gründete dort 1882 mit seinem Neffen Oskar als Geschäftsführer das erste Haus, aus dem später eine ganze Kaufhauskette unter dem Namen Tietz entstehen sollte.

Über kleinere Städte wie Bamberg, Erfurt, Rostock, Stralsund und Wismar setzte sich der Siegeszug des Warenhauses schließlich in die Reichshauptstadt Berlin fort. Nahe zum 1894 eröffneten Warenhaus Wertheim, damals das größte in Europa, siedelte Hermann Tietz im Jahre 1900 in der Leipziger Straße einen konkurrierenden Konsumtempel mit eigener Kellerei an. Es folgten 1904 am Alexanderplatz in Berlin das prächtig gestaltete Warenhaus Tietz, 1905 das gleichnamige Haus in München (das heute noch den Namen Hertie trägt, siehe unten) und 1911 das Alsterhaus am Jungfernstieg in Hamburg.

Die Kaufmannssippe Tietz grenzte ihre Interessenssphären ab. Hermann und Oskar Tietz konzentrierten sich auf den Süden und Osten des Reiches, Leonhard Tietz gründete den Kaufhof und machte seine Geschäfte im Westen und in Belgien auf. Nach dem Tod von Hermann Tietz (1907) führte Neffe Oskar das florierende Unternehmen weiter. Alle Unternehmen der Familie Tietz (allein zehn in Berlin) wurden im Dritten Reich von den Nationalsozialisten erst arisiert und später enteignet; die Besitzer mussten ins Ausland fliehen.

Georg Karg, der verantwortliche Arisierer und spätere Eigentümer, änderte den Firmennamen ab 1933 in Hertie Waren- und Kaufhaus GmbH, abgeleitet aus dem Gründernamen **Her**mann **Tie**tz.

Das KaDeWe (Kaufhaus des Westens) wurde 1907 von Kommerzienrat Adolf Jandorf mit fünf Etagen und rund 24 000 Quadratmeter Verkaufsfläche eröffnet. Der Architekt war Johann Schaudt. (Die Adresse Tauentzienstraße/Wittenbergplatz lag in Charlottenburg, das damals noch eine eigene Stadt war und erst 1920 von Berlin eingemeindet wurde. Heute gehört sie zum Bezirk Schöneberg.) Das prächtige und hervorragend sortierte Warenhaus entwickelte sich schnell zu einem Treffpunkt der Berliner Gesellschaft. 1927 wurde es dann in das Reich Tietz eingegliedert und auf sieben Etagen aufgestockt. Nicht die Bomben, sondern ein amerikanischer Bomber, der 1943 in den Lichthof stürzte und das Haus fast vollständig zerstörte, bescherte dem KaDeWe ein vorläufiges Ende. Doch schneller als alle umliegenden Häuser begann der Wiederaufbau, und so konnten bereits 1950 die ersten zwei Etagen unter großer Anteilnahme der Berliner wieder eröffnet werden.

Delikatessen im 6. Stock Heute ist das KaDeWe mit über 60 000 Quadratmetern Verkaufsfläche das größte Kaufhaus Europas. Es hat sogar Harrod's in London hinter sich gelassen. Nur das GUM in Moskau ist größer, aber kein reines Warenhaus, insofern nur bedingt vergleichbar. Wie die Gedächtniskirche und das Brandenburger Tor gehört das KaDeWe zum Pflichtprogramm für Berlin-Besucher. Sehenswert sind u. a. der Wintergarten mit seinem Ausblick bis zur Reichstagskuppel und die riesige Feinkostabteilung in der sechsten Etage mit ihrem überwältigenden Angebot an ➛ Delikatessen aus aller Welt. Ein legendärer Ruf eilt ihr mittlerweile voraus. Wer nicht endlos Zeit mitbringt, um an jedem kleinen Verkaufsstand zu verweilen, schätzt das schnelle halbe Dutzend Austern mit dem Glas Champagner. Das Niveau der Waren ist durchweg hoch, der Service sucht seinesgleichen. Doch obwohl das KaDeWe sozusagen die Berliner Botschaft bedeutender Küchenkünstler wie ➛ Bocuse, Lenôtre, Cipriani, Fauchon oder Hédiard ist, sind es keineswegs die Snobs und die schicken Trendsetter, die hier die alleinigen Akzente setzen. Auch die Hausfrau aus Neukölln gönnt sich hin und wieder ihren Kaffee und dazu ein Stück Kuchen an einem der vielen Probierstände.

Zusätzlich zum gigantischen Angebot in allen Stockwerken kommt ein ganzes Bündel an Serviceleistungen: darunter Kinderbetreuung, Hundeboxen, Reisebüro, Bank, Gepäckträger, Kosmetiksalon. Regelmäßige Ausstellungen, Konzerte, Modenschauen und Signierstunden tun ein Übriges, um den Ruf einer unverzichtbaren Institution für die Berliner zu festigen. Das Jahr 2007, in dem über Monate der 100. Geburtstag gefeiert werden wird, darf man sich schon jetzt im Kalender eintragen.

KÄFER

Der Name und das auf Tellern, Bechern und Papierservietten prangende rote Krabbeltier mit den weißen Punkten ist weit über München hinaus zu einem Symbol des gehobenen Feierns und Tafelns geworden. Touristen in der bayerischen Landeshauptstadt steuern das Stammhaus in der Prinzregentenstraße an, um sich mit Feinkost einzudecken, einen neugierigen Blick auf die zwischen den Auslagen und an den Kassen munter schwatzenden Damen der »besseren Gesellschaft« zu werfen oder im Restaurant im ersten Stock zu speisen. Auswärts, ob in den Hamburger Elbvororten oder einem südfranzösischen Badeort, schätzen Gastgeber den fast legendär zu nennenden Partyservice des Hauses.

Doch so international sich das Haus Käfer heute auch gibt – seine herausragende Stellung verdankt es in erster Linie einer Erfolgsgeschichte, wie sie sich so wohl nur in München abspielen konnte. 1930 war es, als Paul und Elsa Käfer, fleißige, sparsame Schwaben, in der Maxvorstadt einen Wein-, Likör- und Obstladen eröffneten. Bereits drei Jahre später wechselten sie ins vornehme Viertel Bogenhausen, an die heutige Adresse. 1956 übernahm die Firma die Gastronomie im benachbarten Prinzregententheater, später kamen die Staatsoper, das Deutsche Museum und das Haus der Kunst hinzu. Als in einer Opernpremierenpause erstmals ein Drei-Gänge-Menü serviert wurde, sprach die Presse von einer »Gourmet-Sensation«.

Die Erfindung des Partyzeltes Ende der 50er Jahre stiegen die beiden Söhne Gerd und Helmut in den elterlichen Betrieb ein. Letzterer machte sich alsbald mit dem Laster nach Paris auf, um in den Markthallen Fisch und exotische Früchte einzukaufen. Gerd, der ältere von beiden, hatte die geniale

Idee, einen Partyservice zu gründen. Dass zum Essen und Trinken auf hohem gesellschaftlichen Niveau auch die entsprechende Inszenierung gehört, mussten die Deutschen erst lernen: bei ihm. »Die Menschen waren ausgehungert nach Festen«, erinnert er sich. Als ein besonders nützliches Hilfsmittel erwies sich dabei seine Erfindung des mobilen Partyzeltes. Mit dem konnten Kellnerinnen und Köche von Fest zu Fest ziehen. Als die Begeisterung seiner Auftraggeber und deren Gäste zunahm, bestellte er 30 weitere Zelte.

Hervorragende Kontakte zu so unterschiedlichen Adressen wie der Bayerischen Staatskanzlei, dem FC Bayern München oder dem Fürstenhaus Thurn und Taxis beförderten das Geschäft ungemein. Da rief auch schon mal der Bundespräsident, wenn in Moskau ein Empfang gegeben werden sollte. Im ersten Stock des 1970 erweiterten Delikatessenhauses in der Prinzregentenstraße richtete K. ein Restaurant mit erlesener, aber keineswegs nach den Sternen greifender Küche ein. Bis auf wenige Séparées und Stuben für spezielle Anlässe saßen die Gäste lustvoll wie auf dem Präsentierteller.

Das Publikum bei K. verschmolz alsbald zu einer großen Familie. Prominente Banker, Politiker und Intendanten warfen sich freundliche Worte von Tisch zu Tisch zu. Schöne Frauen betrachteten das Restaurant als das, was es zweifellos ebenfalls war: einen Laufsteg. Musiker, Werbeleute, Designer und Journalisten zogen mit dem (vorerst) letzten Grappa noch schnell an die Nachbartafel, um Grüß Gott zu sagen und noch ein wenig zu ratschen. Der Weg zurück an ihre Arbeitsstätten verzögerte sich dadurch nicht selten um Stunden. Fast alle Gäste einte die damals von Arbeitgebern und Finanzämtern äußerst großzügig gehandhabte bundesdeutsche Spesenordnung. Goldene Zeiten.

Vater-Sohn-Konflikt 1971, überraschend, der nächste Ritterschlag: K. durfte erstmals als Wirt aufs Oktoberfest. Eine kleine Hendl-Braterei mit 50 Sitzplätzen war zu vergeben. Binnen weniger Jahre wurde daraus die Käfer-Schänke, eine gemütliche Holzhütte zu Füßen der Bavaria, »wo sich die Designer-Dirndl und Hirschlederhosen treffen« (»Süddeutsche Zeitung«). 1995 löste Gründerenkel Michael Käfer seinen Vater Gerd als Geschäftsführer ab. Es war keine harmonische Stabübergabe. Über Führungsstil und Strategie gerieten Vater und Sohn in einen lang anhaltenden Streit. Michael Käfer, der schon 1984 die hauseigene In-Disko »P1« in Eigenregie übernommen hatte, war dort mit allerhand dekadenten bis stillosen Happenings (»Jesusfest«, »Pennerparty«) aufgefallen, die der Öffentlichkeit im Allgemeinen und seinem Herrn Papa im Besonderen missfielen. Ohne Unterstützung sowohl seitens der Großmutter wie von Onkel Helmut hätte der Junior den Chefposten wohl nicht bekommen.

Heute haben sich die Wogen etwas geglättet. Als Chef des Hauses setzt der studierte Betriebswirt Michael Käfer die Tradition fort – wenn auch nicht mit den gleichen Qualitätsansprüchen. Er war bereits kurz davor, das Unternehmen, das eine Minderbeteiligung an der Wiesbadener Spielbank hält, an die Börse zu bringen. Ebenso arbeitswütig und ideenreich wie sein Vater, hält auch Michael Käfer unablässig Ausschau nach neuen Wegen. So übernahm er 1999 die Bewirtung der Abgeordneten im renovierten Berliner Reichstagsgebäude. Auch am Münchner Flughafen und neuerdings sogar im Wüstenstaat Bahrain ist die Feinkostfirma präsent. Regelmäßig werden neue Lizenzprodukte entwickelt. Rechtzeitig sicherte sich das Haus (mehr als 80 Millionen Euro Jahresumsatz) die VIP-Bewirtung bei der Fußballweltmeisterschaft 2006.

KAFFEE

Bei seinem Auftauchen in deutschen Landen wurde Kaffee zunächst als unerwünschte Konkurrenz des Alkohols bekämpft: Er war anregend, geselligkeitsfördernd und sollte deshalb nach Meinung der damals Herrschenden keinesfalls dem gemeinen Volk zugänglich sein. Da er zudem, im Unterschied etwa zum weit verbreiteten Kartoffelschnaps, nicht im Lande angebaut werden konnte, wurde er besteuert. 1781 beschloss Preußen das staatliche Röstmonopol, das nicht nur den K. verteuerte, sondern den Bürgern das Selbströsten untersagte. Wer es trotzdem versuchte, verriet sich durch den typischen Geruch und wurde von amtlichen »Kaffeeriechern« aufgespürt. Ihrer Leidenschaft für den braunen Trunk sind die Deutschen trotzdem treu geblieben und behaupten nach den Amerikanern den Platz des zweitgrößten Importeurs der Welt. Und nach wie vor finanzieren sie mit jeder der vier Tassen K., die den durchschnittlichen täglichen Konsum des Deutschen ausmachen, einen Teil des Staatshaushalts.

Der Legende nach verdankt die Menschheit die Entdeckung des K. äthiopischen Ziegen. Ein äthiopischer Hirte soll einst beobachtet haben, dass die Tiere aus seiner Herde, die die roten Früchte eines bestimmten Strauches gefressen hatten, bis spät in die Nacht munter blieben, während die anderen schon längst schliefen. Ob sich das so zugetragen hat, sei dahingestellt – gesichert ist jedenfalls, dass der K. seinen Ursprung in der arabischen Welt hat. Wahrscheinlich eroberte er vom Jemen aus die arabische Halbinsel, dann Ägypten und die Türkei. Von dort drang die Kunde von diesem berauschenden Getränk nach Europa. 1615 brachten Venezianer den K. nach Italien, kurz darauf tauchte er in Holland und England auf, 1644 in Marseille und 1668 in Wien. Als sich die Österreicher von der erdrückenden Ausdehnung des Osmanischen Reiches befreiten, sollen ihnen 500 Sack K. als Beute geblieben sein. Das erste europäische Kaffeehaus entstand 1554 in Konstantinopel, das erste deutsche 1697 in Bremen.

Brasilien liegt vorn War also Arabien das Kaffeeland schlechthin, so wollten die Europäer nicht einsehen, das Geschäft mit den Früchten des Kaffeebaums den Arabern zu überlassen. Sie begannen, Stecklinge oder Kaffeekirschen (in denen sich die Bohnen befinden) in ihren Kolonien anzubauen: die Holländer auf Java, die Franzosen auf Guyana, die Briten in Jamaika und Ostafrika und die Portugiesen in Brasilien. Heute ist Brasilien das Hauptanbauland, gefolgt von Vietnam, Kolumbien und Indonesien. Überall dort wurde unter Zerstörung riesiger Flächen tropischen Regenwaldes K. angebaut. Das führte – trotz steigenden weltweiten Konsums – zu einer Serie von Überproduktionen, die den Preis des K. immer weiter nach unten drückten. Heute kontrollieren nur zehn multinationale Unternehmen rund 70 Prozent des Weltkaffeehandels, von dessen Erlösen bei den Erzeugerländern, erst recht bei den Plantagenarbeitern, nur Bruchteile hängen bleiben.

Von dem Geburtsland des K. zeugt noch der Name der beliebtesten Kaffeesorte: »Arabica«. Sie gedeiht am besten auf Höhen zwischen 600 und 1800 Metern und macht über 70 Prozent der Weltproduktion aus. Von den restlichen 60 Sorten bestreitet die »Robusta« den größten Anteil. Sie wächst auch auf niedrigeren Lagen, vorwiegend in Äquatorialafrika.

20 Länder, 20 Sitten Die Qualität eines K. wird von der Mischung der Sorten, der Herkunft, der Röstung und schließlich der Zubereitung bestimmt. Bei der Röstung unterscheidet man zwischen der hellen bis mittleren (»amerikanischen«), der starken bis doppelten (»Wiener« bzw. »französische«) und der stärksten (»italienische Espresso-Röstung«). Auch in der Zubereitung gibt es regionale Differenzierungen: In den USA, Deutschland und der Schweiz ist der Filterkaffee am beliebtesten, bei dem kochendes Wasser durch den gemahlenen K. gefiltert wird. In Italien wird zur Herstellung eines Espresso siedendes Wasser unter hohem Druck durch feinstgemahlenen K. gedrückt; bei dieser Extraktion entsteht an der Oberfläche ein Schaum von Kaffeeölen, die »Crema«. Beim so genannten türkischen K. oder »Mokka«, der auch auf anderen Balkanländern anzutreffen ist, wird das Pulver zusammen mit Zucker in einem metallenen Stielkännchen aufgebrüht.

Erstmals in einem Wiener Café ist wohl eines Tages der Kaffeesatz aus den Tassen verschwunden. Der K. wurde gefiltert und mit Zucker und Milch verfeinert. Dies begründete die Kultur des Wiener Kaffeehauses und verhalf dem Getränk zu seinem Siegeszug durch Europa.

Noch im 19. Jahrhundert durften Frauen nur in Männerbegleitung ein Kaffeehaus aufsuchen. Um diese Diskriminierung auszugleichen, konterten die Damen mit dem Kaffeekränzchen, wo sie sich um eine große Kanne K. versammelten, dazu verschiedene Kuchen genossen und sich viel zu erzählen wussten.

KAVIAR

Eine der größten Delikatessen der Welt: der Rogen des Störs, einer früher weiter verbreiteten, nach erheblichem Rückgang 1998 unter das Washingtoner Artenschutzabkommen gestellten Fischart. Heute kommt sie vornehmlich im Kaspischen Meer vor und wird sowohl von russischen wie iranischen Fangflotten gefischt.

Störe sind Salzwasserfische, schwimmen aber zum Laichen in Richtung Süßwasser. Auf halber Strecke, im Delta der Flussmündungen, ereilt sie meist ihr Schicksal in Gestalt von Fischereibooten. Die Entscheidung über gute oder schlechte Qualität fällt direkt nach dem Fang: Der Rogen muss nämlich dem lebenden Fisch entnommen werden. Hierzu werden die Störweibchen mit einem Schlag auf den Kopf betäubt und ihnen die Eier entnommen, die bis zu 20 Prozent des Körpergewichts ausmachen können. Das dauert keine zwei Minuten. Danach wird der Kaviar gewaschen, durch ein Sieb gerieben, um Geweberückstände zu entfernen, und nach der Hinzugabe von etwa drei Prozent Meersalz und etwas Borsäure zur Konservierung sofort in 1,8-Kilogramm-Dosen gefüllt. Die Deckel werden sorgfältig angepresst und mit einem breiten Gummiband versiegelt. Anschließend wird der K. für einen Monat seinem Reifeprozess überlassen.

Die Russen waren über Jahrhunderte die Einzigen, die ein Quasi-Monopol auf den Handel mit K. besaßen. Ende des 19. Jahrhunderts hatten sie sogar ein Abkommen mit dem Iran getroffen, den gesamten iranischen K. zu erwerben und zu vermarkten. Erst der iranische Ministerpräsident Mosadegh kündigte 1952 diese einseitig die Sowjetunion begünstigende Vereinbarung.

Wilderer im Wolgadelta Den russischen K. kann man leicht an der Aufschrift »Malossol« auf der Dose erkennen: das russische Wort für »leicht gesalzen«. Die russische Kaviar-Industrie bietet heute ein sehr zerrissenes Bild, denn seit dem Zerfall der Sowjetunion lauern im Wolgadelta immer häufiger

Wilderer auf kleinen Booten, denen an einer hygienischen Weiterverarbeitung nichts liegt. Und auch die früher äußerst strenge Kontrolle der Verarbeitung mit ebenso strengen Fangquoten ist in den einzelnen GUS-Anrainerstaaten des Kaspischen Meeres weitgehend zusammengebrochen. Der Iran hingegen hat seine Kaviar-Industrie straff organisiert und kann das illegale Fischen so gut wie ausschließen. Penibel überwachte Weiterverarbeitung garantiert ein meist besseres Produkt.

Erst die Kühle macht den Luxus: Zwar gehörte Störrogen zu den Grundnahrungsmitteln der Fischer, doch zu seinem Transport außerhalb der Fanggründe fehlten die Kühlmöglichkeiten. Der Rogen verdarb auf Schiffen und in Postkutschen. Nur über reitende Boten konnte er dahin gelangen, wo die Nachfrage am größten war: auf die Tafeln der Reichen. Erstmals 1820 setzte eine private Moskauer Handelsgesellschaft Kühlung für den Transport ein. Heute sind Kühlketten zwar selbstverständlich, dennoch ist K. knapper als Gold.

Die wichtigsten Stör- bzw. Kaviar-Sorten: Der Sevruga ist mit einer Größe von maximal 1,5 Metern der kleinste kommerziell verwertbare Stör. Seine Eier sind kleinkörnig, dunkel, kraftvoll im Geschmack. Der Osietra lebt auf dem Meeresgrund, die Farben seiner Eier variieren zwischen schwarz, dunkelbraun und golden. Auch der Geschmack ist sehr nuancenreich und durch ein ausgeprägtes Nussaroma bestimmt. Der Beluga schließlich, der größte aller Störe (Länge bis zu sechs Metern), ist der einzige Fleischfresser. Er kann 600 Kilogramm und mehr wiegen; dazu lassen ihm die aggressiven Fangmethoden jedoch nur noch selten eine Chance. Machte der Beluga zu Beginn des letzten Jahrhunderts noch 40 Prozent des Störfangs aus, sind es jetzt gerade mal zwei Prozent. Seine Eier, in der Farbe hellgrau bis anthrazit, schmecken mehr nach Fleisch als nach Fisch und werden gekaut. Absoluter Star ist der so genannte Schah-Kaviar von besonders großen Belugas; sein Kilopreis kann leicht 25 000 Euro überschreiten. Er heißt so, weil er früher dem Schah von Persien vorbehalten war.

Luxus aus dem Blechnapf K. gehört zu den wenigen Lebensmitteln, die man im blechernen Gefäß auf die feinsten Tische stellen darf. Zwar sind es nur selten die Original-1,8-Kilogramm-Dosen, sondern meistens die kleineren Gefäße von seriösen Importeuren wie Caviar-House oder Petrossian, die für absolut frische Ware garantieren. Wichtig ist jedenfalls, dass K. stets bei einer Temperatur von plus zwei bis minus zwei Grad Celsius gelagert wird. Da dies in normalen Haushaltskühlschränken selten zu gewährleisten ist, sollte man ihn immer kurzfristig einkaufen.

K. sollte nie mit Silber- oder Edelstahllöffeln gegessen werden, da diese zur Oxidation führen. Perlmutt-, Horn-, Plastik-, notfalls auch Goldlöffel sind durchaus verträgliche Materialien. Und: Man genießt K. am besten pur, allenfalls mit neutralen Beilagen wie Blinis, Toastbrot, Crème fraîche oder Pellkartoffeln, nicht mit Zwiebeln oder Zitrone – es sei denn, er »fischelt« schon. Am professionellsten verkostet man K., indem man erst einen Löffel voll auf den Handrücken gleiten lässt, die Menge zum Mund führt und dann mit der Zunge gegen den Gaumen drückt. Dann stellen sich die Empfindungen ein, die – unabhängig von der dem K. nachgesagten aphrodisischen Wirkung – James Bond bzw. dessen Autor Ian Fleming mit »Liebesgrüßen aus Moskau« nur andeutungsweise beschreiben konnte.

KITON

Neben ➛ Brioni taucht in der ersten Liga der Herrenschneider automatisch der Name Kiton auf. Im Jahre 1969 gründete der qualitätsbesessene Stoffhändler Ciro Paone seine Schneiderwerkstatt in Arzano, nahe Neapel, und nannte sie nach dem altgriechischen Wort für festliche Kleidung.

Die Leichtigkeit seiner Stoffe und das eine oder andere liebevolle Detail machten ihn schnell berühmt. Charakteristisch für Anzüge von K. ist die leicht nach außen gewölbte Brusttasche, damit das Einstecktuch sich eleganter einschmiegen kann, aber auch ein dezent kariertes Knopfloch. Dass sämtliche Knopflöcher zum Durchknöpfen sind, versteht sich von selbst. Und noch etwas ist typisch für K.: Alles ist Handarbeit. Von insgesamt 54 Arbeitsgängen für ein Jackett werden nur drei maschinell ausgeführt: die Rückennaht und die beiden Seitennähte. Das Gleiche trifft auf Hemden, Sakkos oder Mäntel zu.

In ausgesuchten Herrengeschäften sind diese handgefertigten Meisterwerke zu kaufen. Reine Kiton-Boutiquen gibt es allerdings außer in Mailand nur noch in Paris, New York, Tokio und – Köln. Hier, in unmittelbarer Nachbarschaft des Doms, im Geschäft von Fatima Mildt, begegnet man einer einmaligen Symbiose aus italienischer Herren-Couture und deutscher Schneiderkunst. Es ist eigentlich keine richtige Boutique, denn Einlass erhält man erst nach Betätigen einer Klingel. »Fatima Mildt und ihr Mann Andreas wollen Zeit für ihre Kunden haben und nicht mit Gaffern verplempern«, wie die »Wirtschaftswoche« feinfühlig notierte. Doch einmal über der Schwelle, kann man zuschauen, wie die Eheleute mit fünf Schneidern und zwei Näherinnen aus Kiton-Rohlingen einen Maßanzug »Kiton made by Mildt« fertigen – eine wahrlich beeindruckende Kooperation. Frau Mildt, die als »Weltmeisterin der Herrenschneider« ausgezeichnet wurde, hat sich völlig auf die Luxuskonfektion und individuelle Maßanfertigungen aus dem Hause K. spezialisiert.

Dessen Chef meinte einmal in einem Interview, dass ein wirklich eleganter Herr zehn seiner Anzüge im Schrank haben sollte, um bei jeder Gelegenheit gut gekleidet zu sein. Allerdings sollte dann auch das Bankkonto gut gefüttert sein: Ein K. kostet normalerweise zwischen 3000 und 4000 Euro, doch die Stoffqualität kann den Preis durchaus noch verändern. Nach oben.

KLATSCHREPORTER

Sein Abgang ist anzuzeigen. In aller Stille ist er abgetreten: der Klatschreporter. Seine Zeit war um, für ihn gab es nichts mehr zu tun. Die Marktschreier beherrschen heute die Szene. Er musste sich früher im Flüsterton unterhalten und dabei ängstlich über die Schulter blicken, ob auch ja niemand zuhört. Das war seine Zeit. Die große Zeit des K. Er schrieb auf, ergänzte und veredelte – oft mit feiner Ironie oder angehobener Augenbraue –, was andere tuschelten.

Nicht, dass der Klatsch abgeschafft wäre, gottbewahre! Es ist nur so, dass sich heutzutage ganze Blätter und auch noch das Medium Fernsehen mit der Materie beschäftigen. Es gibt Magazine für den gehobenen, den mittleren, den einfachen Geschmack. In den Redaktionen treten sich die Kollegen gegenseitig auf die Füße. Da gibt es welche, die beobachten die Königshäuser. Andere sind eingeteilt, den deutschen Adel im Auge zu behalten. Für die Prominenz des Showbusiness braucht es mehrere Abteilungen. Jeden Morgen fragt der Chef streng: »Was gibt's Neues aus der Welt des schönen Scheins?« Dann eilen alle an die Schreibtische, werfen die Computer an, studieren neue Gerüchte, die als SMS-Botschaften auf ihren Handys gelandet sind. Sie klemmen sich ans Telefon, führen Gespräche in alle Welt. Manchmal kriegen sie einen echten Promi an den Apparat, und der redet und redet und redet. Es kommt sogar vor, dass der von sich aus anruft. Oder sein Pressesprecher meldet sich, fragt an, ob man an einer guten Story interessiert sei. Graf Soundso möchte sich zu den Scheidungsgerüchten äußern.

Einsamer Wolf Um wie vieles beschwerlicher war da der Job des K.! In seiner Redaktion kämpfte er allein, ein einsamer Wolf gegen all die Schlauberger vom politischen Teil und vom Feuilleton. Der PR-Agent des Stars rief ihn höchstens hinterher an, wenn die Angelegenheit bereits in der Zeitung stand, und beschimpfte ihn übel. Um seine Geschichte – es reichte manchmal auch schon eine Meldung – »rund« zu bekommen, hat er tagelang recherchiert, zahllose Leute befragt. Auf mindestens drei Society-Partys musste er herumlungern. Er fuhr nachts angeschickerte Models oder Filmsternchen im Auto nach Hause, um ihnen noch das eine wichtige Detail zu entlocken. Auf herzöglichen Schlössern und in billigen Absteigen blieb ihm bisweilen nichts anderes übrig, als sich als Kellner auszugeben, weil er sonst ums Verrecken nicht an seine Informationen kam. In jahrelanger mühevoller Kleinarbeit baute er sich einen Stamm von Informanten auf. Wer zählt die vielen Biere oder Gin Tonics, die er mit denen getrunken hat? Ja, seine Leber, die hat er geopfert für die gute Sache, seine Nachtruhe sowieso, von der Familie ganz zu schweigen.

Das alles konnte nur funktionieren, weil er heiß war. Heiß auf tolle Storys, heiß auf Enthüllungen, heiß auf die Zeitungsausgabe vom kommenden Tag. Hannes Obermaier von der »Münchner Abendzeitung« war so einer; desgleichen sein Nachfolger Michael Graeter, der später bei »Bild« und »Bunte« vor das gesamte deutsche Publikum trat. Das gesellschaftliche Wien wurde jahrzehntelang von einem gewissen Roman Schließer bearbeitet, auch er ein angesehenes Mitglied der Zunft. Selbstironisch nannte er sich und seine Kolumne in der »Kronen-Zeitung«: »Adabei«. Das »A« steht für »auch«; ein Adabei ist in der österreichischen und bayerischen Partysprache einer aus dem unteren Teil der Gästeliste, nichts Besonderes, einer von vielen. Eben: auch dabei.

Doch im Berufsethos des K. verkehrte sich der Begriff in sein Gegenteil. Da war das Dabeisein alles, eine hohe Tugend. Er, der K., war dabei: immer und immer wieder. Nahm Witterung auf, pickte hier, pflückte da. Und am nächsten oder übernächsten Tag stand alles in der Zeitung. Er konnte nur in einer Epoche Erfolg haben, in der es noch Geheimnisse gab. Die zu lüften war sein stetes Bemühen. Wir wollen ihm ein ehrendes Andenken bewahren!

KLEINES SCHWARZES

Längst ein Klassiker ist diese Kreation von Coco ➛ Chanel aus dem Jahre 1926: ein im Grunde genommen simples, untailliertes, knielanges Kleid, weder extravagant geschnitten noch luxuriös verziert, das gleichwohl die moderne Zeitrechnung in der Mode eingeläutet hat. Gleich zu Beginn wurde es als revolutionär empfunden und brachte die Gemüter heftig in Wallung. Denn mit der Farbe Schwarz war ein Tabu gebrochen. Lange hatte schwarze Kleidung für eine junge Frau als unschicklich gegolten. Schwarz war die Farbe entweder von Witwen oder von verheirateten, erfahrenen Frauen. Junge Frauen sollten besser Weiß tragen, die Farbe der Unschuld. Die Modezeitschrift »Vogue«, in der Coco Chanels Entwurf erstmals abgedruckt war, sagte dem ungewöhnlichen Kleidungsstück einen durchschlagenden Erfolg voraus: »Es wird eine Uniform für alle Frauen mit Geschmack werden.« Und in englischen Zeitungen tauchte der Name auf, der es berühmt machen sollte: *little black dress*.

Madame Chanels aparter Entwurf entstand aus ihrer Abneigung gegenüber der bisher gültigen Modelinie mit viel Spitze und Korsagen. Beim Anblick dieser überladenen und – in ihren Augen – »elitären« Garderobe habe sie »Überdruss« empfunden, erläuterte sie später. Sie setzte ihren eigenen Geschmack dagegen, der sich durch raffinierte Unkompliziertheit definierte. Der Ausdruck »Minimalismus« wurde zu dieser Zeit in der Mode noch nicht benutzt, aber das kleine Schwarze hat diesen Trend damals schon gesetzt. Es war der erklärte Wille seiner Schöpferin, es nicht nur den Damen der gehobenen Gesellschaft als Abendgarderobe anzupassen. Auch Bürogehilfinnen, Verkäuferinnen und Arbeiterinnen sollten sich darin wohl fühlen. So wünschte es sich Coco Chanel, und so geschah es.

Das kleine Schwarze hat alle Moden überdauert. Es war und ist auf eine geniale Art schlicht und geheimnisvoll zugleich. Sein Design ist ohne jeglichen Schnickschnack und doch – oder gerade deshalb – so verführerisch. Das Kleid ist weder in der Opernloge noch an der Bar fehl am Platz. Auf der Vernissage stellt es so manches präsentierte Kunstwerk in den Schatten. Ob auf der Party oder zum Dinner: Im kleinen Schwarzen sieht die Gastgeberin meistens hinreißend aus. Kaum eine Gelegenheit, wo es eine Frau under- oder overdressed wirken ließe. So hat dieses zeitlose Textil zu Recht seinen Siegeszug durch die Kleiderschränke dieser Welt angetreten, und ebenso zu Recht hat es zahllose bezaubernde Göttinnen der Leinwand geschmückt. In unserem kollektiven Gedächtnis wird für immer das Bild gespeichert sein, wie Audrey Hepburn im Film »Frühstück bei Tiffany« im kleinen Schwarzen über die New Yorker Fifth Avenue spaziert.

Knigge

Benimmt sich jemand daneben oder hat erkennbar keine Manieren, so sagt man gern: »Dem sollte man mal den ›Knigge‹ zu lesen geben.« Diskutiert man darüber, ob ein Mann, der mit einer Dame ein Lokal betritt, als Erster durch die Tür geht oder ihr den Vortritt lässt, wird man – sofern der Gesprächspartner es nicht so genau weiß – zur Antwort bekommen: »Lies nach bei Knigge!« (Um die Frage gleich zu beantworten: Der Mann geht voraus.) Das Hamburger »Manager Magazin« forderte kürzlich seine Leser zum Mitmachen auf: »Sind Sie mit der Etikette vertraut? Ermitteln Sie im Knigge-Test, wie souverän Sie sich auf dem gesellschaftlichen Parkett bewegen!«

Solcher Beispiele sind viele. Eines der großen Missverständnisse der deutschen Literaturgeschichte wird wohl auf immer und ewig am Œuvre des Schriftstellers Adolph Freiherr von Knigge kleben. Sein berühmtes Buch »Über den Umgang mit Menschen«, 1790 erschienen, durfte in kaum einem bürgerlichen Haushalt des 19. und frühen 20. Jahrhunderts fehlen. Dass es bis heute dem hartnäckigen Fehlurteil unterliegt, es sei *das* Standardwerk über Benimm- und Anstandsregeln, in vielem gültig bis zur Gegenwart, liegt auch an den Machenschaften der Verleger: Für Neuauflagen lange nach dem Tod des adeligen Autors ließen sie entsprechende Passagen von »bearbeitenden« Autoren hinzuschreiben. In den heutigen Editionen sind diese Zusätze längst wieder getilgt.

»Der Knigge«, so wie sein Urheber ihn geschrieben und abgeliefert hat, ist kein Buch über die Etikette, keine Benimmfibel. Er erklärt uns nicht, wo und wann ein Handkuss erlaubt ist, ob es sich gehört, dass man Kartoffeln mit dem Messer schneidet, wie tief die Verbeugung vor einer Respektsperson zu sein hat. Solche Dinge hätte der hochgebildete, vielseitige und scharfzüngige Autor wohl eher unter dem Stichwort Bagatellen eingeordnet. Ihm, dem großen Menschenkenner und Vordenker eines aufgeklärten Bürgertums, ging es in diesem Werk um mehr: um das Miteinander in moralischer, sittlicher, psychologischer Hinsicht. Einfacher ausgedrückt: um das jeweils angemessene Betragen in den verschiedensten Bereichen des Lebens. Und diese Empfehlungen hat er in über 300 Seiten (nach heutiger Zählung) ausgebreiteten Kurzessays ausgesprochen geistreich formuliert.

Unbeugsam und aufsässig Knigge wurde am 16. Oktober 1752 auf Schloss Bredenbeck bei Hannover geboren, als einziger Sohn des Oberhauptmanns und Hofgerichtsrats Philipp Karl Freiherr von Knigge. Er studierte Jura in Göttingen, ging 1772 als Assessor in Kassel in den Staatsdienst. 1777 wurde er auf Empfehlung Goethes zum Weimarischen Kammerherrn, 1790 zum Kurfürstlich-Hannoverschen Oberhauptmann in Bremen ernannt. In all diesen Positionen soll ihm eine gewisse obrigkeitsresistente Aufsässigkeit zu Eigen gewesen sein. Mit seinen Vorgesetzten überwarf er sich häufig. Demonstrativ ließ er das Adelsprädikat vor seinem Namen weg und nannte sich »der freie Herr Knigge«. 1780 bis 1784 gehörte er dem der Aufklärung verpflichteten Illuminatenorden an. Sein umfangreiches schriftstellerisches Werk wurde lange unterschätzt. Es besteht aus Romanen, Satiren, moralischen, philosophischen und politischen Schriften. Als humoristische, kulturhistorisch aufschlussreiche Darstellung damaligen bürgerlichen Lebens gilt sein Roman »Die Reise nach Braunschweig« aus dem Jahre 1792. Knigge galt als ein konsequenter Anhänger der Ideale der Französischen Revolution und machte sich auch als Übersetzer des französischen Philosophen Jean-Jacques Rousseau einen Namen. Gestorben ist er am 6. Mai 1796 in Bremen, noch keine 44 Jahre alt.

KNIZE

Als Friedrich Knize 1927 den Herrenduft »Knize 10« auf den Markt brachte, war das Habsburger Reich, dessen k. u. k.-Hoflieferant sein Großvater gewesen war, bereits untergegangen. Dieser hatte sich als Herrenschneider 1858 in Wien niedergelassen und mit seinen eleganten Schnitten nicht nur den kaiserlichen Hof, sondern sehr schnell auch die österreichische Diplomatie, Künstler und Industrielle zu seiner Stammkundschaft zählen können. Das Stammgeschäft besteht noch heute in der Wiener Innenstadt (Graben 13) und ist nach wie vor erste Adresse für Herrengarderobe – von Konfektion bis zum Maßanzug. Selbst ➛ Brioni fertigt nach Schnitten von K. Der Frack für den Opernball oder der Cut mit der für K. typischen zweireihigen Weste werden von Menschen mit Sinn für klassische Kleidung weit über Österreichs Grenzen hinaus geschätzt.

Für den in Ungarn geborenen Romancier und Essayisten Hans Habe (1911–1977) war besagtes Eau de Toilette »Knize 10« die magischste Essenz überhaupt: »Wenn ich auf eine einsame Insel nur einen Duft mitnehmen dürfte, wäre es immer die Nr. 10 von Knize; nicht nur, weil er die eigene Moral so wunderbar stärkt, sondern weil er auch die Moral einer schönen Frau so leicht ins Wanken bringt.« Der Name kommt daher, weil beim königlichen Sport ➛ Polo die 10 die höchste Punktzahl ist. Der begehrte Herrenduft riecht nach Leder, Tabak, Moschus, Ambra und verschiedenen Kräutern wie Rosmarin.

KOBE-RIND

Das Kobe-Rind nimmt eine Sonderstellung unter den Rindviechern ein, und man weiß nicht genau, ob die Angus, Charolais, Herford oder wie die Rassen alle heißen, es beneiden oder bedauern sollten. Zunächst ist es ein Hausrind wie alle anderen auch. Es kommt aus der japanischen Region um die gleichnamige Stadt Kobe, und die Rasse nennt sich »Wag-yu«. Was dieses japanische Schwarzvieh aber so einzigartig macht, ist sein Fleisch, das als das teuerste und exklusivste der Welt gilt. Es ist von Natur aus mit feinsten Fettadern marmoriert und erinnert auch in der Konsistenz eher an Gänseleber, deren Kaloriengehalt es jedoch nicht ganz erreicht, als an unser gewohntes Steak. Deswegen eignet es sich auch weniger zur Kraftnahrung für Bodybuilder, wohl aber zur Erbauung der ➛ Gourmets.

Unterstützt wird diese natürliche Veranlagung des K. durch die Art der Tierhaltung. Das beginnt sozusagen mit dem Aperitif, denn jedes Tier erhält zur Appetitanregung eine tägliche Ration Bier verabreicht. Ein spezielles Kraftfutter aus Getreide, Rüben, Kartoffeln und Biertreber sorgt für ausgezeichnetes

Wohlbefinden der Tiere. Schließlich wird jede Kuh von dem Bauern täglich ein bis zwei Stunden massiert und dabei mit einer alkoholischen Flüssigkeit besprüht. Diese Intensivbetreuung führt dazu, dass sich unter der Haut nur eine ganz dünne Fettschicht bilden kann, sich das Fett stattdessen gleichmäßig mit dem Fleisch verbindet und so für den überwältigenden Geschmack sorgt.

Aufgrund der zeitaufwändigen Pflege und des in Japan nur sehr knapp verfügbaren Raums haben die meisten Bauern nicht mehr als fünf bis sechs Tiere in ihrem Besitz. Allerdings reicht der Verkauf eines Tieres pro Jahr durchaus, um eine größere Familie zu versorgen. Bei Auktionen werden manchmal sechsstellige Euro-Preise erzielt. Entsprechend hoch sind die Preise für das Fleisch.

Köche

Was viele Jahrhunderte auf deutschen, englischen und französischen Fürstenhöfen auf den Tisch kam, hatte mit Kochkunst noch wenig zu tun. Der Unterschied zur Ernährung des einfachen Volkes bestand darin, dass sie reichlich war. Bis weit in die Renaissance ist der Speisezettel der Herrentische am besten mit dem Wort »maßlos« beschrieben. Der gemeine Mann und seine Familie ernährten sich von Brot, Brei und Hülsenfrüchten.

Erst Mitte des 15. Jahrhunderts fingen italienische Aristokraten und andere Wohlhabende an, sich der kulinarischen Errungenschaften im alten Rom zu erinnern. Die Schriften von Apicius wurden aus der Vergessenheit geholt, und es begann eine Zeit der kulinarischen Verfeinerung. In Frankreich setzte diese Entwicklung etwas später ein und fand ihren Durchbruch, nachdem die 14-jährige Katharina von Medici 1533 in Marseille den Herzog von Orléans und späteren französischen König Heinrich II. geheiratet hatte. Katharina war nicht bereit, ihre italienischen Essgewohnheiten abzulegen, und übertrug einer Brigade florentinischer Köche das Küchenkommando am Hofe des Gemahls. Damit wurde auch am französischen Hof eine neue kulinarische Ära eingeläutet.

Natürlich versuchten die anderen Noblen Frankreichs es dem Königshaus nachzumachen. Viele Saucen, Pasteten und Nachspeisen entstanden in jener Zeit, die noch heute eng mit dem Ruf der großen französischen Cuisine verbunden sind. Doch immer noch war die gute Küche nur im unmittelbaren Umfeld der Macht und des Geldes zu finden. Das änderte sich mit der Französischen Revolution. Köche, deren Herrschaften von den Jakobinern vertrieben oder hingerichtet wurden, fanden in den Wirtshäusern und Schänken ein neues Arbeitsfeld. Die Institution Restaurant war geboren. Es wurde experimentiert und perfektioniert. Das befreite Bürgertum suchte es den früheren Herren gleichzutun – an Glanz und Raffinement.

Künstler am Herd In diese Zeit fällt das Wirken einiger bis heute bekannter Persönlichkeiten, die sich um die französische Küche verdient gemacht haben. Der Erste war Jean-Anthèlme Brillat-Savarin. Der gelernte Jurist war Gerichtspräsident, Bürgermeister und schließlich Kommandant der Nationalgarde und hatte daher Anlass genug, sich während der revolutionären Wirren nach Amerika abzusetzen. 1796 durfte er zurückkommen, und fortan widmete er sich intensiv seinem Hobby, der Gastronomie. In dieser Zeit verfasste er sein berühmtes Werk »Physiologie des Geschmacks«, in dem er sich, literarisch brillant, mit dem Thema Essen und Trinken beschäftigte. Ein Zeitgenosse von Brillat-Savarin war das wahrscheinlich erste große Genie französischer Kochkunst: Marie-Antoine (genannt Antonin) Carême. Er stammte aus einer bettelarmen Familie, wurde mit zehn Jahren von seinem Vater auf die Straße gesetzt und arbeitete sich vom Gehilfen in einer Garküche bis zum Koch von Napoleons Außenminister Talleyrand empor. Der Meister der Diplomatie setzte ihn geschickt als Werkzeug französischer Außenpolitik ein: Gewissermaßen als Botschafter der Haute Cuisine kochte Carême am englischen, am russischen und am Wiener Hof, bevor er schließlich Koch beim Baron de Rothschild wurde. Als Standardwerk der französischen Hochküche hinterließ er das fünfbändige Werk »L 'Art de la Cuisine Française au XIX siècle«.

Ein weiterer bedeutender Name in der Geschichte der großen Küche ist Auguste Escoffier. Sein Verdienst war es, die klassischen, noch von Carême geprägten Rezepte mit Sensibilität modernisiert und auf leichtere Art interpretiert zu haben. Vor allem aber erfand er eine effektivere Organisation der Arbeitsabläufe in der Küche. Nach seinen Anfangsjahren in Frankreich, der Schweiz und Monte Carlo verköstigte Escoffier auf einer Kreuzfahrt Kaiser Wilhelm II., der ihm kurzerhand den Titel »Kaiser der Köche« verlieh. Später engagierte ihn César Ritz im Londoner »Savoy«, wo er sieben Jahre wirkte. Es folgten Häuser wie das Pariser »Ritz« und das »Ritz Carlton« in London. Escoffiers schriftliche Hinterlassenschaft – der 1903 erstmals veröffentlichte und mehrmals neu aufgelegte »Guide Culinaire« sowie das 1919 publizierte Erinnerungswerk »L'aide-mémoire culinaire« – ist heute noch Pflichtlektüre aller großen Köche. Aus der gastronomischen Neuzeit muss ein Name erwähnt werden, durch dessen Küche die Großen der zweiten Hälfte des 20. Jahrhunderts geprägt wurden: Fernand Point. Sein Haus in Vienne war die Lehrstube der Brüder Troisgros und von Paul ➛ Bocuse, mit dessen Namen wiederum die Nouvelle Cuisine eng verbunden ist.

Das dritte deutsche Wunder Diese Küchenrichtung schaffte zwar die Bühne für viele Selbstdarsteller und Scharlatane, die sich des Themas bedienten, ohne die Botschaft je verstanden zu haben. In Deutschland aber, einem Land, das auf keine kulinarische Tradition zurückblicken konnte, setzte sie den Startschuss für eine gastronomische Revolution. Ihr Anführer war der geniale Eckart ➛ Witzigmann, von dessen Schule Dutzende junger Talente geprägt und inspiriert wurden. Nach und nach entstanden Restaurants, die in der internationalen Spitzenliga mithalten konnten und den Vergleich mit ihren französischen Pendants nicht scheuen mussten, was bis heute so geblieben ist. Nach dem Wirtschafts- und dem Fräuleinwunder konnten die Deutschen sich am dritten Mirakel der Nachkriegszeit erfreuen: dem Küchenwunder der 70er Jahre. Der bislang weitgehend unbeachtete Beruf des Kochs hatte, wie in Frankreich, endlich gesellschaftliche Anerkennung gefunden.

KRAWATTE

Eines der überflüssigsten Mode-Accessoires, wenn man es rein rational betrachtet, das da um den Hals des abendländischen Mannes geschlungen ist: fest oder zu fortgerückter Stunde auch leger verknotet, vom Adamsapfel über Brust und Bauchnabel in

Richtung Gürtelschnalle abfallend, bei dicken Bäuchen auf selbigen ruhend, in den verschiedensten Farben und Mustern, Breiten, Stoffarten. Man nennt die Krawatte auch Schlips oder, noch prosaischer, Binder. Sie wärmt nicht. Sie behindert die freie Atmung. Sie flattert unkontrolliert bei Wind. Auf Festen und beim Dinner fängt sie sich Wein- und Saucentropfen ein.

Eine eigenständige Existenzberechtigung kann die K. nicht vorweisen. Ihre Funktion ist eher eine dienende: die passende (häufig auch unpassende) Ergänzung zu Hemd, Sakko, Anzugjacke und Weste und damit zur Gesamterscheinung zu geben. Dennoch oder gerade deshalb gilt sie in der gesamten westlichen Welt und weit darüber hinaus als der ins Auge stechende Beweis für den guten (oder schlechten) Geschmack ihres Trägers.

Bei unzähligen Gelegenheiten überall auf der Welt wird man ohne K. nicht ein- oder vorgelassen, schroff abgewiesen, herablassend (aus)gemustert. Ohne K. kommt man gesellschaftlich nicht weiter, gilt man als ungehobelter Stiesel. Für das Gros der in Büros tätigen Menschen ist die K. außerdem Teil der Berufskleidung, nicht selten der einzige, auf den es ankommt.

Doch je schlimmer der Zwang, desto köstlicher die Freiheit. Die K. hat etwas, was andere Kleidungsstücke nicht haben, nämlich die nur ihr eigene spezifische Qualität des Weglassens. Ein anständiger Rebell, der Konvention und allem Spießertum mutig Paroli bietet, lässt den Hals frei und den Schlips zu Hause.

Das Tuch der Söldner Die Geschichte dieses merkwürdigen Binders, den schon viele ohne Erfolg abzuschaffen versuchten (was allein deshalb ein enormer Verlust wäre, weil es Millionen Frauen die Geschenkidee zu Weihnachten und zum Geburtstag rauben würde), reicht bis ins Altertum zurück. Bereits bei den Ägyptern soll es höher gestellte Zeitgenossen gegeben haben, die zum Zeichen ihrer Würde ein rechteckiges Stück Stoff am Hals trugen, um die Schulter wie ein Schal geschwungen. Ähnliche Vorläufer werden aus der chinesischen und der römischen Kultur gemeldet. Die eigentliche Geburtsstunde der K. schlägt um 1660: mit der Ankunft kroatischer Söldner in Frankreich. Zur militärischen Tracht dieser Söldner gehörte ein Stück weißer Stoff (»Hravatska«), das am Kragen in Form einer Rosette befestigt wurde und dessen Enden über der Brust hingen. Die Franzosen waren begeistert, so sehr, dass sie diese Mode, genannt *croatta* oder *cravat* nicht nur übernahmen, sondern eiligst in ganz Europa verbreiteten. Damals wurde die K. nur locker am Hals befestigt und die beiden Enden entweder in ein Loch im Jackett oder mit einer Nadel festgesteckt. Diese Form war zu Beginn des 18. Jahrhunderts besonders beliebt.

Als geradezu krawattenbesessen galt König Ludwig XIV. Mehrere seiner Höflinge teilten sich die tägliche Aufgabe, dem Monarchen eine Auswahl an Krawatten zu präsentieren, von der er eine aussuchte und selber knotete. Der »Cravatier« hatte dann die Aufgabe, sie korrekt auszurichten. In der Französischen Revolution wurde die K. zum Statussymbol für Macht und zum Ausdruck der politischen Überzeugung: Die Revolutionäre trugen eine schwarze, die Gegner der Revolution eine weiße K. Etwa zur gleichen Zeit in England wurde die K. besonders von Bohemiens und Dandys, Künstlern und Lebenskünstlern geschätzt. Man trug sie groß, mit vielen Schleifen, die Kinn und Unterlippe überdeckten. Der berühmte ➛ Dandy George Bryan »Beau« Brummell (1778–1840), Günstling des Prinzen von Wales und späteren Königs Georg IV., verbrachte täglich mehrere Stunden damit, sich die ausgefallensten Knotenformen auszudenken. In Frankreich notierte der Schriftsteller Honoré de Balzac (1799–1850): »Ein Mann ist so viel wert wie seine Krawatte. Durch sie enthüllt sich sein Wesen, in ihr manifestiert sich sein Geist.«

Kreuzfahrt

Bis zum Ende des 19. Jahrhunderts war die Schifffahrt ein die Kontinente verbindender Liniendienst. Dann kam der Wandel: Vergnügungsreisen auf mächtigen Ozeanriesen wurden angeboten. Zwar war die meistbefahrene Route immer noch die Überquerung des Atlantiks. Und auch drängten sich auf den Zwischendecks nach wie vor jene Passagiere, die ihre letzten Ersparnisse nicht für ein Vergnügungsversprechen auf See geopfert hatten, sondern um das Elend oder die Verfolgung auf dem einen gegen eine bessere Zukunft auf dem anderen Kontinent einzutauschen. Dennoch setzte um die Jahrhundertwende ein verbissener Wettbewerb zwischen den europäischen Reedereien um das größte, schönste und luxuriöseste Passagierschiff ein. Mit ihren Salons, Bars, Speisesälen und Luxuskabinen machten diese, von den Besatzungen der Fracht- und Fischereidampfer leicht spöttisch »Musikdampfer« genannten Schiffe die Passagiere vergessen, dass sie sich auf dem Meer befanden. Für die Promenadendeck-Passagiere galt es jetzt nicht mehr so sehr, von A nach B zu kommen – die Reise war das Ziel. Und da diese nicht unbedingt in einer geraden Linie verlief, sondern oft Attraktionen rechts und links der Route einschloss, entstand die moderne Kreuzfahrt (von dem Seglerausdruck »kreuzen«), obwohl das Wort selbst erst Mitte des 20. Jahrhunderts gebräuchlich wurde.

Zu den komfortabelsten Schiffen dieser Zeit gehörte die von der Hapag in Dienst gestellte »Kaiser Wilhelm II.«, die alles an Bord hatte, was ein ➛ Grandhotel bieten kann. Auch von Größe und Höhe her war sie beeindruckend, allerdings meist nur, wenn sie im Hafen lag; bei rauer See war die Fahrt für die Passagiere nicht das reinste Vergnügen: Lästermäuler nannten den Stolz der Hapag deswegen »Schlinger-Willi«. Die Hamburg-Amerika-Linie und auch der Norddeutsche Lloyd Bremen ließen mit ebenbürtigen Schnelldampfern für die damalige Highsociety nicht auf sich warten. Frankreichs Stolz auf der Atlantikroute war die »Normandie«, und Großbritannien schickte die »Queen Mary« ins Rennen. Diese war übrigens das erste Schiff, das mit einer Schlingerdämpfung ausgestattet war und somit der Seekrankheit entgegenwirkte, die damals zu den häufigen Übeln einer Atlantiküberquerung gehörte.

Der Sonne entgegen Viele der stolzen Riesen mussten dann in den beiden Weltkriegen als Truppentransporter dienen, was oft ihre letzte Reise bedeutete. Den verbliebenen Musikdampfern machte nach dem letzten Weltkrieg das Abenteuer Luftfahrt Konkurrenz. Sie bot zwar nicht den gleichen Komfort, war aber um ein vieles schneller. Im Jahre 1958 überquerten erstmals mehr Menschen im Flugzeug den Atlantik als per Schiff. Die Reedereien sahen sich gezwungen, ihren schwimmenden Grandhotels alternative Verwendungen zuzuordnen. So entstand die moderne K. Deren Rückgrat ist nicht mehr die Strecke Europa-Nordamerika und zurück. Das Motto lautet nun: der Sonne entgegen. Vor allem in den Wintermonaten entfliehen Amerikaner und Europäer dem kalten und nassen Klima ihrer Heimat, um im Mittelmeer oder zwischen den Karibischen Inseln zu kreuzen. Der angebotene Komfort auf den neueren Schiffen steht dem der klassischen Musikdampfer in nichts nach; die Klientel hat sich jedoch verändert. Vor hundert Jahren waren es hauptsächlich Adelige, Künstler, Schauspieler, frühe Industriekapitäne und reiche Kurtisanen, die eine Reise mit dem Schiff im wahrsten Sinne des Wortes zelebrierten. Die immensen Schrankkoffer von Louis ➛ Vuitton hatten da ihre große Zeit. Heute ist eine K. zwar immer noch kein Last-Minute-Trip, aber doch sehr viel demokratischer geworden. Die Hauptklientel besteht aus gutsituierten Bürgern, die sich nach einem arbeitsreichen Leben verwöhnen (lassen) wollen.

Das Angebot für moderne Kreuzfahrer ist dafür größer geworden: Neben Ozeanriesen im klassischen Sinne wie die neue ➛ »Queen Mary 2« oder die hochgelobte »MS Europa«, die seit einigen Jahren regelmäßig die Insel ➛ Sylt anläuft, gibt es Kreuzfahrt-Segelyachten wie die »Sea Cloud« oder die »Lili Marleen«, Clubschiffe wie die »Club Med 2«. Nicht nur auf See werden heute K. angeboten, sondern auch Fluss-Kreuzfahrten auf Donau und Nil. Dabei sind die Landausflüge ein wichtiger Faktor: Nach einem luxuriösen Dinner und einer (meist) erholsamen Nacht wachen die Passagiere am folgenden Morgen auf einem neuen Eiland oder in einem neuen Land auf, das es zu entdecken gilt.

Service-Vergleich Wichtigstes Kriterium für eine K. ist jedoch heute wie in alten Zeiten der Service an Bord. Er kann sehr verschieden ausfallen. Alexis Gregory hat in seinem Buch »Bon Voyage« erstaunliche Unterschiede ausgemacht: »Die Engländer boten wohl den besten Service und die Amerikaner den schlechtesten. Die Angestellten der Cunard White Star wussten, was sie ihrer Linie schuldig waren, und verbanden auf höchst ungewöhnliche Art Höflichkeit, Freundlichkeit und respektvollen Dienst. Das war das Ergebnis einer traditionell hierarchischen Gesellschaft, deren Ordnung nie von einer Revolution erschüttert worden war … Die Franzosen konnten das richtige Verhältnis zwischen Beflissenheit und Selbstachtung nicht finden, die Deutschen waren einfach zu steif und zu streng, und den Amerikanern lag es überhaupt nicht, sich von irgendjemand etwas sagen zu lassen: Ihre Vorfahren hatten doch den Atlantik nicht auf dem Zwischendeck überquert, damit ihre Kinder sich nun von den Reichen und Adeligen auf den Luxusdampfern herumkommandieren und Befehle erteilen lassen.«

Zumindest dieses Problem ist inzwischen kleiner geworden, seit auf allen Schiffen, gleich welcher Flagge, dieselbe bunte Mischung aus vielen Nationalitäten Dienst tut. Einzig der Kapitän hat seine Rolle in all den Jahren nicht verändert. Für die Briten war er einst der »Master before God«. Der Flaggschiffkapitän der Cunard Line führte gar den Titel »Commodore«. Abgesehen von technischem Wissen und seemännischer Erfahrung, muss er heute wie ein Unternehmer mit besten Führungsqualitäten ausgestattet und mit der Grandezza eines alten Diplomaten auf jedem gesellschaftlichen Parkett zu Hause sein. Und: Er muss auch einen Gottesdienst abhalten können.

KRUG

Der in Mainz geborene Joseph Krug übernahm im Jahre 1843 das Reimser Champagnerhaus von Hippolyte de Vives. Er hatte zuvor in einem anderen großen Haus in Châlons-sur-Marne gearbeitet und sich mit den Regeln der Champagnerherstellung vertraut gemacht. Es verlangte ihn jedoch nach einem ➛ Champagner seines Geschmacks. So begann er in den Jahren 1845 und 1846 seine ersten Assemblagen zu komponieren, also die Vermählung verschiedener Lagen und Rebsorten. Sein Ruf als begnadeter Assembleur machte schnell die Runde. Es kam vor, dass er von Mitbewerbern gebeten wurde, an deren Assemblagen mitzuwirken.

Auch heute noch, in der fünften Generation, ist das Haus Krug Traditionalist, wenn es um die Champagnerherstellung geht. Nach wie vor findet bei K. die erste Gärung, die alkoholische, in kleinen Holzfässern statt. Danach reifen die Champagner meist fünf bis sieben Jahre in den Kellern, Magnumflaschen (➛ Flaschen) noch wesentlich länger. Und nach wie vor widmen sich die heutigen Unternehmensleiter Henri und Rémy Krug (ihr Unternehmen gehörte lange Zeit zu Rémy Martin und ist heute Teil von ➛ LVMH) mit größter Akribie der Assemblage ihrer drei Qualitäten: Grande Cuvée, Vintage und Rosé. Deren Kompositionen bestehen teilweise aus über vierzig Grundweinen und aus bis zu sieben Jahrgängen. Als besondere Spezialität des Hauses gilt der Clos du Mesnil, dessen Weine – ausschließlich Chardonnay – aus einem einzigen Weinberg und einem einzigen Jahrgang stammen.

Alle Champagner von K. verkaufen sich im oberen Preissegment der so genannten Prestigecuvées. Michel Dovaz formulierte es in seiner »Encyclopédie des Vins de Champagne« so: »… die Marke, die mit der kleinsten Flaschenzahl den größten internationalen Bekanntheitsgrad hat.«

KULT

Nicht von alten kultischen Ritualen und religiösen Kulten, von kultischer Helden- und Heiligenverehrung, von in schwarzen Messen und grausigen Opferzeremonien praktizierten Kulthandlungen, vom Totem- und Totenkult soll hier die Rede sein. In die düsteren Tiefen der eigentlichen Bedeutung des Wortes hinabzusteigen, überlassen wir den Kulturgeschichtlern und Religionsforschern. Ein Kult, wie er heute umgangssprachlich verstanden wird, hat nichts Mystisches mehr an sich. Er ist eher angenehmer, oft heiterer und augenzwinkernder Natur. Geblieben freilich sind das Irrationale und die Verzückung der (Fan-) Gemeinde. Und geblieben ist auch die Vielschichtigkeit des Begriffs. Ein K. ist mit dem anderen nur schwer zu vergleichen. Jeder K. gehorcht eigenen Gesetzen.

Schräge Kultfilme Fangen wir im Kino an. Der Film »Casablanca«, 1942 von Michael Curtiz in kürzester Zeit gedreht, ging weder als cineastisches Meisterwerk an den Start, noch hatte er das Zeug zum großen Publikumsfilm. Zwar war das Aufgebot der Schauspieler ganz beachtlich, deren darstellerische Kunst aber weit weniger. Routiniert, jedoch nicht unbedingt inspiriert bewegen sich Humphrey Bogart, Ingrid Bergmann, Peter Lorre und Claude Rains durch die erkennbar in höchster Eile zusammengezimmerte Kulisse. Die Story ist verworren, der Ton schwankt zwischen versoffenem Pathos und Zynismus. Zur richtigen, herzergreifenden Schnulze fehlt das große Gefühl. So könnte man mäkeln – doch ausgerechnet dieser kleine, hingeschluderte Schwarzweißfilm ist einer der größten Kultfilme aller Zeiten. Wer ihn sich zum ersten Mal im Kino ansieht, kommt aus dem Staunen nicht heraus: Der Saal ist rappelvoll, das Publikum spricht die Dialoge teilweise mit, lacht an Stellen, wo man eigentlich seufzen müsste, applaudiert beim plattesten Satz, als sei er ein seltener Geistesblitz, ruft den Darstellern aufmunternde Worte zu (»Lass mal gut sein, Bogey!«, »Hau doch ab, Ingrid!«). Witze und Kalauer fliegen zwischen den Kinosesseln hin und her. Falls man, wenn es gar zu toll wird, seinen Nachbarn bittet, etwas leiser zu sein, wird der den ganzen Saal laut darüber informieren, dass hier jemand seine Ruhe haben will. Dann wird erst recht brüllendes Gelächter einsetzen.

Der Fan des Kultfilms – und das macht ihn so liebenswert, aber auch anstrengend – wird für die Dauer des Films wieder zum Kind. Zu einem Kind, dem die Mutter immer wieder dieselbe Geschichte vorlesen muss, und wehe ihr, wenn sie eine Stelle weglässt. Ein wesentliches Merkmal der Verbreitung des Kultfilms ist die Mundpropaganda unter Gleichgesinnten. Weshalb aber ein Film zum Kultfilm wird, von gleichermaßen leidenschaftlicher, ironischer und bizarrer Verehrung umweht, dieser Frage ist mit logischen Erklärungen nicht beizukommen. Es ist einfach irgendwann passiert, niemand hat es vorausgesehen. Das ist das Sympathische an dem Phänomen. Ob künstlerisch wertvoll oder banal, ein Kultfilm lässt sich nicht planen, gehorcht keinem Marketingkonzept, gehört keinem bestimmten Genre an.

Auf die Gefahr hin, uns unbeliebt zu machen, weil möglicherweise ausgerechnet *der* Lieblingsfilm des geschätzten Lesers fehlt, wagen wir es, hier ein paar Beispiele für dauerhafte Kultfilme zu nennen – quer durch die Genres und Epochen: »Easy Rider« (Dennis Hopper), »Manche mögen's heiß« (Billy Wilder«), »Kinder des Olymp« (Marcel Carné) »Blues Brothers« (John Landis), fast alle »Tarzan«-Filme, alle »Marx-Brothers«-Filme, »Down By Law« (Jim Jarmusch), »Der eiskalte

Engel« (Jean-Pierre Melville), »Spiel mir das Lied vom Tod« (Sergio Leone), »The Rocky Horror Picture Show« (Jim Sharman), »Dirty Dancing« (Emile Ardolino), die BBC-Fernsehserie »Monthy Pythons Flying Circus« sowie die Spielfilme dieser britischen Komikertruppe wie »Das Leben des Brian«, fast das gesamte Œuvre von Alfred Hitchcock, allen voran »Psycho«, »Tanz der Vampire« (Roman Polanski).

Kultbücher und Kultautoren Wesentlich gesitteter, was das Ausleben des Kults betrifft, geht es bei Büchern und Schriftstellern zu. Das liegt zum einen daran, dass man dem gedruckten Wort prinzipiell respektvoller entgegentritt als dem bewegten Bild. Außerdem fehlt bei Anhängern eines Kultbuches das zu anarchischen Ausschreitungen verleitende Gemeinschaftserlebnis wie jenes im dunklen Kinosaal. Der Leser ist im wichtigsten Moment allein. Zum gemeinsamen Artikulieren der kultischen Verehrung bleibt einem nur die Party, die Kneipe, der Arbeitsplatz. Nicht jeder Bestseller ist automatisch ein Kultbuch, aber fast jedes Kultbuch erfreut sich wegen seines Status hervorragender Verkäufe. Kultbücher werden auch häufig verliehen. Man möchte eben das Vergnügen an dem Werk mit lieben Mitmenschen teilen, und die bloße Empfehlung, es zu kaufen, ist manchmal kein Garant dafür. Parallele zum Kultfilm: Auch Kultbücher werden immer wieder neu verschlungen. Exponate der unterschiedlichsten Literaturgattungen können Kultstatus erlangen. Besonders anfällig sind Bücher aus der spirituellen Ecke oder solche, die zumindest esoterisch angehaucht sind. So ist seit etwa Mitte der 90er Jahre der Brasilianer Paulo Coelho ein Kult- und gleichzeitig Bestsellerautor der Spitzenklasse. Er erhielt quasi den Ritterschlag vom damaligen US-Präsidenten Bill Clinton, der von seinem Roman »Der Alchimist« so angetan war, dass er ihn in den Sitzungspausen des Weltwirtschaftsgipfels in Davos sogar im Gehen las.

Ein Kultbuchautor offenbar mit Ewigkeitswert ist der englische Humorist P. G. Wodehouse (1881–1974), der über 90 Romane und Erzählungsbände aus dem Milieu der englischen Hocharistokratie hinterlassen hat. Wodehouse-Leser untereinander können sich stundenlang und mit wachsender Begeisterung Zitate ihrer Helden wie des schrulligen Lord Emsworth oder des steinreichen Londoner Müßiggängers Bertie Wooster und seines legendären Butlers Jeeves an den Kopf werfen.

Als kultanfällig, besonders unter jungen Leuten, gelten überdies Bücher, die das Abhauen, Aussteigen und Stromern, den Drang nach Freiheit thematisieren. In den 50er und frühen 60er Jahren war der Erstling des Beatnik-Autors Jack Kerouac »On The Road« (dt. »Unterwegs«) ein solches Buch. James Micheners »The Drifters« (dt. »Die Kinder von Torremolinos«) verleitete etwa zur selben Zeit Abertausende Jugendliche, ihre bürgerliche Welt zumindest vorübergehend zu verlassen und in Andalusien das Abenteuer zu suchen. Später erlangten die Romane und Erzählungen von Charles Bukowski (zum Beispiel »Aufzeichnungen eines Außenseiters«) unter Underground-Liebhabern Kultstatus. Hier eine kleine Auswahl von Büchern, die Kult waren oder noch sind: »Per Anhalter durch die Galaxis« (Douglas Adams), »Angst und Schrecken in Las Vegas« (Hunter S. Thompson), »Steppenwolf« (Hermann Hesse; hier war der K. so ausgeprägt, dass sich sogar eine amerikanische Rockband den Namen des Buches zulegte), »Das tibetanische Totenbuch«, »Bekenntnisse eines britischen Opiumessers« (Thomas de Quincey), »Herr der Ringe« (Alexander Tolkien), alle bisher erschienenen »Harry-Potter«-Bände (Joanne K. Rowling).

Kult in der Popmusik So paradox es klingt: ein vergleichsweise langweiliges Gebiet. Denn in diesem Genre ist fast alles Kult oder, zumindest am Anfang der jeweiligen Karriere, einmal K. gewesen. Außerdem ein Feld, wo clevere PR-Manager durchaus in der Lage sind, K. künstlich zu erzeugen. Legendär etwa in den frühen 60er Jahren das erfolgreiche Bemühen des damaligen Rolling-Stones-Managers Andrew Loog Oldham, seinen Schützlingen ein Anti-Image zu den Beatles zu verpassen. So erfand er die »Bad Boys« des Beat: ungewaschen, übellaunig, rotzfrech, laut und lärmend, vor denen Eltern ihre Töchter warnten.

Sogar der deutsche Schlager, von Haus aus eher kultunverdächtig, taugt inzwischen zum K.: Als ironisches Spiel legen heute junge Leute alte Schnulzen von einst belächelten Schlagerstars auf und grölen lauthals mit.

Man mag sie: Kultfiguren Höchst seltsame Wege geht der K., wenn er sich um Menschen rankt. Der Personenkult, der um Herrscher, Stars und Idole betrieben wird, ist hier nicht gemeint (dies wäre eine Betrachtung für sich). Die Rede ist von Zeitgenossen, die in den Rang einer Kultfigur erhoben werden. Ein Vorgang bar jeder Vorhersehbarkeit, der oft mit der unfreiwilligen Offenbarung ganz sympathischer Unzulänglichkeiten zu tun hat. So wurde in den 70er Jahren der amerikanische Präsident Gerald Ford zur Kultfigur, nachdem er sich bei offiziellen Anlässen einige Male als echter Tollpatsch erwiesen hatte. Mal rutschte er aus, mal fiel er von der Flugzeug-Gangway, und so nannte man ihn liebevoll »clumsy Gerald« – den Trampel.

Helmut Kohl wurde im letzten Drittel seiner Amtszeit als Kanzler der Bundesrepublik zunächst zur Überraschung, dann zum Vergnügen der Intellektuellen hierzulande zur Kultfigur: Er lieferte mit seinem schwerfälligen Pfälzer Zungenschlag und der eher anspruchslosen Wortwahl Legionen von Kabarettisten und Stimmenimitatoren eine Steilvorlage. Und er hatte dank seiner Kopfform einen Spitznamen, der den Karikaturisten ihr Geschäft leicht machte: »Birne«.

Ganz England liebte in den 80er Jahren den Gemahl der britischen Premierministerin Margret Thatcher, Sir Dennis. Der spleenige, etwas zerstreute Gentleman agierte im Schatten der »Eisernen Lady« mit Witz und Selbstironie, wovon wiederum die als eiskalt geltende und unnahbar wirkende Regierungschefin profitierte.

Aber auch ohne Häme und mehr oder weniger liebevollen Spott seitens der Mitmenschen kann man zum K. werden. Bestes Beispiel: der betagte, aber temperamentvolle Literaturkritiker Marcel Reich-Ranicki, von dem man nicht genau weiß, welches Merkmal ihm auf dem Weg zur Kultfigur am dienlichsten war: sein profundes Wissen, sein rollendes »R« oder seine manchmal etwas herrische Attitüde. Wahrscheinlich war es die Kombination aller drei Eigenschaften.

Slogans mit Kultcharakter In der Werbebranche entsteht K. immer dann, wenn ein prägnanter Slogan sich verselbstständigt und über das beworbene Produkt hinaus Eingang in die Alltagssprache findet, wie etwa beim beliebten »HB-Männchen«: »Halt, wer wird denn gleich in die Luft gehen?« Zwei Jahrzehnte später gelang dieser Effekt einem deutschen Versandhaus mit der ebenso simplen wie aussagekräftigen Werbebotschaft: »Otto – find' ich gut.« Nicht nur dem Komiker Otto Waalkes kam sie zupass. Millionen, die einem Otto aus ihrem Bekanntenkreis gratulieren wollten, freuten sich, dieses Kompliment auf ihre Glückwunschkarte schreiben zu können.

KULTMARKEN

Im Unterschied zu herkömmlichen Produkten und Markenartikeln lösen Kultmarken beim Konsumenten heftige Gefühlswallungen aus. So sieht es die Werbepsychologie. Wenn eine Marke ➛ Kult ist, wird sie mit einem bestimmten ➛ Image assoziiert und vermittelt ein bestimmtes Lebensgefühl. Beides möchte man mitkaufen.

Dieses Verlangen ist so stark, dass man sogar einen höheren Preis als für ein gleichwertiges Produkt der Konkurrenz akzeptiert. Zum Lebensgefühl gesellt sich der Wunsch nach Anerkennung in der Gruppe. Schon die »gute Marke« ist eine Art Statussymbol; für die K. – entweder durch das sichtbare Label oder die unverwechselbaren Merkmale zweifelsfrei zu identifizieren – gilt das in besonderem Maße. Ungewöhnlich ausgeprägt ist der Markenkult in der Mode, und dies vor allem bei Jugendlichen und jungen modebewussten Frauen. Ein Auftritt mit den »falschen« Jeans auf dem Schulhof oder dem »namenlosen« Versandhauskostüm auf der Cocktailparty – das kann im harmlosen Fall zu Getuschel, im Extremfall zur sozialen Ächtung führen. Bei erwachsenen Männern erweitert sich das Markenbewusstein in Textilfragen trotz jahrzehntelanger intensiver Bemühungen der Branche nur schleppend.

Dafür bestehen in der männlichen Zielgruppe andere Markenpräferenzen. So ist es unter Motorradfahrern unbestritten, dass nur der Besitzer einer ➛ Harley Davidson das Zeug zum wahren »King of the road« hat. So fühlt sich der Eigner eines Macintosh-Rechners zur Elite der Computerbenutzer gehörig. Und so spielt ein Rockgitarrist mit Sinn fürs Exklusive nur auf einer Stratocaster oder einer Gibson – dies übrigens der seltene Fall zweier gleichberechtigter K. im selben Genre.

Nicht vorhersehbar Wie wird nun eine Marke zur K.? Auch der gewiefteste Werbestratege kann den Kultstatus nicht einplanen, genauso wenig wie dessen Dauer. Häufig, aber keineswegs immer spielt herausragende Qualität eine Rolle. Gelegentlich kommen die Anstöße aus dem Kino oder vom Fernsehen: so vor 20 Jahren, als die berühmte »Schimanski-Jacke« von Götz George Kultstatus erlangte (wozu es noch nicht einmal eines bestimmten Markennamens bedurfte!). Manches liegt auch schlicht und einfach im Irrationalen: Weshalb war zum Beispiel Mitte der 90er Jahre plötzlich jede Frau, die sich für stilvoll hielt, auf eine »Kelly Bag« scharf? Die Namensgeberin dieser Handtasche, Grace Kelly, war da immerhin schon über zehn Jahre tot.

Es ist eben alles möglich in Sachen Markenkult – auch das blanke Gegenteil. Dann nämlich, wenn die K. zum Schimpfwort wird. So äußern sich beispielsweise Musikjournalisten gerne abfällig über die Vorliebe von Stars wie James Carter (Saxofon), Roy Hargrove (Trompete) oder Eric Clapton (Gesang und Gitarre) für Armani-Anzüge. Ein echter Jazzer oder Blueser hat verdammt noch mal zerlumpt daherzukommen!

Will man das Phänomen K. kulturgeschichtlich beleuchten, ist es schwer, folgenden Begleittext zu einer Arte-Sendung aus dem Jahre 2004 zu toppen: »Die Warenwelt übernimmt Funktionen, die früher von religiösen und kulturellen Systemen wahrgenommen wurden. Produkte haben nicht nur eine praktische Funktion, sondern übernehmen den Ersatzcharakter heiliger Reliquien und werden zu Warenfetischen.«

KUSS

»Wer, wenn den Kuss er genommen, nicht auch noch andres hinzunimmt, ist unwürdig gewiss auch der erhaltenen Gunst«, schrieb Ovid, der römische Dichter der Liebeskunst (43 v. Chr. bis 17 n. Chr.). Mit diesem poetischen Satz, gleichermaßen verschlungen wie deutlich, wollen wir es hier bewenden lassen, was den zärtlichen K. zwischen zwei Liebenden betrifft. Wann, wie oft und wie innig und an welchen Stellen des Körpers er appliziert wird, ist nicht unser Gegenstand und sollte eigentlich, um der Wahrung der letzten intimen Geheimnisse willen, überhaupt kein Diskussionsthema sein. Kaum etwas ist überflüssiger als ein »Ratgeber fürs richtige Küssen«. Da jedoch die allgemeine Küsserei überall auf der Welt und so auch in Deutschland epidemieartig zunimmt, und zwar weit über den Klassiker zwischen Mann und Frau hinaus, verweisen wir auf die Stichwörter ➤ Bussi Bussi und ➤ Handkuss.

Der Versuchung, uns in aller schwärmerischen Ausführlichkeit über das schönste dramaturgische Element in der Kunst des bewegten Bildes, den Filmkuss, auszulassen, widerstehen wir. Erstens wären hier hunderte von Beispielen zu nennen, und zweitens gehen die Meinungen des geschätzten Publikums, welchem Leinwandkuss der stärkste Zauber innewohnt, weit auseinander. Plädiert wird da u. a. für die entsprechenden Szenen in »Vom Winde verweht« (Clark Gable und Vivian Leigh, 1939), »Verdammt in alle Ewigkeit« (Burt Lancaster und Deborah Kerr, 1953), »La dolce vita« (Marcello Mastroianni und Anita Ekberg, 1960), »Wenn die Gondeln Trauer tragen« (Donald Sutherland und Julie Christie, 1974) oder »Titanic« (Leonardo DiCaprio und Kate Winslet, 1997).

Der längste Kuss der Filmgeschichte datiert aus dem Jahre

1941 und wurde zwischen Jane Wyman und Regis Toomey im Film »You're In The Army Now« ausgetauscht: Er nahm ganze drei Minuten und fünf Sekunden ein. Am meisten geküsst wurde 1926 in »Don Juan«: 127-mal, wobei Hauptdarsteller John Barrymore die Küsse halbwegs gerecht zwischen Estelle Taylor und Mary Astor aufteilte.

Lachen

Seit den 60er Jahren gibt es die ernsthafte akademische Disziplin der Lachforschung: die Gelotologie (vom griechischen Wort *gelos* = Gelächter). Begründet wurde sie in den USA durch den an der Stanford-Universität lehrenden Psychiater William Fry. Zunächst wurde sie zwar nicht verlacht, aber belächelt; noch nicht ganz ernst genommen eben. Doch in zahllosen Studien sind seitdem bedeutsame Erkenntnisse gewonnen worden, und dies nicht nur in entwicklungsgeschichtlicher, psychologischer und gesellschaftlicher Hinsicht. Vor allem ist es die physiologisch-medizinische Komponente des Lachens, der sich die Forscher in den vergangenen Jahrzehnten besonders intensiv gewidmet haben.

Ein Fall, der weit über die Grenzen der Wissenschaft hinaus Aufsehen erregte, war die wundersame Geschichte des bekannten amerikanischen Publizisten Norman Cousins, der an einer sehr schweren und schmerzhaften Entzündung der Wirbelsäule erkrankt war. Seine Überlebenschancen wurden als äußerst gering eingestuft, die Prognosen der Krankenhausärzte waren niederschmetternd. Da entschloss sich Cousins zur Selbsttherapie. Er zog – auf eigene Verantwortung – in ein Hotel um, wo er sich regelmäßig zum Lachen bringen ließ. Freunde mussten ihm Witze erzählen, im Fernsehen ließ er keine Comedy-Sendung aus; bevorzugte Kost waren die Filme der Marx-Brothers. Cousins stellte fest, dass zehn Minuten intensives L. die Schmerzen für einige Zeit verschwinden ließ. Regelmäßige Untersuchungen im Krankenhaus ergaben: Seine Blutwerte hatten sich nach mehreren Lachkuren erheblich gebessert. So ging es weiter, und so hat sich Norman Cousins im Wortsinn tatsächlich gesund gelacht und seine Erfahrungen dann in einem in vielen Sprachen veröffentlichten Bestseller verewigt: »Der Arzt in uns selbst«. Später gründete Cousins an der Universität von Los Angeles eine Abteilung für therapeutische Humorforschung, die nicht die Einzige ihrer Art bleiben sollte. Es gibt heute in den USA eine Vereinigung für therapeutischen Humor, der über 600 Ärzte und Psychologen angehören. Sie setzen sich dafür ein, L. auf Rezept zu verschreiben. In vielen Kliniken findet man so genannte CliniClowns, deren Aufgabe darin besteht, Schwerkranke zum L. zu bringen. Cousins übrigens lebte noch knapp 20 Jahre nach seiner erfolgreichen Eigentherapie; er starb 1990 im Alter von 75 Jahren.

Experiment mit Dick & Doof Der oben erwähnte Nestor der Lachforschung, William Fry, erzählte 1999 im Magazin der »Süddeutschen Zeitung«, wie seine ersten Experimente abliefen: »Ich hatte mir einen Film von Laurel & Hardy besorgt, um mich zum Lachen zu bringen … wo die beiden ein Klavier den Hügel hinaufschieben. Ich liebe diesen Film. Wir wollten herausfinden, was genau im Körper während des Lachens passiert. Also steckte ich mir eine Kanüle in den Arm, durch die mir in regelmäßigen Abständen Blut abgenommen wurde. Anschließend ließen wir das Blut chemisch analysieren. Die Ergebnisse waren sensationell: Wir stellten fest, dass die Aktivität der natürlichen Killerzellen während der Lachphase ansteigt. Der Körper wird also widerstandsfähiger … Und diese Stimulation des Immunsystems hält oft über mehrere Stunden an … Wir registrierten auch, dass sich die Atemfrequenz beim Lachen deutlich erhöht – das war nie zuvor objektiv gemessen worden.« Beim L., so ergaben weitere Untersuchungen des Forschers, »wird der Herzschlag schneller, der Blutdruck geht hoch, und im Gehirn finden elektrochemische Reaktionen statt, die typisch für erhöhte Wachsamkeit sind. Die Hauttemperatur steigt und der Körper schüttet mehr Hormone aus.«

L. ist eine Art inneres Jogging. Wenn man sich so richtig schlapp lacht, werden bis zu 80 Muskeln aktiviert. Die Lunge wird mit reichlich Sauerstoff versorgt, was die Verbrennungsvorgänge im Körper fördert. Cholesterin wird abgebaut. Der Herzschlag erhöht sich zunächst, um bald darauf wieder abzusinken. Dabei vermindert sich auch der vorübergehend gestiegene Blutdruck wieder. Eine Minute herzhaftes L. sei genauso erfrischend wie 45 Minuten Entspannungstraining, behaupten Gelotologen und machen damit allen humorbegabten Fitness-Verweigerern Mut.

Die Deutschen werden immer ernster Insofern ist es höchst bedauerlich, man könnte auch sagen: gar nicht lustig, dass in Deutschland die tägliche Gesamtlachdauer im Laufe der vergangenen Jahre permanent abgenommen hat. Während die Deutschen beispielsweise 1959 noch rund 18 Minuten pro Tag lachten, waren es 1999 nur noch sechs Minuten; Tendenz: weiter sinkend. Lediglich die Kinder widerstehen diesem betrüblichen Trend. Sie kichern und prusten etwa 400-mal am Tag. Der Erwachsene schafft im gleichen Zeitraum kaum mehr als 15 Lacher. Veröffentlicht wurden diese Ergebnisse am Weltlachtag, der 2003 begangen wurde: mal heiter, mal in tiefer Sorge um unsere Lachkultur.

Damit diese nicht ausstirbt, treffen sich immer mehr Leute zum gemeinsamen Gelächter. Dabei handelt es sich keineswegs nur um ausgewiesene Scherzbolde. Oft sind es Menschen, auf deren Gesichtern nicht die Spur eines Lächelns zu finden ist, wenn sie die Versammlungsräume der Lachvereine betreten (in Deutschland gibt es davon bereits ein gutes halbes Hundert). Doch eine Viertelstunde später wundert sich der Zuschauer (der längst selber nicht mehr ernst bleiben kann), dass das kollektive, ekstatisch anmutende »Hahaha«, »Hohoho« und »Huhuhu« nicht die Wände des Versammlungsraumes einstürzen lässt.

Man nennt diese Art der organisierten Heiterkeit auch Lachyoga, eine Disziplin, der man prophezeit, dass sie bald das klassische Yoga überholen wird. Gegründet wurde sie 1995 in Bombay von dem indischen Arzt Madan Kataria. Mit Yogaübungen, Rollenspielen und psychologischen Tricks wird künstlicher Frohsinn erzeugt, der zwangsläufig in echtes Gelächter umschlägt. Der von Kataria initiierte Laughter Club International hat sich seit seiner Gründung über die ganze Welt ausgebreitet. Rund 300 000 Anhänger hat die Bewegung bereits. Sie versammeln sich regelmäßig in einem der weltweit 1500 Lachclubs (von denen allerdings die große Mehrheit in Indien beheimatet ist).

Eine Filiale gibt es seit 2001 in Hamburg. Ihr Leiter Robert Butt ist beim Lachguru Kataria höchstpersönlich in die Lehre gegangen und hat sich zum »Lachtrainer« ausbilden lassen. Einmal im Monat veranstaltet er ein Lachseminar, etwas zwanglosere Lachtreffen finden wöchentlich statt. Eine Reporterin der »Harburger Anzeigen und Nachrichten« beobachtete eine solche Veranstaltung: »Los geht's mit einer Übung zum Warmwerden. Die Teilnehmer hüpfen durch den Raum, klatschen in die Hände und rufen dazu: Hoho-hahaha. Vereinzelt ist ein erstes Kichern zu hören. Danach folgt das Presslufthammer-Lachen, bei dem man statt der Bohrgeräusche ein Lachen von sich gibt. Diese Übungen zeigen bei den Teilnehmern schnell Erfolg. Die ersten Seminarbesucher können sich angesichts der Absurdität der Übungen ein Lachen nicht verkneifen. Beim anschließenden Löwen-Lachen, bei dem man Augen und Mund weit aufreißt, seinem Gegenüber die Zunge rausstreckt und richtig laut lacht, halten sich viele vor Lachen bereits den Bauch.«

Wenn es nach Lachyoga-Gründer Madan Kataria geht, sollte bei der Eröffnung der nächsten Olympischen Spiele – 2008 in Peking – ein kollektives Kichern das Stadion zum Beben bringen; damit würde den Wettbewerben der verbissene Ernst genommen. Eine verführerische Idee, allerdings nicht ganz einfach umzusetzen. Die Chinesen sind nämlich eher für ihr zurückhaltendes, höfliches Lachen bekannt. Eine enthemmte Temperamentorgie wird das wohl eher nicht.

LACHS

Als besondere Köstlichkeit galt der Lachs schon immer; zum Luxus wurde der Edelfisch überall dort, wo der Fangort, sei es Fluss oder Meer, in weiter Entfernung vom Ort des Verzehrs liegt. Im Windschatten seines königlichen Rufs werden manche sehr viel »proletarischere« Fischarten sprachlich gleich mitgeadelt, zum Beispiel der Seelachs, eine Dorschart. Doch eigentlich zählt die Lachsfamilie nur eine Hand voll Gattungen: der Pazifische und der Atlantische Lachs, die Europäische Forelle, der Huchen und der Saibling. L. im engeren Sinne sind die beiden Erstgenannten, die ausschließlich auf der nördlichen Hemisphäre vorkommen. Die meisten sind Wanderfische, die im Süßwasser der Flüsse laichen, dort ihre Kinder- und Jugendjahre verbringen und erst im Meer erwachsen werden.

Immer auf Achse, die Lachse Im Laufe ihres Lebens legen sie tausende von Kilometern zurück. Weitgehend unerforscht ist bis heute ihr Orientierungssinn: Der Fluss oder Bach, in dem sie einst aus dem Ei geschlüpft und groß geworden sind, wird einige Jahre später erneut zum Laichen angesteuert. Geleitet werden die Fische dabei wohl durch ihren Geruchssinn, mit dem sie den speziellen Geschmack an Mineralien und anderen Stoffen ihres »eigenen« von dem anderer Flüsse unterscheiden können. Wie sie sich hingegen in den Weiten des Meeres orientieren, gehört noch zu den Geheimnissen der Natur. Faszinierend ist ihre Fertigkeit, den beschwerlichen Weg flussaufwärts durch meterhohe Sprünge über Hindernisse wie Wasserfälle oder Wehre zu meistern.

Für diese gewaltigen Anstrengungen zehrt der L. von seinen Fettreserven, da er im süßen Wasser des Flusses keine Nahrung mehr zu sich nimmt. Am Geburtsort angekommen, folgt das Laichen und die Befruchtung der Eier, und der Kreislauf beginnt von vorn. Doch das neue Leben ist mit großen Risiken behaftet: Man rechnet, dass von 5000 Eiern nur fünf L. im Ozean erwachsen werden und von diesen nur ein Paar den Fluss wieder zum Laichen erreicht und so das Überleben der Art sichern hilft. Kein Wunder, dass durch die Verschmutzung der Flüsse und Meere sowie durch Überfischung der Bestand an Wildlachs immer mehr abgenommen hat.

Um der Menschheit weiterhin den Genuss des frischen oder geräucherten Fisches zu ermöglichen, entstanden in den 60er Jahren zunächst in Norwegen, später auch in Schottland, Irland und weiteren Ländern die Lachsfarmen im Wasser der Fjorde. Heute kommen wahrscheinlich ein Drittel aller verkauften L. aus solchen Farmen. Ohne diese Einrichtungen wäre L. wohl nur noch auf den Speisekarten der Wohlhabenden zu finden.

Allroundtalent In der Küche bringt der L. so gut wie alles. Man kann ihn braten und grillen, im Ganzen im Ofen backen, in Gemüsesud, Fischfond, Brühe und Wein pochieren, ihn gratinieren. Er eignet sich als Einlage für Suppen, sowohl roh als auch geräuchert, als Fischklößchen oder in Streifen geschnitten. Mit seinem hohen Fettgehalt lässt er sich gut räuchern. Nicht minder köstlich schmeckt er gebeizt (graved) oder roh, wie ihn die Japaner lieben.

Ein ganz bestimmter L. wird garantiert immer seine Freunde und seinen Preis haben: der »Balik Lachs« aus dem Schweizer Toggenburg. Gründer dieser Räucherfarm war in den 70er Jahren der deutsche Schauspieler Gerd Kübel, der sich neben seinem Beruf vor allem dem »guten Leben« verschrieben hatte. Während eines Gastspiels als »Nathan der Weise« in Berlin lernte er Israel Kaplan aus Riga kennen. Dessen Familie hatte seit Generationen den russischen Zarenhof mit Räucherlachs beliefert, der nach einem speziellen, bis heute geheimen Rezept zubereitet wurde. Es steht nirgendwo geschrieben, sondern wird von Generation zu Generation mündlich weitergegeben. Kübel lud Kaplan auf seinen Hof in die Schweiz ein, und seit diesem Besuch wird in der Höhenluft der Schweizer Berge, 900 Meter über dem Meeresspiegel, mit Blick über das Züricher Oberland, der aus drei norwegischen Farmen stammende Lachs geräuchert, dessen milder Geschmack einzigartig ist. Heute gehört die Produktionsstätte in Toggenburg zum Schweizer Unternehmen »Caviar House«.

LACOSTE

»Was lacostet die Welt, Geld spielt keine Rolex« – so witzelte man in den 80er Jahren, unter Anspielung auf den Trend zum schrankenlosen Konsum und die grassierende Leidenschaft für exklusive, teure Produkte. Wobei, was Lacoste betrifft, das Wort »exklusiv« bald nur noch bedingt zutraf, denn das berühmte Polohemd mit dem grün gestickten Krokodil auf der Herzseite zierte im Stadtbild Unmengen männlicher Brustpartien (und auch so manche weibliche), und nicht nur solche von Polo- oder Tennisspielern. L. liebte jeder, der auf sich hielt – vom Künstler bis zum Jetsetter. Was das Kleidungsstück so besonders kultig machte, war seine vielfältige Verwendungsmöglichkeit: beim Tennis und Polo sowieso, aber auch ideal als locker luftiges Freizeithemd, unterm Sakko oder sogar zum Anzug.

Namensgeber und Erfinder war der französische Tennisprofi Jean René Lacoste (1904–1996), der in den 20er Jahren sechsmal zum siegreichen französischen Daviscup-Team gehörte und als Einzelspieler sieben Grand-Slam-Turniere gewann, zweimal Wimbledon, zweimal die US Open und dreimal die French Open. Zum Erstaunen der Kollegen und der Zuschauer erschien er 1927 in einem unüblich kurzärmeligen, Feuchtigkeit absorbierenden Baumwollhemd auf dem Platz. Sechs Jahre später, das Shirt hatte sich mehr als bewährt, gründete er zusammen mit André Gillier die Bekleidungsfirma L. mit dem schnell berühmten Polohemd als wichtigstem und umsatzstärkstem Artikel. Da man ihm als Tennisspieler den Spitznamen »Le crocodile« verpasst hatte, war es für ihn natürlich keine Frage, welches Markenzeichen Firma und Hemd schmücken sollte.

Krokodil mit neuem Biss In den 90er Jahren wurde der Siegeszug des Lacoste-Hemdes jäh gestoppt. ➛ Fälschungen und billige Kopien aus Fernost überschwemmten den Markt. Dem gehobenen Kernpublikum war das Label nun nicht mehr edel genug. L. war nicht mehr das, was es einmal war, galt als out. Der Retter tauchte im Jahre 2000 auf: Christophe Lemaire, neuer Chefdesigner im französischen Mutterhaus. Der Ex-Diskjockey hatte zuvor für die Häuser

Christian Lacroix und Yves Saint Laurent gearbeitet. Jetzt brachte er das Haus L. wieder auf Vordermann, warf alles Altmodische über Bord. Die weiten Schnitte ersetzte er durch figurbetonte, stutzte die Ärmellänge auf modernes Maß, entwarf schicke Polokleider und bastelte mit dem New Yorker Nobelkaufhaus Barney's ein originelles Werbekonzept: Für 100 Dollar wurde ein schwarzes Polohemd mit silbernem Krokodil angeboten. Nach zwei Tagen war die limitierte Auflage vergriffen. Lacoste-Produkte – Herren- wie Frauenkollektion – sind denn auch besonders in den USA heiß begehrt: bei Rock- und Filmstars genauso wie bei den Golfern im vornehmen Neuengland. Auf der Fifth Avenue eröffnete das Unternehmen deshalb 2003 ein eigenes Geschäft. Auch in europäischen Städten gibt es äußerst erfolgreiche Lacoste-Boutiquen. Die Marke ist hip, das Krokodil hat wieder Biss. Auf der Welt zählt man heute 827 Lacoste-Boutiquen.

LAUDER, ESTÉE

Josephine Esther Mentzer, die sich später Estée Lauder nannte, wurde wahrscheinlich 1907 in Queens, NY, geboren. Um ihr genaues Geburtsjahr hat sie stets ein kleines Geheimnis gemacht, wohl auch, um die Wirksamkeit ihrer Kosmetik glaubhafter repräsentieren zu können. Gestorben, das ist zweifelsfrei überliefert, ist sie am 24. April 2004 – wahrscheinlich 98-jährig.

Sie war die Tochter von Max und Rose Schotz Mentzer; ihr wegbestimmender geistiger Vater war allerdings ihr ungarischer Onkel John Schotz, ein Apotheker und Chemiker, der in der heimischen Küche geheimnisvolle Schönheitssalben mixte. Die junge Esty, so ihr damaliger Kosename, beteiligte sich an Onkels Experimenten und begann, die Salben und Cremes auf Hausfrauenpartys anzubieten. Da sie sehr bald ihr Talent für zielstrebige Verkaufsgespräche erkannte, erweiterte sie den Markt auf Schönheitssalons und Hotels. Schließlich hatte sie auch das New Yorker Nobelkaufhaus Saks in der Fifth Avenue als Kunden akquiriert und praktizierte hier als Erste die Methode des Verteilens von Gratisproben zur Absatzsteigerung.

1930 heiratete sie den bis dato erfolgslosen Knopf- und Kurzwarenhändler Joseph Lauter, mit dem als Finanzchef sie

1946 das Unternehmen Estée Lauder gründete. Mit hellem Gespür für Trends und wachem Geschäftssinn baute sie die Firma in den nächsten Jahren gegen die bereits etablierten Marken Helena Rubinstein, Elisabeth Arden oder Revlon zu einem der erfolgreichsten, weltweit operierenden Kosmetik-Konzerne aus.

Der Tau der Jugend Für den Unternehmenserfolg wichtig war auch ihr Freund und späterer Geschäftsführer Arnold van Ameringen, mit dem sie 1953 ein blumiges Badeöl kreierte, das sie »Youth Dew« taufte: Tau der Jugend. Das Produkt versprach dauerhafte Schönheit und Jugend; es wurde der erste große Erfolg. Rund zehn Jahre später ließ sie erstmals Stars und Supermodels mit ihren Gesichtern für Anzeigenwerbung posieren. So war das erste solide Standbein von Estée Lauder eine Serie mit Hautpflegeprodukten, Make-up und Düften unter diesem Namen. 1964 kam die Marke Aramis hinzu, eine Kosmetikserie für den Mann. Die Tochterfirma unter der Marke Clinique wurde 1968 gegründet, durfte aber in einigen Ländern, darunter Deutschland, ihre Pflegeprodukte wegen der zu starken Assoziation mit der Welt der wissenschaftlichen Medizin unter diesem Namen nicht vertreiben. So ließ man einfach das C weg und nannte die Marke Linique. Es folgten die verschreibungspflichtigen Produkte unter der Marke Prescriptives und Origins Natural Resources, die den später so angesagten Begriff der Wellness in der Hautpflege vorwegnahmen.

Kreativität und Innovationskraft bewies Estée Lauder auch noch in späteren Jahren, schließlich war sie bis 1996 in der Unternehmensführung aktiv. Mitte der 90er Jahre erwarb sie die Marken M. A. C. und La Mer, die beide im Prestigebereich angesiedelt waren und die Hauptmarke unterstützten. Zu den jüngeren Innovationen zählten die Produkte unter der Marke Idealist.

Lauders Lebensmotto lautete: »Parfüm ist wie die Liebe. Ein bisschen ist nie genug.« Es hat sich auch in blanker Münze ausgezahlt. Das börsennotierte Unternehmen, in dem heute Kinder und Enkel das Sagen haben, erreicht einen Umsatz von über 21 Millionen US-Dollar und beschäftigt 21 500 Mitarbeiter. 1998 wurde Estée Lauder vom Magazin »Time« als einzige Frau unter den 20 einflussreichsten Geschäftsleuten des 20. Jahrhunderts aufgeführt. Als sie starb, zählte sie zu den reichsten Frauen Amerikas.

LEICA

In der Welt der Fotografie ist der Name Leica ein Mythos. Die bekanntesten Fotografen wie Henri Cartier-Bresson, Robert Capa, Gisèle Freund, Robert Lebeck oder Leni Riefenstahl haben sich mit dieser deutschen Traditionsmarke identifiziert und mit deren Apparaten gearbeitet. Das historische Verdienst von L. war es, die Fotografie mit ihren schweren, unhandlichen Plattenkameras studiounabhängig zu machen und eine bis dato unbekannte dynamische Reportage-Fotografie zu ermöglichen. Realisiert werden konnte dies durch eine Erfindung von Oskar Barnack zu Beginn des 20. Jahrhunderts.

Barnack arbeitete für Ernst Leitz II., den Sohn des Firmengründers. Das Unternehmen hieß ursprünglich »Optisches Institut« und war 1849 von dem jungen Mathematiker Carl Kellner gegründet worden. Nach dessen Tod wurde der Feinmechaniker Ernst Leitz Teilhaber der Witwe Kellner und gab der Firma seinen Namen. Das war in den 60er Jahren, und das in Wetzlar ansässige Unternehmen florierte dermaßen, dass 1887 bereits das 10 000. Mikroskop gefertigt werden konnte.

Neben Mikroskopen stellte man auch Ferngläser, optische Messgeräte und Kameras her.

Erste Kleinbildkamera Besagter Barnack, Entwicklungsleiter bei Leitz, störte sich an der Schwerfälligkeit der Fotografie mit Plattenkameras, bei denen noch nicht Zelluloid, sondern große, mit lichtempfindlichem Material beschichtete Glasplatten belichtet wurden. Bereits 1905 kam ihm die Idee, das Negativformat zu verkleinern und die Fotos anschließend zu vergrößern. Er nutzte dazu den damals üblichen 35-Millimeter-Kleinbild-Kinofilm; aus dem Kinoformat entwickelte er das Kleinbildfoto. Seine Arbeiten wurden zwar durch den Ersten Weltkrieg vorübergehend unterbrochen, doch 1924 ging die erste Kleinbildkamera in Serie und wurde auf der Leipziger Frühjahrsmesse von 1925 der Öffentlichkeit vorgestellt. Ihr Name: »Leica«, zusammengesetzt aus **Le**itz und **Ca**mera. Sie war sofort ein Riesenerfolg. Die künstlerische und journalistische Welt stürzte sich auf diese hochwertige, tragbare Technik – kannte man doch bislang nur sperrige Großformatkameras. So brachte Barnack mit der Leica die Fotografie vom Studio auf die Straße und bereitete damit der Fotoreportage den Weg. Verständlich, dass Kopien nicht lange auf sich warten ließen, allen voran die Konkurrenz von Zeiss-Ikon mit dem Modell »Contax«.

Während die erste L. Ia noch ein fest eingebautes Objektiv besaß, gab es schon bald die Systemkamera mit austauschbaren Wechselgewinden; ab 1954 mit Schnellwechselbajonett. 1965 kam die »Leicaflex«, die erste Spiegelreflexkamera. Bei Fotografen ist die L. besonders wegen ihrer Systemkompatibilität so beliebt: Ältere Kameragehäuse lassen sich mühelos mit neueren Objektiven und Zubehör kombinieren. So behalten sie ihren Wert.

Seit einiger Zeit, wenngleich der weltweiten Entwicklung zu lange hinterherhinkend, bietet L. auch Kameras für die ➛ digitale Fotografie an. Managementfehler haben dem Unternehmen in jüngster Zeit negative Schlagzeilen in der Wirtschaftspresse beschert. Der Mythos L. jedoch bleibt bestehen. Das zeigt auch die nach wie vor hohe Attraktivität der Kameras in Sammlerkreisen oder auf virtuellen Marktplätzen wie ➛ Ebay.

LIEDER MIT EWIGKEITSWERT

Happy Birthday To You Vermutlich das bekannteste Lied der Welt, übersetzt in zahllose Sprachen. In diesem Augenblick wird es schätzungsweise gerade von einer Million Menschen gesungen. (Allein in Deutschland haben pro Tag etwa 200 000 Personen Geburtstag.) Komponiert wurde die einfache, nur aus wenigen Noten bestehende Melodie 1893 von Mildred Smith Hill, Musiklehrerin und Organistin in einer Schule in Louisville im US-Bundesstaat Kentucky. Ihre Schwester Patty, Rektorin derselben Lehranstalt, steuerte den Text bei, der noch nichts mit Geburtstagsglückwünschen zu tun hatte, sondern als Begrüßungsformel zum täglichen Schulbeginn gedacht war (»Good morning to you, good morning to you, good morning, dear children, good morning to all.«) Erst 1924 tauchte plötzlich die neue Textvariante in einem Liederbuch auf, und zwar als zweite Strophe. Vermutlich hatte der Herausgeber sie dazugedichtet. Schnell wurde die Geburtstagsfassung populär, fand Eingang ins noch junge Medium Radio, in das Broadway-Musical »The Band Wagon«, in die Irving-Berlin-Produktion »As Thousands Cheer« – und in das erste »Singende Telegramm« der Telegraphen-Company Western Union. Da trat dann die dritte Hill-Schwester, Jessica, auf den Plan und strengte im Namen ihrer Geschwister (Mildred war bereits tot) erfolgreich eine Urheberrechtsklage an. So wurde die Melodie dauerhaft geschützt, und nach mehreren Umwegen, Weiterverkäufen und Auffrischungen des Copyrights ist sie das mindestens bis zum Jahr 2030. Natürlich kann man privat singen, was man will; aber der Betriebschor, der seinem Chef mit dem Lied in einem öffentlichen Restaurant gratuliert, müsste streng genommen schon Tantiemen abführen.

Zahlreiche Aufnahmen existieren von diesem gesungenen Geburtstagsgruß. Die berühmteste Live-Version dürfte die am 29. Mai 1962 von Marilyn Monroe zu Ehren John F. Kennedys (»Happy Birthday, Mister President«) vor tausenden von Zuhörern ins Mikrofon gehauchte sein. Erotischer hat das brave Liedchen der Schwestern Hill nie geklungen.

Yesterday Auf der Beatles-Aufnahme spielt tatsächlich nur ein Beatle, nämlich Paul McCartney. Begleitet wird er von einem Streichquartett. »Macca«, so sein Spitzname in England, ist auch der alleinige Urheber, obwohl Kamerad und Kollege John Lennon – wie zwischen den beiden üblich – als Co-Autor angegeben wurde. Das Lied entstand 1965 und kam McCartney im Traum, wie er später berichtete. Nach dem Aufwachen sei er ans Klavier gehechtet und habe Melodie und Harmonien festgehalten. Als Titel habe er ursprünglich »Scrambled Eggs« (Rühreier) vorgesehen. »Yesterday« (»… all my troubles seemed so far away«) wird im »Guiness-Buch der Rekorde« als »the most covered song in history« geführt: das von den meisten Interpreten aufgenommene Lied. Mehr als 3000 sind es in den vergangenen vier Jahrzehnten gewesen (Spitzenaufnahmen z. B. von Ray Charles, Frank Sinatra, Willie Nelson, Dionne Warwick, Marianne Faithfull). Hinzu kommen unzählige Orchester, Bands, Solisten und Sänger rund um den Globus, die den bittersüßen Evergreen im Stammrepertoire haben.

Stille Nacht Das heute berühmteste Weihnachtslied der Welt musste auf seinem Weg an die Spitze ohne PR- und Vervielfältigungsmaschinerie einer riesigen internationalen Musikindustrie auskommen. Dafür brauchte es auch etwas länger als heutzutage üblich. Denn Schallplatte, Radio und Fernsehen waren noch nicht erfunden, als die beiden »Songschreiber« aus dem österreichisch-bayerischen Grenzland um Salzburg ihr kleines Meisterwerk schufen und es sogleich einem begeisterten Publikum »live« zu Gehör brachten. Dass es einmal den Siegeszug um unseren Planeten antreten sollte, haben sie nicht mehr erlebt und sich in ihren kühnsten Träumen nicht vorstellen können. Zwei Tage vor Weihnachten 1818 war es, als der 26-jährige Oberndorfer Hilfspriester Joseph Mohr und sein fünf Jahre älterer Freund Franz Xaver Gruber, Musiklehrer und Organist aus dem drei Kilometer entfernten Arnsdorf, beschlossen, ein Weihnachtslied zu erschaffen. Am 24. Dezember übergab Mohr dem Freund und Partner die acht Strophen. Noch am selben Abend hatte Gruber die Musik dazu komponiert. Wenige Stunden später, zur Mitternacht in St. Nikolai, fand die Uraufführung statt: Mohr sang Tenor und spielte, da die Orgel der Kirche kaputt war, Gitarre dazu. Gruber sang Bass, der Kirchenchor wiederholte die beiden Schlussverse. Die weitere Verbreitung der »Stillen Nacht« ist letztlich jener schadhaften Orgel zu verdanken. Denn nach langem Drängen Grubers wurde sie 1825 endlich durch eine neue ersetzt. Der Tiroler Orgelbaumeister, der sich zu diesem Zweck sechs Wochen in Oberndorf aufhielt, lernte dabei das Lied kennen und brachte es anschließend in seine Heimat mit. Von dort nahm es eine Sängergruppe 1831 mit nach Leipzig. Und von Leipzig wanderte es nach Amerika. Um die Jahrhundertwende war es schon bis nach Afrika, Neuseeland und Südamerika vorgedrungen. Mohrs und Grubers Ohrwurm, von den Hütern der geistlichen Kirchenmusik jahrzehntelang als zu trivial abgelehnt, ist in fast hundert Sprachen übersetzt, auf aberhunderten von Schallplattenaufnahmen verewigt worden. Unzählige Chöre, Gesangvereine, Schulklassen und Familien in aller Welt singen ihn jedes Jahr wieder ergriffen und inbrünstig – in den nur zwei, drei Wochen, in denen er jeweils Saison hat. Wenn die »Stille Nacht« erklingt, hat das Böse Pause.

White Christmas Noch ein Weihnachtslied. Der Schmachtfetzen von Irving Berlin, in einer vorläufigen Fassung schon 1940 notiert und 1942 dann von Bing Crosby aufgenommen, wäre, wenn man allein die verkauften Platten und CDs zugrunde legte, unbestritten das erfolgreichste Stück der Musikgeschichte. Die Crosby-Originalaufnahme, die immer an Weihnachten wieder aufersteht, gilt mit 32 Millionen verkaufter Exemplare als die meistverkaufte Single aller Zeiten. Die Zahl der Coverversionen geht in die hunderte (Louis Armstrong, Ella Fitzgerald, Nat King Cole, Aretha Franklin, Otis Redding, Bob Dylan, um nur einige zu nennen). Dazu kommen etliche fremdsprachige Versionen; zum Beispiel auf Holländisch, Ungarisch, Japanisch, Suaheli und Jiddisch. Einen erbitterten, aber erfolglosen Feldzug führte der Komponist gegen das Vorhaben Elvis Presleys, den Titel aufzunehmen. Insgesamt dürfte es um die 130 Millionen Tonträger mit »White Christmas« geben. Das aus heutiger Sicht ziemlich kitschige Lied aus einer Epoche, als man Schlager noch nicht Popmusik nannte und es das weltumspannende Element noch nicht gab, bleibt zutiefst amerikanisch. Ursprünglich hatte es der kriegsmüden Nation und den in Übersee kämpfenden GIs die Sehnsucht nach einer friedlichen, heilen Weihnachtswelt ohne Kampfhandlungen vermittelt. Dieses Amerika der Vor-Rock-'n'-Roll-Zeit kommt dem europäischen Ohr von heute ziemlich fremd vor.

An die Freude Die Ode (ein hymnisches Gedicht) zählt zu den bedeutendsten und schon zu seinen Lebzeiten äußerst populären gereimten Werken Friedrich Schillers (1759–1805). Er schrieb sie mit 26 Jahren und widmete sie dem Ideal einer Gesellschaft von gleichberechtigten Menschen, die durch das Band der Freude und der Freundschaft verbunden sind. Zu einem musikalischen Dauerbrenner machte sie Ludwig van Beethoven (1770–1827). Er vertonte den Text Schillers als Chorpart im letzten Satz seiner 9. Sinfonie (Uraufführung 1824). Dazu verwendete er die komplette erste und dritte Strophe sowie Teile der zweiten und vierten. Von Beginn an hat die Popularität der Ode die des Gesamtwerkes weit hinter sich gelassen. Millionen Menschen, auch solche, die mit klassischer Musik weniger anfangen können, waren und sind von der eingängigen wie rauschhaften Melodie gefangen. Um 1970 landete der spanische Popsänger Miguel Rios in einer englischen Version (»Song Of Joy«) einen Welthit mit der Beethovenschen Melodie. 1972 wurde die Ode »An die Freude« offizielle Hymne des Europarates, 1985 die der Europäischen Union. Ende 1989, als in Berlin die Mauer gefallen war, spielte der amerikanische Komponist und Dirigent Leonard Bernstein (1918–1990) mit hochkarätigen Musikern aus aller Welt die »Neunte«; einmal im Osten und einmal im Westen der Stadt. Dazu veränderte er an entscheidender Stelle den Text: Das Wort »Freude« ersetzte er durch »Freiheit«. Später erklärte er, er sei sicher, dass Beethoven ihm dazu seinen Segen gegeben hätte.

LIMOUSINE (STRETCH)

Der Ursprung des Wortes Limousine liegt im Dunkeln. Von den diversen Theorien ist keine wirklich schlüssig. Die meisten führen in die zentralfranzösische Landschaft Limousin. Angeblich besaßen die dort im Mittelalter getragenen Kopfbedeckungen, nach anderer Lesart die Pferdekarren die Form, die den späteren voluminösen Autos ähnelte.

Erfunden wurde die L. zweifelsfrei in Amerika: als das etwas größere Automobil. Die Basis war meistens ein Cadillac oder Lincoln. Sie wurden zersägt und, mit einem unterschiedlich langen Mittelstück versehen, wieder zusammengeschweißt, gestreckt also, auf Englisch: *stretched*. Daher der Name Stretch Limousine. Für den Gentleman kam und kommt nur die schwarze Variante infrage, die Black Stretch. Die weiße taugt allenfalls für Las Vegas.

Die klassische Stretch ist sechs bis acht Meter lang. Für alle, denen dies ein bisschen kurz erscheint, gibt es noch die Super Stretch in der Länge einer kleinen Kegelbahn. Als Argument für den Erwerb oder wenigstens die Anmietung einer Stretch zählt nicht nur der großzügig bemessene Raum, der bis zu acht und mehr Personen Platz bietet. Sie gewährt eine Reihe weiterer Annehmlichkeiten. Die wichtigste ist der Schutz vor geschwätzigen Fahrern durch eine schalldichte, von hinten per Knopfdruck hochzufahrende Glasscheibe. Damit ist der Chauffeur dahin verbannt, wo er hingehört: in den Maschinenraum. Fast alle L. verfügen über eine Bar, in der zumindest Whisky oder Brandy mitsamt den zugehörigen Kristallgläsern vorrätig gehalten werden. In der gehobeneren Ausstattung findet sich darüber hinaus ein Fach für Eiswürfel und die Kühlmöglichkeit für Champagner. Fernsehen und CD-Player gehören heute zum

Standard. Das Autotelefon hingegen hat durch die Erfindung des Mobiltelefons seine einstige Faszination verloren.

Abzuraten ist von der Variante, die in den 60er und 70er Jahren vor allem Rockstars bevorzugten: die L. mit getönten Scheiben. Beim Gleiten durch belebte Innenstädte, wo Trauben von Menschen sich um ein Taxi streiten, sollen die Leute ruhig sehen, wie man entspannt im Fond sitzt, das Gin-Tonic-Glas in der einen Hand, mit der anderen die Seiten des »Wall Street Journals« umblätternd.

Black Stretches haben Hochkonjunktur bei Grammy-, Oscar- oder Bambi-Verleihungen, wenn sie die Stars vor den roten Teppich rollen. Auch Staatsgäste werden in ihnen von Empfängen zu Pressekonferenzen chauffiert. Fernsehstationen und Plattenfirmen lassen ihre Künstler in der L. abholen. Manchmal aber – das klingt jetzt schrecklich ernüchternd – setzen auch Taxiunternehmen oder Reiseveranstalter auf die L. In deutschen Großstädten nimmt unterdessen der Brauch zu, einem lieben Menschen zum runden Geburtstag, zum Hochzeitstag oder sonst einem feierlichen Datum eine Fahrt mit Freunden in der L. zu schenken. Da darf es dann auch mal die Farbe Weiß sein.

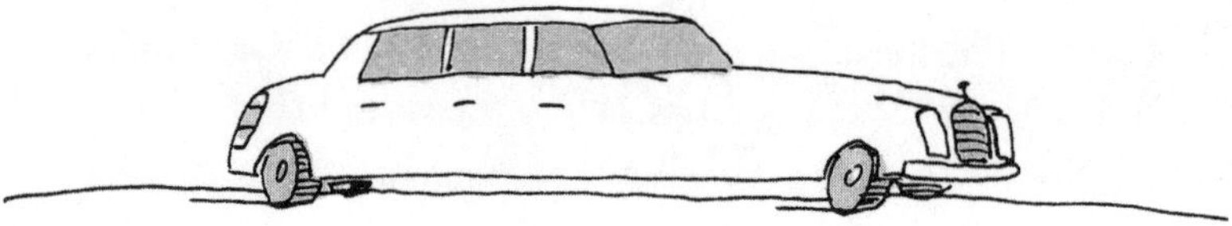

LIPPENSTIFT

Er steht für Eleganz und Vornehmheit, gibt dem Lächeln der stolzesten Frauen Kontur und Geheimnis. Er eignet sich für romantische Bekenntnisse am Morgen danach, schwungvoll auf den Badezimmerspiegel geschrieben. Dass legendäre Hollywoodgöttinnen wie Rita Hayworth oder Ava Gardner Millionen männlicher Kinobesucher um den Verstand brachten – auch ihm ist es gedankt, und ohne ihn wäre die Verführung garantiert nur halb so aufregend gewesen. Dass er auch dort zur Geltung kommt, wo rotes Licht scheint und bunte Vögel trippeln, zeigt nur eines: Er kennt keine Klassenunterschiede. Man kann seine Spuren tilgen, wegwischen, schnell und schmerzlos, so als sei gar nichts gewesen. Nur auf dem Oberhemd des Mannes, der zwischen Feierabend und Heimkommen noch einen kleinen Umweg gemacht hat, ist das nicht so ganz einfach. Da wird er manchmal zum Verräter und so den Frauen erst recht zum Komplizen.

Symbol der Verführung Seinen anhaltenden Erfolg sowohl als Farbgeber für die Mundpartie, das Gesicht, die Seele und das Selbstwertgefühl wie auch als rätselhafter Signalgeber für das andere Geschlecht verdankt der Lippenstift einem Urbedürfnis der Frau: Seit jeher galten rote Lippen als Symbol der Sinnlichkeit und Verführung. Schon um 3500 vor unserer Zeitrechnung soll eine Salbe benutzt worden sein, die die Durchblutung der Lippen ankurbelte. Von der russischen Zarin Katharina der Großen wird berichtet, dass sie sich so lange auf die Lippen gebissen haben soll, bis sie blutrot waren. 1883 dann das große Ereignis, die kosmetische Sensation auf der Weltausstellung in Amsterdam: Parfümeure aus Paris präsentierten den L. Er bestand aus Rindertalg, Wachs und gefärbtem Rizinusöl, umwickelt war er mit Seidenpapier. »Oh là là, très interessant«, flöteten die Damen, doch noch war dieser merkwürdige »Stick« entschieden zu teuer (nach heutigen Maßstäben etwa 50 Euro) und zu kompliziert in der Anwendung. So wurde an der Weiterentwicklung auf Hochtouren gearbeitet. Er bekam eine Hülle mit einem Schieber und wurde nach und nach preisgünstiger. In der vornehmen Gesellschaft lehnte man ihn aber noch als unschicklich ab und sprach abfällig vom »Stylo d'Amour«.

Doch der Siegeszug vom »Rouge Baiser« (roter Kuss) war nicht mehr aufzuhalten. Stummfilmdiven wie Asta Nielsen zauberten mit Hilfe von Schablonen wunderschöne Amorbögen auf und über ihre Lippen. Bald kamen immer neue Farbnuancen hinzu. Und so hielt der L. schließlich auch Einzug in die Handtaschen der Damen aus den besseren Ständen. Dann das revolutionäre Jahr 1949: In Amerika wurde die Drehmechanik erfunden. Der L. wurde, was er heute noch ist: das begehrteste und meistverkaufte Make-up-Utensil.

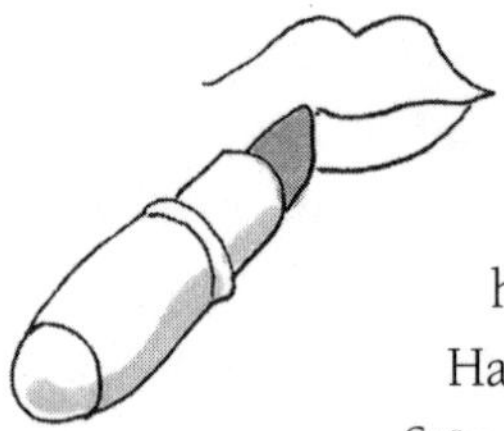

LOBB

Für viele ist es die edelste Schuhmarke der Welt. Das Werturteil geht einher mit der Bereitschaft, 3000 oder 4000 Euro für ein Paar dieser rahmengenähten Kunstwerke aus London auszugeben.

Royals von König Edward VII. bis zu Charles, dem Prince of Wales, traten und treten ihrem Publikum stets in Hochglanzschuhen von John Lobb entgegen und haben dem Schuh- und Stiefelmacher neben der königlichen Gunst bis zum heutigen Tag das »Royal Warrant« gewährt, den Status des offiziellen Hoflieferanten. Im Tiefparterre des Londoner Geschäfts sind neben den hölzernen Leisten nach den Maßen der Füße früherer Monarchen auch die von Winston Churchill, Somerset Maugham oder Charles de Gaulle aufgestapelt; die von Alfred Hitchcock liegen neben denen von Paul Getty, Gregory Peck und Peter O'Toole. Damenfüße sind deutlich in der Minderheit, immerhin aber durch Jacqueline Kennedy oder Katherine Hepburn vertreten. Dabei mussten sich all die berühmten Kunden in Geduld üben, denn die Herstellung dauerte damals wie heute mindestens vier Monate.

Der Prinz war beeindruckt Der Beginn der Firmengeschichte klingt wie ein altes englisches Märchen. Bei der Londoner Weltausstellung von 1862 wurde die Goldmedaille für den bestgemachten Stiefel einem unbekannten Engländer namens John Lobb zuerkannt; der konnte den Preis aber leider nicht entgegennehmen, da er eine Dreimonats-Seereise entfernt in Australien saß. Er war seinem Bruder dorthin gefolgt und kümmerte sich um die richtige Bekleidung der Füße von Goldgräbern, was er sich in Nuggets bezahlen ließ. Ein Jahr später erhielt Edward, Prince of Wales und späterer König von England, ein Paar Stiefel zugeschickt, verbunden mit der Bitte eines Mr. Lobb aus der George Street in Sydney, als Königlicher Schuhmacher des Prinzen anerkannt zu werden. Der Prinz, von der Dreistigkeit beeindruckt, noch mehr aber von der Tatsache, dass Lobb sich auf irgendeine Weise die exakten Maße seiner Füße besorgt hatte und die Stiefel somit einen perfekten Sitz aufwiesen, verlieh »John Lobb, Bootmaker«, am 12. Oktober 1863 den »Royal Warrant«.

Der 1829 geborene John Lobb hatte nach einem Unfall als zwölfjähriger Junge ein verkrüppeltes Bein. Nach einer Schuhmacherlehre in seiner Heimat Cornwall wollte er sein Glück in London versuchen. So humpelte er die 200 Meilen in die Hauptstadt, um bei einem renommierten Schuhmacher zu arbeiten. Doch waren um diese Zeit bereits 38 000 Schuster in der Branche tätig, und natürlich wartete keiner auf den Anfänger aus der Provinz. Lobb aber ging schnurstracks zu dem damals berühmtesten Betrieb: Thomas's. Er begehrte Anstellung und wurde unsanft hinausbefördert. So machte er sich erst einmal auf nach Australien, wo er, allerdings indirekt, als einer der wenigen vom Goldrausch profitierte. Er eröffnete ein Geschäft in Sydney und heiratete die Tochter des Hafenkapitäns. 1866 kehrte er nach London zurück. Dort holte er die ihm vier Jahre zuvor verliehene Goldmedaille und den »Royal Warrant« ab und eröffnete sein erstes Geschäft in der Regent Street. Der Erfolg stellte sich schnell ein, und so machte er bald sein zweites Geschäft auf, diesmal in der St. James's Street, der ersten Adresse für die besten Juweliere, Wein- und Buchhändler der Stadt. Vor allem aber lag sein Geschäft direkt gegenüber von Thomas's, wo man ihm einige Jahre zuvor so schnöde die Tür gewiesen hatte.

Jahrzehnte haltbar In den Zeiten der aufkommenden Industrialisierung widersetzte sich Lobb jeglicher Mechanisierung in der Schuhherstellung. Auch seine Söhne und Enkel hielten stur an der traditionellen handwerklichen Methode fest und setzten qualitative Maßstäbe. Die Jahresproduktion liegt heute bei etwa 500 Paar Stiefeln und Schuhen; sie halten mehrere Jahrzehnte. Wenn sie den Weg zu ihrem Besitzer antreten, werden sie nicht nur sorgfältig in Seidenpapier verpackt, sondern vorher auf ebenfalls für den Kunden maßgefertigte

Schuhspanner gesetzt, die in Frankreich von einem der letzten Meister seines Fachs aus Buche geschnitzt werden. In Frankreich sitzt inzwischen auch die Kommandozentrale von »John Lobb, Bootmaker«. Das britischste aller britischen Unternehmen gehört zur französischen Hermès-Gruppe (➛ Hermès).

Postskriptum: Wer ein Paar Schuhe des Hauses Lobb oder anderer nobler Herkunft sein Eigen nennt, sollte wissen, dass in ganz Deutschland keine andere Firma mit größerer Sorgfalt, Umsicht und Erfahrung edle rahmengenähte Schuhe zu putzen oder zu besohlen in der Lage ist wie das Schuhhaus Ziegler in der Brückenstraße von Heilbronn. Allein das Putzen der Schuhe erfolgt noch wie in alter Zeit: mit Bienenwachs, Hanf und Pech – und mit einer Hingabe, die jeden gealterten Schuh um Jahre verjüngt.

L'ORÉAL

Insgesamt 17 Marken gehören zu diesem weltgrößten Kosmetikkonzern, darunter die Kosmetikmarken Biotherm, Helena Rubinstein, Garnier, Lancôme oder Vichy sowie die Parfüms von Giorgio Armani, Guy Laroche, Cacharel, Polo, Ralph Lauren und Paloma Picasso. Der Umsatz beläuft sich auf gigantische 14,5 Milliarden Euro und wächst seit 20 Jahren ungebrochen jedes Jahr mit einem zweistelligen Plus. Hiervon profitieren die Aktionäre, in erster Linie der Großaktionär Nestlé, aber vor allem Liliane Bettencourt, Nachfahrin des Unternehmensgründers und reichste Frau Frankreichs.

Im Jahre 1907 gründete der Chemie-Ingenieur Eugène Schueller in Paris eine Firma mit dem Namen »Französische Gesellschaft für das ungefährliche Färben von Haaren« (deutsche Übersetzung). Schueller hatte ein synthetisches Mittel zum Färben entwickelt, das er unter der Marke »Auréole« bald europaweit vertrieb. 1910 wurde daraus der Firmenname »L'Oréal«. Das Unternehmen wandte sich zunächst an das Friseurhandwerk, dem es ein gewaltiges Zusatzgeschäft bescherte. Auch mit seinen später entwickelten Produkten verstand es sich lange als Partner der Coiffeure.

Mit Haut und Haaren Der Erfolg der Haarkosmetik veranlasste Schueller und seine Chemiker, sich der menschlichen Haut zuzuwenden. Und so stieg L. auch mit der Pflegekosmetik schnell in die Weltspitze auf. Ein wichtiges Standbein wurde hier die Sonnenkosmetik unter der Marke »Ambre Solaire«. Doch entscheidend für den weiteren Erfolg waren die Zukäufe erfolgreicher und kompetenter Marken.

Eine dieser Marken war Helena Rubinstein. Die gleichnamige »Urmutter der Kosmetik« wurde 1870 in Krakau/Polen geboren. Nach einem kurzen Medizinstudium in der Schweiz emigrierte sie 1902 nach Australien, wo sie einen kleinen Laden in Melbourne eröffnete. Mit ihrer »Crème Valaze« wollte sie die Australierinnen von ihrer, wie sie fand, rauen und rötlichen Haut befreien. Ihr Geschäft florierte. 1908 überließ sie es ihrer Schwester Ceska und zog mit einem Startkapital von 100 000 Dollar nach London, um ihr Kosmetikunternehmen auf eine internationale Basis zu stellen. Mit ihrem Mann, dem amerikanischen Journalisten Edward Titus, ging sie dann zu Beginn des Ersten Weltkriegs in die USA. Dort eröffnete sie eine Kette von Kosmetiksalons. Später, mittlerweile in zweiter Ehe mit dem 20 Jahre jüngeren georgischen Prinzen Artchil Gourielli-Tschkonia verheiratet, globalisierte sie ihr Unternehmen mit intensiver Werbung. Zwischendurch fand sie auch noch Zeit, sich dem Sammeln von Kunst zu widmen, die sie größtenteils dem »Helena Rubinstein Pavillon of Contemporary Art« in Tel Aviv vermachte. Helena Rubinstein starb 1965 in New York im Alter von 94 Jahren.

Ein weiteres Kleinod oder, besser gesagt, die Rose im Markenstrauß von L. ist »Lancôme«. Der Parfümeur und Kosmetiker Armand Petitjean hatte bei dem Altvater der französischen Luxusparfümerie, François Coty, gelernt und 1935 die Marke mit gleichzeitig vier Düften gegründet: »Tropiques«, »Tendres Nuits«, »Kypre« und »Bocages« waren die ersten, denen noch viele kostbare folgen sollten. Sehr schnell widmet sich Petitjean auch der pflegenden und dekorativen Kosmetik. Schon 1936 kam die Hautcreme »Nutrix« auf den Markt und 1955 die Pflegelinie »Océane« auf der Basis von reinem, mit Algen angereichertem Meerwasser. Berühmt wurden auch die Lippenstifte von Lancôme, allen voran der »Rose de France«, nicht nur rosafarben, sondern auch mit natürlicher bulgarischer Rosenessenz parfümiert.

LVMH

Das weltweit größte Konglomerat von Luxusmarken trägt einen etwas umständlichen Namen: »LVMH – Moët Hennessy Louis Vuitton«. Man sieht, zwei Gleichberechtigte haben sich hier um einen Proporz bemüht: Beginnt die Abkürzung noch mit LV = Louis ➛ Vuitton, führt in der ausgeschriebenen Version Moët Hennessy die Aufzählung an. 1987 war es, als die beiden Luxusimperien zusammengeschmiedet wurden.

Die Gruppe Moët Hennessy war Anfang der 70er Jahre ihrerseits aus einer Fusion hervorgegangen: der des 1743 gegründeten Champagnerhauses Moët & Chandon mit dem 1756 gegründeten Cognac-Haus Hennessy. Diese beiden hatten jeweils mehrere Marken, die sie sich vorher einverleibt hatten, mit eingebracht: Moët & Chandon das älteste Champagnerhaus Ruinart (gegründet 1729), das Haus Mercier sowie eine Beteiligung an der Parfümgesellschaft Christian ➛ Dior; Hennessy das noble Cognac-Haus Hine (das später allerdings wieder verkauft wurde). Parallel dazu hatte der Reisegepäckhersteller Louis Vuitton ebenfalls über seine Branche hinaus Akquisitionen betrieben und das Champagnerhaus Veuve Clicquot Ponsardin sowie in dessen Mitgift wiederum das Haus ➛ Krug erworben.

Ein ganzes Bündel extrem erfolgreicher Marken hatten die beiden Partner also geschnürt, als sie 1987 unter dem Namen LVMH die Ehe schlossen. Was Bernard Arnault, den Architekten dieses Zusammenschlusses, aber nicht davon abhielt, die Anzahl noch zu vermehren. Heute gehören knapp 50 Marken zu LVMH: im Unternehmensbereich Weine und Spirituosen die Champagnerhäuser Moët & Chandon, ➛ Dom Pérignon, Krug, Ruinart, Veuve Clicquot, Cognac Hennessy, Glenmorangie ➛ Malt Whisky, das Weingut Château d'Yquem sowie verschiedene Wein- und Sektkellereien in Australien, Nord- und Südamerika. Der Bereich Mode umfasst Marken wie Louis Vuitton, Céline, Loewe, Kenzo, Givenchy, Fendi, Emilio Pucci oder Donna Karan. Im Bereich Parfüm und Kosmetik duftet es nach Christian Dior, ➛ Guerlain oder Acqua di Parma. Und schließlich ist da noch die Sparte Schmuck und Uhren mit den Marken TAG Heuer, Zenith, Chaumet oder Fred.

56 000 Mitarbeiter zählt das Unternehmen, rund 65 Prozent davon arbeiten außerhalb Frankreichs. Im Jahre 2004 belief sich der Umsatz auf 12,5 Milliarden Euro.

Mahagoni

Gregor von Rezzori (1914–1999) erzählt in seinem Buch »Sherrytime«, dass immer wenn in den spanischen Hafenstädten Cadiz oder Puerto Santa Maria ein altes Haus abgerissen wird, sich die Altwarenhändler darauf stürzen, weil die Balken oft aus wertvollem Mahagoniholz bestehen. Dieses Holz hatten einst spanische Seefahrer aus den mittelamerikanischen Kolonien mitgebracht – als Frachtersatz für die Fässer mit ➛ Sherry, die sie auf der Hinfahrt an Bord gehabt und drüben gelassen hatten.

Zu jener Zeit war das harte, dunkel-rotbraune Holz des Mahagonibaums auf den Westindischen Inseln noch reichlich vorhanden. Mahagoni gilt seit 500 Jahren als eines der wertvollsten Edelhölzer, da es nicht nur dekorativ, sondern auch ungewöhnlich hart und witterungsfest ist. Es wurde zu *dem* Ausstattungs- und Möbelholz; im Schiffbau kam ihm ebenfalls lange der Rang als das edelste Holz zu. Kein Wunder, dass Automobile ab einer gewissen Klasse Armaturenbretter aus M. besitzen.

Das Hauptverbreitungsgebiet des Mahagonibaums liegt in Mittel- und dem nördlichen Südamerika. Er wird bis zu 30 Meter hoch, und – für den Tischler besonders verführerisch – seine 25 Meter langen Stämme sind astfrei. Allerdings hat er auch einen großen Nachteil: Alle Versuche einer nachhaltigen Bewirtschaftung von M. sind bislang gescheitert. Das heißt, ein ökonomisch sinnvoller forstwirtschaftlicher Anbau ist, wenn überhaupt möglich, noch in der Pionierphase. Das so genannte echte M. von den Westindischen Inseln ist inzwischen ausgerottet. Auch im brasilianischen Amazonasgebiet ist der Mahagonigürtel nicht zufällig identisch mit dem Entwaldungsgürtel. Bei allen Arten von M. handelt es sich um Bäume des tropischen Regenwaldes und tropischer Trockenwälder. Einige Bestände sind noch in Anbaugebieten Südasiens anzutreffen.

Heute findet man M. in einem der Anhänge von CITES erwähnt, der Konvention über den Handel mit bedrohten Arten. Das erlaubt gewisse Kontrollen auf internationaler Ebene, da nicht nur der Exporteur, sondern auch der Importeur für die Legalität der Lieferung verantwortlich gemacht werden kann.

Maître

Der Ausdruck stammt aus dem Frankreich des 17. Jahrhunderts, als man die heutige Gastronomie und deren Servicehierarchie noch nicht kannte. Hotel wurde damals noch mit einem »s« geschrieben: Hostel. Das bedeutete ein hochherrschaftliches Gebäude, in dem Könige, Prinzen und andere Granden des Königreiches zeitweise oder dauerhaft residierten. Im Pariser Stadtviertel Marais kann man zahlreiche dieser Häuser besichtigen, da sie mittlerweile als Museen dienen.

Der »Maître d'Hôtel« war damals ein Offizier in den Diensten des Königs oder anderer Aristokraten, der sämtlichen Dienstboten des Hauses vorstand, jedoch eigenhändig an der königlichen Tafel servierte. Dabei hatte er, wie es in zeitgenössischen Berichten hieß, »den Degen an der Seite und die Serviette über der Schulter«.

Als aus den Hôtels gastronomische Beherbergungsbetriebe im heutigen Sinne wurden, blieb der Maître erhalten – im Rang etwa eines Oberkellners. Ihm ist die ganze Servicebrigade eines Restaurants unterstellt. Insbesondere regelt er – je nach Größe des Betriebs von seinen »Chefs de Rang« oder »Commis de Rang« unterstützt – die Tischreservierungen, begrüßt und platziert die Gäste, erstellt die Dienstpläne und verantwortet die Ausbildung des Nachwuchses. Er ist den Gästen auf Wunsch bei der Zusammenstellung des Menüs und der Auswahl der Getränke behilflich, und auch die Bearbeitung von Reklamationen fällt in seinen Verantwortungsbereich. Schließlich ist er der erste Ansprechpartner des Küchenchefs. Aus dem engen Zusammenspiel mit diesem entwickelte sich eine weitere Rolle: Den M. kann man sozusagen als den verlängerten Arm der Küche am Tisch des Gastes bezeichnen. Dort tranchiert er den Braten, filetiert den Steinbutt, flambiert das Dessert und bereitet auch noch ein Sößchen zu: die »Beurre Maître d'Hotel« ist beispielsweise eine mit Zitronensaft verfeinerte Kräuterbutter.

MALLORCA UND IBIZA

Im April 1955 berichtete der »Spiegel« über eine »neue Art des Ferienreisens«. Mehrere Reiseunternehmer beabsichtigten, in der bevorstehenden Sommersaison »zum ersten Mal das Flugzeug in großem Stil als Urlaubstransportmittel einzusetzen«. Zu diesem Zweck, so hieß es in dem Beitrag, sollten Maschinen kleinerer Fluggesellschaften gechartert werden, die ihre Preise flexibler und daher günstiger als die großen Fluglinien kalkulieren konnten. Ein Hamburger Reiseunternehmer namens Helmut Krukenberg habe bereits mit der Londoner Transair einen Chartervertrag abgeschlossen »für 72 Flüge zwischen Hamburg und der spanischen Insel Mallorca, auf die er in dieser Saison bis zum 4. November insgesamt 1200 Kunden seines Reisebüros für jeweils vierzehn Tage in Urlaub schicken will«.

»Krukenbergs Angebot«, lobte das Nachrichtenmagazin, »ist in der Tat verlockend. Während der normale Flug in einer IATA-Maschine von Hamburg nach Mallorca und zurück 586 Mark kostet, bietet Krukenberg für 495 Mark nicht nur den Hin- und Rückflug, sondern auch noch vierzehn Tage Hotelquartier mit Vollpension in den malerisch gelegenen Orten Sóller und Puerto de Sóller.«

Ein halbes Jahrhundert später starten und landen täglich hunderte Düsenmaschinen aus allen Teilen Europas auf dem im Laufe der Jahre mehrfach vergrößerten, inzwischen hochmodernen Flughafen Palma de Mallorca. Er ist eine der frequentiertesten Drehscheiben des Lufttourismus von heute. Deutsche Reisende stellen das weitaus größte Kontingent, wobei man sie grob in folgende Gruppen einteilen kann: Pauschaltouristen herkömmlicher Prägung, gehobene gutbürgerliche bis adelige Urlauber, Eigner von Ferienwohnungen, Finca- und Villenbesitzer. In den beiden letztgenannten Gruppen ist die Fraktion der Quasi-Dauerresidenten anzusiedeln, die nur noch selten einen Heimaturlaub einplanen.

Einst eine »Putzfraueninsel« Vergleicht man die Anziehungskraft Mallorcas auf alle sozialen Klassen mit der Anmutung vor einem Vierteljahrhundert, so kann man – in bestem Marketingjargon – von einem klassischen Imagewandel sprechen. Denn bis etwa Mitte der 80er Jahre galt es unter deutschen Ferienreisenden, die sich vom gemeinen Touristen abheben wollten, nicht unbedingt als vornehm, das Baleareneiland anzufliegen. Abfällig sprach man von der »Putzfraueninsel«. Die Restaurantkultur war für auswärtige Besucher noch unterentwickelt. Einheimische Gastronomen bemühten sich, deutsche Kost oder was sie dafür hielten, anzubieten: Sauerkraut, Rippchen, Würstchen mit Kartoffelsalat, Erbseneintopf. Und, ganz wichtig: deutsches Bier. Besonders findige Gastwirte lockten mit Bundesliga-Radioübertragungen oder – mit eintägiger Verspätung, weil sie erst eingeflogen werden mussten – Videoaufzeichnungen der Spiele.

Individualisten, Lebenskünstler, Hippies, echte oder saisonale Aussteiger zog es da eher auf die kleine Schwesterinsel Ibiza. In Sachen Lifestyle und Nachtleben war sie entschieden die bessere Adresse: Sie gehörte der Jugend. Tagsüber lockten idyllische, keineswegs überfüllte Strände, abends die Shops, Bars und Restaurants entlang der legendären Hauptstadt-Piste, nachts Diskotheken, die den Vergleich mit dem New Yorker »Studio 54« nicht zu scheuen brauchten. Sich in den 70er Jahren unter Ibiza-Fans als Mallorca-Reisender zu outen, dazu gehörte schon Mut. Im besten Fall erntete man gönnerhafte Herablassung. Denn Ibiza war ➛ Kult, Mallorca spießig. Sitzt heute im Flugzeug nach Mallorca ein wettergegerbter Alt-Freak mit Stirnband und (grauem) Zopf als Passagier, kann man sicher sein, dass er nach der Zwischenlandung in Richtung Ibiza weiterfliegt. Doch im Großen und Ganzen ist es vergleichsweise ziemlich still geworden um die einst so lebensfroh-quirlige, ausgeflippte Nachbarinsel.

Dafür hat sich Mallorca zu einer in den unterschiedlichsten Farben und Nuancen schillernden, allseits beliebten Destination des deutschen Fernwehs ausgewachsen. Die Insel steht bei Jung und Alt, Reich und Arm so hoch im Kurs, dass vor einigen Jahren ein paar humorbegabte Abgeordnete im Deutschen Bundestag die Anfrage einbrachten, ob Deutschland sie nicht der Spanischen Krone abkaufen solle.

Wo auch der König urlaubt Die Baleareninsel, 36-mal so groß wie ➤ Sylt, Lieblingsferienresidenz des spanischen Königs Juan Carlos und seiner Familie, sonnendurchflutet und von mediterranem Klima gestreichelt, ist bei jährlich gut sieben Millionen Besuchern vielleicht nicht unbedingt ein Garten Eden, aber doch ein vom lieben Gott äußerst freundlich bedachtes Eiland. 179 Strände, 215 Sonnentage per annum. Auf 3640 Quadratkilometern Fläche ist Platz genug, einander nicht mehr – wie bei der An- und Abreise am Gate und im Flugzeug – in die Quere zu kommen. Jeder kann in seine eigene Welt eintauchen, das Inselglück hat viele Gesichter: das einmalig schöne Licht. Das wunderbar milde Klima. Betörende Düfte über den Wäldern, Feldern und Wiesen. Die Mandelblüte im Januar. Die üppige Pracht der Olivenhaine, Orangen- und Zitronenbäume. Die wilde Schönheit der Westküste, die lieblichen Landschaften im Osten. Das sauberste Wasser des Mittelmeers. Von gewaltigen Felswänden geschützte Buchten. Nicht zu vergessen die Hauptstadt Palma, in der knapp die Hälfte der 750 000 Inselbewohner lebt, mit ihrem

großen See- und kleinen Fischereihafen, der Armada von ankernden Segelyachten, der mächtigen Kathedrale La Seu, den malerischen engen Gassen und dem geheimnisvollen arabischen Viertel.

Eine faszinierende Natur, freundliche Menschen, an neun Monaten des Jahres schönes Wetter und ein heiteres Leben am Meer und unter Palmen – dies alles gibt es auch anderswo auf der Welt. Mallorca aber besitzt einen Standortvorteil, den uns keine andere Urlaubsregion auf der Welt zu bieten hat: Von Deutschland aus ist es gewissermaßen gleich um die Ecke. Wen morgens am heimischen Schreibtisch der große Frust packt, der kann nachmittags am Yachthafen von Portals Nous bereits Tapas essen.

Malt Whisky

Er ist ganz zweifellos der König unter den ➛ Whiskys: das schottische Gold, der Ur- und Mutterwhisky oder, wie der Whiskykenner Heinz van Nouhuys ihn nannte: »der Whisky, aus dem man Whisky macht.«

Zwar wurde er in seiner Heimat immer schon pur (oder mit etwas Wasser) getrunken, außerhalb Schottlands aber galt der Malt Whisky als einfacher Bauernschnaps. Erst als Mitte des 19. Jahrhunderts der Zollbeamte Aeneas Coffey das so genannte Patent-Still-Verfahren erfand, eine fast industriell arbeitende Destillieranlage, und der Grain Whisky (*grain* = Getreide, Korn) entstand, änderte sich die Bedeutung der Malt-Brennereien. Die Mischung verschiedener aromatischer Malts mit den eher neutralen, aber in großen Mengen herstellbaren Grains zum Blended Scotch verhalf der Kategorie Whisky zur Blüte.

Der Blend brachte zwar mehr Wohlstand in die schottischen Täler, dennoch liefen die Highländer anfangs Sturm gegen die Demütigung, ihren geliebten Malt nur noch als »Geschmacksverstärker« für Korn-Whisky zu sehen.

Der Blended Scotch ließ auch einen neuen Beruf entstehen, den des Blendmasters. Diesem obliegt es, aus bis zu 50 verschiedenen Malts und den geeigneten Grains den immer gleich bleibenden Geschmack und die konstante Qualität einer Whiskymarke zu komponieren. So entwickelten sich neben den Malt- oder Grain-Brennereien zusätzlich große Whiskyfirmen, die nur Scotch mischen, ohne selbst zu brennen. Zwar verschaffte diese Entwicklung dem Scotch internationale Verbreitung, den charakterstarken, puren Malt tranken aber außer den Schotten selbst nur ein paar Connaisseure auf der Welt – bis dann in den 70ern des letzten Jahrhunderts eine Renaissance des Malt-Genusses einsetzte. Heute bildet der Malt – ohne je eine Massenbewegung zu werden – im arg gebeutelten Spirituosenmarkt ein kleines, aber wachsendes Segment. Jede gute Bar legt größten Wert darauf, eine attraktive Auswahl anbieten zu können.

Außer beim Wein gibt es in der Tat wenige Bereiche, in denen so viele individuelle Charaktere zu finden sind wie unter den Malts. Das hat eine Reihe erklärlicher und eine Vielzahl nach wie vor unerklärlicher Gründe, die mit geografischer Lage, den verwendeten Zutaten und dem Brennverfahren zusammenhängen. Zur Entstehung des Malt sind vier Parameter entscheidend: Gerste, Wasser, Luft und Zeit.

Die Gerste kommt heute größtenteils aus Schottland selbst, wird durch Wässerung zum Keimen gebracht; das so entstandene Malz wird über Torffeuer getrocknet und dann gemahlen. Anschließend wird der im Malzmehl vorhandene Zucker durch erneute Zugabe von heißem Wasser verflüssigt und durch Hefen zu alkoholischer Gärung verführt.

Torf und Wasser Auch wenn die wenigsten Destillerien heute noch ihr Malz selbst herstellen, ist die Intensität des Torfrauchs ein wichtiges Element, das über den Geschmack eines Malt entscheidet. Ein zweites ist das Wasser: Die meisten Brennereien legen großen Wert auf ihr eigenes Quellwasser, dessen Härte oder Reichtum an Mineralien ebenfalls den Charakter des Endproduktes mitbestimmen. Und dennoch gibt es genügend Beispiele von benachbarten Destillerien, die sich aus derselben Quelle speisen und denselben Malzlieferanten haben, aber trotzdem zu völlig unterschiedlichen Ergebnissen gelangen.

Jetzt nämlich kommt die Alchimie der Destillation und des Reifungsprozesses ins Spiel. Malt wird in kupfernen Brennblasen, so genannten Pot Stills, zweimal gebrannt. Form und Größe dieser Brennblasen variieren von Destillerie zu Destillerie und üben einen wesentlichen Einfluss auf den Charakter des Brandes aus. Besonders kommt es in dieser Phase jedoch auf den Brennmeister an, der den fuselhaltigen Vorlauf und wässerigen Nachlauf vom Herzstück trennen muss und hierbei allein auf seine Erfahrung und sein Können angewiesen ist. Der farblose, etwa 70-prozentige Feinbrand, der als Baby-Whisky das Ergebnis dieses Produktionsabschnitts ist, muss nun erwachsen werden. Dies geschieht wie beim Cognac durch langsame Reifung in Holzfässern. Meist sind dies heute Eichenfässer, oft gebrauchte Bourbonfässer, aber auch Wein- oder Sherryfässer. Durch die Poren des Holzes findet dabei ein intensiver Austausch mit der klaren schottischen Luft statt. Holzart und die Zeit, die man ihm zur Reifung gibt, bestimmen schließlich den endgültigen Charakter des Malt.

Wer seinen Lieblings-Malt mit den teilweise schwer aussprechbaren gälischen Namen (Glenmorangie, Knockando, Bruichladdich, Ardbeg oder Macallan, um nur einige zu nennen) gefunden hat, genießt ihn in einem klassischen »Nosing-Glas«, dem Sherryglas nicht unähnlich. Niemals mit Eis oder Soda, denn zwei Dinge, so sagt das Sprichwort, liebt der Schotte nackt; eins davon sei der Whisky. Allenfalls darf man ein paar Tropfen stillen Wassers zugeben; dieses, auch das sagt der Schotte, »disturbs the whisky«. Das ist durchaus positiv gemeint, denn sofort kommt sichtbar Bewegung in den Malt, wenn sich die ätherischen Öle des Alkohols in bereichernde Aromen auflösen.

MANUFACTUM

Den Katalog dieses 1988 in Bochum gegründeten Versandhauses zu studieren ist ein dreifaches Vergnügen. Da ist zunächst das faszinierend vielseitige Sortiment. Man würde stilvoll verarmen, wollte man alles bestellen, was beim ersten Blättern zum Kauf reizt. Es ist aber nicht nur der Wunsch, eines oder mehrere der angebotenen Produkte zu besitzen, der einem beim Blättern das Herz wärmt. Es ist auch die Wiederentdeckung einer schon versunken geglaubten Warenwelt – »aus Omas Zeiten«, wie die »Süddeutsche Zeitung« keineswegs gehässig notierte. Dass diese Epoche nicht untergegangen ist, sondern vielmehr überlebt hat, ist die beruhigende Botschaft des hauseigenen Slogans: »Es gibt sie noch, die guten Dinge.« An die 4000 sind es, von der ungewohnt elitär formulierenden »taz« auf folgenden Nenner gebracht: »alles, was nicht die Aura von C&A, Woolworth oder Mediamarkt atmet, also von Ramsch und

Plunder.« Die unterschiedlichsten und originellsten Dinge befinden sich im Angebot: elegante und arbeitstaugliche Garderobe, Möbel, Schreibwerkzeuge, Fernrohre, Küchenutensilien, Handwerkszeug, Gartengeräte. Eine Saftpresse oder ein Waffeleisen, ein Weinthermometer oder ein Tischfußballspiel, einen Seesack oder ein Telefon mit Wählscheibe – wollte man das nicht schon immer haben? Einer gesunden Ernährung verpflichtet sind die Nahrungsmittel aus der Abteilung »Brot und Butter«. Und dass der Reprint des berühmten »Merck'schen Warenlexikons« (7. Auflage, 1920) den Autoren dieses Lexikons besonders am Herzen liegt, kann man sich denken.

Der dritte Grund, weshalb das Blättern im Katalog Freude bereitet, ist das Niveau der begleitenden Texte. In der Kundengemeinde des Versandunternehmens genießen sie mittlerweile so etwas wie Kultstatus. Es gibt Familien, wo man sich nach Eingang des jeweils neuen Druckwerkes – bei einer Flasche Wein – die gleichermaßen informative wie geistreich geschliffene Kurzprosa genüsslich gegenseitig vorliest.

Im Gegensatz zu diesem von verzeihlichen Manierismen nicht immer freien Wortreichtum steht bescheidene Zurückhaltung, was den öffentlichen Auftritt betrifft. Das Wachstum des Unternehmens, dessen Umsatz auf 70 Millionen Euro per annum geschätzt wird, vollzog sich ohne marktschreierische Reklame und lärmende publizistische Begleitmusik. Ähnlich geräuschlos hat die Manufaktur in den vergangenen Jahren das Geschäft vom reinen Versandhandel auf Ladenverkauf ausgeweitet. In jeweils bester Lage wurden in fünf Großstädten liebevoll sortierte und stilvoll eingerichtete Geschäfte eröffnet: in einer Seitenstraße der Düsseldorfer Königsallee, in München in den Fünf Höfen, in Hamburg im Chilehaus, in Stuttgart im Magazin, in Berlin am Ernst-Reuter-Platz.

MARMOR

Ein »schweres Stück Schönheit« wurde Marmor einmal genannt, und gemeint war damit nicht die Verwendung von Marmorstaub in Zahnpasta oder Kalziumtabletten. Denn überall, wo es um Repräsentation geht, scheint es ohne diesen polierten Kalkstein nicht zu gehen: Ob in Empfangshallen großer Banken oder privater Villen, als Säulen in exklusiven Hotels oder Gartenskulpturen, als Fliesen in Bädern, auf Terrassen, Treppen – mit dem Einsatz von M. erwirbt man ein Stück Exklusivität. Nur in der Küche sollte M. wegen seiner Säureempfindlichkeit tunlichst nicht verwendet werden, denn auf Essig, Zitronensaft, Wein oder auch Reinigungsmittel reagiert der edle Fels mit hässlichen Flecken.

Kalkhaltige Ablagerungen, seien sie organischen oder anorganischen Ursprungs, gerieten im Laufe von Jahrmillionen durch Erdverschiebungen in mehr oder weniger tiefe Schichten. Dort, wo sie ins Erdinnere gerieten, unterlagen sie hohem Druck und hohen Temperaturen. Das Gestein kristallisierte aus und wurde mit der Zeit zu kristallinem Marmor. Dort, wo es in nicht so tiefe Schichten gelangte, blieb zwar die Kristallisation aus, doch auch dieses Gestein wurde polierfähig und nennt sich ebenfalls M. Letzterer ist nicht so hart, aber dafür sehr farbenprächtig. Denn eigentlich haben beide Varianten in erster Linie mit ihrer gemeinsamen Eigenschaft zu tun, poliert wunderschön zu glänzen. Das Wort *marmaros* kommt aus dem Griechischen und bedeutet »glänzend«.

Marmorvorkommen gibt es in vielen Regionen der Welt. Mal ist er schneeweiß wie im italienischen Carrara oder im Krastal in Österreich, mal gelb, grün, rosa oder von schwarzen Streifen durchzogen. Man findet ihn in fast allen europäischen

Ländern, doch ebenfalls in der Türkei, in Indien, China oder dem Iran. Der Maxener Marmor aus Sachsen, der in allen Regenbogenfarben schillerte, wurde zu den Königlichen Gärten August des Starken und zur Ausschmückung seiner Schlösser verarbeitet. Doch auch im Erzgebirge und im Fichtelgebirge bei Wunsiedel gab und gibt es Marmorbrüche. In Cadoglia an der italienisch-schweizerischen Grenze wird M. ausschließlich für die permanente Restaurierung des Mailänder Doms abgebaut. Im portugiesischen Estremoz liegen Marmorbrüche, die zu den größten überhaupt gehören.

Das antike Griechenland nutzte seinen M. für prächtige Tempelbauten. Auch die Römer bezogen anfangs ihren M. aus Griechenland, von der Insel Paros oder aus Attika. Dann aber entdeckten sie ihren eigenen M. in der Toskana. Der dort abgebaute Carrara-Marmor ist strahlend weiß und deswegen besonders für die Bildhauerei geeignet. Man nennt ihn daher auch den Statuario-Marmor. Besonders durch die Statuen Michelangelos wurde er berühmt.

Martha's Vineyard

Die Insel vor der Küste des US-Bundesstaates Massachusetts ist bei wohlhabenden Neuengländern und New Yorkern ein beliebtes Ziel für verlängerte Wochenendtrips und Sommerferien. Man hat auf deutscher Seite auch schon vom »Sylt Nordamerikas« gesprochen, aber der Vergleich hinkt gewaltig; vergleichen lässt sich allenfalls das sowohl bei prominenten Ostküstenstaatlern wie vornehmen Hamburgern gerne zur Schau getragene besitzergreifende Lebensgefühl, die Insel »vor der Haustür« betreffend.

Martha's Vineyard mit seinen insgesamt sechs Dörfern ist ein unverwechselbares neuenglisches Idyll: weiß lackierte Villen mit Säulenveranden, von ebenso weißen Palisadenzäunen geschützt, schmucke alte Kapitänshäuser, Leuchttürme im Dutzend, jede Menge Icecream-Shops, schier endlos lange, wie unberührt daliegende, leuchtend helle Sandstrände, dahinter Grüngürtel mit Hügeln und Wäldchen. Ein wichtiger Faktor war lange Zeit die relative Ruhe. Auf Long Island zum Beispiel ging und geht es turbulenter zu. Besonders Schauspieler und Künstler haben das Eiland deshalb stets zu schätzen gewusst; der Schriftsteller John Updike schwärmte: »In meiner Erinnerung gehe ich dort alleine und barfuß.«

Allerdings haben die Prominenz und in ihrem Gefolge die Neugierigen immer wieder und in den vergangenen Jahrzehnten immer heftiger für Unruhe gesorgt. Die Kennedys fielen regelmäßig auf der Urlaubsinsel ein, einer fiel sogar buchstäblich vom Himmel: 1999 stürzten John F. Kennedy jr. und seine Frau mit ihrem Privatflugzeug vor der Südostküste ab; am Philbin Beach fand man die ersten Wrackteile. Auch Bill Clinton verbrachte in seiner Zeit als Präsident mehrfach seinen Sommerurlaub auf Martha's Vineyard und sorgte dadurch für ein gewaltiges Medienspektakel. Selbst in dem Jahr, als er wie ein begossener Pudel am Strand entlangschlich oder demütig hinter Frau und Tochter hertrottete – 1998, als seine Affäre mit einer Praktikantin im Weißen Haus aufgeflogen war –, wich die Pressemeute kaum von seinen Fersen. In den Restaurants und Bars ließ sich die Familie Clinton in jenem für sie peinlichen Sommer allerdings kaum blicken. Grundsätzlich haben Gesellschaftsreporter dort keinen leichten Job, denn Highsociety und Jetset ziehen für ihre Partys und Empfänge die eigenen vier Wände vor und mischen sich kaum unters gemeine Volk, das allein am 4. Juli, dem amerikanischen Unabhängigkeitstag, in einer Stärke von etwa 100 000 Mann anrückt. Als entspanntes-te, unaufgeregteste, klimatisch aber noch sehr reizvolle Ferienmonate empfehlen Experten Mai und Oktober.

Entdeckt wurde die Insel im Jahre 1602 von dem britischen Abenteurer Bartholomew Gosnold. Von ihm stammt auch der Name: Vineyard wegen des wilden Weins, der damals auf der ganzen Insel wuchs; Martha war der Vorname seiner Tochter. Edgartown, der größte Ort der Insel, wurde im frühen 19. Jahrhundert ein wichtiger Walfänger-Hafen. Die hier ansässigen Indianer vom Stamm der Wampanoag galten als die besten Harpuniere; Herman Melville hat in seinem Roman »Moby Dick« einem von ihnen ein literarisches Denkmal gesetzt. Der Walfang machte die Insel reich; erst als es um die Wende zum 20. Jahrhundert mit dem Erwerbszweig zu Ende ging, wurde Martha's Vineyard, das etwa 15 000 Einwohner zählt, zum angesagten Ferienort.

Minirock

Für das »Establishment«, wie man damals die Welt der Etablierten und Arrivierten nannte, war er anfangs eine ungeheure Provokation: Lehrer hielten Sonderkonferenzen ab und erwogen Schulverweise. Eltern bekamen Tobsuchtsanfälle. Hotelmanager sprachen Hausverbote aus und drohten mit der Polizei. Der Vatikan untersagte das Erscheinen in derart »unzüchtiger Aufmachung« im Petersdom. Wohl kein Kleidungsstück hat in der zweiten Hälfte des 20. Jahrhunderts die Modewelt und mit ihr die Gesellschaft so aufgewühlt wie der Minirock.

Dabei war es in einer Zeit, in der die Tabus reihenweise fielen, nur folgerichtig, dass auch das weibliche Knie befreit wurde. Zehn Zentimeter darüber hörte der M. auf. Das war der Abstand, der als Norm galt, mit den Jahren aber noch überschritten wurde. Diese zehn Zentimeter waren übrigens dem ansonsten der neuen Mode erstaunlich aufgeschlossen gegenüberstehenden britischen Königshaus um drei zu viel. Sieben, immerhin, genehmigte der Hof.

Millionen und Abermillionen junger Mädchen trugen Mini. Es gab den kurzen Rock bald in allen Materialien, von edel bis billig. Wer gerade knapp bei Kasse war, nähte sich einen alten Rock passend. Nicht allen freilich gereichte die neue Mode unbedingt zum Vorteil. Manch einem Knie plus Oberschenkel hätte man die gnädige Umhüllung eines längeren Gewandes gewünscht.

Mary Quant und Twiggy Zwei Frauen – heute kann man sie als Ikonen jener Epoche bezeichnen – sind untrennbar mit dem Durchbruch des M. verbunden. Beide Engländerinnen. Beide haben Modegeschichte geschrieben. Die eine ist seine Erfinderin Mary Quant (geboren 1934). Als junges Mädchen hatte sie aus Frustration über die altbackene Teenagermode der 50er Jahre damit begonnen, ihre Kleider selber zu nähen: bequem, ohne die übliche Wespentaille, ohne Petticoat und Rüschenbluse. Den einengenden, kurvenbetonenden Damenkleidern setzte sie lockere Entwürfe entgegen. 1955 eröffnete sie mit ihrem Mann die Boutique »Bazaar« in der Londoner Modemeile Kings Road, die bald zu einem Jugendtreff wurde. Schon vier Jahre später konnte sie eine zweite Boutique eröffnen. Ihre extrem kurzen Hängerkleidchen wirkten eher wie Kinder- als wie Erwachsenenmode. Dann der große Durchbruch: Die erste Skizze zum M. entstand 1959. Drei Jahre später wurde er erstmals in der britischen »Vogue« abgebildet. Nach weiteren drei Jahren hatte er sich zum weltweiten Verkaufsschlager gemausert.

Einen nicht unbeträchtlichen Anteil daran hatte das Model Lesley Hornby (geboren: 1949), die so dünn war wie ein Zweig (englisch: *twig*) und deshalb ihren berühmten Spitz- und Künstlernamen weghatte: Twiggy. Der M. schien wie geschaffen für dieses bildhübsche Mädchen mit der knabenhaften Figur, dem unschuldigen Augenaufschlag und der akkuraten, glatt geschnittenen Föhnfrisur, ebenfalls eine Quant'sche Kreation (mit der später der Friseur Vidal Sassoon berühmt wurde). Twiggy, Kultfigur und weibliches Identifikationsobjekt einer ganzen Generation, trug den Look von Mary Quant um die Welt.

»Swinging London« Deren Mode war es, die – neben der Popmusik – England zur angesagtesten Nation des Jahrzehnts und »Swinging London« zu ihrem Nabel werden ließ. Dafür wurde die visionäre Modeschöpferin mit der frechen Beatlesfrisur 1966 mit dem höchsten zivilen Orden ihres Landes ausgezeichnet, dem »Order Of The British Empire« (wie die Beatles bekanntlich auch). Zur Verleihung im Buckingham Palast erschien sie selbstverständlich im M. Ob der zehn oder sieben Zentimeter über dem Knie endete, ist nicht überliefert.

Im Sommer 1968 hatte ihre Kreation maximale Popularität und Saumhöhe erreicht. Mittlerweile war nicht nur das weibliche Knie freigelegt, sondern auch drei Viertel des Oberschenkels – der Anblick der Unterwäsche war keine Seltenheit. Eine Steigerung schien kaum noch möglich. Dann, Anfang der 70er

Jahre, der nächste Schocker: Hot Pants, die noch knapperen »heißen Höschen«. Aber es dauerte nicht lange, bis die Modeindustrie schließlich das totale Kontrastprogramm fuhr: der bodenlange Rock tauchte aus der Versenkung auf – als Maximode.

MITSUKOSHI

Nach dem Marktführer Takashimaya ist Mitsukoshi die größte japanische Kaufhauskette. Als Kimono-Geschäft wurde sie bereits während der Edo-Periode im Jahre 1673 gegründet. Heute ist sie auch in westlichen Ländern ein Begriff. In Deutschland bestehen Niederlassungen in Düsseldorf, Frankfurt und München – wenngleich in viel bescheidenerem Maßstab als im Mutterland.

Die großen japanischen Kaufhäuser hatten Anfang des 20. Jahrhunderts eine wichtige kulturelle Aufgabe übernommen. Sie waren für die Verbreitung westlichen Lebensstils zuständig. Bis dahin hatten die Händler eine sehr enge persönliche Beziehung zu ihren Kunden und wussten genau, was diese wollten. Es gab keine Schaufenster oder sonstige Auslagen. Der Verkäufer holte die Artikel aus dem Lager. Den Kunden aus besseren Kreisen präsentierten die Händler ihr Angebot in deren Häusern. Das änderte sich mit den Importen westlicher Kleidung und Waren durch die Kaufhäuser. Hier war M. führend – desgleichen im Vermitteln wichtiger Bildungsfunktionen. Eigens angestellte Lehrer brachten ihrer Kundschaft westlichen Lebensstil bei. Das korrekte Anlegen und Tragen der Kleidung gehörte ebenso dazu wie die korrekte Handhabe des abendländischen Essbestecks.

Bald war der Erfolg von M. & Co so groß, dass sie ihre Geschäfte aufstocken oder in größere Gebäude umziehen mussten. Dabei entstanden spezielle Räumlichkeiten für Spiele und für Ausstellungen. Es gibt sie noch heute; oft verleihen sie den Kaufhäusern einen Anflug von Vergnügungsparks. Besonders wichtig und begehrt sind die Versandabteilungen für Geschenke, im M. beispielsweise in der obersten Etage untergebracht. Denn Schenken ist für den Japaner eine wichtige Aufgabe, mehr noch: eine Herzensangelegenheit und darüber hinaus ein Akt der zwischenmenschlichen Hygiene. Geschenkt wird so gut wie alles: von der Flasche alten Cognac über rohes Rindfleisch bis zu kompletten Badezimmereinrichtungen. Beschenkt werden nicht nur Freunde und Geschäftspartner, sondern auch der Chef, wenn er eine Gehaltserhöhung genehmigt hat. Die Kaufhäuser übernehmen alles, von der kunstvollen Verpackung bis zur Zustellung; und da ihre Namen mit Prestige verbunden sind, erhöht ein Geschenk seinen Wert, wenn es in das Papier von Takashimaya oder M. verpackt ist.

Die Höflichkeit der Angestellten ist für westliche Besucher immer wieder beeindruckend. Jedes Kaufhaus ist stolz auf seine Brigade hübscher, perfekt gestylter Hostessen, die allein bei der Begrüßung der Kunden drei Arten der Verbeugung praktizieren. Eine Verbeugung von 15 Grad heißt: Die Hostess hat das Gesicht des Kunden wiedererkannt; 30 Grad: Sie erinnert sich, dass sie diesem Kunden schon einmal behilflich sein durfte. Der tiefe Bückling von 45 Grad hingegen ist wichtigen Persönlichkeiten vorbehalten. Er kann aber auch mit einer Entschuldigung einhergehen, wenn der Kunde falsch beraten oder womöglich in das falsche Stockwerk geschickt worden ist. Wanderer, kommst du nach Japan: Ein Besuch in einem Konsumtempel von M. lohnt sich.

MITTAGSSCHLAF

Im alten China stand das Recht auf den Mittagsschlaf in der Verfassung (Artikel 49). Die Chinesen wussten: Wer schläft, arbeitet zwar nicht – aber wer geschlafen hat, arbeitet besser. Bedeutende Menschen späterer Epochen haben sich diese Erkenntnis zu Eigen gemacht und sich, wann immer sie es einrichten konnten, ein kurzes Nickerchen in der Mittagszeit gegönnt: Goethe, Napoleon, Churchill, Einstein, Kohl – um nur einige zu nennen.

Deutschland ist zwar nicht das klassische Land des M., aber seitdem die Deutschen nach Spanien in die Ferien fahren, haben sie Bekanntschaft mit dem ausgesprochen liebenswerten Brauch der Siesta gemacht. Es ist dies die landesweit gepflegte Sitte der Mittagsruhe um die sechste Stunde (daher das Wort) nach Sonnenaufgang, in der es zu heiß zum Arbeiten ist. Die meisten Spanier nutzen die etwa zweieinhalb Stunden wenigstens teilweise für ein Schläfchen, aus dem sie Ende 2005 erschrocken hochfuhren, als die Regierung ankündigte, die Mittagspause in Zukunft europäischem Standard anzupassen. Komplett übertragen lässt sich die Siesta auf unsere Breiten nicht, denn sonst würde sich der Beginn des Abendessens entsprechend verschieben – und dafür ist der Deutsche nicht zu haben.

Immerhin: Schon beschäftigen sich auch bei uns Schlafforscher, fortschrittliche Personalabteilungen und die Hersteller von Büromöbeln mit den Möglichkeiten der Regeneration in der Mittagsstunde. Die Ergebnisse einer Studie der amerikanischen Raumfahrtbehörde NASA bestätigen den Trend: Das so genannte Power Napping, also der kurze, aber effektive Mittagsschlaf, erhöht die Reaktionsgeschwindigkeit um bis zu

16 Prozent und verringert die anschließenden Aufmerksamkeitsausfälle um bis zu 34 Prozent.

Angeblich legen sich heute bereits mehr als 20 Prozent der Deutschen mittags aufs Ohr. (Da dürften allerdings sowohl die Kinder mit eingerechnet sein, denen die Eltern einen M. verordnen, und die Älteren und Kranken, die ohne ihn nicht über den Tag kämen.) Doch auch wenn bereits praktische und bequeme Designer-Büromöbel für das Nickerchen am Arbeitsplatz angeboten werden, fehlt wohl immer noch den meisten der Mut, ihren M. dort zu halten. Das kann in der Regel nur der Chef, der erstens ein Sofa im Büro stehen hat und zweitens abschließen kann.

Tiefgarage oder Parkbank? Die passende Lokalität ist deshalb ein beliebtes Diskussionsthema unter Anhängern des Brauches. Nur wenige, zumeist Freiberufler, können die Augen für eine Auszeit zu Hause zumachen – doch nicht immer ist es dort störungsfrei genug. Sich für ein Nickerchen ins eigene Auto in der Tiefgarage des Arbeitsplatzes zu begeben birgt Risiken: Wer mit offenem Mund und gelockerter Krawatte auf seinem eigenen Beifahrersitz vor sich hin döst, zieht unweigerlich den Spott der Kollegenschaft auf sich. Deshalb empfiehlt der Fachmann im Sommer Wiese oder Parkbank: Die frische Luft, die Stimmen spielender Kinder im Hintergrund, das Zwitschern der Vögel, das Rauschen der Blätter – all das legt sich wohlig schwer auf die Lider und ersetzt locker die Schlaftablette. Im Winter bietet sich auch das Kino an, wobei man bei der Wahl des Films ausnahmsweise auf den Filmkritiker hören sollte. Denn der empfiehlt bekanntlich eher die stillen, nach landläufiger Meinung langweiligen Filme. Im Klamaukfilm oder einem Werk mit wilden Autoverfolgungsjagden schläft man, wenn überhaupt, unruhig. Und bei Catherine Deneuve oder Nicole Kidman kann es passieren, dass man auf einmal gar nicht mehr müde ist.

Über die optimale Dauer des M. gehen die Meinungen und Erfahrungswerte weit auseinander. Die oben genannten prominenten Schläfer wurden – wohl zwangsläufig wegen ihres stets vollen Terminkalenders – zur Fraktion der Fünf-Minuten-Schläfer gerechnet. Manche rollen sich gerne für eine komplette Stunde auf die Seite, eine Minderheit schwört auf 90 Minuten. Der auch im Sinne des Biorhythmus empfehlenswerte Spitzenwert liegt bei einer Viertelstunde.

MONTBLANC

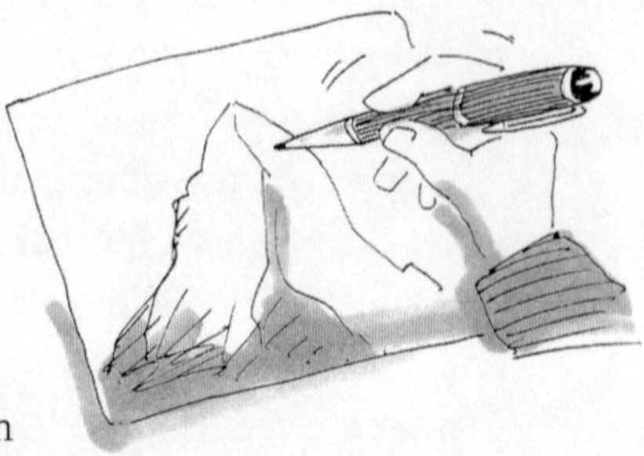

1906 gründeten die Herren Claus-Johannes Voss, seines Zeichens Schreibwarenhändler, der Bankier Christian Lausen und der Ingenieur Wilhelm Dziambor in Hamburg ein kleines Unternehmen, das sie auf den englischen Namen »Simplo Filler Pen Company« tauften. Sie produzierten verschiedene Schreibgeräte, u. a. Füllfederhalter. Ihr Modell von 1910, ein schwarzer Füller, der auf seiner Kappe ein weißes Sechseck mit abgerundeten Ecken trug, bekam den Namen »Montblanc«, weil dieses Symbol aussah wie die schneebedeckte Spitze von Europas höchstem Berg von oben. Dann, im Jahre 1924, kam der Füllfederhalter von wahrhaft meisterlicher Präzision, den die Unternehmer mit entsprechendem Selbstbewusstsein »Meisterstück« nannten. Um die Spitzenstellung dieses Modells in

Qualität und Design noch zu unterstreichen, wurde später die Zahl 4810 auf die goldene Feder graviert, was der Höhe des Montblanc in Metern entspricht. Der Erfolg ließ nicht auf sich warten, und so lag es nahe, die ganze Firma nach ihrer bekanntesten Marke zu benennen.

Das Meisterstück trat einen internationalen Siegeszug an und wurde zum Mythos. Der amerikanische Präsident John F. Kennedy lieh sich für eine Vertragsunterzeichnung den Füller vom deutschen Bundeskanzler Konrad Adenauer und war so begeistert, dass er ebenfalls ein Meisterstück besitzen wollte. Die französische Schriftstellerin Colette schrieb mit einem M., ebenso Papst Johannes Paul II.

Der zeitlose Art-déco-Stil des eleganten Schreibgerätes wurde im Laufe der Zeit um weitere Variationen ergänzt: Es gab eine Hemingway-Edition, die Modelle »Mozart« und »Chopin«, den Füller »Meisterstück Sport« und einen Schreiber, der den Weg ins »Guinness-Buch der Rekorde« fand: »Meisterstück Royal«, der teuerste Füllfederhalter der Welt.

Mitte der 70er Jahre ging die Firma in den Besitz der britischen Gruppe ➛ Dunhill über; das Sortiment wurde um Lederwaren, Schmuck und Uhren ergänzt. Heute gehört M. zur Schweizer Luxusgruppe Richemont.

MUSEUMSHOPS

Der Trend kommt von den Amerikanern, die im Kulturbetrieb oft unbefangener und einfallsreicher sind als wir: Die 40 größten Museum Stores der USA setzen heute über 90 Millionen Dollar im Jahr um. Erst etwas verschämt, dann aber umso begeisterter folgten hiesige Museen und Kunsthallen dem Beispiel. Und so ist es mittlerweile nicht nur die Cafeteria, sondern auch der Shop, wo das reizvolle – und entspannende – Kontrastprogramm zum mitunter etwas anstrengenden Rundgang durch die Ausstellungslandschaften geboten wird. Viele Museen erwirtschaften einen nicht unbeträchtlichen Teil ihres Etats aus den dort gemachten Umsätzen. Auf der anderen Seite wissen Sammler und Liebhaber ungewöhnlicher Stücke sowie Gelegenheitskäufer auf der Suche nach einem originellen Geschenk das oft sehr ausgefallene, liebevoll bestückte Sortiment der Shops zu schätzen. Es reicht von kunsthistorisch bedeutsamen Gegenständen über Bücher auch mal abseits der gängigen Bestsellerlisten und archäologischem Krimskrams bis zum stilvoll gehobenen Kitsch.

Einige M. bieten ihre Ware sogar übers Internet an. Einer der größten M. in Europa ist der des Deutschen Museums in München. Mehr als 600 verschiedene Artikel stehen dort zum Verkauf, darunter Nachbauten der im Museum gezeigten Exponate, seltene Spieluhren und Kaleidoskope. In der Abteilung Fachliteratur kann man die Publikationen der hauseigenen Wissenschaftler erwerben.

Neiman Marcus

Das texanische Luxuskaufhaus machte in seinen Anfängen Ende der 20er Jahre mit folgendem Slogan auf sich aufmerksam: »Wir wenden uns mit unserem Angebot an den Millionär, seine junge Tochter – und an seine Sekretärin.« Das Credo des Gründers Stanley Marcus lautete: »Ich habe den einfachsten Geschmack, den es gibt, ich bin mit dem Besten zufrieden.«

In den Prospekten des Kaufhauses, dessen Hauptkundschaft zunächst vornehmlich aus texanischen Milliardären bestand, stieß und stößt man immer noch auf höchst ungewöhnliche Angebote. Beispielsweise eine echte ägyptische Mumie im Sarg, diamantenbesetzte Modell-Eisenbahnen, Inseln in der Karibik, eine chinesische Dschunke, ein mittelalterliches Folterrad, Roboter, Beechcraft-Flugzeuge, tibetanische Tiger, ein Schloss in Süddeutschland, Ferienhäuser auf Südseeinseln. Auch das legendäre »Flugzeugpaket« war lange begehrt: Eine Boeing 777 trägt ein Jahr lang den Namen des Käufers.

Stanley Marcus (1906–2002) zählte zu den bekanntesten,

fantasievollsten und originellsten Einzelhändlern der Welt. Sein Vater Herbert Marcus, seine Tante Carrie Marcus Neiman und deren Mann A. L. Neiman hatten das Unternehmen 1907 in Dallas als Geschäft für die modebewusste Frau gegründet. Der Junior übernahm mit 21 Jahren die Leitung der Firma. Er besaß sowohl ein Diplom der Harvard Business School als auch eine solide praktische Ausbildung. Sein Ehrgeiz war, mehr zu sein als ein normaler Einzelhändler. Er wollte eine Prestigemarke schaffen. Er hegte die feste Überzeugung, dass Kunden sich viel länger an die Qualität eines Produkts als an dessen Preis erinnern. 1938 rief Marcus die »Neiman Marcus Awards« ins Leben; sie galten lange als die »Oscars der Modebranche«.

Zum Unternehmen gehören heute 33 Kaufhäuser in den USA und ein Versandgeschäft. Der Gesamtumsatz beträgt über 3 Milliarden Dollar.

OBERHEMD

Nicht nur, weil »uns das Hemd näher ist als die Hose«, sondern auch, weil sich ein wahrer Gentleman daran messen lassen musste, welch' Hemd er trägt, galt das Oberhemd in der Herrenmode lange als das Maß aller Dinge, das Maßhemd sozusagen. Es ist nicht nur Hemd, sondern Hülle.

Die edelste europäische Adresse für Maßhemden ist »Charvet« an der Place Vendôme in Paris, in unmittelbarer Nähe des »Ritz«. Hier ließen schon britische Kronprinzen ihre Hemden schneidern, und irgendwie hat dieses Unternehmen eineinhalb Jahrhunderte an Kriegen, Wirtschaftskrisen, Besatzungen sowie alle französischen Republiken bis zur derzeit fünften überlebt. Es ist beileibe keine einfache Boutique, sondern ein über mehrere Stockwerke reichendes Haus, in dem man auch feinste Konfektionsware erstehen kann. Doch das wirkliche Erlebnis – ein gut bestücktes Bankkonto vorausgesetzt – ist die Bestellung eines nach Maß gearbeiteten Hemdes. Dann wird man von einem Berater sozusagen an die Hand genommen und zunächst durch das Stoffparadies geführt: Tausende von Ballen Hemdenstoffe aus englischem Tuch, Seide, Popeline, Baumwolle oder Leinen, das alles natürlich in den verschiedensten Farben und Mustern, stehen zur Auswahl. In einem anderen Raum wartet die Qual, zwischen hunderten unterschiedlichen Kragen und Manschetten zu wählen. Dann, nach erfolgter Vermessung, wird man eine Woche später zur Anprobe geladen.

Nun will und kann natürlich nicht jeder 250 oder 350 Euro für ein Maßhemd hinlegen. Es bleibt dann die Konfektion. Doch auch dort ist die Auswahl verwirrend genug. Die Hemdenmode hat in den letzten Jahrzehnten häufiger gewechselt als die Hosenweite der Anzüge. Mal war uni angesagt, mal gestreift, mal feine, dann wieder breite Streifen, mal körperbetont tailliert oder schlotterweit, Button-down-, breite, spitze oder runde Kragen, Sport- oder Umschlagmanschette – alles dies Fragen, die man sich immer wieder beantworten musste, wollte man mit der Hemdenmode Schritt halten. Erfreulicherweise haben sich die modischen Maximen inzwischen so gelockert, dass man ruhig den Überblick verlieren darf, was Institutionen wie das Deutsche Herrenmode-Institut für die jeweilige Jahreszeit vorschreiben.

Oper

Bis vor kurzem galt die Oper als elitäre, etwas angestaubte Spielart der Kultur. Künstlich am Leben gehalten durch staatliche Subventionen in astronomischer Höhe, zog sie neben vergleichsweise wenigen echten Kennern und Liebhabern vorwiegend ein vornehmes, wohlhabendes Publikum an, das sich oftmals mehr für den gesellschaftlichen Rahmen und die angemessene Garderobe interessierte als für die Musik. Kaum jemand außerhalb dieses festgefügten Kreises konnte sich die gepfefferten Eintrittspreise leisten. Kein Wunder, dass sich im Parkett der großen Opernhäuser junge Leute und Normalbürger rar machten. Hinzu kam, dass man als Laie oder Neuling in diesem aufgeplusterten, ehrfurchtheischenden Opernbetrieb erst einmal eine gehörige Portion Schwellenangst überwinden musste.

Innerhalb weniger Jahre hat sich dieses Bild total verändert. Das theatralische Singspiel auf der Bühne wird immer populärer, hat sich »von den Musen zu den Massen« orientiert, wie die »Süddeutsche Zeitung« formulierte. Openair-Konzerte, Festivals und Gastspiele sind Attraktionen für ein stetig anwachsendes Publikum, das noch vor wenigen Jahren kein Opernhaus freiwillig betreten hätte. Jedes Jahr im Hochsommer pilgern Scharen von Fans zu den Opernfestspielorten Europas wie Aix-en-Provence, Verona, Bregenz oder Glyndeborne. Vor allem aber sind es die Wagnerfestspiele in Bayreuth und die Opernfestspiele in Salzburg, jeweils Anfang August eröffnet, die auch auf den musikalisch nicht Vorgebildeten eine steigende Faszination ausüben. Der jährliche Aufmarsch prominenter Zeitgenossen, die den roten Teppich zur Selbstinszenierung nutzen und dabei so tun, als seien sie die größten Opernkenner unter der Sonne, gibt dem Trend noch zusätzlich Nahrung. Für viele Opernfans ist es jedenfalls ein Lebenstraum, wenigstens einmal in Bayreuth oder Salzburg dabei zu sein.

Gigantischer Starkult Gefördert wird die Entwicklung durch einen neuen Starkult gigantischen Ausmaßes. Die weltweit berühmt gewordenen »Drei Tenöre« – Placido Domingo,

José Carreras und Luciano Pavarotti – haben manchen Popstar vor Neid erbleichen lassen. Die Russin Anna Netrebko, deren Anwesenheit etwa auf der Münchner Opernszene eine Art Massenhysterie verursacht, füllt heute mühelos die größten Häuser und Plätze. Sie ist inzwischen die bekannteste Opernsängerin der Welt. Ihre CDs verkaufen sich jeweils über 100 000 Mal – im Klassikgenre eine sensationelle Größe. Zahlreiche Opernsänger und -sängerinnen nutzen ihre Popularität, um ihre ohnehin schon üppigen Gagen mit lukrativen Werbeverträgen noch zu übertreffen. Intendanten und Generalmusikdirektoren sind als Stars des Kulturbetriebs weit über ihr Metier hinaus bekannt. Branchenfremde Regisseure betrachten es als eine Herausforderung, einmal eine Oper inszenieren zu dürfen, und reißen sich um dieses Privileg. So versuchte sich Filmproduzent Bernd Eichinger in Berlin am »Parsifal« (Richard Wagner), während die Filmregisseurin Doris Dörrie sich in München über den »Rigoletto« (Guiseppe Verdi) hermachte. Beide Inszenierungen wurden – in einer Umfrage der »Opernwelt« – von führenden Kritikern als die herausragenden »Ärgernisse« der Saison 2004/2005 eingestuft. Unterdessen droht auch Elke Heidenreich, bekannt durch ihre Literatursendung »Lesen« im ZDF, mit einem eigenen Opernlibretto.

Woher die neue, geradezu rauschhafte Entwicklung rührt, lässt sich nur vermuten. Ein Grund ist sicher die immer heftiger einsetzende Demokratisierung der klassischen Kulturbereiche, wie sie auch auf anderen Feldern, zum Beispiel in der Literatur oder der darstellenden Kunst, zu beobachten ist. Man begegnet der hohen Kultur heute eben nicht mehr mit einem tiefen Diener und in Demutshaltung. Vorbei die Zeit, da den »kleinen Leuten« die Trivialliteratur, der gepflegte Kitsch an der Wand und die Unterhaltungsmusik blieb, während die Elite sich an den »schönen Künsten« delektierte und leicht blasiert auf die Massen herabblickte.

Große Gefühle Beim Genre O. kommt noch ein weiteres Merkmal hinzu: Es ist von allen Spielarten sowohl der klassischen Musik wie des Theaters die unmittelbar zugänglichste und verständlichste. Ob Mozart oder Verdi, Puccini oder Bizet – das Singspiel mit dem großen, leidenschaftlichen Gefühl spricht die Seele direkt an. Es braucht keinen Umweg über den Verstand wie im häufig gekünstelt wirkenden, intellektuellen Sprechtheater. Die O. ist ein alle Sinne betörendes Gesamtkunstwerk, dessen vielschichtige Faszination seit der Eröffnung des ersten Opernhauses, 1636 in Venedig, die Zuschauer immer wieder in den Bann schlägt: farbenfrohe Kostüme, die Fantasie anregende Dekorationen, hinreißender Gesang, hohe Darstellungskunst, schöne Frauen und feurige Helden, virtuos gespielte Instrumente, zu Herzen gehende Musik. Auch oder gerade im Zeitalter der digitalen Nüchternheit und der rasend schnellen Informationsübermittlung hat die O. ihren tiefen Reiz bewahrt. »Es gibt etwas«, notierte die Schriftstellerin Eva Demski in der »Frankfurter Allgemeinen Sonntagszeitung«, »das nur die Oper kann, von allen Künsten einzig und allein sie: vereinfachen, indem sie den Geschichten, die sie uns erzählt, nicht etwas wegnimmt, sondern etwas hinzufügt. In den Tönen sind Komplikationen und Unbegreiflichkeiten sicher aufgehoben, nicht in den Wörtern. Musik macht Psychologie vollkommen verzichtbar, sie lässt Wahrheit entstehen, aber auf ganz anderen Wegen.«

Orden

Das Wort stammt von dem lateinischen *ordo* ab, was so viel wie Reihe, Ordnung, Rang oder Stand bedeutet. Es wurde zunächst für christliche, insbesondere klösterliche, später auch weltliche Gemeinschaften und Bruderschaften benutzt. So gibt es in Deutschland rund 500 kirchliche Ordensgemeinschaften, wie beispielsweise den »Deutschen Orden« *(ordo teutonicus)*, der seinen Ursprung auf den dritten Kreuzzug von 1190 zurückführt und eigentlich »Orden der Brüder vom Deutschen Haus St. Marien in Jerusalem« heißt. Aus den ehemaligen Rittern sind heute Streiter für die Nächstenliebe geworden. Im deutschen Sprachraum sind Orden auf den kirchlichen Bereich begrenzt, während andere Gemeinschaften wie beispielsweise Freunde bestimmter Weinbaugebiete sich zu »Bruderschaften« zusammenschließen. Bei den Studenten wiederum heißen die entsprechenden Verbindungen »Burschenschaften«, von denen es immer noch mehr gibt, als man nach dem Versuch des Abschaffens der akademischen Traditionen annehmen mag.

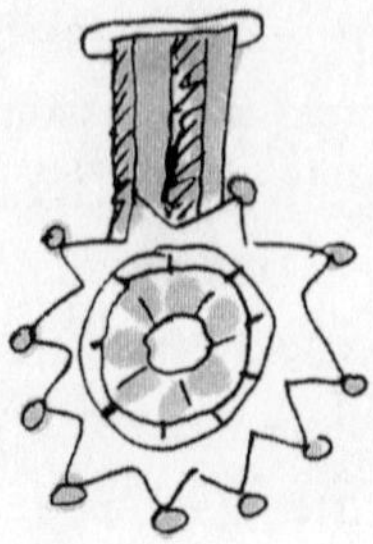

Die zweite Bedeutung des Wortes O. ist das Abzeichen, die Medaille, verliehen als Auszeichnung für besondere Verdienste. Sie kann staatlicher, gesellschaftlicher, soldatischer, aber auch karnevalistischer Natur sein.

Einen der ältesten und sicher den nobelsten O. können die Engländer für sich reklamieren: »The Most Noble Order Of The Garter«. *Garter* heißt auf Deutsch Strumpf- oder Hosenband – so kam es in der deutschen Sprache zu der etwas despektierlich verknappten Übersetzung »Hosenbandorden«. Er wurde im Jahre 1348 von König Edward III. gegründet. Um seine Entstehungsgeschichte ranken sich diverse Legenden, am hartnäckigsten hält sich die folgende: Bei einem Ball im französischen Calais verlor die Gräfin Salisbury ihr Strumpfband. Als König Edward nicht nur dies, sondern auch das verlegene Erröten der Gräfin bemerkte, hob er es auf und band es sich um sein eigenes Bein mit der auf Französisch vorgetragenen Bemerkung: »Honi soit qui mal y pense« – »Ein Schelm, der Schlimmes dabei denkt«. Und genau dieser französische Satz steht bis zum heutigen Tage auf dem O., den nur die britische Königin verleihen kann. Wer in den »Order of the Garter« aufgenommen wird, darf nicht nur ein »K. G.« (»Knight of the Garter«) hinter seinen Namen setzen, sondern sich auch mit »Sir« und Vornamen anreden lassen.

Eine Frage der Ehre Jüngeren Ursprungs ist der O. der französischen Ehrenlegion, der »Ordre de la Légion d'Honneur«. Wie es sich gehörte, hatte die Französische Revolution alle O. und Auszeichnungen des »Ancien Régime« abgeschafft. Doch auch die neuen Herrschenden verlangte es schon bald nach der Möglichkeit, ihre treuen und verdienstvollen Mitbürger mit äußerlich erkennbaren Symbolen zu ehren. Napoleon Bonaparte erfand zu diesem Zweck die »Armes d'Honneur«, also besonders wertvolle, mit Namen gravierte »Ehrenwaffen«, die allerdings mehr für den militärischen Teil der Bevölkerung gedacht waren. Im Mai 1802 wurde dann die »Légion d'Honneur« ins Leben gerufen und ihr Recht ausdrücklich definiert, nicht nur für soldatische, sondern auch für zivile Verdienste Aufnahme zu gewähren. Die Ehrenlegion drohte zeitweise aus den Nähten zu platzen, so viele Mitglieder wurden von den verschiedenen Regierungen und vor allem während der Kriege aufgenommen. Als es auch noch üblich wurde, Menschen posthum in die Legion aufzunehmen, entschied General de Gaulle kurzerhand: Die Ehrenlegion sei eine Elite von Lebenden! Bis zum heutigen Tage kennt sie drei Ränge: Chevalier, Officier und Commandeur. Hinzu kommen noch zwei Würdenränge mit dem Großoffizier und dem Großkreuz.

Natürlich hatte auch Preußen seinen Verdienstorden. Der »Pour le Mérite« geht auf König Friedrich II. zurück, genannt Friedrich der Große. Er wandelte damit 1740 den bislang großzügig verteilten kurfürstlichen Hoforden »De la Générosité« in einen reinen Verdienstorden um. Der »Pour le Mérite« genoss höchste gesellschaftliche Anerkennung. Einer der bekanntesten zivilen Träger war der französische Schriftsteller und Philosoph Voltaire. Unter Friedrich Wilhelm III. wurde die Verleihung auf besondere militärische Verdienste ausgedehnt und die Ordensmedaille dazu mit Eichenlaub angereichert. Wilhelm I. schließlich erweiterte den »Pour le Mérite« noch um eine Großkreuzstufe mit Bruststern. Diesen gab es zunächst nur für den engsten Familienkreis des Monarchen. Als einzigem Ausländer wurde er dem russischen Zaren Alexander II. für die Beendigung des Krimkrieges verliehen. Danach nur noch einmal: an Generalfeldmarschall Helmuth Graf von Moltke zu dessen 60. Dienstjubiläum.

Dagegen ist der normale »Pour le Mérite« relativ häufig verliehen worden. Auf Anregung Alexander von Humboldts schuf man eine Friedensklasse des O. für die Bereiche Geistes- und Naturwissenschaften sowie Medizin und schöne Künste. Für militärische Leistungen erhielt ihn der Flieger Manfred von Richthofen. Und noch kurz vor dem Waffenstillstand im Ersten Weltkrieg im November 1918 wurde er dem jungen Infanterieleutnant Ernst Jünger, der zwei Jahre später als Schriftsteller

(»In Stahlgewittern«) seine Kriegserlebnisse niederschreiben sollte, an die Brust geheftet.

Nach der Abdankung der Hohenzollern durften die im Kaiserreich verliehenen O. zwar weiter getragen werden, staatliche O. waren in der Weimarer Verfassung aber ausdrücklich ausgeschlossen. Nach dem Zweiten Weltkrieg dann wurde der »Pour le Mérite« als rein zivile Auszeichnung wiederbelebt. Der erste Bundespräsident Theodor Heuss übernahm das Protektorat über den O. Die Zahl der Mitglieder wurde per Satzung auf mindestens 30 deutsche und höchstens 30 ausländische Künstler und Wissenschaftler festgelegt. Thomas Mann und Karl Schmidt-Rottluff gehörten zu den ersten Preisträgern der 50er Jahre.

Doch die neue deutsche Republik wollte ihren eigenen Verdienstorden. So beschloss der Bundestag im September 1951 die Einführung des »Verdienstordens der Bundesrepublik Deutschland«, im Dezember 1955 vom Innenminister wie folgt in aufsteigender Rangordnung präzisiert:

— Verdienstmedaille
— am Bande (entspricht international dem Ritterkreuz)
— Verdienstkreuz 1. Klasse (Offizierskreuz)
— Großes Verdienstkreuz oder Halskreuz (Komturkreuz)
— Großes Verdienstkreuz mit Stern (Großoffizierskreuz)
— Großes Verdienstkreuz mit Stern und Schulterband (Großkreuz 2. Klasse)
— Großkreuz
— Sonderstufe des Großkreuzes (für ausländische Staatsoberhäupter)

Im neuen föderalistischen System reklamierten dann auch die Bundesländer eigene Ordensherrlichkeit. So kann man in Bayern mit dem hoch angesehenen »Bayerischen Verdienstorden« geschmückt werden, den es nur in einer Stufe gibt. Der erste Preisträger war übrigens Konrad Adenauer. Der Stadtstaat Hamburg hingegen hält sich traditionell zugute, auf Orden zu verzichten. Aber selbst hier bestätigen Ausnahmen die Regel: etwa die »Medaille für treue Arbeit im Dienste des Volkes« oder die »Staatspreismedaille«.

So müsste eigentlich nahezu für jeden nicht straffällig werdenden Bürger etwas Glitzerndes abfallen, sollte man meinen. Aber es sind eben doch meistens immer dieselben Politiker, Verbands- und Wirtschaftsführer, deren stolze Brust ein oder mehrere O. zieren.

Parfüm

Duftmischungen aller Art betören seit jeher den Geruchssinn. Bereits auf den Papyrusrollen und Tontafeln alter Kulturen finden sich Beschreibungen von wohlriechenden Stoffen. Irgendwann haben Menschen entdeckt, dass Harze und Balsame unter Hitzeeinwirkung besonders intensiv duften. Mit der Erkenntnis war eine neue Form der Opferdarbietung gefunden: der Rauch von Blumen und Kräutern. »Durch Rauch«, »mit Hilfe des Rauches«, das heißt auf Lateinisch: *per fumum* – ein Begriff war für alle Zeiten geboren.

Viele »Opferdüfte« hat es gegeben: exquisite, eigenwillige, sinnliche und berauschende Mischungen unterschiedlichster Zutaten: Zypergras, Wacholderbeeren, nach Rosen duftendes Schilf, Myrrhe, Wein, Honig, Zimt, Minze, Mimose – je nach dem Vorkommen in den unterschiedlichen Regionen. Die meisten Duftstoffe kamen aus dem Orient. Über Asien und Afrika gelangte die Parfümeriekunst in den Mittelmeerraum. Auf der Insel Zypern wurden Riechstoffe in großen Mengen produziert. Herodot und Hippokrates berichteten in ihren Schriften über Duftstoffe zu therapeutischen Zwecken.

Die drei Noten Heute stehen einem erfahrenen Parfümeur etwa 200 natürliche und zehnmal so viele synthetische Riechstoffe zur Verfügung. Unzählige Kombinationsmöglichkeiten ergeben sich daraus. Der Parfümeur kann seine eigene, individuelle Mischung komponieren. Jedes Parfüm lässt sich durch drei Noten definieren: Kopfnote, Herznote, Basisnote. Die Kopfnote ist gleichsam die Ouvertüre: Sie bezeichnet den Duft, der unmittelbar nach dem Auftragen auf der Haut vorherrscht – meistens aus frischen Zitrusdüften. Die Herznote entfaltet sich 10 bis 20 Minuten nach dem Auftragen und bleibt über einen längeren Zeitraum relativ unverändert. Sie besteht vorwiegend aus würzigen und holzigen Elementen: Jasmin, Rose, Nelke. Und sie ist es, die den wahren Charakter des P. ausmacht, denn sie vereint alle Düfte zu einem Duftkomplex. Als Basisnote schließlich bezeichnet man jene Duftkomponente, die auf der Haut, im Haar, auf der Kleidung zurückbleibt – wie Moschus, Sandelholz, Vanille.

Eine weitere Besonderheit: Ein P. duftet bei jedem Menschen anders. So ist auch die Benutzerin gefordert, ihre eigene, höchstpersönliche Note zu kreieren. Eine Frau mit Parfümerfahrung weiß: den Duft niemals in die Haut einreiben, sondern leicht auf die Haut sprühen. Oder nur ein Tröpfchen auf die so genannten Duftpunkte auftupfen: innen am Handgelenk, in der Ellenbeuge, in den Kniekehlen und hinter den Ohrläppchen.

Patriotismus

In keinem europäischen Land dürfte der Begriff so niedrig im Kurs stehen wie in Deutschland. Vor dem Hintergrund zweier im Namen des deutschen Patriotismus angezettelten und verlorenen Kriege, die Millionen das Leben kosteten und Leid und Schrecken über die Welt brachten, verständlich genug. Hinzu kommt, dass in den Jahrhunderten der deutschen Kleinstaaterei ein großes übergreifendes Nationalgefühl, wenn überhaupt, immer nur sehr sporadisch aufflammte. Daran hat sich, von den Unterbrechungen Kaiserreich und Naziherrschaft abgesehen, bis heute wenig geändert.

So schlägt das Herz eines Bayern bestimmt dreimal so heftig für sein ehemaliges Königreich (heute leider nur noch ein »Freistaat«) als für Deutschland. Das setzt er en gros (mit Ausnahme der übrigen südlichen Provinzen) sowieso mit dem alten Erzfeind Preußen gleich. In den anderen Bundesländern ist es ähnlich: Man darf annehmen, dass es einem Brandenburger herzlich egal wäre, wenn das Saarland morgen wieder an Frankreich fiele.

Die letzte große nationale Aufwallung ist mehr als anderthalb Jahrzehnte her. Der Fall der Mauer zwischen den beiden deutschen Staatsgebilden und die ein Jahr später erfolgte Wiedervereinigung ließen patriotische Gefühle vorübergehend heftig aufflackern. Sie hielten freilich nicht lange an. Zwischen »Ossis« und »Wessis« ist es keineswegs zur brüderlichen Annäherung gekommen. Die so genannte »Berliner Republik« zeichnet sich für die Bewohner der ehemaligen Bundesrepublik mit ihrer gemütlichen Hauptstadt Bonn eher durch Kälte aus. Die emotionale Bindung an das Vaterland ist auf der Strecke geblieben. Und die Bewohner der ehemaligen DDR haben immer noch nicht das Gefühl überwunden, von den Westdeutschen in jeder Beziehung untergebuttert worden zu sein.

Der Deutsche als Weltbürger Noch etwas steht der Ausbreitung eines neuen P. im Wege. Nie zuvor war der gutbürgerliche Deutsche so international ausgerichtet wie heute. Er fliegt in die entlegensten Urlaubsparadiese. Er geht auf Safari in Afrika und zum Trekking nach Nepal. Er hat ein Ferienhäuschen auf der Baleareninsel ➛ Mallorca. Er hört amerikanische und englische Popmusik. Filme aus Hollywood ziehen ihn stärker ins Kino als die aus Babelsberg. Auf seinem Fernsehgerät kann er BBC, CNN, MTV, französische und italienische Stationen empfangen. Die nationale Währung ist abgeschafft; in seiner Tasche klimpern Euro-Münzen. Er beschäftigt zu Hause polnische Putzfrauen und rumänische Handwerker. Kehrt er im Restaurant ein, dann bei »seinem« Italiener, Franzosen, Thailänder oder Inder. Wenn er davon träumt, was er nach der Rente machen will, tauchen weder die Alpen noch die Nordsee vor seinem geistigen Auge auf, sondern ein Häuschen in der Toskana oder ein palmengesäumter Südseestrand.

In regelmäßigen Abständen versuchen Politiker aus dem konservativen Lager, wenn sich im Moment kein anderes zündendes Thema anbietet, den Deutschen einen neuen P. schmackhaft zu machen. Da wird dann ziemlich verschwiemelt mit nationalen Werten argumentiert, da werden Begriffe wie »deutsche Leitkultur« in die Debatte geworfen, da »wird man ja wohl noch sagen dürfen«, dass man stolz auf sein Land ist. Über die Grenzen der Feuilletons sind solche Diskussionen freilich nicht hinausgekommen; das Gros der Germanen setzt offenbar andere Prioritäten.

Ad absurdum geführt wurde diese Debatte zu Beginn des amerikanischen Angriffskrieges gegen den Irak. Eine Beteiligung daran hatte die deutsche Regierung unter Gerhard Schröder mit der überwältigenden Zustimmung der Bevölkerung abgelehnt. Dieselben politischen Würdenträger der damaligen Opposition, die zuvor einem neuen »vernünftigen« deutschen P. das Wort geredet hatten, wurden nun beim amerikanischen Präsidenten George W. Bush vorstellig. Anbiedernd gaben sie ihm zu verstehen, dass, wenn sie an der Regierung gewesen wären, Deutschland sich sehr wohl an diesem Krieg beteiligt hätte, in welcher Form auch immer. Der Widerspruch dürfte ihnen vermutlich nicht einmal aufgefallen sein: Die eigene Regierung im Ausland anzuschwärzen, auch wenn man sich in der Opposition befindet, ist ein zutiefst unpatriotischer Akt. Einem Amerikaner würde so etwas nie einfallen. Als der ehemalige US-Präsident Bill Clinton im Oktober 2002 einen Vortrag im Münchner Amerikahaus hielt, wurde er in der anschließenden Diskussionsrunde gefragt, was er von Bush, bekanntermaßen sein politischer Gegner, und dessen Kriegspolitik halte. »Erwarten Sie nicht«, antwortete Clinton, »dass ich mich hier negativ über meinen Präsidenten äußere!«

PERFORMANCE

Ursprünglich aus der Theaterwelt kommt dieses englische Wort und heißt so viel wie »Vorstellung«, »Aufführung«, »Auftritt«. Mehr und mehr wird es neuerdings auch im deutschen Sprachraum verwendet, als Zeitgeistbegriff ebenfalls in darstellerischer Bedeutung. Doch da ist die Bühne nicht die des Theaters, sondern des täglichen Lebens. Eine »gute Performance« zu haben wird im gesellschaftlichen wie im beruflichen Alltag als enorm wichtig empfunden. So wie man als Schauspieler seine Rolle beherrschen muss, so hat man auch im »richtigen Leben« einem Drehbuch zu gehorchen. Die mindeste Anforderung dabei: dass man »funktioniert« oder, um es weniger entmenschlicht zu formulieren, dass man seine Sache richtig macht. Zu einer guten P. gehört aber noch mehr: eine »gute Figur« abgeben, Manieren, unverkrampftes Auftreten, gepflegte Sprache, der Nachweis von Wissen und Bildung, und, als i-Tüpfelchen, Humor und Überzeugungskraft.

Dies alles ist anstrengend genug, und als Mann kommt man halbwegs über die Runden, wenn man gerade Sätze sprechen kann, die Hose gebügelt ist und das Hemd sauber. Von einer Frau jedoch fordert eine gnadenlose Regie ein Vielfaches an darstellerischer Meisterschaft: makellose Garderobe, Frisur und Make-up, dazu die nicht eben einfach herzustellende Balance aus Weiblichkeit und Souveränität, Letztere von der Art, dass sie einem Mann gleichwohl keine Unterlegenheitsgefühle beschert. Harte Arbeit verlangt das: an sich selbst und an der Rolle.

Viele Frauen beugen sich dem subjektiv als äußerst stark empfundenen Druck zur optimalen P. bedingungslos. Die Unterwerfung geht mit der Furcht einher, in der männlich dominierten Berufswelt und in Konkurrenz zu weiblichen Wettbewerbern zu versagen. Doch die panische Angst, Fehler zu machen und Angriffsflächen zu bieten, lässt die P. oftmals erst recht künstlich und einstudiert rüberkommen. So bewirkt sie das Gegenteil des gewünschten Auftritts. Vielleicht, so möchte man manch einer gestressten Powerfrau bisweilen zurufen, ist dieses Diktat einer makellosen P. ja weniger streng, als sie es sich selbst auferlegt. Vielleicht ist das Publikum ja viel toleranter als angenommen. So wie die Zuschauer im Varieté sich freuen, wenn der Jongleur aus Versehen einen Ball fallen lässt, weil daran erst seine wahre Kunst erkennbar wird, so gewinnend kann es sein, wenn eine Frau ihrem Auftritt mit einem Versprecher, einem Fussel auf der Bluse oder einer in die Stirn fallenden Haarsträhne die kühle Distanz nimmt. Oder wenn sie einen Fehler zugibt. Im Theater und im Kino jedenfalls sind die wahren Helden selten die Perfektionisten.

Personal Trainer

Es passierte uns im Englischen Garten in München: Nichts Böses ahnend, spazierten wir des Weges, als eine gute Freundin uns joggenderweise entgegenkam. An ihrer Seite nicht etwa der Herr Gemahl, sondern ein fremder, athletischer, gut aussehender Jüngling, um die 20 Jahre jünger als sie. In der Annahme, es handele sich um ihren Liebhaber, wollten wir uns gerade diskret abwenden, als sie schnaufend anhielt, uns freudestrahlend begrüßte und voller Stolz ihre männliche Begleitung vorstellte: »Das ist Bernd, mein Personal Trainer!« – englisch ausgesprochen, versteht sich.

Bis dato hatte man diese Spezies hauptsächlich in Hollywood vermutet. Man kannte Fotos, auf denen Sharon Stone oder Cindy Crawford nebst einem solchen Betreuer an der Pazifikküste entlanghecheln oder im Fitnessstudio dessen Anweisungen folgen. Auch wusste man, dass unser einstiger Außenminister Joschka Fischer – in seiner fitten Phase – seine Leibwächter nach sportlicher Kompetenz aussuchte und ihnen somit quasi die Rolle eines PT zuwies.

Inzwischen ist der Trend im gehobenen Bürgertum angekommen. Powerfrauen und gestresste Manager, Wirtschaftskapitäne und Damen der Society unterwerfen sich, wenn sie die

Notwendigkeit sportlicher Betätigung verspüren, ihnen aber Zeit und Lust zum Gemeinschaftserlebnis im Fitnessstudio fehlt, den Instruktionen eines PT. Zwar ist das kein Beruf mit standardisierter Ausbildung. Die Anforderungen, die man an den persönlichen Trainer stellt, sind dennoch ziemlich exakt definiert: Er sollte ein qualifizierter Fachtrainer oder Sportlehrer sein, möglichst eine Lizenz vorweisen können. Auch Sportwissenschaftler oder Physiotherapeuten empfehlen sich häufig durch hohe Kompetenz. Fachwissen in Ernährungsfragen kann nicht schaden.

Maßgeschneidertes Programm Der Vorteil des Trainings mit eigenem Coach liegt in der individuellen Betreuung. Ein guter PT (Honorar: zwischen 50 und 100 Euro pro Stunde) informiert sich vorher gründlich über die Kondition, die Psyche und die persönliche Zielsetzung seines Schützlings. Er stimmt den Trainingsplan mit dessen (oft prallem) Terminkalender ab. Er entwickelt ein individuelles, maßgeschneidertes Programm, ob beim Tennis, beim Joggen, beim Rückentraining, beim Hantelnstemmen, beim Turnen. Dass er bei allem auch ein guter Motivator sein muss, ist selbstverständlich. Schließlich soll er, wie es eine Personal-Trainer-Agentur auf ihrer Homepage in schöner Deutlichkeit formulierte, »dem inneren Schweinehund Beine machen«.

Dass ein PT durchaus so etwas wie ein Statussymbol ist, vor allem in weiblichen Kreisen, hört man beim Promifriseur oder auf den einschlägigen Partys: »Mein Personal Trainer hat mich heute wieder kräftig rangenommen.« Oder: »Morgen kann ich nicht, da bin ich mit meinem Personal Trainer beim Stretchen.«

PFERDESPORT

Wer einmal ein hochklassiges Pferderennen besucht hat, vorher auf dem Gelände ein bisschen herumgestrolcht ist, dabei den Stallgeruch in sich aufsaugend und an dem gleichermaßen pferdebegeisterten wie einem makellosen eigenen Auftritt verpflichteten Publikum Gefallen findend, wer dann das Rennen der edlen Tiere selbst und die ehrliche, spontane Begeisterung der Zuschauer erlebt, ja, womöglich sogar eine Kleinigkeit gewonnen hat, weil er auf das richtige Pferd setzte – den lässt die Faszination des »Turfs« (englisch für »Rasen«) so schnell nicht wieder los. Lachhaft und entbehrlich wird ihn danach ein Autorennen der Formel 1 oder ähnlich banales Technik- und Motorgeprotze dünken. Um wie vieles älter, natürlicher und gewachsener ist doch die Tradition des Pferdesports im Vergleich zu diesen seelenlosen Rennmaschinen! Welche Anmaßung, deren Leistung zu allem Überfluss auch noch in »Pferdestärken« zu messen!

Lange, lange, bevor es Motoren gab, vor tausenden von Jahren, wurden im Vorderen Orient, den wir heute den Nahen Osten nennen, schon Pferderennen veranstaltet und auch schon Pferde zu diesem Zweck gezüchtet. Im alten Griechenland erfreute man sich an Wagenrennen mit Pferden, einer altolympischen Disziplin, die erstmals um 1450 v. Chr. dokumentiert ist. Der Dramatiker Sophokles lässt in seiner »Elektra« von einem solchen Pferderennen erzählen. Die Römer veranstalteten Rennen im »Circus maximus«, wobei nicht der Besitzer auf dem Rücken des Tieres saß, sondern bezahlte, gut ausgebildete Reiter: die Jockeys der Antike.

Die Lust am Wetten Die Geburtsstätte des heutigen P. ist England. Dort wurden um das Jahr 1200 nördlich von London die ersten Rennen veranstaltet. Die Teilnehmer dürften Rittmeister und Adelige gewesen sein, deren Ehrgeiz darin bestand, über das schnellste Pferd zu gebieten. Gut möglich, dass sie damals bereits darum wetteten, denn das Wetten war sowieso eine der beliebtesten Freizeitbeschäftigungen des englischen Adels. Irgendwann hat sich dann auch das allgemeine Publikum interessiert genähert, um das aufregende Geschehen zu verfolgen. Und irgendwann mag dann ein Pferdenarr gesagt haben: »Ich wette, der Hengst ›King Richard‹ macht heute das Rennen«, worauf ein anderer widersprach, seinen Favoriten nannte und sie beide dann eine kleine Summe in die Mütze warfen. Die Pferdewette fürs Publikum war geboren.

Je populärer sie wurde, desto mehr Geld war im Spiel und desto nötiger waren kraftvolle, schnelle und ausdauernde Pferde. Englische Landstuten wurden mit orientalischen Hengsten gekreuzt, vorwiegend Arabern oder Berbern. Das offizielle Geburtsjahr der Vollblutzucht ist 1793. Da gab es das erste Gestütbuch, in dem sich die Stammbäume der Vollblüter lückenlos zurückverfolgen lassen.

Von England kamen Vollblutzucht und Rennsport auch nach Deutschland. Das erste Galopprennen fand 1810 auf der Theresienwiese in München statt; die erste Rennbahn wurde 1822 in Bad Doberan in Mecklenburg eröffnet.

Der P. ist ein weites Feld. Es dauert eine Zeit, bis der Neuling zwischen Galopp-, Trab-, Jagd- und Hindernisrennen zu unterscheiden vermag. Bei der letztgenannten Kategorie gehen die Tierschützer regelmäßig auf die Barrikaden, denn Jahr für

Jahr sterben bei Unfällen in dieser Disziplin Pferde. Doch die großen Hindernisrennen besitzen, zumindest für Engländer, eine ungebrochene Anziehungskraft. So erreicht das »Grand National« regelmäßig Rekordwetteinsätze um die 100 Millionen Pfund.

Nebenan die Royals Überhaupt behauptet Großbritannien nach wie vor den Spitzenplatz unter den Anhängern des P.: Epsom, Newbury, Cheltenham, Ayr (in Schottland) und natürlich Royal Ascot, zehn Kilometer südlich von Schloss Windsor gelegen, sind magische Namen für den Pferdesportfan. Selbstverständlich ist da nicht allein das Sportliche entscheidend. Nirgendwo sonst kann die englische Gesellschaft noch derart bilderbuchartig ihre Klassentrennung zur Schau stellen. Auf der einen Seite die Massenlager der einfachen Leute, wo das Bier aus Flaschen oder Plastikbechern getrunken wird, wo man sich von Chips aus Tüten verköstigt, wo man singend und grölend auf sein kleines Wettglück hofft. Dann, vom Security-Personal abgeschirmt, das Areal der Mittelklasse, die immerhin schon in Sichtweite der königlichen Logen stehen oder sitzen darf, der »Royal Enclosure«. Für alle drei Gruppen markiert Ascot den 1-a-Termin im jährlichen Kalender; für die Vornehmen ist es dazu noch ein unumstößliches gesellschaftliches »Must«. Man trifft sich mit seinesgleichen im VIP-Zelt am Sattelplatz. Dort konversiert man in Cutaway und Zylinder, die Damen mit abenteuerlichem Hutschmuck und dem stets ordentlich nachgefüllten Champagnerglas in der Hand. Auf dem vom Plebs nicht einsehbaren Rasen, neben dem Rolls oder dem Bentley, wird zwischendurch gepicknickt, auf Decken, bei Chardonnay und Hummer.

Am Tage wichtiger Pferderennen in England könnte ein ausländischer Besucher meinen, dass es auf der Welt keine anderen berichtenswerten Ereignisse gibt. Vor Politik und Wirtschaft, ja selbst vorm Wetter (und das will etwas heißen auf den Britischen Inseln) rangiert die Nachrichtenlage rund um Ställe und Pferde, deren Besitzer und Jockeys. Alle Medien atmen den für England so charakteristischen Doppelgeruch: nach Pferdemist und schnellem Geld. Was das Letztere betrifft, liegt die Regie bei den Buchmachern. Sie nehmen nicht nur die Wetten an und zahlen hinterher die Gewinne aus. Mittels eines komplizierten mathematischen Systems ermitteln sie vorher die Chancen der teilnehmenden Tiere, kleiden diese in Zahlenkombinationen, aus deren Relation sich wiederum das die Einsatz- und Gewinnsumme bestimmende Handicap errechnet. Die fünf gebräuchlichsten Wettarten sind die Siegwette, die Platzwette, die Zweierwette, die Dreierwette und der Platz-Zwilling.

Neben dem Ursprungsland ist auch Irland ein Turfsportparadies. Wobei auf der Grünen Insel der Pferdeverstand noch stärker ausgeprägt sein dürfte als beim Nachbarn. In Frankreich wiederum, wo P. ebenfalls sehr populär ist, dominiert eher die Wettleidenschaft. Die Vereinigten Arabischen Emirate haben den P. inzwischen ebenfalls zum Nationalsport erhoben. Der »Dubai World Cup« ist das höchstdotierte Pferderennen der Welt. Und als Sponsoren der großen Rennen in aller Welt sind die Emirate omnipräsent. In Hongkong sind zwar Glücksspiele gesetzlich verboten, Pferdewetten jedoch nicht, weshalb sie sich zum Nationalsport entwickelt haben. Mit seinen beiden Rennbahnen Happy Valley inmitten der Hochhäuser und der Bahn von Sha Tin in den New Territories setzt der Hongkong Jockey Club an einem Renntag mehr um als eine deutsche Rennbahn im ganzen Jahr. Bei uns sind das Hamburger Derby und die beiden Rennwochen in Iffezheim bei Baden Baden die Höhepunkte des P.

PICKNICK

Nur wenige Monate im Jahr bleiben uns, einem Vergnügen der wirklich besonderen Art zu frönen: unter freiem Himmel zu tafeln, inmitten der Natur. Von überfüllten Ausflugslokalen und Biergärten wollen wir hier aber nicht reden. Solche lärmenden Lokalitäten stehen nicht für den idyllischen, intimen Rahmen, der uns vorschwebt. Breiten wir also die große Wolldecke aus und lassen uns nieder zu einem der liebenswertesten Bräuche, der sowohl die Ansprüche einer stilvollen, meist familiären oder freundschaftlichen Geselligkeit wie die eines verwöhnten Gaumens befriedigt.

Schon zu allen Zeiten galt ein Picknick als die Krönung eines gemeinsamen Ausflugs. In der Renaissancezeit labten sich feine Adelsgesellschaften an Speis und Trank auf einsamen Lichtungen und schwärmten nach erfolgtem Mahl, beflügelt vom Wein, zu neckischen Spielchen in den Wald aus. Im Königreich Bayern zelebrierte Maximilian II., der Vater des Märchenkönigs Ludwig II., das P. als eine Art Staatsbankett. Was der Leibkoch kreiert hatte, wurde auf Silbertellern serviert.

Handfester Skandal Ob das P. auf dem berühmten Skandalbild des französischen Malers Édouard Manet der Realität seines Entstehungsjahres 1863 entsprach, darf man bezweifeln. Aber was heißt in der Kunst schon Realität? Jedenfalls sorgte »Das Frühstück im Grünen« mit den beiden nackten Damen und den zwei angezogenen Herren in der Waldlichtung für einen handfesten Skandal in Paris. Das Gemälde durfte nicht im offiziellen »Salon« ausgestellt werden, weshalb Manet einen »Salon der Abgewiesenen« gründete, in dem er es präsentierte. Ein mutiges Unterfangen, nebenbei bemerkt, das ihm die lebenslange Bewunderung der Pariser Avantgarde eintrug. Zwei

Jahre später trat der Fast-Namensvetter Claude Monet mit einem ebenso betitelten Gemälde auf den Plan: wieder vier Personen, die beiden Frauen diesmal ordentlich bekleidet, die Picknickstimmung inklusive Rotweinflaschen noch eine Spur authentischer. Bei Pablo Picasso, der ein Jahrhundert später abermals den Titel »Frühstück im Grünen« verwendete (als Verbeugung vor Manet), ist das P. dann schon ein etwas abstraktes Vergnügen.

Wir denken natürlich auch an die englische Oberschicht, wenn von einem stilechten P. die Rede ist. Vor unserem geistigen Auge sehen wir die fröhliche Gesellschaft in einem Rolls-Royce, Jaguar oder Bentley vorfahren und vielleicht auf einer Wiese unweit der Pferderennbahn Platz nehmen. Selbstverständlich ist die Decke ein kariertes Plaid. Ebenso selbstverständlich muss der Korb für die Speisen aus Weide geflochten oder aus Leder sein. Und keine Frage, dass nicht papierene Servietten, sondern solche aus Leinen neben Silberbesteck und Porzellangeschirr drapiert werden.

Und was kommt auf den Teller? Es gibt Ausflügler, die von ihren lieben Essgewohnheiten nicht lassen mögen und komplette warme Mahlzeiten auffahren. Abgesehen davon, dass die Warmhaltung Probleme bereitet, ist dies auch nicht der Sinn eines P. Das Wort kommt schließlich von »Pick a nick!«, was so viel bedeutet wie »Nimm eine Kleinigkeit!«. Gemeint ist: eine Kleinigkeit von allem, was geboten wird. Die Bandbreite der in einer Kühltasche transportierten Köstlichkeiten reicht von Schinken, Wurst und Käse über Oliven, hart gekochte Eier, Sardellen und Pilze bis zur Pastete, geräuchertem Lachs und kaltem Braten. Dazu bieten sich an: Brot oder Kartoffelsalat. Der Fantasie sind natürlich keine Grenzen gesetzt. In einem englischen Society-Ratgeber aus dem Jahre 1861 gab es folgende Empfehlung: »Sechs Stück Hummer, zwei Enten, ein paar Lammschultern, zwei, drei Kalbsköpfe in Aspik, Roastbeef«. Was die Getränke betrifft, entscheiden der individuelle Geschmack und die Gewohnheiten der Rasen-Runde. Wichtig ist, bei Champagner, Weißwein oder Bier für die ausreichende Kühlung zu sorgen.

Hilfe von Profis Weder ein steifes Zeremoniell noch ein zu tiefer Bückling vor den Maximen der gehobenen Cuisine passt zum P. Man muss deshalb nicht unbedingt dem Feinschmecker und Autor Wolfram Siebeck folgen, der einst in der »Zeit« schrieb, dass ein Picknick nur dann richtig Freude macht, wenn man seine Vorbereitung den Profis überlässt. Richtig ist jedoch auch, dass heute immer mehr Profis, nämlich Küchenmeister aus großen Hotels, ihren Gästen auf Anfrage ein P. nach Maß vorbereiten, einpacken, bringen und sogar servieren lassen. Nicht alle Anbieter gehen dabei so weit (besser gesagt: so hoch hinaus) wie Johann Lafers »Stromburg« in Stromberg, wo man im Helikopter zum Picknickplatz hoch über dem Rhein geflogen wird. Vor dem Hamburger Hotel »Abtei« beispielsweise wartet »nur« ein Bentley, der die Picknickgäste zum Schloss Ludwigslust bringt. Burg Schlitz an der Mecklenburgischen Seenplatte bietet eine Picknickkutsche. Heinz Winkler in Aschau hat ein P. auf dem Chiemsee im Programm. Im Hinterland des Hotels »Rookhus« am Großen Labussee (Mecklenburgische Seenplatte) ist es so einsam, dass das P. für die Ausflügler oft die einzige Möglichkeit zur Nahrungsaufnahme ist. Arrangements zu Pferd und im Kanu machen es möglich. Und für den so genannten Ostalgiker wird auch schon mal der Trabbi aus dem Stall geholt.

PILATES

Eine äußerst variantenreiche Fitnessmethode, die in unseren Breiten seit einigen Jahren boomt. In vielen Studios wird sie angeboten, aber auch allein im stillen Kämmerlein kann sie gut praktiziert werden. In Amerika genießt sie schon länger so etwas wie Kultstatus – besonders bei der Film-, Musik- und Sportprominenz. Hollywoodstars wie Sharon Stone, Brad Pitt, Jodie Foster, Richard Gere sind begeisterte Anhänger von Pilates. Golfgrößen wie Tiger Woods und David Duval praktizieren regelmäßig P. Madonna, ebenfalls eine glühende Verfechterin, widmete der Gymnastiktechnik gleich einen Song: »I Do Yoga And Pilates«. Und die blonde Nymphomanin aus der Fernsehserie »Sex And The City« gab auf das Kompliment eines ihrer Liebhaber, was für einen tollen Körper sie habe, zurück: »Ich mache eben Pilates.«

P. ist ein Mix aus Yoga, Akrobatik und Ballett – ein intensives Allround-Programm. Aus etwa 500 Übungen kann man sich die passenden, individuell geeigneten aussuchen (lassen). Die Angebotspalette reicht von den verschiedenen Streckdisziplinen an Geräten, die man nur in einem professionellen Studio findet, bis zu einer Vielzahl von Basic-Übungen, für die man nicht mehr braucht als eine Gymnastikmatte. Diese Mattenübungen gehören oft auch zum Maßnahmenkatalog von Physiotherapeuten, etwa in der Rehabilitation. Auch ein Pilates-Training an Seilzuggeräten wird vereinzelt oder von Spezialstudios angeboten. Der gemeinsame Nenner aller Trainingsformen besteht darin, dass die Muskulatur, vor allem von Rücken und Bauch, unter Anwendung einer spezifischen Atemtechnik gleichzeitig gedehnt und gekräftigt wird.

Trotz des hohen Ansehens, das P. unter Kennern genießt, weiß kaum jemand, dass sich der Begriff von dem Namen einer realen Person ableitet, geschweige denn, dass diese Person einst aus Mönchengladbach auswanderte. Joseph Hubert Pilates (geboren 1880) hatte als Kind an Rachitis, Asthma und rheumatischem Fieber gelitten. Fest entschlossen, seine gesundheitlichen Probleme zu überwinden, widmete er sich intensiv dem körperlichen Training. Neben Gymnastik, Bodybuilding und Skifahren studierte er östliche Trainingsmethoden wie Yoga und Zen-Meditation. Mit 22 verließ er seine Heimat, um nach England zu gehen. Dort verdiente er seinen Lebensunterhalt u. a. als Boxer und Zirkusartist sowie als Selbstverteidigungslehrer für die Polizeimannschaft von Scotland Yard. Doch richtig Karriere machte er erst in Amerika. In New York eröffnete er 1923 sein erstes Studio. Seine Übungen galten zunächst als Geheimtipp in der Tanz- und Schauspielszene, sprachen sich jedoch alsbald herum. Bis zu seinem Tod im Jahre 1967 unterrichtete und entwickelte Pilates gemeinsam mit seiner Frau Clara immer neue Varianten. Sein Credo lautete: »Nach 10 Stunden wirst du dich besser fühlen, nach 20 Stunden besser aussehen und nach 30 Stunden einen komplett neuen Körper haben.« Dass es einmal Pilates-Programme zum Downloaden auf das Handy-Display geben würde (»Portable Pilates«), hat sich der Mönchengladbacher wohl nicht träumen lassen. Andererseits war er der Überzeugung, seine Übungen 50 Jahre vor der Zeit entwickelt zu haben.

PLAYBOY

»Ein (jüngerer) Mann, der aufgrund seiner wirtschaftlichen Unabhängigkeit vor allem seinem Vergnügen lebt und sich in Kleidung sowie Benehmen entsprechend darstellt« – so beschreibt ihn der Fremdwörter-Duden aus dem Jahre 2000. Im »Oxford English Dictionary« von 1828, wo er zum ersten Mal aktenkundig wurde, heißt es: »... ein Mensch, besonders ein wohlhabender, der darauf aus ist, sich zu erfreuen ... ein selbstsüchtiger Genusssucher.«

Als herausragender historischer Vertreter der Spezies Playboy gilt bis heute der legendäre Porfirio Rubirosa (geboren 1909). Der Sohn eines Generals der Dominikanischen Republik wuchs in Paris auf, wohin er nach Studium, Militärzeit und kurzer Ehe zurückkehrte. Er wurde bekannt als Pilot, Rennfahrer, Polospieler und eben als P. Seine zahllosen Affären (zum Beispiel mit dem Filmstar Zsazsa Gabor) waren in den 50er und frühen 60er Jahren der bevorzugte Stoff der Illustrierten. Auf die Frage des Nachrichtenmagazins »Newsweek«, ob er jemals arbeiten würde, entgegnete Rubirosa: »Arbeit? Ich habe keine Zeit für Arbeit.« Seine Lebensphilosophie formulierte er so: »Die meisten Männer wünschen sich nichts sehnlicher, als Vermögen zu verdienen, ich will nur Vermögen ausgeben.« 1965 starb er bei einem Autounfall.

Der bekannteste deutsche P. und der einzige von Rang und Klasse war der 1932 in Schweinfurt geborene Gunter Sachs, dem das Etikett noch heute anhängt. Der Firmenerbe (Fichtel & Sachs) studierte Mathematik und Wirtschaft, erwarb ein Dolmetscherdiplom und hat sich einen Namen als Kunstsammler, Fotograf, Regisseur von Kurz- und Dokumentarfilmen (»Happening in White«) und Buchautor (»Die Akte Astrologie«) gemacht. Seinen Ruf als P. festigte er Anfang der 60er Jahre durch eine Liaison mit der persischen Ex-Kaiserin Soraya und 1966 durch die Aufsehen erregende, weltweit beachtete Heirat (seine zweite) mit dem französischen Filmstar Brigitte Bardot. Seit 1969 ist er mit dem ehemaligen schwedischen Fotomodell Mirja Larsson verheiratet, mit der er zwei Söhne hat. Aus seiner ersten Ehe stammt ebenfalls ein Sohn.

Zum Thema P. veröffentlichte Gunter Sachs, der Schweizer Staatsbürger ist, Wohnsitze in Gstaad, New York, Palm Springs, London, St. Tropez und Keitum auf Sylt unterhält und kürzlich seine Memoiren vorgelegt hat, mehrere geistreiche Essays. Den Abdruck des folgenden Auszugs (aus einem Artikel für die »Welt am Sonntag« im Jahre 2000) hat er uns freundlicherweise gestattet:

»Die Playboys waren Highlights ihrer Epoche, sozusagen die bunten Wimpel auf eroberten Hügeln der Society von Deauville bis Acapulco. Sie standen … für Lebensfreude und Stil. Wo sie auftauchten, knisterte es, und dieses Geräusch ließ den Damen und Comtessen und auch den Messieurs die Nächte vollendeter erscheinen. Die Playboys wussten, wie sich Feste feiern ließen und wie man zu schönen Frauen und hohen Tieren sprach. Und das in jedem Environment. Bei Maxim's, auf hoher See, ja selbst im Schützengraben, beim Staatsempfang oder beim Tête à Tête auf einem einsamen Atoll. Und das zu Lande, zu Wasser und zur Luft.

Die Playboys lebten, was Hollywood-Schauspieler schauspielerten, innerlich standen sie den Troubadouren des Mittelalters oder den sportbegeisterten englischen Gentlemen des 19. Jahrhunderts nahe. Muße, Manieren und ein Schuss Abenteuerlust waren wichtige Ingredienzen, die einen Playboy ausmachten. Ihr Elixier waren romantische Lieben zu vielbegehrten

Frauen. Ladykiller oder Don Juans lagen ihnen wenig ... Ja – das waren wundervolle Zeiten. Als man noch aus reinem Vergnügen dachte.

Die Playboys durchzogen rasant Jahreszeiten und Kontinente – nie planlos, sondern immer einem erregenden Ziel entgegen. Eine ihrer Stärken bestand in echter Freundschaft zueinander ohne Missgunst und Neid. Eine andere vermeintliche Stärke war gleichzeitig ihre Schwäche. Sie liebten die Geschwindigkeit. Von einem runden Dutzend Playboys, die es je gab, starben fünf in Ferraris. Playboys vom Scheitel bis zum Tode. Heute spielen sie vermutlich Baccara in einer amüsanteren Welt und erwarten – mit erhobenen Kelchen – die Nachzügler.

Die Lebensart jener Männer hat ausgedient. Es gibt sie nicht mehr. Die Form, aus der sie gegossen waren, ging irgendwann verloren. Wer sich heute Playboy nennt, ist keiner.«

Political Correctness

Viel Segen hat dieser aus Amerika stammende moralische Imperativ nicht über die Menschheit gebracht, obwohl seine Verfechter nur das Beste im Sinn hatten und immer noch haben. Nicht nur, dass er weit über ein erträgliches Maß strapaziert, häufig geradezu bizarr missverstanden und von seinen Gegnern als willkommenes Alibi für den Rückfall in stockkonservatives Gedankengut genutzt wurde. In Deutschland hat zusätzlich für Verwirrung gesorgt, dass der Begriff »politisch« in unserer Sprache viel enger gefasst ist als *political* im Englischen. Dort gehören zu dem Wort im weiteren Sinne auch kulturelle und gesellschaftliche Phänomene. Bei uns denkt man zunächst mal an Außen- und Innenpolitik, an Bundestagsdebatten und Parteiengezänk.

1912 tauchte die Wortschöpfung zum ersten Mal in schriftlicher Form auf, wenn auch noch ohne den missionarischen Ansatz, und zwar in der Autobiografie des amerikanischen Senators Robert LaFollette. Die Universität von Wisconsin, an der dieser einst studiert hatte, wurde zwei Generationen später zur geistigen Geburtsstätte der Bewegung (gebräuchliche Abkürzung: PC). Als deren Begründerin und heftigste Befürworterin gilt Donna Shalala. Sie war lange Kanzlerin ebenjener Universität und enge politische Weggefährtin von Hillary und Bill Clinton, der sie 1993 als erste Gesundheits- und Sozialministerin in sein Kabinett berief. Von der konservativen Opposition wurde die liberale Akademikerin als »Linke« verteufelt und als »Hohepriesterin der PC« verspottet.

Ab etwa Mitte der 80er Jahre begann *political correctness* sich im amerikanischen Wortschatz und Wertekanon festzusetzen – langsam, aber nachhaltig. Und es dauerte nicht mehr lange, bis öffentliche Stellungnahmen und Meinungsäußerungen, Bücher und Presseartikel, Filme und Fernsehserien auf PC-Tauglichkeit geprüft wurden: immer gnaden- und kompromissloser, keinen Widerspruch duldend. Erst schleichend, dann hektischer begann das moralische Diktat den Humor, die Ironie und die letzten Reste von »leben und leben lassen« platt zu walzen. Kaum ein Bereich der öffentlichen, in zunehmendem Maß sogar der privaten Existenz, in dem man nicht höllisch aufpassen musste, das Falsche zu sagen, politisch inkorrektes Gedankengut von sich zu geben.

Bewegung der »Gutmenschen« In unseren Breiten kam die PC mit Verspätung in den 90er Jahren nieder, wenn auch nicht ganz so heftig wie im Mutterland der moralischen Erweckungen. Doch auch in Deutschland schwoll die Bewegung der »Gutmenschen« (wie Machos, Stammtischbrüder und Reaktionäre spotteten) kräftig an. An den besagten Grundwerten lässt sich prinzipiell nichts aussetzen – sie gereichen jedem, der sie für achtenswert hält, zur Zierde. Es sind dies Toleranz und Mitmenschlichkeit, Abbau von Vorurteilen, Akzeptanz von und Verständnis für Minderheiten und andere Lebensformen, friedliches Miteinander, Verzicht auf jede Form von Aggression. Außenseiter und Ausgegrenzte, im Leben Zu-kurz-Gekommene und Gedemütigte, die Unterdrückten aller Herren Länder – sie alle sollten nie wieder benachteiligt werden dürfen.

Allerdings nahm die Umsetzung dieser Ideale nach und nach groteske Formen an. Aus dem Neger oder dem Schwarzen wurde der Afroamerikaner. So weit, so gut. Aber wer beispielsweise arglos Zigeuner sagte, galt alsbald als Rassist. Waren noch in jüngster Zeit Ostfriesen- und Blondinenwitze die Lacher der Nation gewesen, durften jetzt überhaupt keine Witze mehr über bestimmte Gruppen gemacht werden – schon gar nicht über Ausländer oder Homosexuelle. Selbst ein normalerweise unangreifbarer Spötter wie der Fernsehunterhalter Harald Schmidt bekam mächtig Schwierigkeiten, als er in seiner Sendung Polenwitze erzählte. Ärgerte man sich laut über einen Mitbürger, der zufällig Jude war, galt man sogleich als Antisemit. Geriet man, etwa in der U-Bahn, in Streit mit einem Rollstuhlfahrer, hatte der automatisch Recht. Ein Mann, der an der Frauenbewegung Kritik zu üben wagte, stand als fortschrittsfeindlicher Pascha da. Wer seinen Hausmüll nicht ordentlich trennte, wurde beschuldigt, für den Niedergang unseres Planeten mitverantwortlich zu sein. Pelze tragende Frauen mussten fürchten, öffentlich wegen Tierquälerei ausgepeitscht zu werden. Leute mit großen Bankkonten hatten sich derer zu schämen oder wenigstens mit einer Millionenspende zu welchem guten Zweck auch immer (➛ Wohltätigkeit) Ablass zu leisten.

Je bizarrer die Auswüchse, umso stärker formierte sich die Gegenbewegung. Die Antisemiten beispielsweise kamen aus ihren Löchern und benutzten den Konflikt zwischen Israel und den Palästinensern für ihr scheinheilig vorgebrachtes »Man wird doch wohl noch sagen dürfen …«. Einträchtig entdeckten Konservative und Liberale in der PC eine Art Gesinnungsterror. Manche gingen so weit, Vergleiche mit den Methoden des Überwachungsstaates in George Orwells berühmtem Roman »1984« zu bemühen.

Das Thema verblasst Inzwischen befinden wir uns im dritten Jahrtausend. In den Vereinigten Staaten haben christliche Fundamentalisten und Alt-Konservative die Macht ergriffen, dem Fortschritt den Kampf angesagt und das Land entsprechend umgekrempelt. In diesem Lager ist PC megaout. Und je mehr sie im Laufe der Kriege, die Amerika führt, missachtet oder mit Füßen getreten wird, desto mehr wird der Ruf nach ihr zum ohnmächtigen Aufschrei. Und es zeigt sich: In der Krise hat die in Frieden und Wohlstand geborene Idee keine Chance mehr.

In Europa hingegen, vor allem in Deutschland, in Frankreich, in den Niederlanden und den skandinavischen Ländern, ist sie noch nicht vollends gestorben, die Idee von Toleranz und Brüderlichkeit, das Bekenntnis zu Humanismus und gegen Diskriminierung. Aber nur wenn es ihren Anhängern und Propheten gelingt, die hysterische, autoritäre und gesinnungsschnüffelnde Attitüde abzustreifen, hat eine solche Haltung Chancen zu überleben.

POLO

Eine elitäre, weil extrem aufwändige Sportart, die auf eine zweieinhalbtausendjährige Tradition zurückblicken kann. Sie stammt aus den Steppen Zentralasiens, wo eine Art Pferdehockey zunächst als soldatische Übung praktiziert wurde und sich später zu einer königlichen Sportart weiterentwickelte. Noch immer hält sich die Schauersage, dass um 700 v. Chr. statt eines Balls mit den Köpfen hingerichteter Gefangener gespielt wurde. Englische Kolonialoffiziere brachten den ältesten Mannschaftssport Anfang des 19. Jahrhunderts aus Indien nach Europa, und bis zu den Olympischen Spielen 1936 in Berlin war Polo sogar eine olympische Disziplin.

Der kämpferische Turniersport verlangt vom einzelnen Spieler zunächst eine größere Investition: Pro Saison braucht er bis zu sechs Pferde. Sie sind eher klein, eine Kreuzung aus Criollos, einer argentinischen Pferderasse, und Vollblütern und zeichnen sich durch Wendigkeit und Schnelligkeit aus. Das Ziel des Sports besteht darin, einen etwa acht Zentimeter großen und 130 Gramm schweren Ball mit einem langen Holzschläger in das gegnerische Tor zu bringen. Da es dabei ziemlich rau zugeht, müssen die Spieler Helme mit Gesichtsschutz tragen. Gespielt wird von zwei Mannschaften mit je vier Spielern. Das Spiel ist in Abschnitte von jeweils 7,5 Minuten, so genannten Chuckas, eingeteilt und dauert zwischen vier und acht solcher Abschnitte.

Besonders für die Pferde ist P. äußerst anstrengend und gehört deshalb, wie man sich denken kann, nicht zu den Lieblingssportarten der Tierschützer. So wurden eine Reihe von Regeln zum Schutz der Pferde erlassen: Die Tiere müssen nach jedem Spielabschnitt gewechselt werden; kein Pferd darf zweimal hintereinander im Spiel eingesetzt werden; stürzt ein Tier, wird das Spiel sofort unterbrochen.

Der älteste deutsche Poloclub ist in Hamburg beheimatet; doch auch in Düsseldorf und München sind Polosportler sehr aktiv. Insgesamt besitzt P. aber in Deutschland nur eine sehr begrenzte Popularität. Neben England sind Argentinien, Brasilien, Indien und Pakistan die Hochburgen.

Porsche

Mit dem Namen Porsche verbinden sich zwei Geschichten: die einer der erfolgreichsten Sportwagenmarken der Welt und die einer Familie, die sich mit Leidenschaft dem Automobil verschrieben hat. Fangen wir mit der Familie an.

Der Firmengründer Ferdinand Porsche wurde 1875 als Sohn eines Spenglers im damaligen Österreich-Ungarn geboren und erwies sich als ein technisch höchst begabter Junge. Er hatte zwar nie eine Ingenieurausbildung, geschweige denn ein höheres Studium absolviert, schaffte es aber bereits als junger Mann in verantwortliche Positionen österreichischer Unternehmen. Für die k. k. Hofwagenfabrik Ludwig Lohner & Co. entwickelte er bereits im Alter von 24 Jahren das Lohner-Porsche-Elektromobil, das auf der Pariser Weltausstellung von 1900 für großes Aufsehen sorgte.

Porsche hatte einen Hang zu aufwändigen, teuren technischen Entwicklungen, und so trennte sich Lohner 1906 von seinem Mitarbeiter. Der fand schnell eine neue Anstellung bei Austro-Daimler, wo er nicht nur diverse Flugmotoren und erfolgreiche Rennwagen konstruierte, sondern auch zum Generaldirektor aufstieg. Als Austro-Daimler die Rennwagenabteilung zu teuer wurde, ging Porsche 1923 zur Daimler-Motoren-Gesellschaft nach Stuttgart, wo er sich insbesondere der Weiterentwicklung der Kompressormotoren widmete. Unter seiner Leitung entstanden die Mercedes-Sportwagentypen S, SS und SSK. Hierfür verlieh ihm die Technische Hochschule Stuttgart die Würde eines Dr. Ing. h.c., ein Titel, der noch heute zum Firmennamen P. gehört.

Als Mitte der 20er Jahre die wirtschaftliche Lage eine Fusion zwischen den Firmen Daimler und Benz erzwang, gab es für Porsche in dem neuen Unternehmensverband keinen seinen Talenten angemessenen Platz mehr und er wechselte in die Selbstständigkeit. Unter seinem Namen gründete er 1931 in Stuttgart ein Konstruktionsbüro, an dem er zu je 15 Prozent den Rennfahrer Adolf Rosenberger und seinen Schwiegersohn Anton Piëch beteiligte. Vor allem Rosenberger, der als Jude allerdings 1933 Deutschland verlassen musste, sorgte dafür, dass die junge Firma genügend Aufträge erhielt. Porsche entwickelte einen Ein-Liter-Motor für Zündapp und einen weiteren für NSU. Beide gingen allerdings aus Kostengründen nie in Serie. Ein GP-Rennwagen für die Auto-Union erwies sich hingegen als sehr erfolgreich.

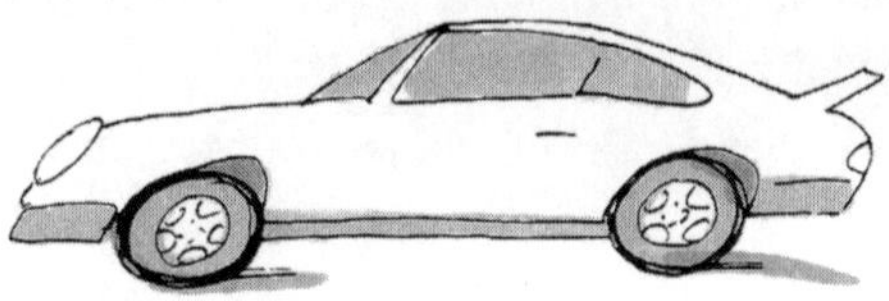

Erst VW, dann Kübelwagen Wegweisend, um nicht zu sagen schicksalhaft, war der Auftrag vom »Reichsverband der Automobilindustrie«: Entwicklung eines deutschen Volkswagens, der nach Maßgabe Adolf Hitlers weniger als 1000 Reichsmark kosten sollte. Ab 1934 arbeitete Porsche an diesem ehrgeizigen Projekt, das unter der Parole »Fünf Mark die Woche musst du sparen, willst du im eigenen Wagen fahren« die Öffentlichkeit zunächst elektrisierte. Doch zu einer serienmäßigen Fertigung kam es nicht. Stattdessen wurde die Volkswagen AG (Geschäftsführer und Aufsichtsratsmitglied: Porsche, Werksleiter: Schwiegersohn Piëch) damit beauftragt, Kübelwagen für die Wehrmacht zu bauen. Als Hitlers Lieblingsingenieur erhielt Porsche darüber hinaus noch weitere Aufträge im Rahmen der Rüstungsindustrie. Nach Kriegsende kamen Porsche und Piëch für wenige Monate in französische Gefangenschaft.

Nach der Entlassung konnte Porsche mit Genugtuung registrieren, dass seinem Sohn Ferry die Schuhe des Vaters keineswegs zu groß waren. Der Junior war dabei, eines der schönsten und erfolgreichsten Automobile der bis dato noch kurzen motorisierten Weltgeschichte zu schaffen: den P. Als der Vater das Modell 356 inspizierte, das erste Fahrzeug, das den Namen der Familie trug, sagte er euphorisch: »Ich hätte keine Schraube anders gemacht.«

So begann die Erfolgsgeschichte der Sport- und Rennwagen unter der Marke P. Unvergessen sind die Erfolge von P. beim 24-Stunden-Rennen von Le Mans, in der Formel 1 bei McLaren sowie auf der Rallye Paris-Dakar.

Der überwältigende Erfolg dieses Autos rührt sicherlich auch daher, dass der P. ein Gesamtkunstwerk ist. Da gehen Kraft, Geschwindigkeit, Schönheit, Zuverlässigkeit und Alltagstauglichkeit eine geradezu perfekte Verbindung ein. In dieser Ballung von allerbesten Eigenschaften und etwas »zahmerem« Design liegt auch der Hauptunterschied zum Mitbewerber ➤ Ferrari.

Motormusik Natürlich – der Fan möge verzeihen, dass wir erst jetzt darauf zu sprechen kommen – gesellt sich noch ein ganz entscheidendes Merkmal hinzu: der Sound des Motors. Es gibt Leute, die behaupten, der Ton eines P. sei das Erregendste, was die Welt akustisch zu bieten hat. Nun passt, wie jedermann bestätigen wird, der Klang eines P. nicht unbedingt zum Zuckeltrab in den Tempo-30-Zonen der Großstädte. Und dies ist die existenzielle Frage bei jedem P.: Wo und wie kann er sich ausleben? Besonders für die vielen amerikanischen Liebhaber eines P. ist es frustrierend, dass die Fahrzeuge aus Stuttgart-Zuffenhausen auf ihren Autobahnen nicht zeigen dürfen, was in ihnen steckt. Um den Rausch der Geschwindigkeit wenigstens sporadisch auszukosten, besucht der bekennende Porsche-Driver regelmäßig die Veranstaltungen der Porsche-Clubs. Dort, auf privaten Rennstrecken, können sich Motoren und Besitzer richtig austoben. Bevor das gute Stück dann wieder in die heimische Garage kommt, wird es gründlich geputzt. Die Felgen reinigt der wahre Verehrer mit Q-Tips.

PORTWEIN

Auch wenn er in Deutschland nie ein Renner war – er gehört in die Gemeinschaft der edlen Getränke. Auf internationalem Parkett kommt man um diesen Klassiker nicht herum. Ein Genuss ist er obendrein.

Portwein kommt aus der Stadt, die Portugal ihren Namen gab: Porto, im Norden des Landes gelegen. Sie als Stätte seiner Geburt zu bezeichnen, wäre freilich falsch, denn das sind vielmehr die 100 Kilometer östlich beginnenden Weinberge an den steilen Uferhängen des Flusses Douro. Die trinkbaren Produkte dieser Region wurden schon immer über den Hafen von Porto verschifft – vorwiegend nach Holland und England. Spätestens im 17. Jahrhundert begann man dann, die Weine für den langen Transportweg durch Zugabe von hochprozentigem Alkohol zu »stabilisieren«. Dadurch wurde die Gärung gestoppt und ein erheblicher Teil der natürlichen Restsüße erhalten.

Die Engländer waren es auch, die für die weltweite Präsenz des P. verantwortlich zeichneten. Zum einen hatten sich viele von ihnen in der Gegend von Porto niedergelassen und als »Shipper« den Handel mit P. übernommen. Es genügt ein Blick auf die Namen der großen Porthäuser, um zu sehen, wie viele von ihnen Untertanen der britischen Majestät waren: Taylor's, Sandeman, Harris, Offley, Graham, Cockburn, Dow's und Flagman's sind nur einige. Aber auch unabhängig von dieser Handelsvariante wurde P. bald ganz allgemein ein Symbol für englische Tradition und Lebensart. Die Botschaft und damit das Getränk verbreiteten sich im gesamten damaligen Empire.

Noch heute werden einer »Pipe«, so nennt man das traditionelle Fass mit einem Fassungsvermögen von 550 Litern Rotwein, etwa 100 Liter an 77-prozentigem Branntwein zugegeben, um einen P. mit 20 Prozent herzustellen. Der Wein selbst wächst auf unwirtlichem Schieferboden im oberen Dourotal bis fast vor der spanischen Grenze. Bis in die späten 30er Jahre wurde er nach alter Tradition auf Lastkähnen, die mit Segel und Ruderblättern ausgerüstete waren, den Douro hinunter durch gefährliche Stromschnellen in Richtung Porto transportiert. Streng genommen nicht nach Porto, sondern nach Vila Nova de Gaia auf dem gegenüberliegenden Douroufer. Dort haben alle Portshipper ihre Lagerkeller, in denen der P. reift.

Heute ist Frankreich der größte Portweinabnehmer, gefolgt von Belgien und den Niederlanden. Allerdings nehmen diese

Länder eher Ports im unteren Preisbereich ab und konsumieren ihn meist, ob weiß oder rot, als ➛ Aperitif. Großbritannien und die USA dagegen sind traditionell teuren Jahrgangs-Ports (Vintage) verpflichtet.

Weiß, rot, gelbbraun Die Vielfalt an Portweintypen ist auf den ersten Blick verwirrend. Hier nur eine kleine Auswahl der wichtigsten: Da gibt es den kühl getrunkenen White Port aus weißen Trauben und den Ruby Port (aus roten Trauben), der etwa drei Jahre im Fass gereift ist. Weit älter können die gelbbraunen Tawny Ports werden, die mindestens drei, manchmal auch zehn, 20 oder sogar bis zu 40 Jahre im Fass gereift sind. Vintage Port wird nur in Jahren mit sehr guter Traubenqualität hergestellt. Er reift zwei bis drei Jahre im Fass und wird dann zum mehrjährigen Weiterreifen auf Flaschen abgefüllt. Der LBV (Abkürzung für *late bottled vintage*) kommt erst nach vier, fünf Jahren im Fass in die Flasche.

Da ein sehr alter Vintage nach dem Öffnen der Flasche sehr fragil ist und nicht mehrere Tage aufbewahrt werden sollte, haben die Engländer in ihren Clubs einen Brauch entwickelt, der allerdings einige Kenntnisse voraussetzt: Nach einem genüsslichen Essen kommt die Stunde des P. Der Butler oder Oberkellner wird beauftragt, einen edlen Jahrgang auszusuchen. Abseits des Tisches wird er behutsam in eine Karaffe gefüllt. Jetzt erhält jeder ein leeres Glas, und die Karaffe wandert – entgegen dem Uhrzeigersinn – vom einem zum Nächsten. Jeder der Herren schenkt sich ein, probiert und notiert auf einem Zettel, was er glaubt im Glas zu haben: 58er Burmester, 63er Taylor's, 70er Niepoort und so weiter. Die Karaffe kreist so lange, bis der letzte Tropfen verkostet ist. Dann werden die Zettel vom Butler eingesammelt und überprüft. Wer Shipper und Jahrgang richtig erkannt hat, braucht seinen Lunch nicht zu bezahlen.

Porzellan

»Scherben bringen Glück«, sagt der Volksmund, sofern es keine Glasscherben, sondern solche aus Porzellan sind. Allerdings sollte man Porzellanscherben nie selber verursachen – für den alten Brauch des Polterabends, an dem durch lautes Zertrümmern von Geschirr böse Geister von der am nächsten Tag zu schließenden Ehe fern gehalten werden sollen, nimmt man derbe und einfache Keramiksachen. Denn P. gilt immer noch als zu wertvoll, um es mutwillig zu zerdeppern. Wenn jemand im übertragenen Sinne »Porzellan zerschlagen hat«, dann hat er ein mittleres, schwer zu reparierendes Unheil angerichtet, ob in einer persönlichen Beziehung, ob in seinem gesellschaftlichen oder beruflichen Umfeld.

Das P. wurde in China erfunden, und zwar bereits im fünften oder sechsten Jahrhundert unserer modernen Zeitrechnung. Vor allem die Gefäße mit hellblauen, elfenbeinfarbenen und blassgrünen Glasuren wurden zu einem begehrten Exportartikel. In der Ming-Dynastie entstand das wohl berühmteste, das blau-weiße chinesische P. Vorwiegend über die Seefahrernation Portugal kamen diese Kostbarkeiten an die europäischen Fürstenhöfe. Das Geheimnis der Herstellung von P. blieb jedoch in China, wo dessen Blütezeit um das Jahr 1600 abrupt endete.

Zu den größten Sammlern chinesischen P. gehörte der sächsische Kurfürst Friedrich August I., genannt August der Starke (1670–1733). Ohne Rücksicht auf den Staatssäckel kaufte er die teuersten und seltensten Stücke. Daneben gab er horrende Summen für die Erforschung der Herstellungsmethode aus. Seinem Ziel, dem ostasiatischen ebenbürtiges P. in Sachsen zu produzieren, kam er zunächst nicht näher, aber dann spielte ihm ein Zufall in die Hände: Johann Friedrich Böttger, ein Apothekergehilfe aus Schleiz, hatte sich in Berlin einiges Wissen in alchimistischen Experimenten und den Ruf erworben, Gold herstellen zu können. Als der König von Preußen von dem »Goldmacher« erfuhr und ihn in seine Dienste stellen wollte, ergriff dieser rasch die Flucht, wusste er nur zu gut, dass er die Probe aufs Exempel nicht bestanden hätte.

»Weißes Gold« aus Sachsen Auch der sächsische Kurfürst hatte von Böttgers Experimenten gehört, ließ ihn in Wittenberg aufgreifen und mit einer Kavallerie-Eskorte heimlich nach Dresden bringen. Unter Androhung des Galgentodes sollte er Gold herstellen. Im Jahre 1704 befahl August dem Naturwissenschaftler Walther von Tschirnhaus, Böttger bei dessen Forschungen zu unterstützen. Gold fanden die beiden experimentierfreudigen Männer zwar nicht. Doch durch Mischen von Tonerde, dem weißen, nach dem ursprünglich ersten chinesischen Fundort »Kao-ling« benannten Kaolin, mit Feldspat und Quarz erfanden sie 1708 das »weiße Gold«, das erste europäische Porzellan.

Am 23. Januar 1710 wurde in der Meissener Albrechtsburg die Königlich-Polnische und Kurfürstlich-Sächsische Porzellan-Manufaktur gegründet. Diese zweite Entdeckung des P. blieb über ein Vierteljahrhundert das Geheimnis der Meissener und die gekreuzten Schwerter das in ganz Europa bekannte Markenzeichen. Doch dann war es irgendwann vorbei mit der Exklusivität, und das Wissen um die Porzellanherstellung verbreitete sich ziemlich schnell: 1747 ordnete Herzog Carl I. von Braunschweig die Gründung einer Manufaktur in Fürstenberg an. Ebenfalls 1747 entstand in Bayern die Porzellanmanufaktur Nymphenburg. 1763 schließlich gründete Friedrich der Große in Berlin die KPM, die Königliche Porzellan-Manufaktur. Alle vier zählen noch heute zu den renommierten Herstellern.

PRACHTSTRASSEN

Beinahe jede Stadt auf der Welt hat mindestens diese eine Vorzeigestraße, auf die ihre Einwohner besonders stolz sind, wo die Architektur beeindruckend ist und es sich so herrlich flanieren, einkaufen und einkehren lässt. Wo man sieht und gesehen wird. Wohin man seine Gäste gerne ausführt. Meistens ist diese Straße länger, breiter und prächtiger als die anderen, und im Zentrum liegt sie sowieso. Aber ist sie deshalb schon eine Prachtstraße? Zwar ist der Begriff relativ und nicht geschützt, doch herrscht weitestgehend Einigkeit unter kenntnisreichen Globetrottern, dass es auf diesem Erdball kaum mehr als hundert städtische Meilen gibt, die diesen Namen wirklich verdienen. Nicht selten gehören sie zu den großen touristischen Attraktionen der jeweiligen Metropole.

Wollte man eine Rangfolge der schönsten P. aufstellen, wäre die Einigkeit allerdings schnell dahin. Denn objektiv lässt sich keine Hitparade erstellen, was nicht nur an den Kriterien Geschmack und Lokalpatriotismus liegt. Ein Vergleich zwischen verschiedenen P. ähnelt dem zwischen Äpfeln und Birnen. Denn jeder Superlativ ist hier subjektive Herzenssache – so wie der Satz des Dichters Detlev von Liliencron (1844–1909), die achteinhalb Kilometer lange Elbchaussee im Westen Hamburgs sei »die schönste Straße der Welt«. Mit der nur wenige hundert Meter langen Hamburger Innenstadtkonkurrentin, der schicken Einkaufsmeile Jungfernstieg an der Binnenalster, hat die von vornehmen Villen und herrlichen Parks gesäumte, einen traumhaften Blick auf die Elbe plus Ozeanriesen freigebende, gleichwohl sehr verkehrsreiche Chaussee so gut wie keine Gemeinsamkeiten – sieht man einmal von der unmittelbaren Nachbarschaft eines Gewässers ab.

Auch die beiden Berliner P., der Kurfürstendamm im Westen und der Boulevard Unter den Linden östlich des Brandenburger Tores, weisen außer einem gigantischen Touristenaufkommen keine nennenswerten gemeinsamen Eigenschaften auf. Hier der »Ku'damm«, in den Zeiten des Kalten Krieges als trotziges Aushängeschild westlicher (in den Augen der DDR-Funktionäre »dekadenter«) Lebensart kommunistischer Umklammerung Paroli bietend. Dort die bereits in den 20er Jahren zu internationalem Ansehen gelangte baumgesäumte Straße, die ihren sozialistischen Dornröschenschlaf nach Wende und Wiedervereinigung im Eiltempo überwand. Glamour mit welkender Tendenz im Westteil, wo die Ruine der Gedächtniskirche ihre mahnende Funktion weitestgehend eingebüßt hat. Grandezza von der manchmal noch etwas aufschneiderisch daherkommenden Art in »Mitte«.

»Kö« gegen »Maximilian« Im Westen und im Süden der Republik streiten die Fans zweier P. nicht erst seit der Wiedervereinigung um den Ruhm, welcher von beiden der erste Platz gebührt. Ließe man in diesem Wettkampf einen Düsseldorfer und einen Münchner in den Ring, müsste man aufpassen, dass die Streithähne nicht handgreiflich werden. Mit Leidenschaft verfallen ist der rheinländische Kombattant seiner Königsallee (»Kö«), wo die bedeutendsten und luxuriösesten Modehäuser

Filialen unterhalten, Juweliere und Galerien locken, sich im Sommer ein Straßencafé an das andere reiht und schon anno 1811 der französische Eroberer Napoleon Bonaparte entzückt ausgerufen haben soll: »C'est un petit Paris!«

»So ein Schmarrn«, würde hier der bayerische Gegner einwerfen: Die Münchner Maximilianstraße habe es erstens gar nicht nötig, sich mit Federn eines feindlichen Franzosen zu schmücken, zweitens könne sie mindestens ebenso viele Mode- und Schmuckläden der Spitzenklasse aufbieten, und hinzu kämen der Reihe nach noch ein Luxushotel mit Weltgeltung, ein Völkerkundemuseum, das Parlament des Freistaates, ein Opernhaus und je eine staatliche, städtische und private Theaterbühne.

Ein kleiner Hüpfer über den großen Teich, nach New York City: Hier muss man als Erstes darauf hinweisen, dass der berühmte Broadway – berühmt vor allem wegen seiner vielen großen und kleinen Musical- und Theaterbühnen – nicht in die Kategorie P. fällt. Gigantisch: ja, vor allem dort, wo er die 42. Straße kreuzt; prächtig: nein, und am allerwenigsten an seinem südlichen Ende. *Die* P. in NYC ist die Fifth Avenue bzw. ihr mittlerer Abschnitt mit den zahlreichen schicken, luxuriösen, teilweise sündhaft teuren Mode- und Kosmetikläden, Kaufhäusern, Juwelengeschäften. Nur mal so, zum Anschmecken: Bei ➛ Tiffany's kostet eine Schachtel mit 15 Weihnachtskarten 45 Dollar, ein Kristallglas ist für 40 Dollar zu haben.

Das sind happige Preise, ohne Zweifel, die freilich nicht nur schnödem Wucherdenken entspringen. Denn happig sind auch die Mietpreise an der »Fifth« und anderen berühmten Einkaufsstraßen dieser Welt. Nach einer groß angelegten weltweiten Untersuchung von Cushman & Wakefield Healey & Baker, einem angesehenen internationalen Beratungsunternehmen für Gewerbeimmobilien, ergab sich in Sachen Ladenmiete vor einigen Jahren folgendes Ranking (Spitzenpreise pro Monat und Quadratmeter in Euro):

Platz 1: Fifth Avenue, NYC (664)

Platz 2: Avenue des Champs-Elysées, Paris (524)

Platz 3: Causeway Bay, Hongkong (391)

Platz 4: Oxford Street, London (367)

Platz 5: Pitstreet Mall, Sydney (242)

Platz 6: Kangnam Station, Seoul (221)

Platz 7: Ermou, Athen (220)

Platz 8: Maneshnaya, Moskau (218)

Platz 9: Kaufinger Straße, München (215)

Platz 10: Grafton Street, Dublin (192)

Die Liste ist noch aus einem anderen Grund interessant. Zeigt sie doch, dass nicht alle teuren Einkaufsstraßen auch gleichzeitig P. sind. Denn selbst die glühendsten München- bzw. Londonverehrer werden nicht behaupten, dass die Kaufinger Straße bzw. die Oxford Street sich durch besondere Pracht auszeichnen.

Hier noch ein Dutzend P. aus aller Welt zum Abklappern. Möge sich nach der imaginären Pflastertreterei bitte niemand auf die wunden Füße getreten fühlen, falls »seine« oder »ihre« P. nicht gewürdigt wurde:

Barcelona: Ramblas

Madrid: Gran Via

Rom: Via Veneto

London: The Mall

Zürich: Bahnhofstraße

Wien: Ringstraße

Budapest: Andrássy

Shanghai: Nanjing Road

Tokio: Ginza

Buenos Aires: Avenida Rivadavia

Mexiko-City: Paseo de la Reforma

Havanna: Paseo del Prado

PROVENCE

Manch einer ist versucht, die Provence mit der Côte d'Azur gleichzusetzen, was aber jeden Marseiller garantiert entrüsten würde. Denn die Côte gehört zwar zur selben »région«, die in der Amtssprache – passend zur Vorliebe der Franzosen für Abkürzungen – PACA heißt. Aber das Kürzel, das für »Provence/Alpes/Côte d'Azur« steht, macht auch deutlich, dass es sich hier um drei unterschiedliche Gebiete handelt.

Der Nabel der P. war und ist Marseille, das im frühen 6. Jahrhundert v. Chr. von den zu Griechenland gehörenden Phokäern, die in die Landschaft einfielen, als Hafen und Handelsplatz Massalia gegründet wurde. Wo immer man in der P. etwas tiefer in den Boden gräbt, stößt man unter den römischen Bauten auf Spuren der griechischen Zivilisation. Erst im 3. vorchristlichen Jahrhundert baute sich langsam eine Verbindung zu Rom auf. Und als der Karthager Hannibal mit seinen Soldaten und Elefanten auf dem Weg von Spanien zu den Alpen das Gebiet durchquerte, verbündeten sich die Phokäer ganz schnell mit den Römern.

Die übernahmen dann die Herrschaft über die Gegend, in der sie sich offenbar ausgesprochen wohl fühlten und die sie *provincia romana* nannten. Daraus leitet sich der heutige Name P. ab. Zahlreiche Gebäude, Arenen, Brücken und Aquädukte erinnern an diesen römischen Teil der provenzalischen Geschichte. In diese Zeit fällt auch die Gründung von »Aquae sextiae«, des heutigen Aix-en-Provence, durch den römischen General Marius. Die Stadt Arles hingegen war, wie Marseille, eine griechische Gründung. Und so wechselt sich das heute ab zwischen Nîmes und Orange, zwischen La Ciotat und Avignon: Mal sind die Städte griechischen, mal römischen Ursprungs, was einer der Reize der P. ist.

Lebensfrohe Päpste Avignon hat zusätzlich noch eine besondere Geschichte zu bieten: Im 14. Jahrhundert residierten hier die Päpste, und nicht in Rom, und es kam vor, dass mehrere gleichzeitig den Anspruch erhoben, Stellvertreter Gottes auf Erden zu sein. Das Ansehen der geistlichen Oberhäupter innerhalb der christlichen Kirche hatte den Tiefpunkt erreicht. Als einer dieser lebensfrohen geistlichen Würdenträger Lust auf ein neues Schloss bekam, entstand nicht weit von Avignon als Zweitresidenz das »neue Schloss des Papstes« – auf Französisch: »Châteauneuf du Pape«, heute die Heimat eines der großen Weine Frankreichs.

So ist es kein Wunder, dass allein schon das große geschichtliche Erbe mit seinen noch heute erhaltenen Zeugnissen die P. zum attraktiven Reiseziel macht. Vergessen wird dabei häufig, dass der Anschluss an Frankreich erst zur Mitte des 15. Jahrhunderts erfolgte und Provenzalisch, eine Art Vulgärlatein, nicht nur die Sprache der Troubadoure, sondern noch zweihundert Jahre lang die Umgangssprache des Volkes blieb. Und das, obwohl François I. bereits 1539 Französisch zur Amtssprache erklärt hatte. Die Pflege der provenzalischen Sprache war das erklärte Ziel des französischen Dichters und Linguisten Frédéric Mistral (1830–1914), der 1904 für sein über vier Jahrzehnte zuvor erschienenes Versepos »Mirèio« den Nobelpreis erhielt. In der Begründung wurde auch auf seine »bedeutungsvolle Wirksamkeit als provenzalischer Philologe« hingewiesen. Mistral war Mitbegründer der Félibrige-Bewegung, die sich für den Erhalt der provenzalischen Sprache in der Literatur einsetzte. Diesem Zweck diente auch sein Wörterbuch dieser reichen regionalen Mundart, das in der Kulturgeschichte der P. noch einen hohen Rang einnimmt.

Inspiration für Künstler Doch nicht nur Geschichte und Literatur machen die P. so einzigartig; es sind auch die unterschiedlichen Landschaften, die Farben und das unverwechselbare Licht, dem vor allem Maler nicht widerstehen konnten. Der in Aix geborene Paul Cézanne setzte in einer ganzen Serie von Bildern dem Mont Ste. Victoire im Osten seiner Heimatstadt bleibende künstlerische Denkmäler. Der Holländer Vincent van Gogh machte die Sonnenblumenfelder der P. in der ganzen Welt berühmt. Und er holte seinen Kollegen Paul Gauguin in die Arbeitsgemeinschaft der »Impressionisten des Südens«. Das kleine Hafenstädtchen Cassis beherbergte Künstler wie Henri Matisse und Raoul Dufy. Und Pablo Picasso arbeitete nicht nur hier, sondern liegt in der Nähe des Château de Vauvenargues auch begraben.

Die Landschaft der P. ist so vielseitig wie keine zweite französische Provinz. Von der Camargue mit ihren Stier- und Pferdeherden, ihren Flamingos und anderen seltenen Vogelarten im Süden, den fjordartigen Calanques an der Küste östlich von Marseille bis zum Mont Ventoux im Norden, der mit 1909 Metern der höchste Berg der P. ist, erstreckt sich eine Landschaft, die so reich an Abwechslung ist, dass der Besucher alle paar Kilometer innehalten, Rast einlegen, neue Eindrücke auf sich wirken lassen möchte. Wein und Oliven wachsen überall, Kirschen, Äpfel, Pfirsiche und andere köstliche Früchte gibt es reichlich rechts und links der Rhône. Die besten Melonen findet man in der Gegend von Cavaillon, die hocharomatischen Tomaten verdienen Erwähnung, genauso wie die provenzalischen Kräuter, vor allem Thymian und Rosmarin, die überall wild wachsen. Dazu reichlich Fisch an der Küste, Lamm und Wild im Landesinneren. Über 300 Tage Sonnenschein. Gründe genug, dass die P. nach Paris die meisten Touristen anzieht. Aber Gott sei Dank ist diese gesegnete Landschaft groß und weitläufig genug, dass – außer während der Sommermonate an den Küsten – nie Gedränge entsteht.

PROVINZ

Wenn der urbane, weltläufige Kulturbürger von der ➛ Provence spricht, bekommt seine Stimme einen schwärmerischen Ton und er rollt mit den Augen. Nimmt er hingegen das deutsche Wort Provinz in den Mund, klingt es eher etwas geringschätzig. P. – das sagt immer nur der Großstädter. Kein Ulmer, Regensburger, Paderborner oder Flensburger, kein Niederbayer, Pfälzer oder Brandenburger bezeichnet seine Heimat und Wohngegend als P. In den Feuilletons der großen, in den Medienhochburgen Hamburg, München oder Frankfurt gefertigten Blätter wird, wenn überhaupt, mit gönnerhafter Herablassung über Theaterpremieren und Kunstausstellungen aus der P. berichtet. Nicht annähernd wird solchen Ereignissen so viel Bedeutung beigemessen wie den kulturellen Top-Events in den Metropolen.

P. – das Wort riecht immer ein wenig nach dumpfer Heimatverbundenheit und treudeutschem Spießertum. Es impliziert den Gartenzwerg und den Schützenverein. Und man sieht ihn vor sich, den die Geschicke bestimmenden ominösen Macht- und Entscheidungszirkel, bestehend aus dem praktischen Arzt, dem Herrn Pastor, der Apothekerin, dem Bürgermeister, dem Landrat, der Industriellengattin und dem Chefredakteur der Regionalzeitung. In der Boutique wird getuschelt, beim Friseur scharf geschossen, verbal. Und im Verborgenen zieht die örtliche Hure die Fäden …

Besser als ihr Ruf Natürlich kann man die P. so sehen. So hat sie jahrhundertelang funktioniert. So, vordergründig idyllisch und harmonisch, aber in Wahrheit reaktionärer Hort einer scheinheiligen Doppelmoral, ist sie in unzähligen Filmen gezeigt und in hunderten von Büchern beschrieben worden. Die Frage ist nur, ob dieses Bild immer noch stimmt. Zweifel sind angebracht. In seiner ihm eigenen unnachahmlichen Diktion hat Boris Becker kürzlich in einem Zeitungsinterview folgenden klugen Satz von sich gegeben: »Ich wurde zwar in einer Kleinstadt groß, das heißt aber nicht, dass da dumme Leute leben.« Damit hat das einstige Tennisidol das Kernproblem ziemlich präzise getroffen: Dass der Großstädter dem Provinzler grundsätzlich überlegen sei, ist durch nichts bewiesen – auch wenn beide, der eine in seinem Hochmut und der andere in seinem Unterlegenheitsgefühl, dies offenbar häufig als gegeben betrachten.

Hier eine Gegenliste aufzustellen, wo überall die P. der Metropole gleichwertig, wenn nicht überlegen ist, das wäre ein etwas alberner, um nicht zu sagen provinzieller Denkansatz. Begnügen wir uns mit ein paar Respektsbekundungen: beispielsweise vor der unzweifelhaft stärker ausgeprägten sozialen

Kompetenz des permanent unter Beobachtung stehenden Kleinstädters oder Dörflers. Der kann sich nicht einfach so um die Ecke schleichen wie der Großstädter in seiner behaglich anonymen Steinwüste. Respekt vor den Enthusiasten überall da draußen, die außergewöhnliche Theateraufführungen und mitreißende Musikfestivals auf die Beine stellen. Respekt vor den Verlegern und den Kollegen Journalisten, die den Kolossen der Medienzentren täglich die Stirn bieten. Respekt vor den pfiffigen Unternehmern, die sich nicht in einem Großkonzern verstecken und täglich mindestens eine gute Idee produzieren müssen, um zu überleben. Respekt vor den Menschen, die genauso gut zu leben verstehen wie die selbst ernannten Trendsetter auf den Boulevards der Millionenstädte.

PÜNKTLICHKEIT

»Pünktlichkeit ist die Höflichkeit der Könige.« Diese Maxime stammt von Ludwig XVIII. (1814–1842), Bruder des in der Französischen Revolution hingerichteten Ludwig XVI. und Nachfolger Napoleons. »Wer zu spät kommt, den bestraft das Leben«, sagte vor noch nicht allzu langer Zeit der letzte Generalsekretär der KPdSU, Michail Gorbatschow. Dem Sowjetführer ging es dabei allerdings weniger darum, pünktlich zu einem Termin zu erscheinen, als um den richtigen Zeitpunkt für Reformen. Doch längst ist der feine Unterschied vergessen. Auch »Gorbis« Satz, wie der von Ludwig XVIII., hat sich verselbstständigt. Verärgerte Vorgesetzte hauen ihn täglich ihren Untergebenen um die Ohren, die zu spät zum Dienst oder in die Besprechung kommen.

Pünktlich sein: Vom ersten Schultag an (in Königshäusern

und anderen Eliteschmieden noch eher) bestimmt dieser Dauerbefehl unser Leben und entlässt uns fortan nie wieder aus seinem Würgegriff. Nur sterben darf man unpünktlich.

»Mein Gott, ich bin zu spät dran.« Dieser Satz wird in Deutschland bestimmt mehrere Millionen Mal pro Tag gemurmelt, geseufzt oder geflucht. Denn wir Germanen, selbst diejenigen unter uns, die oft zu spät kommen, bemühen uns ja wenigstens, pünktlich zu sein. Ganz anders die Südeuropäer, deren Pünktlichkeitsbegriff mit dem unserem so gut wie nichts gemein hat. Jeder, der schon einmal in Spanien oder Griechenland auf einen Handwerker gewartet hat, kann ein Lied davon singen. Weil aber der Südeuropäer ein sorgloseres Dasein zu führen scheint als unsereiner, beneiden wir ihn manchmal um eben jene Gabe, die Dinge und die Termine nicht so genau zu nehmen. Ohne Pünktlichkeit wiederum, so ruft man sich zur Ordnung, sobald man wieder daheim ist, würde unser ganzes gesellschaftliches und wirtschaftliches Gefüge doch wohl eher zusammenbrechen.

Stoff für Psychologen Die Unpünktlichkeit kennt viele Facetten. Sie kann die unterschiedlichsten Ursachen haben. So ist sie eine Zumutung, wenn wir Gäste zum Essen eingeladen haben, die eine Stunde zu spät vor der Haustür stehen – hingegen ein Herrschaftsinstrument für den Pünktlichkeit fordernden Chef, der seinerseits das Konferenzzimmer grundsätzlich erst dann betritt, wenn alle anderen bereits längere Zeit auf ihn warten. So ist, wer dauernd zu spät kommt, obwohl er pünktlich sein will, in den Augen seines Vorgesetzten ein Versager – nach der Diagnose des Psychiaters aber ein interessanter Fall, weil er damit verzweifelt Aufmerksamkeit auf sich zu ziehen hofft, die ihm sonst nicht zuteil wird. So hat, wähnt der Seelenarzt, ein Mann, der stets zu spät und damit vergebens zum

ersten Rendezvous erscheint, in Wirklichkeit Angst vor Frauen – während die Frau, die Gleiches tut, entweder zu lange vor dem heimischen Spiegel zugebracht hat oder sich ein Vergnügen daraus macht, die Kerle zappeln zu lassen.

Aber: Ein Mensch, der immer pünktlich ist, macht sich auch irgendwie verdächtig. Sollte eine Spießerseele in seiner Brust schlummern? Fehlt ihm nicht dieses kleine Quäntchen Unberechenbarkeit, das dem Charakter erst Konturen gibt? Personalchefs in großen Unternehmen pflegen bekanntlich eine Art Geheimsprache. Schreiben sie einer Sachbearbeiterin als einziges positives Merkmal ins Zeugnis: »Frau Petersen war immer pünktlich«, so heißt das zwischen den Zeilen: »Korrekt, aber ein bisschen dämlich.«

Queen Mary 2

Dieses wahrhaft stolze Schiff (Heimathafen: Southampton), am 8. Januar 2004 von Queen Elizabeth II. mit einer Champagnerflasche getauft, stellt alle bisher gebauten Passagierdampfer in den Schatten. Mit 870 Millionen Euro Baukosten ist es das teuerste Schiff aller Zeiten. Der Stolz der britischen Cunardreederei ist auch das größte Seefahrzeug der Welt. Die »Queen Mary 2« ist so lang, wie der Eiffelturm hoch ist (345 Meter), so breit wie die Glaskuppel des Reichstagsgebäudes (41 Meter) und mit 74 Metern vom Kiel bis zum Schornstein höher als die Niagarafälle. Mit 151 400 Tonnen wiegt sie dreimal so viel wie die Titanic. Auf 13 Decks wird bis zu 2620 Passagieren Platz geboten: in 1225 geräumigen Kabinen, die Hotelzimmerdimension haben. Die Besatzung besteht aus 1254 Personen. Auf dem Schiff befinden sich Swimmingpools (5), Ballsaal, Golfanlage, Wintergarten, Sportzentrum und Fitnesscenter, mit über 8000 Büchern die größte Bibliothek auf See, Planetarium, Kino, Theater, Restaurant – und eine Leichenhalle für 4 Personen. Durch den

157 000 PS starken, aus 4 Dieselmotoren und Zwillingsgasturbinen bestehenden Antrieb erreicht das Schiff eine Geschwindigkeit von 30 Knoten (ca. 56 km/h). Trotz seiner Größe ist es außerordentlich wendig. Es kann sich – jedenfalls bei ruhiger See – praktisch auf der Stelle um 180 Grad drehen.

Neben der klassischen Atlantikroute von England nach Nordamerika, auf der sie das bisherige Flaggschiff von Cunard, die »Queen Elizabeth 2«, abgelöst hat, soll die QM2 auch auf ➛ Kreuzfahrten eingesetzt werden, etwa im Mittelmeer und in der Karibik. Ihre Nutzungsdauer wird mit 30 Jahren veranschlagt. Von der alten »Queen Mary«, die in den 30er Jahren vom Stapel lief und heute als Museumsschiff in Long Beach/Kalifornien ihr Dasein fristet, hat die Nachfolgerin ein kleines, aber nicht unbedeutendes Requisit übernommen: das Schiffshorn.

Hamburger aus dem Häuschen Völlig unerwartet, aber dafür umso beglückter hat die Reederei registrieren dürfen, dass die Stadt Hamburg die QM2 mit grenzenloser Liebe ins Herz geschlossen hat. Jeweils im Hochsommer 2004 und 2005 hat das Schiff im Hamburger Hafen festgemacht, kaum länger als jeweils anderthalb Tage; im Herbst 2005 unterzog es sich für eine Woche einem gründlichen Check-up in der Werft von Blohm & Voss. Jedes Mal säumten an die 100 000 Schaulustige (auch solche, die extra aus den übrigen Bundesgebieten angereist waren) die Hafenanlagen und die Elbe bis Blankenese. Fernsehen, Rundfunk und Presse überschlugen sich in publizistischen Willkommensgrüßen, der Bürgermeister gab sich die Ehre, der Kapitän durfte sich ins Goldene Buch der Stadt eintragen. Beim Verlassen der Stadt flussabwärts wurde der Schiffsgigant, der offenbar eine kollektive tief sitzende Sehnsucht nach alter und neuer Seefahrtsherrlichkeit ausgelöst hat, mit einem gewaltigen Feuerwerk verabschiedet.

Restaurantführer

Zweimal im Jahr erwarten Politiker, Börsianer, Banker, Unternehmer und die diesen Berufsgruppen nahe stehende Presse mit Spannung die Frühjahrs- bzw. Herbstgutachten der großen Wirtschaftsinstitute. Nicht weniger fieberhaft erwarten deutsche Feinschmecker und Gastronomen im Spätherbst eines jeden Jahres das Erscheinen der neuen Restaurantführer. Allen voran wird dem »Michelin« nachgesagt, mit seinen vergebenen oder entzogenen Sternen über Aufstieg und Fall eines Restaurants entscheiden zu können.

Im Jahre 1900 hatten die Brüder André und Edouard Michelin, die kurz zuvor eine Firma zur Herstellung von Gummireifen günstig erworben hatten, die Idee, ihren Kunden mit einem kleinen Büchlein die Tücken des automobilen Reisens jener Zeit etwas beherrschbarer zu machen. In diesem ersten »Guide Michelin« fand sich, eingebettet in ausführliche Darstellungen der unwiderstehlichen Produktvorteile der eigenen Reifen und Anzeigen der damaligen Automobil- und Fahrradmarken, eine alphabetische Aufzählung großer und kleiner französischer Städte mit Hinweisen auf Werkstätten, Krankenhäuser, Postämter und Übernachtungsmöglichkeiten. Schon damals benutzten die Herausgeber für die Veranschaulichung des Hotelkomforts die typischen »Michelin«-Piktogramme: kleine schwarze Häuschen.

Zum Speisen verspürte der damalige mobile Mensch offenbar noch keinen Hang. Wahrscheinlich war das Autofahren erschöpfend genug, um abends nur noch ans Bett zu denken, und sicherlich waren Mechaniker seinerzeit wichtiger als Küchenchefs. Erst ab 1920 wurden auch Restauranttipps in den jährlich erscheinenden Guide aufgenommen. 1926 schlug die Geburtsstunde der berühmten Michelin-Sterne. Seitdem galt der »Michelin« zunehmend als die »rote Bibel« der Gastronomie, und die Chefs der bewerteten Restaurants pfiffen auf die Seiten mit den Reifendrucktabellen.

Zwar hatte es die Restaurantkritik in Frankreich schon sehr viel länger gegeben; allen voran hinterließ Maurice Edmond Saillant Spuren, der unter dem Pseudonym Curnonsky über 25 Jahre in großen Pariser Tageszeitungen über Essen und Trinken schrieb. Der »Michelin« aber institutionalisierte die Bewertung der Küchenleistung und trug endgültig dazu bei, der Kochkunst gesellschaftliche Anerkennung zu verleihen. Mitte des letzten Jahrhunderts erschien der rote »Michelin« auch außerhalb Frankreichs mit verschiedenen eigenen Länderausgaben. Jetzt etablierte er seine Kompetenz auch in Deutschland. Jedoch war vielen die Klassifizierung eines Restaurants mit Symbolen nicht aussagekräftig genug. So entstand die journalistische Restaurantbeschreibung, die mit den Mitteln der Literatur- oder Theaterkritik die Küchenleistung eines Hauses und die Kunstfertigkeit der Chefs im Umgang mit den Produkten beurteilte. Vorreiter dieser Richtung waren Klaus Bresser, Gert von Paczensky und Wolfram Siebeck.

Die zehn Gebote Das Bedürfnis nach mehr Information, als es ein bis drei Sterne zu vermitteln vermögen, verspürten im Frankreich der 60er Jahre die beiden französischen Journalisten Henri Gault und Christian Millau. Bei der Pariser Abendzeitung »Paris-Presse« hatten sie sich kennen gelernt und dort über kulinarische Themen geschrieben. Daraus entsprang 1962 erstmals der »Guide Juillard«, ein Führer durch Pariser Restaurants. 1969 wurde er in »GaultMillau« umbenannt und erstreckte sich nunmehr auf Gesamtfrankreich. Parallel brachten die zwei, ebenfalls unter ihrem Namen, ein Monatsmagazin heraus. Hierin veröffentlichten sie 1973 unter der Schlagzeile »Vive la nouvelle cuisine française!« zehn Gebote für eine zeitgemäße Küche, beispielsweise kürzere Garzeiten, marktfrische Produkte, leichtere Saucen. Danach erklärte das amerikanische Magazin »Time« den »Michelin« zum Alten Testament der Gourmetküche und den »GaultMillau« zum Neuen. Statt mit Symbolen zu arbeiten, widmeten sie jedem aufgeführten Restaurant einen eigenen Artikel, der nicht nur das Wesentliche über das Haus und den Küchenstil enthielt, sondern das alles in teils höchst amüsanter, unterhaltsamer Form vermittelte.

Der Erfolg der beiden Franzosen strahlte bald über Frankreichs Grenzen hinaus. 1983 erschien die erste deutsche Lizenzausgabe. Das Erfolgsrezept wurde weitgehend übernommen, doch wo der französische »GaultMillau« noch versucht, dem »Michelin« in der Anzahl der aufgeführten Hotels und Restaurants nachzueifern, konzentriert sich der deutsche Ableger konsequent auf die erwähnenswerten Betriebe und schildert ausführlich deren Stärken und Schwächen. Dass dabei in einzelnen Fällen nicht mit Sarkasmus gespart wird, bringt ihm viel Kritik ein, macht diesen Restaurantführer aber auch zu einer amüsanten Lektüre, wenn man gar nicht beabsichtigt, das jeweilige Restaurant zu besuchen. In den lobenden Kritiken – der »GaultMillau« bewertet nach dem französischen Schulnotensystem mit 1 bis 20 Punkten – wird kompetent und ausführlich über die Spezialitäten des Hauses, die Handschrift des Küchenchefs oder das Weinangebot berichtet, sodass man das Restaurant gut vorbereitet betritt.

Angeregt durch diese beiden R. französischer Abstammung sind in den letzten Jahrzehnten eine Reihe weiterer Nachschlagewerke entstanden, die mit mehr oder weniger Kompetenz die kulinarische Landschaft Deutschlands mit Noten versehen. Dass die Beurteilungen der verschiedenen Guides häufig äußerst gegensätzlich ausfallen, zeigt lediglich, dass ➛ Geschmack nur zu einem kleinen Teil objektivierbar ist und dass man vortrefflich über ihn streiten kann.

RIVA-BOOT

Als Carlo Riva, der Urenkel des Gründers der Cantieri Riva, der kleinen Werft am norditalienischen Lago d'Iseo, das Unternehmen 1949 im Alter von 27 Jahren übernahm, brannte in ihm der Wunsch, das perfekteste Motorboot der Welt zu bauen. Es wurden insgesamt 4000, und die Marke Riva wurde zum Mythos. Dabei begann alles sehr viel schwerer, als der Erbe Riva es sich vorgestellt hatte. Zu seiner Vorstellung von Perfektion gehörten Aufbauten aus edelstem ➛ Mahagoni. Jedes Accessoire bis hin zum berühmten Zigarettenanzünder musste nach eigenen Entwürfen gefertigt werden, um seinem Ideal stilistischer Vollkommenheit zu genügen. Die ersten sechs Maschinen,

Grundstock der späteren Nobelwerft, lieferte der amerikanischen Hersteller Chris Craft.

Notorischer Geldmangel begleitete den passionierten Bootsbauer eine lange Zeit. Selbst als sein Name schon einen exklusiven Klang besaß und Riva sich eine Beteiligung an der Mailänder Bootsmesse leisten konnte, reichte es zwar für einen höchst eleganten Maßanzug und den Empfang seiner Kunden in einem Grandhotel; nachts schlief er allerdings in einer Lagerhalle.

Die Marke Riva war inzwischen Inbegriff größter Noblesse; was ➛ Rolls-Royce, ➛ Porsche oder ➛ Ferrari auf der Straße, war Riva auf dem Wasser. Die Kundenliste liest sich wie das »Who's who« der 50er und 60er Jahre: Kirk Douglas, Gunter Sachs, Peter Sellers, Sean Connery, Jean-Paul Belmondo, der Schah von Persien und der König von Jordanien, um nur einige zu nennen. Eine Riva ist die einzige Geliebte, die von der Ehefrau akzeptiert wird, hieß es bald in diesen Kreisen. Überhaupt liebten Frauen die Boote, besonders das Modell »Aquarama« mit seiner großen Achterdeck-Liegewiese aus einem ganz speziellen Kunststoffpolster. Das sah nicht nur wie Leder aus, sondern fühlte sich auch so an. Weitere begehrte Modelle hießen »Ariston« oder »Tritone«. Ein Modell des Jahres 1960, die »Riva Tritone Speciale Cadillac« mit zwei Cadillac-Motoren von je 320 PS wurde allerdings nur ein einziges Mal gebaut. Carlo Riva wollte damit den damaligen Weltrekord von 100 km/h einstellen; das Boot erreichte aber nur 94 km/h und blieb deswegen ein Unikat.

1996 wurde das Unternehmen an die amerikanische Firma Whittaker verkauft. Heute gehört es zur italienischen Gruppo Ferretti. Die edlen Mahagoniboote mussten unter den neuen Besitzern Kunststoffmodellen weichen. Doch selbst diese haben noch ihren Preis: zwischen 400 000 und 800 000 Euro, je nach Modell und Ausstattung. Von den früheren Booten mit ihrem Straßenkreuzerimage, den verchromten Armaturen, der Lenkradschaltung und dem berühmten Zigarettenanzünder gibt es schätzungsweise noch 2000 auf der Welt. Sie sind mittlerweile schier unbezahlbar.

Rock 'n' Roll

Liest man heute ernsthafte Essays über Rockkultur und tiefsinnige Kritiken über Rockbands, kann man sich kaum vorstellen, dass es eine Zeit gab, als Rock 'n' Roll in der bürgerlichen Gesellschaft als anrüchig galt. Den Teenagern gehörte er damals in den 50er Jahren, und nur ihnen allein. Kunst war er noch lange nicht, sondern Radau. Wer Rock 'n' Roll hörte und tanzte, fühlte sich als Rebell wider alle spießige Ordnung. Was dem Sound die Spannung und der Revolte die Schärfe verlieh, war die hasserfüllte Verachtung seitens der Erwachsenen. Die sahen das Abendland untergehen. »Rock 'n' Roll«, sagte der weltberühmte spanische Cellist Pablo Casals, »ist eine Schande, ein tönendes Gift, ein heiseres Destillat aus der Widerwärtigkeit unserer Zeit.« So stand es in der »Welt«, während im sozialistischen Teil unseres Vaterlandes das »Neue Deutschland« eine »Orgie der amerikanischen Unkultur« beklagte. Auch die Jünger des Jazz wandten sich angewidert ab. Dass man – über den Blues – weitläufig miteinander verwandt war, hatte sich noch nicht herumgesprochen.

Als Bill Haley und seine Comets 1958 ihre erste Tournee durch Deutschland machten, wurden Konzerthallen verwüstet und es tobten Straßenschlachten zwischen »Halbstarken« und

Polizisten: Stoff für die Lokalredaktionen der Blätter. Kein Chefredakteur hätte es gewagt, seinen sensiblen Musikkritiker in die Konzerte zu schicken. Das kam erst viel später: mit den Beatles. Wohl ohne sich anfangs dessen bewusst zu sein, machten die Liverpooler die Rockmusik gesellschaftsfähig. In den Feuilletons begannen auf einmal kluge Leute Songtexte zu analysieren, Melodien und Harmonien musikwissenschaftlich zu sezieren.

Eigene Mythen und Helden Aus solch ernsthaftem Bemühen hat sich dann schnell ein schöner neuer Berufszweig entwickelt: der Rockjournalist. Die Rockschreiber, von denen Mick Jagger die meisten für »Klugscheißer« hielt, schufen sich, als seien sie durch einen geheimen Kodex miteinander vernetzt, alsbald ihre eigenen Mythen und Helden. Was den Rock 'n' Roll der Gründerjahre betrifft, herrschte Einigkeit, dass Chuck Berry (»Sweet Little Sixteen«) gottähnlicher Status zustand, während der frühe Elvis Presley (»Heartbreak Hotel«) gerade noch als Rebell durchging; derselbe Elvis galt dann später eher als Waschlappen. Den etwas spießig wirkenden Brillenträger Buddy Holly (»Peggy Sue«) hat nur die Gnade des frühen Todes noch knapp zur Kultfigur werden lassen.

Bill Haley bezog hingegen stets nur Kritikerprügel, bestenfalls abfälliges Naserümpfen. Ihm haftete der Ruf eines einfältigen, dicklichen, schon viel zu alten Tingelfritzen an, dem eher zufällig ein paar Treffer gelungen waren. Merkwürdig nur, dass dieser Mann, dessen »Bedeutung eine Zeit lang überschätzt wurde«, wie das Rock-Lexikon von Rowohlt stichelt, den ersten großen und bis heute erfolgreichsten Rock-'n'-Roll-Hit aufgenommen hat: »Rock Around The Clock«. In New York war das, am 12. April 1954 – ein Vierteljahr bevor tief im Süden, in Memphis/Tennessee, der blutjunge Elvis seinen regional erfolgreichen Erstlingshit »That's Alright, Mama« ins Mikrofon röhrte. Über 50 Jahre her, das alles, und in jedem dieser Jahre sind im Durchschnitt annähernd eine Dreiviertelmillion Exemplare von »Rock Around The Clock« verkauft worden. Der Titel liegt an der Spitze der ewigen Hitparade des Rock 'n' Roll, dicht gefolgt von Elvis Presleys »Hound Dog« und Chubby Checkers »The Twist«.

Wie alt der Rock 'n' Roll wirklich ist, seine Wurzeln mitgerechnet, wer den Namen erfunden hat, wie die Gattung sich von ihren Vorfahren Boogie, Blues, Swing und Country löste und selbstständig machte – das ist oft und kontrovers diskutiert worden, unbefriedigend meist, denn akademisch kann man dem Phänomen nicht wirklich beikommen. In der Geschichte der Schallplatte aber ist das Signal zur weltweiten Kulturrevolution eindeutig festzulegen: Es war jener besagte Tag im April 1954, als Bill Haley, damals 28, mit seinen Comets im New Yorker Pythian Temple aufkreuzte. Der riesige Rundbau mit seiner gewaltigen Kuppel, an Manhattans oberer Westseite gelegen, gehörte einer religiösen Sekte, die ihn an die Plattenfirma Decca verpachtet hatte. Kein Geringerer als der in der Musikbranche hochgeschätzte Jazzproduzent Milt Gabler benutzte ihn als Aufnahmestudio, so auch in diesem Fall.

Abrocken rund um die Uhr Mag sein, dass manch einer »Rock Around The Clock« heute nicht mehr hören kann. Und doch, wenn man mal wieder genau und konzentriert lauscht, als sei's das erste Mal, dann ist es immer noch eine erstaunlich frische, rhythmisch perfekte, von einer Klasse-Band begleitete, atemlose Blues-Shouter-Nummer mit der unmittelbar in die Beine gehenden Aufforderung, rund um die Uhr abzurocken. Umso merkwürdiger, dass die Single sich ein Jahr lang nur schleppend verkaufte und von Haleys eigenem, zwei Monate später aufgenommenen Volltreffer »Shake, Rattle And Roll« überholt wurde. Im Radio wurde »Rock Around The Clock« kaum gespielt. Schon wollten die Plattenfirma, der Produzent und die Musiker die Sache achselzuckend vergessen – da geschah das Wunder: Der findige Musikverleger James E. Myers, der unter dem Pseudonym Jimmy DeKnight den Song geschrieben hatte, wurde als musikalischer Berater für das Halbstarkenmelodram »Saat der Gewalt« (Hauptrolle: Glenn Ford) engagiert und hatte die zündende Idee, »Rock Around The Clock« im Vorspann (!) unterzubringen. Erst auf diesem Umweg wurde es zur Hymne der neuen Jugendbewegung, zum Symbol des Aufruhrs in den Großstädten.

Rolex

Nachdem der frischgebackene Siemens-Chef Klaus Kleinfeld Anfang 2005 sein offizielles Pressefoto digital so bearbeiten ließ, dass die Rolex an seinem Handgelenk nicht mehr als solche erkennbar war, fragten sich manche, ob dieser die Marke etwa als zu unseriös für den Lenker eines großen Industrieimperiums halte. Tatsächlich hängt der R. ja ein wenig der Ruch des Neureichen-Statussymbols an. Dies mag auch an der oft üppigen, doch nicht immer geschmackssicheren Ausstattung mit Brillanten und Gold liegen, die bei einigen Modellen der jüngeren Vergangenheit Usus war.

Wirklich gerecht wird dieses Image der Uhrenmarke und ihrer Historie aber nicht. Seit mehr als einem halben Jahrhundert genießt sie weltweit Anerkennung, sowohl ihre Präzision als auch ihre Robustheit betreffend. Der Name R. stand immer für eine enorme Innovationskraft. Und ohne »Monsieur Rolex«

wäre die Entwicklung der Armbanduhr zwar nicht unterblieben, wohl aber wesentlich langsamer vonstatten gegangen.

Hans Wilsdorf hieß er und wurde 1881 im fränkischen Kulmbach geboren. Früh verwaist und von einem Onkel erzogen, ging er nach seiner Schulzeit in die Schweiz, nach La Chaux-de-Fonds. Dort fand er Arbeit in einem Im- und Exportunternehmen, das u. a. auch mit Uhren handelte. Uhren hatten es ihm angetan. So brillierte er ziemlich schnell mit einer Meisterleistung: Bei drei namhaften Uhrmachern bestellte er je eine Taschenuhr, und für jede erbat und bekam er vom Observatorium in Neuchâtel ein so genanntes Ganggenauigkeitszeugnis, ein Qualitätssiegel allererster Güte. Der begeisterte Firmeninhaber vertraute ihm daraufhin immer verantwortungsvollere Aufgaben an.

Armbanduhren im Kommen Doch nach drei Jahren zog es den jungen Mann in die Selbstständigkeit. Er ging nach London, um dort hochwertige Schweizer Uhren zu importieren und zu verkaufen. In ihm wuchs die Überzeugung, dass die zu

dem Zeitpunkt aufkommenden Armbanduhren in nicht mehr allzu weiter Ferne den Hauptanteil der Uhrenproduktion ausmachen würden.

1905 – erst 24 Jahre alt – gründete er mit einem Partner die Firma Wilsdorf & Davis. Die Uhrwerke besorgte er sich bei der Firma Aegler in Biel, die Gehäuse bei englischen Herstellern. Nichts ging für ihn über Qualität und Präzision. Das und seine unbändige Lust an der Entwicklung neuer Ideen sprachen sich schnell herum; so entwarf er beispielsweise ein dehnbares Metallarmband.

Was man sich heute kaum noch vorstellen kann: Damals war bei Uhren die Verwendung eines Markennamens nicht üblich. Die Uhren wurden unter den Namen der anbietenden Händler verkauft. Doch Wilsdorf war der Meinung, ein Markenname, prägnant und überall in der Welt leicht auszusprechen, könne nicht schaden; mehr noch: Er eröffne ungeahnte Möglichkeiten. Wie er dann auf den Namen R. kam, ist nicht überliefert. Man nimmt an, dass es sich um ein Anagramm aus einzelnen Buchstaben des französischen Ausdrucks *horlogerie exquise* (auf Deutsch etwa: »exquisite Uhrmacherei«) handelte. Jedenfalls war der Name optimal. Zudem ließ er auf dem Zifferblatt noch ausreichend Raum für den Namen des Verkäufers.

Wasserdichte Auster Als England im Ersten Weltkrieg Uhren mit hohen Importsteuern belegte, ging Wilsdorf in die Schweiz zurück, erst nach Biel, später nach Genf. Dort gründete er die Montres Rolex S. A. Unerschütterlich war sein Glaube an die Zukunft der Armbanduhr. Das Gros der Uhrenbranche war hingegen der Meinung, sie sei zu klein, um ein zuverlässiges Werk aufzunehmen, und außerdem zu empfindlich gegenüber Staub und Feuchtigkeit. Gemeinsam mit Aegler arbeitete Wilsdorf an der Herstellung eines wasserdichten Gehäuses.

1926 schließlich konnte er sich die weltweit erste wasserdichte Armbanduhr unter dem Namen »Oyster« patentieren lassen. Ein Jahr später erfolgte der öffentlichkeitswirksame Ritterschlag: Eine Sportlerin namens Mercedes Gleitze durchquerte mit einer »Oyster« am Handgelenk schwimmend den Ärmelkanal. Kein Tropfen Wasser drang in das Innere der Uhr. Noch spektakulärer sollte die Erprobung von 1960 ausfallen, als eine »Oyster« am Bug einer Tauchkugel des Unterwasserforschers Jacques Picard unbeschadet eine Tiefe von 10 916 Metern erreichte.

Doch zunächst einmal kam das Jahr 1931 und mit ihm die »Oyster Perpetual«, in die das erste Automatikuhrwerk eingebaut war, der so genannte Selbstaufzug. 1953 dann die »Submariner«, und 1961, ein Jahr nach dem Tod von Wilsdorf (der – da kinderlos geblieben – vorher seine Firma in eine Stiftung überführt hatte, die noch heute intensiv humanitäre Ziele unterstützt) kam die »Daytona« auf den Markt. Sie wurde durch den amerikanischen Schauspieler und Rennfahrer Paul Newman, der sie bei einem Autorennen unbeabsichtigt und ungeplant erkennbar am Handgelenk trug, in weiten Kreisen bekannt gemacht.

Ob unfreiwillig oder geplant: Hans Wilsdorf glaubte stets an die Bedeutung von Werbung und guter PR. Um den Slogan »Männer, die über die Geschicke der Welt entscheiden, tragen Rolex« noch etwas wahrer werden zu lassen, als er es wohl tatsächlich war, ließ die Firma in den 60er Jahren Politiker von Charles de Gaulle bis Richard Nixon, von Fidel Castro bis John F. Kennedy mit kostenlosen Uhren ausrüsten.

Heute steht die R. mit der fünfzackigen Krone nach wie vor für die bekannteste Schweizer Uhrenmanufaktur und ist eine der meistkopierten Marken der Welt.

ROLLS-ROYCE

Am 4. Mai 2004 waren alle Besitzer eines Rolls-Royce aufgerufen, ein Glas Champagner zur Hand zu nehmen und mit diesem in Richtung Manchester zu prosten. Denn im dortigen »Midland Hotel« trafen sich an jenem Tag vor hundert Jahren erstmals die beiden Herren Charles Stewart Rolls und Frederick Henry Royce, begüterter Aristokratensprössling der eine, technisch begabter Selfmademan der andere.

Rolls war der Sohn von Lord und Lady Llangattock, hatte Maschinenbau studiert und war begeisterter Rennfahrer – auf Fahrrad und Motorrad sowie im Auto. 1902 eröffnete er in London sein eigenes Autohaus für Importfahrzeuge. Eine eigene Autoindustrie hatte Großbritannien bis dato noch nicht.

Royce kam aus ärmlichen Verhältnissen, war aber sehr zielstrebig. Im Alter von 21 Jahren gründete er mit einem Freund eine Firma, die Türklingeln und Dynamos herstellte. Als das Unternehmen genügend abwarf, kaufte er sich einen französischen Gebrauchtwagen, dessen ungehobelte »Manieren« ihn jedoch verzweifeln ließen. So beschloss er, selbst ein Auto zu bauen, was er auch tat. Mit berechtigtem Stolz registrierte er, dass es ganz ordentlich fuhr, und so baute er zwei weitere Autos, eines für den erwähnten Freund und Kompagnon und noch eines für einen anderen Freund. Dieser wiederum erzählte begeistert einem weiteren jungen Mann von seinem Automobil, und der war nun zufällig der Partner von Charles Rolls. So waren die Würfel gefallen. Alsbald wurde das erste Zusammentreffen zwischen dem damals 41-jährigen Tüftler Royce und dem gerade mal 27-jährigen aristokratischen Autoverkäufer Rolls arrangiert – in besagtem Midland Hotel. Dass die Herren sich auf Anhieb verstanden, darf man als glückliche Fügung werten. Bereits im

Dezember 1904 stellte die frisch gegründete Firma Rolls-Royce Motor Cars ihre ersten Modelle auf dem Pariser Autosalon vor.

Mythos in Silber Der Ruhm der Marke begann 1906 mit dem Modell 40/50 H. P. zu entstehen. Das zwölfte Fahrzeug dieser Serie rollte ganz in Silber aus der Werkstatt und wurde schnell unter dem Namen »Silver Ghost« bekannt. Eine ganze Baureihe folgte unter dieser Bezeichnung. Hinzu kam sehr rasch der Ruf, der RR sei nicht nur eines der besten, sondern schlichtweg das beste Auto der Welt. Das weltberühmte Maskottchen der Marke entstand 1911. Über einen Freund, deren er offenbar viele hatte, nahm Royce Kontakt zu dem Künstler Charles Sykes auf, den er mit der Entwicklung eines Wahrzeichens für die Autos beauftragte. Sykes überlegte nicht lange, bat die Sekretärin eines Freundes (schon wieder ein Freund in dieser Geschichte), Modell zu stehen, und schuf so die Kühlerfigur »The Spirit Of Ecstasy«, auch »Emily« genannt, deren Vorbild eigentlich die Göttin Nike von Samothrake sein sollte.

Den ganz großen Erfolg der Marke sollte Firmengründer Rolls nicht mehr erleben: Er hatte sich der Fliegerei zugewandt, war der erste Engländer, der den Ärmelkanal zweimal überflog, und kurz darauf der erste Engländer, der bei einem Flugzeugabsturz ums Leben kam, und das auch noch in der eigenen Maschine. 1910 war das und er erst 32. Sein Partner Royce, der stets Arbeitswütige und Erfindungsreiche, überlebte ihn noch über zwei Jahrzehnte. Er starb 1933, zweimal geadelt, nicht zuletzt wegen seiner immensen Verdienste um die britische Flugzeugindustrie im Ersten Weltkrieg.

Die Bayern griffen zu Während der Weltwirtschaftskrise, also noch zu Lebzeiten von Frederick Royce, übernahm RR den Konkurrenten Bentley. Beide Fahrzeuge waren in vielen Einzelheiten lange identisch. 1946 wurde die Produktion nach

Crewe verlegt, und hier entstanden die Modelle »Silver Dawn«, »Silver Cloud«, »Silver Shadow« (das mit Abstand meistverkaufte Modell) und »Silver Spirit«.

Ab den 70er Jahren geriet die Firma immer wieder in Turbulenzen, von denen sie sich nicht richtig erholte und deren vorläufiges Ende die Übernahme der Marke durch BMW darstellte. Der unter dem Firmendach der Münchner Autoschmiede entstandene neue RR »Phantom« stellt zwar ein völlig neues und modernes Fahrzeug dar, dem Geist seiner Wiege ist er aber treu geblieben. Und so leuchtet der Glorienschein über der Marke unvermindert bis auf den heutigen Tag. Nach wie vor verbindet man mit RR die Begriffe Handarbeit, Exklusivität, edles Leder und Holz.

Eine der zahllosen sich um den RR rankenden Legenden und Anekdoten erzählt von den beiden griechischen Reedern Onassis und Niarchos. Nach einem ausgiebigen gemeinsamen Lunch in Manhattan kommen sie am Schaufenster eines Autohauses vorbei, in dem der neue »Silver Cloud« ausgestellt ist. Sie besichtigen begeistert das brandneue Modell und beschließen gemeinsam den Kauf. Onassis ist gerade dabei, seinen Scheck auszuschreiben, als er bemerkt, dass Niarchos auch sein Scheckheft zücken will. Freundlich hält er ihn am Arm zurück, mit den Worten: »Lass mal, das mach ich; du hast ja gerade im Restaurant bezahlt!«

Rose

Sappho, die bedeutendste Lyrikerin des klassischen Altertums (630–612 v. Chr.), ernannte die Rose zur »Königin der Blumen«. Diesen Rang bekleidet sie bis heute. Ihre Schönheit und ihr Duft berauschen die Menschen seit alters. Kein Gewächs ist – in so gut wie allen Kulturen – so oft beschnuppert, gemalt, beschrieben und besungen worden wie die R. Für die arabischen Mystiker entstammte sie direkt dem Paradies. Babylonier und Perser ergötzten sich an ihrem würzigen Aroma. Im alten China berichtete Konfuzius von Rosenpflanzungen in den Königlichen Gärten von Peking. Im antiken Griechenland beschrieb Homer, wie die Liebesgöttin Aphrodite im trojanischen Krieg den Leichnam des Achilles einbalsamiert und mit Rosenöl einreibt.

Die ägyptische Königin Kleopatra habe sich an R. nicht satt sehen können, heißt es, und verharrte manchmal stundenlang im Anblick der Blumen. Als der römische Kaiser Mark Anton ihr seine Aufwartung machte, soll sie ihn in einem Raum willkommen geheißen haben, in dem er bis an die Knie in den Blütenblättern von R. versank. Bald schon übertraf die Leidenschaft von Mark Antons Landsleuten die Kleopatras.

Vor allem Kaiser Nero muss ein ausgemachter Rosenfetischist gewesen sein. Ganze Schiffsladungen von Rosenblüten ließ er aus Ägypten für seine Gelage heranschaffen. Seine Gäste durften in Rosenwasser baden und anschließend ihren Körper mit Rosenöl übergießen lassen. Allein für einen einzigen Tropfen Rosenöl waren über 30 Blüten notwendig. Mit Rosengirlanden wurden die Besucher am Hof anschließend geschmückt. Sogar der gereichte Wein schmeckte nach R. Aber auch Priesterinnen trugen die »Blume der Venus« als Zeichen ihres Amtes.

Mit dem Aufkommen des Christentums bekam die R. eine neue Bedeutung. Der dekadente Beigeschmack war passé, die weiße Rose wurde zum Symbol der Jungfrau Maria. Von der

Weinrose *(Rosa rubiginosa)* hieß es, sie sei dem Blut Christi entsprungen, das unter der Dornenkrone hervortropfte. Den strahlenförmig angeordneten Blättern von Rosenblüten nachgebildet waren die Blickpunkte gotischer Kathedralen, große Fensterrosen aus buntem Glas.

Woher kommt der »Rosenkrieg«? Dass die R. heute auch für den erbitterten und gnadenlosen Scheidungskrieg zwischen Eheleuten herhalten muss (den sich Kathleen Turner und Michael Douglas in dem Film »Der Rosen-Krieg« bis zum bitteren Ende liefern), hat sie nicht verdient. Der so genannte Rosenkrieg geht eigentlich auf ein historisches Vorbild zurück: das 30 Jahre andauernde Gemetzel im 15. Jahrhundert zwischen den englischen Häusern York und Lancaster. Das rechtmäßige Herrscherhaus war das der Lancaster, sein Symbol eine weiße Rose *(Rosa alba)*. Doch der geistesgestörte König Heinrich VI. war unfähig, das Land zu regieren. So brach sein Cousin, Herzog Richard aus dem Hause York, dessen Symbol eine rote Rose *(Rosa gallica)* war, einen Krieg vom Zaun, um selbst König zu werden. Die Schlacht vom 22. Mai 1455 gewann er zwar, doch das unterlegene Haus Lancaster schlug vier Jahre später zurück. Am Ende, nach zahlreichen blutigen Kämpfen, an deren Ausgang die Bevölkerung so gut wie keinen Anteil nahm, waren beide Familien mitsamt ihren Heeren nahezu völlig ausgelöscht. Doch dann heiratete der aus der Familie Lancaster stammende König Heinrich VII. die Erbin des Hauses York und vereinte beide Familien in der neuen Dynastie der Tudors. Als eine der ersten Maßnahmen ordnete er an, die Rosenabzeichen beider Familien übereinander zu legen und damit den Streit auch symbolisch für beendet zu erklären. So wurde die Tudor-Rose mit ihren roten und weißen Blütenblättern zur Nationalblume und zum Sinnbild der Versöhnung.

Überhaupt gibt es kaum eine Nation, die ein innigeres Verhältnis zur R. entwickelt hat als Großbritannien. R. in Gold und Emaille zieren zwei der höchsten ➛ Orden der einstigen Weltmacht, den Hosenbandorden und den Kaiserlichen Orden des Indischen Reiches.

Romantische Symbolik Von allen Sinngehalten, die der Rose im Laufe der Jahrhunderte zugeschrieben wurden, hat vor allem die romantische Symbolik überdauert. Wie früher die fahrenden Sänger künden heute die Schlagertroubadoure mit Wonne vom Glücksversprechen, das einer R. immer noch innewohnt. Einer Frau rote Rosen zu überreichen – ob am Anfang einer Beziehung oder zum zehnten Hochzeitstag – ist nach wie vor der zärtlich-liebevolle Ausdruck eines großen Gefühls, nicht selten einer leidenschaftlichen Verehrung. Nicht jeder kann sich diesbezüglich die Extravaganzen eines Gunter Sachs leisten, der in den 60er Jahren tausende von roten Rosen aus einem über der Côte d'Azur kreisenden Hubschrauber auf das Anwesen des von ihm umworbenen Filmstars und Sexsymbols Brigitte Bardot regnen ließ. Sein Werben hatte Erfolg: Die BB erhörte und heiratete ihn.

ROUTE 66

So wie der »Easy Rider« auf seinem schweren Motorrad an Trucks und Personenwagen vorbeizieht, so hat auch der Mythos dieser legendenumwobenen Route längst die Realität überholt. Denn offiziell gibt es sie seit 1985 gar nicht mehr. Auf aktuellen Straßenkarten sucht man sie vergebens. Aber – da seien Gott vor, die Nostalgie und die Vereine, die sich dem Erbe der Straße aller Straßen verschrieben haben – eben nur offiziell. Und deshalb steht auf vielen inoffiziellen Schildern und Wegweisern: »Sie befinden sich auf der historischen Route 66.« Einmal auf ihr die fast 4000 Kilometer von der Ostküste Amerikas bis nach Kalifornien zurücklegen – am liebsten auf einer ➛ Harley Davidson –, das ist für viele jung gebliebene Asphalt-Cowboys der große Traum.

1926 war es, als bereits vorhandene Landstraßen in den Bundesstaaten Illinois, Missouri, Oklahoma, Texas, New Mexico, Arizona und Kalifornien von den Verkehrsplanern zur Route 66 verbunden wurden. Der mächtig anwachsende Verkehr verlangte nach einer neuen Orientierung für alle, die den Aufbruchsslogan »Go West« im Auto verwirklichen wollten. Lange war die auch »Mother Road« genannte Route 66 die einzige durchgehende Ost-West-Verbindung. So wurde sie zur Straße der Sehnsucht nach einem besseren Leben. In John Steinbecks Roman aus den Depressionsjahren, »Früchte des Zorns« (1938), schnürt eine in Armut geratene Farmerfamilie ihre wenige Habe auf einen Kleinlaster und fährt auf der staubigen Straße in Richtung Gelobtes Land Kalifornien.

Das Lied der Straße Auf diesen Weg machte sich 1946 auch der Musiker Bobby Troup aus Pennsylvania. Er war 28, hatte als Arrangeur und Komponist für den Swing-Bandleader Tommy Dorsey gearbeitet und es im Krieg zum Hauptmann der Marineinfanterie gebracht. Nun wollte er in Hollywood sein Glück als Songwriter versuchen. Mit seiner Frau Cynthia zuckelte er los – in ihrem vier Jahre alten Buick-Kombi. Geben wir ihm das Wort, er hat die Story später immer wieder erzählen müssen:

»Hinter St. Louis legte Cynthia ihren Kopf auf meine Schulter und flüsterte mir zärtlich ins Ohr: ›Get your kicks on Route 66.‹ Ich war wie vom Donner gerührt, hielt an und umarmte sie. ›Großer Gott, was für ein fantastischer Songtitel!‹, rief ich ein ums andere Mal.« Auf der Weiterfahrt summten und texteten die beiden schon eifrig vor sich hin. In Los Angeles stand der Song weitgehend. Bobby hatte das Kunststück fertig gebracht, die halbe Straßenkarte in einer Strophe unterzubringen. Dann, bei einem Termin mit dem Sänger und Pianisten Nat »King« Cole, dem er einige Kompositionen anbieten wollte, sang und spielte Troup diesem das inzwischen fast fertige Lied vor. Troup: »Nat war hingerissen, völlig aus dem Häuschen, wollte es sofort aufnehmen.«

Ein Hit und Evergreen war geboren und bescherte seinem Urheber, der 1999 starb, Ruhm, Ehre und Tantiemen. An die 200 Künstler haben nach Cole das Lied aufgenommen, darunter dessen Tochter Natalie, die Rolling Stones, Van Morrison, Manhattan Transfer und Depeche Mode. Hier die erste Strophe dieses wunderbaren Songs, der gestandene Männer immer wieder ihren Traum träumen lässt:

If you ever plan to motor west,
travel my way,
take the highway,
that's the best:
Get your kicks
on Route 66!

Rum

Über 300 Jahre lang gönnte die britische Regierung den Matrosen der Royal Navy einen täglichen Schluck Rum – gegen die Unbilden der Seefahrt im Allgemeinen und zur Erhaltung der Moral im Besonderen. Dieser *daily tot of rum* schwankte in seiner Menge im Laufe der Jahrhunderte, meist wurde er kleiner. Anfang der 80er Jahre hielt die britische Admiralität die tägliche Ausgabe von Alkohol nicht mehr mit der Bedienung hochkomplizierter, moderner Waffensysteme für vereinbar und beschloss das Ende der königlichen Großzügigkeit. Sehr zum Leidwesen der Matrosen.

Hier kommt nun der amerikanische Millionär Charles Tobias ins Spiel, ein Mann, dessen Hobby die Geschichte der Royal Navy ist und der die Weltmeere im eigenen Segelboot befahren hat. In vielen Häfen, wo er mit Schiffen der Kriegsmarine Ihrer Majestät zusammentraf, hatte er die schöne Sitte der täglichen Rumration und die überragende Qualität dieses speziellen Blends schätzen gelernt. Mit dem Aus wollte er sich nicht abfinden. Also verhandelte er über zwei Jahre mit der britischen Admiralität und erhielt schließlich die Genehmigung, eine kommerzielle Version der einstigen flüssigen Seemannsnahrung herzustellen und ihn »British Navy Pusser's Rum« zu nennen. *Pusser* ist die Verballhornung des englischen Wortes *purser*, also des Mannes, der an Bord für die Getränkeausgabe zuständig ist. In ausgewählten Bars auf den Virgin Islands, wo Tobias lebt, wird dieser spezielle Rumverschnitt heute angeboten. Und immer mal wieder begegnet man auch in Europa dem »Pusser«. Entweder dem Getränk selbst in ausgesuchten Bars oder als Name einer Bar, wie etwa in München, wo aus der ehemaligen »Harry's New York Bar« die »Pusser's New York Bar« wurde.

Nicht nur für Matrosen Dass R. das klassische Seemannsgetränk ist, wissen wir aus unzähligen Romanen unserer Jugendzeit, allen voran Robert Louis Stevensons großartiger und nie übertroffener »Schatzinsel«. Doch dieses Klischee wird dem Getränk nur halb gerecht. Es ist für mehr gut als nur die Matrosenkehle. Für einen guten R. zahlt man so viel wie für einen guten ➛ Malt Whisky. Guter R. heißt: gehaltvoll, aromatisch. Natürlich gehört auch der leichte weiße Rum, der vornehmlich zum Mixen Verwendung findet, in die Kategorie R., ja selbst der aus einem kleinen Anteil von überseeischem Rum und neutralem Alkohol hergestellte deutsche Rum-Verschnitt. Doch davon soll hier nicht die Rede sein, und von dem synthetischen »Inland-Rum« aus Österreich sollte man lieber ganz schweigen.

R. wird in allen Ländern hergestellt, in denen Zuckerrohr wächst. Er ist das größte Nebenprodukt der Welt, denn er entsteht aus den Abfällen der Zuckergewinnung, der Melasse. Das Mark des Zuckerrohrs besteht fast ausschließlich aus süßem, zuckerreichen Saft, und selbst nach dem Aussieden des eigentlichen Zuckers verbleibt noch genügend Restzucker, der, mit Wasser verdünnt, vergoren und destilliert werden kann. Über den endgültigen Geschmack entscheiden Herkunft und Herstellungsverfahren. Auch die Art der Destillation ist von großer Bedeutung. Und zwei wichtige Bestandteile bestimmen das Aroma: »Dunder« und »Skimmings«. Der Erste besteht aus Hefen und Bakterien, die beim vorherigen Brenngang übrig geblieben sind. Skimmings nennt man den Schaum, der sich bei der in den Tropen sehr stürmisch verlaufenden Gärung an der Oberfläche absetzt.

Die wichtigsten Herstellungsländer sind die Westindischen Inseln wie Jamaica, Kuba, Martinique oder Puerto Rico, Südamerika mit Venezuela oder Guyana, aber auch die Philippinen und Madagaskar.

Ob ein R. weiß oder braun wird, ist ausschließlich eine Frage der Lagerung: Wird er in Stahltanks ausgereift, bleibt er weiß bzw. hell; wird er in Eichenfässern gelagert, nimmt er seine goldene Farbe an, wobei tiefbrauner R. meist auf eine Zugabe von Karamell hindeutet. Die großen, *heavy bodied* genannten Rumsorten erhalten ihren einmaligen Charakter im Wesentlichen durch Reifung im Holzfass. Sie erreichen dann einen runden, weichen Geschmack, der durchaus für ein anderes Getränk durchgehen kann. Manche Tester schmuggeln solchen R. gern als so genannten Piraten in eine Blindprobe von alten Cognacs ein und sind belustigt, wenn er selbst von Fachleuten nicht erkannt wird.

Übrigens: Der aus R. und heißem Wasser gemixte Grog, nach wie vor ein beliebtes Mittel gegen Erkältungen, stammt nicht aus der deutschen Rum-Hochburg Flensburg, wie häufig angenommen wird, sondern ebenfalls von der britischen Navy: Der Überlieferung nach soll Admiral Vernon seinen Leuten empfohlen haben, ihren R. aus Gesundheitsgründen mit heißem oder kaltem Wasser zu verdünnen. Vernon wurde von seinen Männern mit dem Spitznamen »Old Grog« belegt, weil er stets Hosen aus »Grogram« trug, einem tweedartigen, groben Stoff.

Samsonite

Simson, englisch: Samson, war ein israelitischer Krieger, der mit seiner übermenschlichen Kraft die Philister besiegte und daraufhin zum Volkshelden wurde. So steht es im Alten Testament. An diesen antiken Helden dachte wohl Mr. Jesse Shwayder, der 1910 die Shwayder Trunk Manufacturing Company gegründet hatte, als er 1941 ein besonders stabiles Exemplar unter der Marke »Samsonite« einführte. Es war einer der ersten Hartschalenkoffer, der seine großen Bewährungsproben allerdings erst gut zehn Jahre später erleben sollte, als immer mehr Leute statt Eisenbahn oder Schiff ein Flugzeug bestiegen und die bis dahin meist aus Leder oder Tuch bestehenden Gepäckstücke oft zerfleddert am Zielort ankamen.

Schritt für Schritt entwickelte sich S. in den letzten Jahrzehnten von einem Gepäckhersteller zu einem globalen Anbieter von »Reise-Lösungen«, wie es die PR-Agentur des Hauses nennt. So gehören zum Angebot inzwischen nicht nur Hartschalenkoffer, sondern auch Akten- und Kosmetikkoffer, Spe-

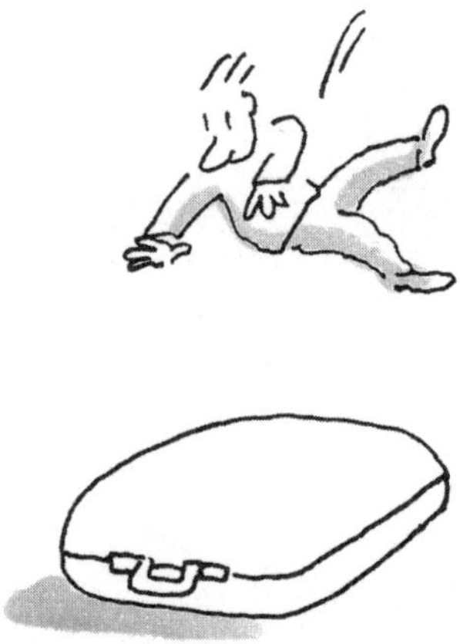

zialtaschen für Notebooks, Zubehörtaschen für Videofilmer oder Mini-Aluschirme. Dabei haben sich die Samsonite-Produkte nie durch besonders originelles Design ausgezeichnet, auch wenn sie in letzter Zeit, wie der in TV-Spots beworbene »Sahora Spinner«, in Knallrot oder anderen leuchtenden Farben daherkommen. Das Erfolgsrezept der Marke bestand immer in Solidität und Funktionalität, und man kann sich durchaus vorstellen, dass Fred Astaire auf der harten Schale eines S. eine Steppprobe hätte geben können.

Sansibar

Das Strandrestaurant am südlichen Abschnitt des Sylter Weststrandes ist mittlerweile in ganz Deutschland bekannt. Es gilt als eines der angesagtesten Prominentenlokale der Republik, wobei dieser Begriff den in die Dünenlandschaft transplantierten Skihütten-Charme der urgemütlichen Holzhütte nur bedingt widerspiegelt. Im »Sansibar« kann man vortrefflich tafeln, träumen, schwatzen, nachmittags die am Himmel stehende, abends die ins Meer eintauchende Sonne genießen und so an einem in dieser Wucht einmaligen Sylter Gesamtkunstwerk teilhaben.

In der deutschen Gastronomieszene steht man nicht ohne Respekt vor der eindrucksvollen Karriere des Wirtes Herbert

Seckler. Der Schwabe brach eine Fernmeldetechnikerlehre ab, um Koch zu lernen, ging auf Wanderschaft, arbeitete auf Kreuzfahrtschiffen, kam Mitte der 70er Jahre zum ersten Mal auf die Insel. Dort kellnerte er zunächst, leitete dann als Pächter einen Campingplatz in Tinnum. Nächste Station: ein Kiosk am Rantumer Strand Sansibar. Der rosarote Holzverschlag brannte 1982 aus ungeklärter Ursache ab. Niemand kam zu Schaden, und der betrübliche Vorfall hatte durchaus sein Gutes in Form der ausgezahlten Versicherungssumme. Seckler baute eine größere, winterfeste Bretterbude in die Dünen, mit elektrischem Strom, großen Fenstern zur Seeseite hin, einer Veranda mit Schiebedach und aufklappbaren Seitenwänden. Bald nahmen im S. Quantität und Qualität der Speisen und Getränke zu. Das sprach sich herum, und irgendwann waren sie dann da: die Promis und VIPs. Es kamen zunächst die Würdenträger der großen Hamburger Zeitungs- und Zeitschriftenverlage, was zu einer intensiven, wohlwollenden und bis heute anhaltenden Berichterstattung führte. Dann rückten die an, die immer in der Zeitung stehen: die Zelebritäten von Film, Fernsehen, Theater, Musik- und Modebranche. Sie kamen und kommen nicht nur immer wieder, sondern entdeckten das S., vor dessen Eingangstür eine Piratenflagge im Wind flattert, auch als ideale Stätte für Partys und Empfänge.

In den 90er Jahren kam es zu einer im Dünensand ungewöhnlichen und nicht unkomplizierten Baumaßnahme. Seckler untermauerte das S. mit einem soliden Betonfundament, in das er einen gewaltigen Weinkeller schlagen ließ. Dort sieht man zwar kein Tageslicht mehr, aber 50 000 Flaschen Wein in den Regalen lagern. Mit seinem Partner Michael Hamann, einem Hamburger Weinfachmann, betreibt Seckler von hier aus einen einträglichen Handel.

Saxofon

Alle Saxofonisten, so seufzt Marilyn Monroe in der Filmkomödie »Manche mögen's heiß«, seien durchtriebene Kerle, aber sie könne ihnen nun einmal nicht widerstehen. Wir dürfen annehmen, dass MM, wäre sie noch am Leben gewesen, auch Bill Clinton angehimmelt hätte, als der 1992 im Fernsehen sein Saxofon an die Lippen setzte und mit »Heartbreak Hotel« den Anspruch der Rock-'n'-Roll-Generation auf die Führung Amerikas anmeldete. Manche behaupteten nach der denkbar knapp ausgefallenen Präsidentschaftswahl, Clinton habe sich »ins Weiße Haus geblasen«.

Den Saxofonisten umweht der Hauch des Schlawiners und Verführers. Mit diesen Eigenschaften muss es wohl zu tun haben, dass sein Instrument heute voll im Trend liegt. Im Munde des Zeitgeistes sozusagen und somit hochwillkommen in einer Branche, die daran gemessen wird, wie gut sie verführen kann. Kaum eine Werbeagentur, die nicht ihren Saxofonisten vom Dienst hat – Reklame-Allzweckwaffe für das heiße Auto, das exotische Reiseziel, das erotische Parfüm, die ausgeflippte Mode, die würzige Zigarette.

Wenn Adolphe Sax das doch noch erleben dürfte! Der hochbegabte belgische Musiker und Instrumentenbauer erfand und entwickelte 1843 im Alter von 29 Jahren in Paris das Instrument, dem er drei Jahre später, als es endlich patentreif war, seinen eigenen Namen gab. Der leicht verstaubten Militärmusik wollte er mit dem Saxofon gewissermaßen den Marsch blasen. Er konnte nicht ahnen, dass es Generationen später mit seinem sinnlichen Klang musikalischen Moden wie Swing und Jazz, Rhythm & Blues und Rock heißen Atem einhauchen würde. Und dass dieses metallene Horn, das man paradoxerweise –

nur wegen seines Mundstückblattes – zu den Holzblasinstrumenten zählt, heute eher zum Individualisten passt als zu einer im Gleichschritt marschierenden Kompanie.

Die vornehmen Leute aus der Pariser Musikbranche nahmen Monsieur Sax und seine Kreation nicht ganz ernst und lästerten ordentlich ab. Aber einigen Großen der Zunft stach die Erfindung doch ins Ohr: Hector Berlioz zum Beispiel, der Sax nach Kräften förderte, oder Maurice Ravel, der seinem Gassenhauer »Bolero« mit dem S. die richtige Färbung gab. Für Ruhm oder gar Wohlstand aber hat es nicht gereicht: 1894 starb Adolphe Sax bettelarm, einsam und vergessen.

Und zwei, drei Jahrzehnte sollte es dann auch noch dauern, bis das S. nach diversen Umwegen über den Kasernenhof, die Straße und den Ball der einsamen Herzen endlich den rettenden Hafen des Jazz erreichte. Dem Künstler Coleman Hawkins gebührt das historische Verdienst, ihm dort behutsam und liebevoll seinen Platz zugewiesen zu haben. Und wenn es eine Begleitmelodie zu dieser musikhistorischen Pioniertat gibt, dann ist es Hawkins' berühmte Tenorsaxofon-Ballade »Body And Soul«, 1939 aufgenommen.

Begnadete Bläser Wollte man die Meister, Helden und Genies aufzählen, die danach gekommen sind, bedürfte es der Dimension eines Telefonbuchs, so stattlich ist deren Zahl. Da war zum Beispiel Sydney Bechet (»Petite Fleur«), der auf seinem **Sopransaxofon** noch ein wenig der optischen Doppelgängerin Klarinette nacheiferte. Oder Charlie »Bird« Parker, Bebop-Irrwisch auf dem **Altsaxofon**, ein Stern, der viel zu früh verglühte. Auch auf einem Alt, aber Meilen von Parker entfernt, blies Paul Desmond sein berühmtes ➛ »Take Five« mit dem Dave Brubeck Quartett; so butterweich hatte man bis dato noch kein Sax klingen hören. Zwei Lagen tiefer hat sich der große Gerry Mulligan voller Saft und Kraft durchs Erdreich gewühlt: unangefochtener Gott aller **Baritonsaxofonisten**.

Zwischen dem frechen, unbekümmerten Alt und dem gewichtigen, keinen Widerspruch duldenden Bariton haucht und wispert, schnarrt und näselt, kreischt und brüllt das Tenorsaxofon – ohne Zweifel das vielseitigste und daher beliebteste Familienmitglied. **Tenorsaxofonisten** im Jazz: eine riesige, kaum überschaubare Schar von begnadeten Musikanten. Nur wenige können wir hier herauswinken: John Coltrane, Lester Young, Ben Webster und Sonny Rollins, Letzterer als Einziger aus dieser Gigantenrunde noch am Leben. Illinois Jacquet muss erwähnt werden; er war der erste Jazzmusiker, der dem Horn einen bis dato nie gekannten wilden Übermut gestattete. 1942 war das, in der Band von Lionel Hampton, und das Stück heißt »Flyin' Home«. Schließlich Vorhang auf für Branford Marsalis, den einstigen Wunderknaben – inzwischen ist er auch schon über 40 – aus New Orleans, lange Zeit als neuer Hoffnungsträger gehandelt.

Verständlich genug, dass musikbegeisterte junge Leute überall auf der Welt solchen Vorbildern nachzueifern versuchen. Irgendetwas, so viel ist mal sicher, hat das S., was andere Instrumente nicht haben. Ein biederer Dreiklang hört sich auf der Klarinette kühl, auf der Posaune schroff, auf dem S. aber zärtlich an. Und deshalb bekommt der Trompete spielende Straßenmusikant nur höflichen Applaus, während, ein paar Meter weiter in der Fußgängerzone, dem Sax-Man die Herzen der stolzesten Frauen zufliegen.

SCHICKERIA

Ein nur von außen verwendeter abfälliger, unpräziser Begriff für eine Bevölkerungsgruppe, der niemand selber angehören will. Gemeint sind jene Leute des so genannten besseren Standes, die man – nicht minder schwammig – auch »die Schönen und die Reichen« nennt. Um solchermaßen etikettiert zu werden, genügt es nicht, eine herausragende Stellung zu bekleiden, in einem vornehmen Viertel zu wohnen, teure Autos zu fahren, edle Garderobe und wertvollen Schmuck zu tragen und blendend auszusehen. Ein wesentliches Merkmal der Schickeria ist darüber hinaus die ständige Präsenz auf Partys und Vernissagen, bei Premieren und Festspielen sowie die Erwähnung dieser Betriebsamkeiten in Boulevardblättern und Illustrierten. Die zur Sch. gehören – auch das ein Teil des öffentlichen Bildes –, kennen sich alle untereinander und laden sich umschichtig zu ihren Festen ein. So gesehen wäre es eine ausgesprochen homogene Gruppe: modebewusst, verschwenderisch, sich selbst gern zur Schau stellend, allem oberflächlichen Treiben zugetan, politisch eher konservativ.

Man kann freilich lange suchen, bis man ein bekennendes Mitglied der Sch. findet. Auch wenn alle der genannten Merkmale zutreffen sollten, auf die Frage, ob der- oder diejenige sich zur Sch. rechnet, würde man ein entrüstetes Nein als Antwort bekommen. Es ist hier ähnlich wie bei »den Touristen« und »den Spießern«: Gemeint sind immer die anderen. Nach ähnlich widersprüchlichem Muster funktionieren Klassifizierung und Selbsteinschätzung diverser Untergruppen der Sch.: die Schickeria der Produzenten, Regisseure und SchauspielerInnen, die mit Premierenfreikarten gepäppelte Theaterschickeria, die Musikbranchenschickeria, die Galerienschickeria auf den

Ausstellungseröffnungen, die Medienschickeria der Starjournalisten und Fernsehprominenz, die Ärzteschickeria, die Juristenschickeria. Wobei die beiden Letztgenannten, was die öffentliche Wahrnehmung betrifft, eher ein Schattendasein führen.

Ja, es gibt auch den Begriff der »linken Schickeria«. Eigentlich ein Widerspruch in sich, sollte man meinen. Dieser inzwischen etwas reduzierten Spezies begegnete man zeitweilig vor allem in der Medienhochburg Hamburg auf Schritt und Tritt: Verleger und Chefredakteure bedeutender Nachrichtenmagazine und Wochenblätter, streitbare Publizistinnen, tonangebende Kolumnisten und Kolumnistinnen, progressive Lektorinnen und antifaschistische Schriftsteller, gelegentlich auch der eine oder andere Abgeordnete. Man diskutierte in Altonaer Fabrikhallen mit der Basis und in Eimsbütteler Kneipen mit Studenten, tauchte nach erfolgter Debatte gern mal auf St. Pauli ab und traf sich im Sommer gelegentlich zum Champagner in Kampen auf ➛ Sylt.

Spätestens da hat Rudi Dutschke sich im Grabe umgedreht.

SCHICKIMICKI

Ähnlich wie beim Begriff ➛ Schickeria besitzt auch dieses Wort eine abwertende, eher verächtliche Bedeutung. Es ist noch vergleichsweise frisch: aufgekommen in den 80er Jahren, zunächst als Bezeichnung für einen Sprössling reicher Eltern, der durch schicke Kleidung auffiel, ein teures Auto fuhr und in angesagten Edeldiskos verkehrte. Eines der frühen Stilmerkmale eines Schickimicki war das blassblau gestreifte Oberhemd mit weißem Kragen (plus Krawatte), Button-down, eventuell mit feinen Goldknöpfen. Alsbald weitete sich der Begriff gewissermaßen auf den Nachwuchs der Schickeria beiderlei Geschlechts aus, als Schmähwort vor allem von denen benutzt, die betonen, nicht dazuzugehören.

Ein Sch. kann zarte 17 und aus wohlhabendem Hause sein, aber auch schon studieren oder sogar im Berufsleben stehen. Eine Altersobergrenze ist nur vage definiert; mit knapp über 30 kann man gerade noch als Sch. durchgehen. Was allen als Sch. bezeichneten jungen Leuten gemeinsam ist und von ihren Verächtern peinlich genau registriert wird, ist – über die oben erwähnten Vorlieben hinaus – der Hang zu Statussymbolen im Allgemeinen, zu Uhren und Schmuck im Besonderen. Ihr Markenbewusstsein ist äußerst ausgeprägt.

Als Hauptstadt der Sch. gilt München, wo nach einer Studie des deutschen Einzelhandels die kaufkräftigsten Twens der Republik leben. Im Durchschnitt investiert ein Einzelner aus dieser Zielgruppe fast 20 000 Euro pro Jahr in Garderobe und Freizeitvergnügungen.

So blöd ist er nicht Dass von dem etwas oberflächlichen Lifestyle eines Sch. auf dessen geistige Unbedarftheit geschlossen werden kann, wird gerne behauptet, ist aber durch nichts belegt. Im Gegenteil: Der Ehrgeiz, das Studium oder die Berufsausbildung flott abzuschließen, um möglichst schnell ans große Geld zu kommen und eine Familie gründen zu können, ist bei vielen dieser reichen und neureichen »Kids« besonders stark ausgeprägt und spricht nicht unbedingt für Blödheit.

Ein Sch. reinsten Wassers betrachtet den Ausdruck auch gar nicht unbedingt als ehrabschneidend. Vielmehr nennt er sich und seinesgleichen sogar augenzwinkernd und selbstironisch manchmal selber so. Damit gibt er zu verstehen, dass er sich einerseits zu seiner Lebensführung bekennt, andererseits meilenweit darüber steht. Unterdessen hat sich der Begriff Sch.

schon wieder etwas gewandelt – weg von der Person, hin zur Eigenschaft. »Diese Boutique ist mir viel zu schickimicki«, heißt es beispielsweise. Und in einer Theaterkritik kann schon mal stehen: »Die Inszenierung war reichlich schickimicki.« So ist dieses schillernde Wort immer auch eine willkommene Hilfe für Pauschalkritiker.

Schinken

In der Malerei gibt es die so genannten Ölschinken, und bei Büchern werden besonders dicke Wälzer gern als Schinken bezeichnet. Beides klingt eher ein wenig abschreckend und impliziert: »Mit Vorsicht zu genießen!« Durchweg positiv besetzt ist das Wort aber, wenn es um die Hinterkeule des Wild- oder Hausschweins geht: eine Gourmandise, die außer von Juden und Muslimen rund um den Globus geschätzt wird. Schon für die Kelten war Schinken eine Delikatesse, und sie bestimmten ihn zum »Gericht für Helden und Könige«. Sie experimentierten auch bereits mit Salz, wenn es um die Haltbarkeit der edlen Kost ging. Heute unterscheidet man zwischen verschiedenen Arten der Konservierung: Pökeln und Räuchern, Kochen, Trocknen. Jede Methode gebiert eine ganz spezielle Geschmacksrichtung. Während etwa luftgetrockneter Sch. meistens aus südlichen Ländern kommt, wo das Klima einen langsamen Trockenvorgang ermöglicht, wird in feuchteren und kälteren Regionen vor allem die Pökel- und Räuchermethode praktiziert. Dadurch wird das Fleisch zwar etwas zäher, erhält aber seinen charakteristischen kräftigeren Geschmack.

Die bekanntesten Räucherschinken stammen aus Deutschland, Belgien und Frankreich. Dabei wird der Sch. zunächst in eine flüssige Lake aus Pökel- und Speisesalz gelegt, manchmal unter Zusatz von Gewürzen. Das im Pökelsalz enthaltene Natriumnitrit ist nicht nur für die rote Farbe verantwortlich, sondern vermindert auch die Verbreitung von Bakterien. Nach dem Pökeln wird der Sch. über verschiedenen Hölzern geräuchert und erhält so sein für die jeweilige Region typisches Aroma. Ein Holsteiner Katenschinken schmeckt anders als ein Schwarzwälder Schinken, ein belgischer Ardenner Schinken anders als ein Bayonner Schinken aus dem französischen Baskenland.

Köstliche Vielfalt Die geschmacksbestimmenden Methoden sind mannigfaltig: So wird beim Schwarzwälder der Knochen von Hand entfernt, das Fleisch sodann in Form geschnitten und mit Pökelsalz, Wacholderbeeren, Knoblauch und Pfefferkörnern eingerieben, bevor er in die Lake kommt und dann über Nadelgehölz geräuchert wird. Ein westfälischer Knochenschinken wird – wie der Name schon sagt – im Ganzen trocken gepökelt, ehe er über Hartholzmehl geräuchert wird. Ammerländer Katenschinken, aus der Region zwischen Weser und Ems, wird zunächst mit Meersalz und braunem Zucker eingerieben, bevor er in die Räucherkammer kommt. Und beim Ardenner Sch. ist auch die Schweinerasse vorgeschrieben, eine Mischung aus englischen Large-White- und belgischen Piétrain-Schweinen; die Kalträucherung mit Buche, Eiche und Wacholderbeeren ergibt das würzige Aroma.

Unter den luftgetrockneten Sch. waren lange ausschließlich italienische Provenienzen bekannt, allen voran der Parma. Er wird durch eine kontrollierte Ursprungs- und Herstellungsbezeichnung geschützt und ist an dem Brandzeichen einer fünfzackigen Krone leicht zu erkennen. Parma-Schinken darf nur von Schweinen einer bestimmten Region in der Provinz Parma stammen und reift bis zu einem Jahr an der Luft. Der Parma bekam allerdings in den letzten Jahrzehnten Konkurrenz aus dem Friaul, genauer aus San Daniele. Auch dessen Herstellung ist staatlich kontrolliert, und die Produktion erhält seit 1996 die »Denominazione di Origine Protetta San Daniele«, sofern die verwendeten Schweine aus einer der elf autorisierten Regionen Nord- und Mittelitaliens kommen. Im Unterschied zum Parma wird dieser Sch. nach dem Einsalzen gepresst. Danach wird er zum Trocknen und Reifen in großen Räumen mit engen langen Fenstern aufgehängt, die eine richtige Belüftung und angemessenen Luftaustausch gewährleisten. Die Reifezeit hängt von der jeweiligen Größe ab, doch sind 13 Monate als Untergrenze vorgeschrieben. Auch der San Daniele trägt ein Feuerzeichen: das stilisierte Bild eines Sch., in dessen Mitte SD steht.

Als edelster italienischer Sch. gilt der Culatello. Er ist auch der teuerste. Für diese Spezialität wird nur das Herzstück der entbeinten Hinterkeule des Schweins genommen, das, mit Meersalz eingerieben, in einen Naturdarm gesteckt wird. Ausschlaggebend und geschmacksbestimmend ist seine Reifung: Dazu braucht er das feuchte, kühle Klima des Po, und zwar das eines kleinen Gebiets in der Bassa Parmense. Hier reift der Culatello viele Monate – bis zu zwei Jahren.

Die Konkurrenz für die erstklassigen italienischen Sch. kommt aus den höher gelegenen Gebieten Spaniens und heißt entsprechend: Serrano (gebirgig). Dieser Sch. besitzt ein ausgeprägtes nussiges Aroma. Die Reifezeit beträgt zwischen neun und 24 Monaten. Die Hinterkeulen des Serrano kommen grundsätzlich mit Huf in den Handel. Doch auch zum Serrano existiert noch eine Steigerung, und die heißt Iberico- oder Pata-Negra-Schinken. *Pata negra* heißt wörtlich »schwarze Pfote« und bezeichnet eine schwarze Schweinerasse, die halbwild lebt und in den letzten Monaten vor der Schlachtung in den Kork- und Steineichenwäldern von Andalusien, Extremadura, Castilla und La Mancha ausschließlich Eicheln (spanisch: *bellotas*) und Gräser gefressen hat. Der daher auch Iberico de Bellota genannte Sch. ist besonders zart und hat einen intensiven, aromatisch-würzigen Geschmack. Die Reifezeit von bis zu drei Jahren trägt ein Übriges dazu bei, dass sein Preis das Zehnfache eines deutschen Räucherschinkens erreichen kann.

SCHUMANN'S

Das »Schumann's« ist eine ➛ Bar in München; eine American Bar, aber nicht irgendeine. Ihr gleichnamiger Patron heißt Charles mit Vornamen, und schon lange vor der Eröffnung des Schumann's im Jahre 1982 sagte man: »Wir gehen heute Abend zu Charles.« Da war er noch Barchef in der Münchner Filiale von »Harry's New York Bar«. Dieser legendäre Name zog seit Anbeginn zwar keine Massen von Gästen, jedoch gestandene Vertreter der Branche an, die Kommunikation zu ihrem Beruf gemacht hat: Werber und Journalisten. Vor allem die Redakteure der Zeitschriften »Quick«, »Playboy«, »Lui« und »Transatlantik« etablierten hier gewissermaßen ihr Zweitbüro. Die meisten von ihnen kannten Harry MacElhones berühmtes Original dieser Bar im Pariser Opernviertel. Harrys Sohn Andy war auf den Gedanken gekommen, Kopien von »Harry's New York Bar« in verschiedenen Städten (und selbst auf Schiffen) ins Leben zu rufen, und die erste stand nun Mitte der 70er Jahre in

München. Zweifellos gebührt dieser Bar in der Falkenturmstraße das Verdienst, die erste richtige Bar in Deutschland gewesen zu sein.

Erfolg seit der ersten Stunde Anfang der 80er Jahre fand Charles Schumann einen finanzstarken Partner und eröffnete in der vornehmen Maximilianstraße seine eigene, nach ihm benannte Bar. Der Erfolg stellte sich mit der ersten Stunde ein. Und da die Münchner Medien, deren Vertreter allabendlich im Schumann's tranken, bereitwillig über diese Neuerrungenschaft der bayerischen Landeshauptstadt berichteten, hielt das Gedränge während der ersten Wochen an. Das dauerte so lange, bis sich herumgesprochen hatte, dass das Schumann's eben doch kein Treffpunkt der Schönen und Reichen war. Ab dann wurde es eine wunderbare Bar, ja, die wohl beste der ganzen Republik. Man traf sich und war an den jeweiligen Tischen unter sich: die Journaille, wobei sich zu oben erwähnten Redaktionsteams noch das des jungen Magazins der »Süddeutschen Zeitung« gesellte; die Maler und Galeristen; die Leute vom Film, meist im Gefolge von Bernd Eichinger; und schließlich die Autoren und Dichter – viele Dichter, nicht nur Wondratschek. Als das US-Magazin »Newsweek« das Schumann's in die Liste der 50 besten Bars der Welt aufnahm und ihm den Adelstitel »A Thinking Man's Bar« verlieh, war Charles Schumann mit Recht stolz.

Aber er hat sich nie ausgeruht auf den reichlichen Lorbeeren, sondern arbeitet bis heute weiter am exzellenten Ruf seines Lebenswerks: fünf »Schumann's-Bücher« entstanden; das erste war ein klassisches Bar-Buch mit literarischen Einsprengseln. Einige wurden in mehrere Sprachen übersetzt; das »Whisk(e)y-Lexikon« von Mitarbeiter Stefan Gabányi gehört zu den Standardwerken über ➛ Whisky.

2003 schloss Charles Schumann seine alte Bar in der Maximilianstraße und zog an den Odeonsplatz. Die vereinzelt ertönenden Unkenrufe, der Ortswechsel werde das Aus seiner Institution einläuten, haben sich alles andere als bewahrheitet. Das Schumann's »brummt« wie eh und je.

SEIDE

Denkt man an Seide, denkt man an luxuriöse Leichtigkeit und ein hauchzartes Gefühl auf der Haut. Man muss deswegen nicht gleich, wie (ausgerechnet!) von Winston Churchill berichtet wird, ausschließlich seidene Boxershorts tragen.

Der Ursprung der Seidenfaser liegt wohl in China, wo die Zucht von Seidenraupen angeblich 2600 v. Chr. von Hsi-Ling-Shih, der Frau des chinesischen Kaisers Huang-Di, erstmals konsequent gefördert wurde. Sie sollte auch jahrhundertelang ein Privileg der Chinesen bleiben, drohte doch jedem, der es wagte, die Seidenspinner genannten Raupen oder ihre Eier außer Landes zu bringen, die Todesstrafe. Auf lange Sicht half das allerdings nichts – die Seidenzucht gelangte trotzdem in andere zentralasiatische Länder wie Indien, Persien, Japan und Korea. Relativ spät dann erreichte das Wissen um die Zucht von Seidenraupen und um die Seidenspinnerei Europa. Dort galt S. bis ins 13. Jahrhundert n. Chr. ausschließlich als ein entsprechend teures Importprodukt aus dem Orient, das über verschiedene Karawanenwege von China über Innerasien zum Mittelmeer gelangte. Diese Handelswege taufte später der deutsche Geograf Ferdinand von Richthofen »Seidenstraßen«, ein Begriff, der in alle westlichen Sprachen übersetzt wurde.

Nachdem man sich im Abendland auch selber um die Produktion von S. zu kümmern begonnen hatte, galt Italien lange Zeit als *das* Seidenland in Europa. Im 17. Jahrhundert lief Frankreich dann dem Nachbarn den Rang ab und baute seine Seidenindustrie, vor allem in der Region um Lyon, stark aus. Heute gehören Indien, Japan, Brasilien, Thailand und natürlich nach wie vor China zu den wichtigsten Seidenproduzenten. Unter allen weltweit produzierten Fasern beträgt der Anteil der Seidenfasern jedoch weniger als ein Prozent. Das liegt sicherlich an der höchst aufwändigen Herstellung dieser natürlichen Faser aus tierischem Grundstoff.

Liebenswerter Spinner Der Seidenspinner gehört zur Familie der Schmetterlinge. Der bekannteste ist der asiatische, gelblich-weiße Maulbeer-Seidenspinner. Seinen Namen verdankt er der Tatsache, dass sich seine Raupe (Seidenwurm) vor allem von den Blättern des Maulbeerbaums ernährt. Seine Aufzucht ist mit großem Aufwand verbunden: Ruhe und Sauberkeit sind Voraussetzung. Ein Seidenraupenbauer behandelt die Tiere wie königliche Gäste, denen er in der Futterphase sein ganzes Haus überlässt: Während er das Obergeschoss mit Maulbeerblättern auslegt, jedes mit einer hungrigen Raupe belegt, sammelt er bereits einen weiteren Blätterteppich im Erdgeschoss. Er selbst hat sich mit einem Schlafplatz auf dem Dach zu begnügen.

Den Tieren ist nur eine extrem kurze Lebensdauer vergönnt: rund zwei Monate. In dieser Zeit durchleben sie vier Entwicklungsstufen: Ei, Raupe, Puppe oder Kokon und schließlich Falter. Die Eier werden rund sechs Wochen kühl gelagert, in warmem Wasser gespült und anschließend getrocknet. Danach kommen sie in eine Art Brutkasten, bis alle Raupen geschlüpft sind. Die frisch geschlüpften Raupen sind äußerst empfindlich. Sie werden auf Strohmatten gelegt und dort mit jungen Maulbeerblättern gefüttert. Dabei verzehrt eine Raupe ungefähr 30 000-mal ihr eigenes Gewicht, bis sie nach 30 Tagen zu fressen aufhört und sich zu verpuppen beginnt. Aus diesem Kokon, gesponnen aus feinsten Fäden, wird sodann die S. gewonnen.

Seide ist jedoch nicht gleich Seide. So wird die Haspelseide aus dem Endlosfaden des Kokons gewonnen, der – meist über 1000 Meter lang – vor der Verarbeitung nur abgewickelt (= gehaspelt) wird. Sie ist die feinste und auch glänzendste Seidenart. Bouretteseide wird hingegen aus den Resten gewonnen und gilt als weniger wertvoll. Von wild lebenden Seidenspinnern wird die Tussahseide gewonnen; sie liefert einen goldgelben Faden mit unregelmäßigerer Struktur und weniger Glanz.

Dass S. als eine der wertvollsten Fasern überhaupt gehandelt wird, lässt sich daran ablesen, dass 25 Maulbeerbäume nötig sind, um ca. drei Kilogramm Seide zu gewinnen. So ruhte der menschliche Geist natürlich nicht, bis er eine Kunstfaser entwickelt hatte, die zwar nie die Perfektion von Naturseide erreichen wird, aber immerhin eines Tages den Seidenstrumpf ablöste: Nylon.

SGT. PEPPER'S LONELY HEARTS CLUB BAND

Dieses legendäre Album der Beatles aus dem Jahre 1967 gilt bis heute als bahnbrechendes, revolutionäres, ja als das einflussreichste Werk in der Geschichte der Popmusik überhaupt. Es stellte radikal alles auf den Kopf, was bis dato in dem Genre gegolten hatte. Es ebnete den Weg der einst vom Establishment als Krawall-Sound geschmähten Rockmusik (➛ Rock 'n' Roll) in das Reich der künstlerischen Avantgarde. Es animierte Scharen von Musikerkollegen, sich ebenfalls aller Fesseln zu entledigen und die eigenen musikalischen Fantasien ungehemmt auszuleben. Es hält auch fast 40 Jahre später seinen Ehrenplatz als ewiges Meisterwerk – auch wenn aus heutiger Sicht der eine oder andere Effekt und die kleinen Tricks der Aufnahmetechnik vergleichsweise harmlos daherkommen. Der Großartigkeit dieser Produktion tut das keinen Abbruch.

Als die Langspielplatte auf den Markt kam, waren nicht nur die Anhänger der Beatles entzückt, ihre vier Idole auf einem kreativen Höhenflug sondergleichen beobachten und begleiten zu dürfen. Scharen von Journalisten und Kommentatoren versuchten dieses geheimnisvolle, von traum- und rauschhaften Metaphern, schrägen und verbotenen Assoziationen durchsetzte Gesamtkunstwerk zu entschlüsseln. Der Begriff des Konzeptalbums machte die Runde: Die zwölf Titel der Platte waren nicht nur – wie bisher üblich – eine lose Sammlung einzelner Songs, sondern schienen, einer rätselhaften Dramaturgie folgend, irgendwie zusammenzuhängen. Dieser Eindruck wurde dadurch verstärkt, dass ein Stück ohne Pause nahtlos in das nächste überging.

Die bisher gültigen Song-Schemata und Instrumentierungsregeln waren weitgehend außer Kraft gesetzt. Von ihren Anfangsjahren, in denen die Beatles mit zwei Gitarren, Bass, Schlagzeug und ein- bis zweistimmigem Gesang ausgekommen waren, um Welthits wie »I Want To Hold Your Hand« oder »Eight Days A Week« abzuliefern, schienen sie nun Lichtjahre entfernt. In ihrer »Band der einsamen Herzen« war alles erlaubt und alles möglich.

Ein Lied kam auf den Index Da gab es zwar im Titelsong noch den saftigen Beat der alten Art, bevor Ringo Starr seine berühmt gewordene Ode an die Freundschaft näselte (»With A Little Help From My Friends«). Aber dann nudelte eine Zirkus-Drehorgel, schluchzte die Harfe, jubilierte ein Streichquartett. Extra angeheuerte Sinfoniker besorgten ein rauschendes Crescendo. George Harrison nahm den Hörer auf einen mystischen Indien-Trip mit. Dann wieder krähte ein Hahn auf dem Mist, ein Cembalo erklang, und wenn die Wolken sich verzogen hatten, sah und hörte man »Lucy In The Sky With Diamonds«, dieses mittlerweile sagenumwobene Geschöpf, das – pickte man sich die Initialen der Hauptwörter aus dem Titel – der verbotenen Frucht LSD zu huldigen schien. Im Stück »A Day In the Life«, dem Höhepunkt der LP, gab zunächst John Lennon eine sarkastisch verschlüsselte Botschaft vom täglichen Horror des Zeitungslesens zum Besten, als plötzlich ein Wecker klingelte. Paul McCartney, aus dem Schlaf gerissen, spann den Faden weiter und erzählte in einer Art Sprechgesang, wie er aus dem Haus eilt, eine Treppe hinaufstolpert, dort an einer, nun ja: Zigarette zieht und in einen fantastischen Traum hinübergleitet, begleitet von einem befreienden Urschrei John Lennons. Für die BBC war dieses rauschhafte Szenario Grund genug, das Lied jahrelang auf den Index zu setzen. »A Day In The Life« endet mit dem wohl gewaltigsten Schlussakkord der Musikgeschichte, der sich auf den allerletzten Zentimetern der Schallplattenrille in einem irren Gelächter auflöst.

Als »Sgt. Pepper« nach 700 Stunden Produktionszeit mit Vierspur-Aufnahmetechnik endlich fertig war, befielen den inspirierten Beatles-Produzenten George Martin, der mit Paul McCartney zusammen als die treibende künstlerische Kraft dieses Albums galt, erhebliche Zweifel, ob es für den allgemeinen Geschmack nicht zu avantgardistisch geraten war. Doch solche

Sorgen verflogen schnell. Allein in England wurden in der ersten Woche nach Erscheinen (1. Juni) 250 000 Exemplare verkauft. In den USA gingen bis Ende August 2,5 Millionen Stück über die Ladentische. Hüben wie drüben blieb die LP mit dem kongenialen Cover über 20 Wochen auf den ersten Plätzen der Charts.

Was in diese »gewaltigste moderne Oper« (so drückte sich der amerikanische Beat-Poet Allen Ginsberg euphorisch aus) im Lauf der Jahre alles hineingeheimnisst wurde, könnte mehrere dickleibige Bände füllen. So tat George Martin (der, wie auch McCartney, mittlerweile zum britischen Adel zählt) gut daran, mit seinem Werkstattbericht »Summer Of Love – Wie Sgt. Pepper entstand« bis in die 90er Jahre zu warten. Viele lieb gewonnene Mythen und Märchen hätten bei einer früheren Veröffentlichung des Buches kaum gedeihen können. Dass das Konzeptalbum eigentlich gar keins war, sondern eine stinknormale Ansammlung von – allerdings außergewöhnlichen – Stücken, gab Martin darin en passant zu. Erst bei der Schlussabmischung, welche die Beatles ihm allein überließen, habe er die Reihenfolge der Lieder festgelegt und, einer Eingebung folgend, die Zwischenräume getilgt. Sir George, auf englische Art leicht untertreibend: »Die Beatles wollten einfach nur etwas anderes machen, und Sgt. Pepper war etwas anderes.«

Sherry

Es gab eine Zeit, da konnte man sich kaum eine Alternative zum Sherry vorstellen, wenn man im Restaurant nach einem Aperitif gefragt wurde. Er war nicht zu alkoholreich und wurde in kleinen Gläschen serviert, fand also auch bei den Damen

Anklang, und er trug bereits in seinem Namen einen Hauch von feiner britischer Lebensart. Man trank ihn sozusagen mit abgespreiztem kleinen Finger. Das ist mittlerweile eine Generation her, und seitdem ist der Sh. in der Gastronomie als Aperitif längst vom Campari überrollt und vom Champagner fortgespült worden. So ging auch der Import nach Deutschland stetig zurück: Lag die Menge in den 70er Jahren bei rund 15 Millionen Flaschen, so sind davon gerade mal 20 Prozent übrig geblieben. Nicht geändert hat sich das relative Verhältnis zwischen den Verbrauchernationen: Die Briten sind immer noch die führende Sherry-Nation der Welt.

Der Sh. kommt aus dem Süden Spaniens, aus Andalusien, jener Provinz, die im Laufe der Jahrhunderte von Phöniziern, Griechen, Römern und Mauren bewohnt war. Nahe der Westküste Andalusiens, dort wo Spanien an den Atlantik stößt, liegt eine Stadt, die unter den Kalifen Scherisch hieß und heute Xeres (oder Jerez) de la Frontera heißt. Sie ist das Zentrum eines nur 100 Quadratkilometer großen Weinbaugebietes, das, durch die Flüsse Guadalquivir und Guadalete begrenzt, nach eben dieser Stadt benannt ist. Da weder Holländer noch Engländer, die größten Abnehmer der dortigen Weine, die über die Häfen Cadiz und Puerto Santa Maria verschifft wurden, den maurischen oder spanischen Namen richtig aussprechen konnten, wurde daraus: »Sherry«. Unter diesem Namen trat er dann auch vor rund 450 Jahren an Bord englischer Schiffe seinen Siegeszug um die Welt an.

Das Anbaugebiet mit seinem kalkhaltigen Boden kennt nur weiße Trauben: Die wichtigsten Rebsorten sind die Palomino und die schwere, süße Pedro Ximenez. Um Letztere rankt sich eine amüsante Geschichte: Ein Söldner aus dem Heer von Kaiser Karl VI. habe diese Rebsorte im 16. Jahrhundert vom Rhein nach Jerez gebracht. Er hieß Peter Siemens, und als die Spanier seinen Namen ihrer Sprache angepasst hatten, war daraus Pedro Ximenez geworden.

Wind in den Gewölben Wie in diesem Gebiet der Most zu Wein und aus Wein Sh. wird, ist eine äußerst komplizierte Geschichte. Hier nur so viel: Der Sh. braucht viel Luft zu seiner Entwicklung, deswegen streicht immer ein leichter Wind durch die hohen Gewölbe der Bodegas, die fast bis unter die Decke mit Fässern voll gestellt sind. Diese Fässer sind nie bis zum Rand gefüllt und dicht verschlossen. So bildet sich auf der Weinoberfläche zweimal jährlich eine Oberflächen-Hefeschicht, die Blume. Sie schützt den Wein beispielsweise vor der Essiggärung, verleiht ihm aber auch sein typisches Aroma. Der Wein wird regelmäßig verkostet und sodann klassifiziert. Schließlich wird er durch Zusatz von reinem Weinalkohol auf den gewünschten Alkoholgehalt von 17 bis 20 Volumenprozent gebracht. Einen gleich bleibenden Geschmack erreicht man durch das »Solerasystem«. Dabei werden jüngere Weine durch die Zugabe älterer aus der darüber liegenden Fassreihe veredelt.

Man unterscheidet vier Hauptsorten von Sh.: Der trockenste ist der Fino, ein idealer Aperitif, der aber auch zu Meerestieren gut schmeckt. Der Amontillado ist etwas dunkler in der Farbe und medium-dry. Der Oloroso, was so viel wie »der Wohlriechende« heißt, ist leicht süß mit zartem Nussaroma. Der Cream-Sherry schließlich hat die Kraft des Oloroso, wird aber noch mit Wein aus der süßen Pedro-Ximenez-Traube vermischt. Eine Spezialität, die man nicht auslassen sollte, wenn sich die Gelegenheit ergibt, ist der Manzanilla, eine besonders leichte Art Fino aus der Gegend um das Fischerdorf Sanlùcar de Barrameda. Jede dieser Sorten ist ebenso typisch für Andalusien wie der Flamenco oder der Stierkampf. Wenn der Sherrygenuss die Hemmungen gelockert hat, kann man ersteren ja mal probieren, von letzterem hingegen wird abgeraten.

SINGLE

»Unverheiratet«, »allein stehend« lautet die wörtliche Übersetzung, ein Zustand also, der – vor allem für Frauen – gesellschaftlich jahrhundertelang als Makel galt. Erst in den späten 70er Jahren, nach Studentenrevolte, Hippiebewegung und dem Abstreifen traditioneller Zwänge, wandelte sich der Begriff. Single – das bedeutete nun nicht mehr freudloses Alleinsein, sondern sollte für einen neuen, von Freiheit und Unabhängigkeit geprägten Daseinsentwurf stehen. Alleine leben entweder aus Überzeugung oder auch aus leidvoller Erfahrung des Gegenteils.

Ob es ein echter Trend war oder nur ein Modewort zur sprachlichen Verschönerung einer Existenzform, sei dahingestellt. Jedenfalls war der Terminus aus der Begriffswelt des bürgerlichen Großstadtpublikums diesseits und jenseits des Atlantiks bald nicht mehr wegzudenken. So genannte Single-Bars schossen aus dem Boden. Deren Paradox ist vielen vermutlich gar nicht aufgefallen: Sie dienen ja weniger dem Ausleben des selbst gewählten Daseins als einsamer Wolf oder einsame Wölfin, sondern zum Anbandeln. In letzter Konsequenz also zur Aufhebung des Single-Zustands. Ähnlich verhält es sich mit Tanzveranstaltungen, Ausflügen oder organisierten Reisen für S. Letztlich sind alle diese Aktivitäten strategisch geplante, einträgliche Kontaktbörsen. Darin besteht die Tragik bzw. der Etikettenschwindel der Single-Bewegung: Wer seine vermeintliche große Freiheit vor sich herträgt wie ein Schild und sich als überzeugter S. zu erkennen gibt, will häufig gar keiner mehr sein – auch wenn er oder sie das vielleicht vor sich selbst nicht zugibt.

Vermutlich weil das Alleinleben von den meisten Amerikanern als zutiefst unsozial empfunden wird und das Thema, als es neu und in aller Munde war, wohl einen Nerv getroffen hatte, haben sich damals viele amerikanische Filmemacher dieses Widerspruches mit großer Sensibilität angenommen. Ein Klassiker ist Paul Mazurskys viel gepriesenes Werk »Die entheiratete Frau« von 1978, mit Jill Clayburgh in der Titelrolle. Nach dieser Rolle sah man die Schauspielerin jahrelang als Hollywoods selbstzweifelnden S. vom Dienst. Woody Allen hat in seinen unnachahmlichen Komödien aus dem New Yorker Psycho-Dschungel den S. immer wieder als zwischen Freiheits- und Anlehnungsbedürfnis hin und her taumelnden, gebrochenen Charakter gezeichnet.

Zweisamkeit ist besser Aus heutiger Sicht stellt sich das Phänomen, wenn es denn überhaupt ein echtes war, weitestgehend als soziologische Mogelpackung dar. Erledigt hat es sich so oder so. Von einer Bewegung oder einem Trend kann keine Rede mehr sein, nicht mal mehr von einem beliebten Gesprächsthema. Die überwältigende Mehrheit der männlichen und weiblichen Zeitgenossen sehnt sich, wie seit Adam und Eva, nach einem Partner. Man möchte lieber zu zweit als allein durchs Leben spazieren, ins Kino gehen, in Urlaub fahren, sich ein Heim einrichten – von dem Wunsch, Kinder zu haben, ganz abgesehen. Wenn eine Frau nach Ehestress und Scheidung zunächst den glücklichen Seufzer ausstößt: »Jetzt bin ich endlich wieder Single!«, dann kann man darauf wetten, dass sie nach spätestens einem Jahr der neuen Freiheit überdrüssig sein und nach einem potenziellen neuen Partner Ausschau halten wird.

Natürlich gibt es ihn nach wie vor: den vom Vorteil des Alleinlebens hundertprozentig Überzeugten, der gleichwohl auf die Wonnen der Liebe und damit auf limitierte Zweisamkeit nicht verzichten mag. Will er im eigentlichen Wortsinne S. bleiben, so wird er dieses Wort tunlichst vermeiden. Denn eines, immerhin, hat die Bewegung erst richtig angestachelt: den Ehrgeiz der Frauen, einen überzeugten S. aufs Standesamt zu schleppen.

Smalltalk

Dieser Begriff wird gerne angeführt, um die so genannte amerikanische Oberflächlichkeit zu geißeln, und oft mit einer gewissen Abfälligkeit in die Debatte geworfen. Doch ist der *small talk*, wörtlich übersetzt: das »kleine Gespräch«, eine hohe Kunst der Kommunikation. Ihre Beherrschung mag nicht unbedingt lebensnotwendig sein. Aber wer ihrer mächtig ist, hat damit meistens erfolgversprechendere zwischenmenschliche, ja sogar berufliche Voraussetzungen im Leben als der in sich gekehrte Schweiger. Sie verlangt weder die Absolvierung eines Sprachkurses noch die tägliche Lektüre der »Frankfurter Allgemeinen Zeitung« (die freilich der Qualität eines guten Gesprächs nicht eben abträglich ist), sondern lediglich die Befähigung zum geraden, vollständigen gesprochenen Satz. Was man mitbringen muss, sind ganz allgemein ein gewisses Mitteilungsbedürfnis, die Gabe des Zuhörens (beides gleich wichtig!) und speziell die Lust darauf, sich auf Menschen einzulassen, die man noch nicht oder noch nicht näher kennt. Gänzlich unerlässlich ist die Befähigung zum Smalltalk beim ➛ Flirten. Im Grunde genommen ist S. nichts anderes als das, was man einst Konversation nannte. Auch das geistreiche, charmante Plaudern in den eleganten Salons früherer Epochen fällt in die gleiche Kategorie.

Auf der Party, der Vernissage und der Abendeinladung zum Dinner; im Vorzimmer der Sekretärin, bevor sich die Tür zum Bewerbungsgespräch öffnet; im Fahrstuhl, wo man der reizenden Kollegin begegnet, die man immer schon mal ansprechen wollte – die Begabung des S. kann in allen Lebenslagen abgerufen werden, manchmal recht spontan. Was man redet, lässt sich in den seltensten Fällen planen. Die Themen ergeben sich, wechseln sich ab, nehmen überraschende bis seltsame Wendungen, vor allem wenn Alkohol getrunken wird. Ein Stichwort gibt das andere. Im S. geübte Profis können auf vielen Feldern mithalten, wobei hier auch Tücken lauern. Denn je höher und fachkundiger das Niveau, auf dem über ein bestimmtes Thema geredet wird, desto größer die Gefahr, wenn man nicht genau Bescheid weiß, sich mit Allgemeinplätzen lächerlich zu machen. Unterhält sich eine Abendgesellschaft beispielsweise kompetent und angeregt über die Stilmerkmale des Impressionismus (was dann, streng genommen, gar kein S. mehr ist, sondern ein Fachgespräch), ist es für den Laien auf diesem Gebiet besser, eine Weile den Mund zu halten. Allenfalls kann man, mit dem ehrlichen Verweis auf das eigene Nichtwissen, interessierte Fragen stellen.

Schüchternheit überwinden Viele Menschen würden gern, können aber nicht so richtig. Obwohl am Arbeitsplatz oder zu Hause nicht auf den Mund gefallen, obwohl leidlich gut informiert über die verschiedensten Dinge des Lebens, erstirbt ihnen in ungewohnter Runde das Wort auf den Lippen.

Und wenn sie sich doch mal trauen, etwas vorzubringen, ist es das falsche Wort oder es kommt zum falschen Zeitpunkt oder es hört gerade niemand zu. Daheim dann, auf vertrautem Terrain, möchte man sich am liebsten ohrfeigen für den kümmerlichen Auftritt.

Was tun? In den Kleinanzeigen der Zeitungen findet man Angebote jeglicher Art, die fatale Gehemmtheit zu überwinden – oft genug jedoch fragwürdig und keineswegs immer erfolgversprechend. Wesentlich einfacher ist die Methode, die jeder Künstler kennt, der etwas werden will: üben, üben, üben. Man kann dies in der U-Bahn, beim Einkaufen, auf der Straße, im Treppenhaus tun. Leute ansprechen, bekannte und wildfremde, zunehmend mehr, dabei jeden Tag etwas aktiver und gesprächiger werdend. Reden, fragen, diskutieren, auch über das Nebensächlichste, und sei es das Wetter – bis man eines schönen Tages virtuos »small talkt«.

Im Übrigen ist, wer wenig redet, deshalb nicht gleich ein Langweiler. Bei einigermaßen geschickter Inszenierung kann das stille Wasser auch die Aura eines Geheimnisses umwehen. Schlimmer, nervtötender und abtörnender als der etwas schüchterne, um gescheite Worte verlegene Partygast sind jedenfalls zwei andere Prototypen, beide zwar mit der Gabe des gesprochenen Wortes üppig ausgestattet, aber zum leichtfüßigen S. völlig unfähig: der Dauerredner und der Witzeerzähler.

SMOKING, FRACK & CO.

Kleidervorschriften haben es schwer in diesen modernen Zeiten. Wo man in Jeans und Rolli in die Oper geht, ganze Berufsgruppen sich in »Künstlerschwarz« kleiden, Turnschuhe bei

Amtshandlungen die Füße schmücken, stellt sich die Frage, ob eine solche Gesellschaft noch Cut, Frack oder Smoking braucht. Aber es gibt dankenswerterweise noch Anlässe dafür. Beruflich oder gesellschaftlich wichtige Einladungen flattern ins Haus, auf denen ein bestimmter Dresscode angegeben ist. Den gilt es nicht nur zu dechiffrieren, er will auch angewendet sein. Außerdem soll es ja vorkommen, dass die große Liebe eine romantisch veranlagte Braut den Wunsch äußern lässt, wie in der guten alten Zeit vor den Altar zu treten.

Einen dunklen Anzug, dieses wahrhaft völkerverbindende Outfit, den die Herren von Sizilien bis Friesland bei Hochzeiten bis Beerdigungen anlegen, hat auch heute noch fast jeder in seinem Kleiderschrank. Der **Smoking** ist dagegen schon eine Ausnahme geworden. Er heißt eigentlich nur in Kontinentaleuropa so, in Amerika nennt man ihn Tuxedo, und in England, wo er in den »Smoking Rooms« der Schlösser und Herrenhäuser als Dinnerjacket getragen wurde (➛ Zigarre), hat er eben diesen Namen. Das auffallendste Element eines S., der schwarz oder dunkelblau sein sollte, ist die Hose. Sie ist ohne Aufschlag, und die Außennähte sind von Seidenborten, so genannten Galons, verdeckt. Der Sakko besitzt in der Regel seidenüberzogene Revers. Ist er ein Einreiher, kann man darunter eine Weste oder den so genannten Kummerbund tragen, einen breiten Stoffgürtel, der den Übergang der Hose zum Hemd überdeckt. Das Smokinghemd ist in der Regel weiß, mit Klappkragen, und besitzt eine verdeckte Knopfleiste. Heute gibt es auch verspieltere Versionen mit Perlenknöpfen, Rüschen oder Spitzen. Dazu trägt man eine schwarze Fliege oder Schleife, niemals eine weiße. Deswegen heißt es auf entsprechenden Einladungen – nicht nur in England: *black tie*. Die Schleife kann allerdings auch Farbe und Musterung von Weste oder

Kummerbund tragen. Unten endet der Herr mit schwarzen Glattlederschuhen ohne Schnürsenkel. Das weiße Dinnerjacket gleicht im Schnitt dem Smoking und wird ebenfalls mit einer solchen Hose getragen, sieht aber meist etwas dandyhaft aus. Es sollte einer Garten- oder Schiffsparty vorbehalten sein. Da lassen sich dann auch mit farbigen Hemden Akzente setzen.

Der **Stresemann** ist nach dem deutschen Reichsaußenminister aus der Zeit der Weimarer Republik benannt. Politiker legten ihn zu hochoffiziellen Anlässen an. Streng genommen darf er nur vormittags getragen werden – folgerichtig sprechen die Engländer vom *morning coat*. Das einreihige Jackett in Schwarz oder Dunkelgrau hat abgerundete Ecken und wird zu einer grau-schwarz gestreiften Hose ohne Aufschlag getragen. Eine hellgraue Weste und eine dezent gemusterte silbergraue Krawatte auf weißem Hemd vervollständigen den perfekten Stresemann, der heute gern bei Hochzeiten getragen wird. Als Krönung des Auftritts die passende Kopfbedeckung: eine schwarze Melone oder ein Homburg.

Auch der **Cut** (oder: Cutaway) ist eigentlich, wie der Stresemann, an den Vormittag gebunden, verlangt jedoch nach einem sehr gehobenen Anlass; zum Beispiel: die Überreichung des Beglaubigungsschreibens eines neuen Botschafters beim Präsidenten des Gastlandes. Das dunkel- oder silbergraue Jackett hat aufsteigende Revers, wird mit einem Knopf auf Bauchhöhe verschlossen und verläuft nach hinten in einer fließenden Linie. So bleiben vorne die Beine frei, während das Rückenteil bis zu den Kniekehlen reicht. Die Hose ist schwarzgrau oder schwarz-weiß gestreift, während unter einer silbergrauen Weste das Hemd von einem Plastron genannten, silbergrauen Schlips geschmückt wird. Ein silbergrauer Zylinder rundet die Performance ab.

Wenn auf einer Einladung *white tie* zu lesen ist, verlangt der Gastgeber das nobelste aller männlichen Kleidungsstücke: den **Frack**. Das Auffallendste an diesem schwarzen oder tief dunkelblauen Herrenkleid ist das Jackett: vorn wie eine bis zur Taille reichende Weste geschnitten, endet das bis in die Kniekehlen reichende Rückenteil in zwei »Schwalbenschwänzen«. Die Hose ist wie beim Smoking mit Galons an den Seitennähten versehen. Dazu gehört unbedingt eine weiße Piqué-Weste (der unterste Knopf bleibt stets geschlossen) und darunter ein gestärktes weißes Hemd mit »Vatermörder«- oder Kläppchenkragen. Wenn bei den oben beschriebenen Kleidungsstücken gilt, dass knielange Strümpfe und niemals Socken angesagt sind, so verschärft sich die Auflage beim Frack zu knielangen schwarzen Seidenstrümpfen und ebenso schwarzen Lackschuhen. Aufs Haupt gehört ein schwarzer Zylinder, und das i-Tüpfelchen ist die goldene Taschenuhr.

Während des Biedermeier war der Frack der übliche Tagesanzug, den es in Blau, Grün, Braun oder Grau gab. Erst seit Mitte des 19. Jahrhunderts gibt es ihn aus schwarzem Tuch, und seit dieser Zeit gilt auch, dass ein Frack nie das Tageslicht sehen darf. Für einen Dirigenten ist er die »gewöhnliche« Arbeitskleidung. Der heutige Mann von Welt braucht den Frack allerdings äußerst selten, es sei denn er möchte den Wiener Opernball besuchen oder ist zu einem förmlichen Staatsempfang eingeladen.

Snob

Er trägt die Nase hoch, dünkt sich etwas Besseres als die meisten Menschen in seiner Umgebung und kombiniert die in der Regel diskret zur Schau gestellte Herablassung mit erstklassigen Manieren. Nicht schrill gibt er sich, auch nicht zu jugendlich oder zu trendy. Er liebt es eher leicht vornehm, modisch up to date und noch ein bisschen mehr. Man darf (und soll) ruhig merken, dass er teure Kleidung und edle Accessoires bevorzugt. Freilich ist er nicht immer hundertprozentig stilsicher, was die richtige Gelegenheit für deren Präsentation betrifft. So erkennt man einen Snob häufig daran, dass er in bestimmten Situationen etwas overdressed einherstolziert. Begleitet er beispielsweise seinen Sohn zum Hip-Hop-Konzert, trägt er unter der Designerlederjacke ein Oberhemd mit Manschettenknöpfen. So begibt er sich gelegentlich unfreiwillig in die Nähe des ➛ Schickimicki, den er eigentlich meidet wie der Teufel das Weihwasser.

Schneller als die Mitbewerber auf dem Jahrmarkt der Eitelkeiten weiß der S., welches Luxushotel auf Mauritius und welcher Golfplatz in Südafrika gerade angesagt ist. Er bewegt sich mit der gleichen blasierten Selbstverständlichkeit in der Ehrenloge des FC Bayern München und auf den Salzburger Festspielen. Wenn die Rolling Stones auf ihrer Tournee in der Stadt sind, ist er zur Stelle, und es gibt kein Wimbledonturnier, das er je versäumt hätte. Im Charterflugzeug, das er ohnehin nur widerwillig betritt (beispielsweise für den Flug nach Mallorca), trinkt er den vom Bordpersonal gereichten Sekt aus dem mitgebrachten eigenen Kelch mit Lederhalterung; seinen Kindern verbietet er, nach der Landung zu klatschen, wie es die von ihm verachteten Pauschaltouristen zu tun pflegen. Was die Bewertung des eigenen Auftritts betrifft, neigt der S. zu Fehleinschätzungen. Die gravierendste dürfte darin bestehen, gar nicht zu wissen, dass er ein S. ist. Auch die Tragik, die ihn umweht, nämlich letztlich nirgendwo richtig dazuzugehören, bleibt dem S. im Allgemeinen wohl verborgen.

Am Anfang ein Studentenulk Den S. mit einem ➛ Dandy zu verwechseln, was er selbst, aber auch die Umwelt gelegentlich macht, ist abwegig. Zwischen den beiden Existenzformen liegen Welten. Gemeinsam ist ihnen lediglich, dass sie im England des 18. Jahrhunderts geprägt wurden. In den Studentenlisten der Eliteuniversitäten Cambridge und Oxford soll der Begriff einst als Namenszusatz verwendet worden sein, und zwar in der Schreibweise »s. nob.«: Abkürzung für die lateinische Bezeichnung »sine nobilitate« (ohne Adelstitel). Ob das häufiger vorgekommen ist oder nur ein saisonaler Studentenulk war, lässt sich heute nicht mehr feststellen. Jedenfalls, so wird die Geschichte seit Generationen erzählt, hätten die Beamten der Universitätsverwaltungen die Abkürzung für das Gegenteil ihrer Bedeutung gehalten, nämlich für einen Adelstitel. Dieser angenommene Vorteil habe den Antragstellern Zugang zu den normalerweise nur Adeligen vorbehaltenen Clubs und Freizeiteinrichtungen der Universitäten verschafft. Wahr oder unwahr – es ist eine sehr britische Geschichte, die viel mit Selbstironie und listiger Intelligenz zu tun hat.

Seitdem hat der Begriff einige Wandlungen durchlaufen. Im 19. Jahrhundert stand der S. für den neureichen Emporkömmling, aufgestiegen aus den unteren sozialen Schichten, auf die er inzwischen verächtlich herabblickt. Literarisch verewigt hat diesen Typus der Schriftsteller William Makepeace Thackeray in seinem 1848 veröffentlichten »The Book of Snobs«. Weit verbreitet und nicht eben beliebt ist heute auch der Kultur- und

Marken-Snob. Er akzeptiert in jeder Disziplin, in jeder Sparte nur den oder die Besten bzw. was er dafür hält. Jeder Abweichung von seinem eigenen Dogma begegnet er mit Geringschätzung. Toleranz und Aufgeschlossenheit zählen nicht zu seinen Tugenden.

Insgesamt: ein Auslaufmodell.

SOMMELIER

Es gab eine Zeit, da nannte man diesen Beruf ganz schlicht Weinkellner. Mit der Welle der Nouvelle Cuisine schwappte aber auch die französische Berufsbezeichnung Sommelier über den Rhein. Das Wort stammt von dem altprovençalischen *saumalier*. Das war der Mensch, der die Lasttiere, ganz gleich ob Ochs, Esel oder Pferd, zu führen hatte. Heute führt der S. den Weinkeller und den Weinservice in einem Restaurant – die sicher unvergleichlich angenehmere Tätigkeit.

Dem S. obliegt der Weineinkauf, die quantitative und qualitative Pflege des Weinkellers, das Zusammenstellen der Weinkarte und, wahrscheinlich das Schwierigste, die Weinberatung des Gastes. Wir kennen alle die Situation: Das Menü ist ausgesucht, die Bestellung an die Küche weitergeleitet, und nun tritt, je nach Temperament lächelnd oder bedeutungsschwer, der S. mit der Weinkarte an den Tisch. Spätestens jetzt beginnt das Taxieren: Was hat der Gast als Aperitif getrunken, was hat er das letzte Mal getrunken, versteht er etwas von Wein, kann man ihm vielleicht eine Neuentdeckung zumuten oder trinkt er eher im klassischen Bereich, wie hoch darf preislich mit der Empfehlung gegangen werden? Ganz selbstverständlich hat ein guter S. bei all diesen Fragen bereits das bestellte Menü im

Kopf und wird seine Empfehlung darauf ausrichten. Deutschlands berühmteste Sommelière, Paula Bosch aus dem Münchner Restaurant »Tantris«, sieht ihren Beruf als professionelle Vermittlerin einer *ménage à trois*, als Kupplerin zwischen Gast, Wein und Gericht: »Läuft alles gut, dann haben die drei eine Menge Spaß miteinander, und der Gast kommt wieder. Läuft es schlecht, dann haben der Sommelier und das Restaurant ein Problem.«

Vertrauenssache Tatsächlich gibt es für den Gast nichts Schöneres, als einen S. seines Vertrauens zu haben, der ihn in der immer vielfältiger werdenden Welt des Weines an die Hand nimmt. Kennt man das Restaurant nicht, beginnt mit Erscheinen des S. aber auch das Taxieren seitens des Gastes: Gehört er zu der geschwätzigen Sorte, die uns mit erhobenem Zeigefinger belehren will? Kann ich seinen Empfehlungen vertrauen, oder sieht er seine Aufgabe darin, mit mir einen möglichst hohen Umsatz zu machen? Denn genau hier liegt eine Schwierigkeit, die nur mit viel psychologischem Gespür ausgeräumt werden kann: Im Unterschied zum Essen, das wir in der Menükarte sehenden Auges auch preislich präzise einschätzen können, ist beim Wein die Skala nach oben weit offen. Deswegen sollte man dem S. als Gast entsprechende Signale zukommen lassen: Trinkt man mehr im klassischen Repertoire oder ist man für unbekannte Trinkerlebnisse offen? Auch über die Preislage sollte man durch einen Fingerzeig in der Weinkarte dem S. die Arbeit erleichtern. Ein guter S. wird diese Hinweise dankbar aufnehmen.

Wenngleich es hin und wieder noch vorkommt, dass in manchen Restaurants das einzig Echte am S. die silberne, Tastevin genannte Verkostungsschale um seinem Hals ist, so befindet sich die Qualifikation der Zunft in Deutschland inzwischen doch auf hohem Niveau. Die Ausbildung zum S. ist profunder geworden. Aus- und Weiterbildungsmöglichkeiten gibt es für den Nachwuchs an diversen deutschen Hotelfachschulen. Keine ersetzt allerdings die tägliche und jahrelange Praxis. Erst sie schafft die Voraussetzung, an einem der vielen Wettbewerbe wie etwa der »Trophée Ruinart« teilzunehmen. Die härteste Prüfung ist der Kampf um den Titel »Meilleur Sommelier du Monde«, eine Weltmeisterschaft, die eigentlich fest in der Hand französischer S. ist – wenn nicht doch gelegentlich ein Japaner oder, wie im Jahre 1998 mit Markus del Monego, ein Deutscher den Titel an sich reißen würde.

SONNENBRILLE

Vermutlich gibt es keinen anderen Gebrauchsgegenstand des modernen Menschen, der sich so weit von seinem ursprünglichen Zweck entfernt hat wie die Sonnenbrille. Dass sie ein Ergebnis jahrhundertelanger Forschungen und Weiterentwicklungen ist, dass bedeutende Vertreter der Augenmedizin immer wieder nach Verbesserungen gesucht haben, um unsere natürlichen Sehwerkzeuge noch effektiver vor schädlichen Sonnenstrahlen zu schützen, dass wissenschaftliche Untersuchungen sich damit beschäftigen, welche Gläserfarbe etwa beim Autofahren optimale Sicht verspricht und welche eher als gefährlich einzuordnen ist – es will in Wirklichkeit kaum jemand wissen. Die vergleichsweise wenigen, die sich eine S. zulegen, weil sie die »edle Himmelsgabe«, als die Schiller im »Wilhelm Tell« das Augenlicht bezeichnet hat, wirklich schonend behandeln und dabei kein Risiko eingehen wollen, gehen zum Augenarzt. Und da hören sie meistens gar nicht richtig hin, wenn der Fachmann ihnen auseinander setzt, weshalb und wie welche Strahlen die Netzhaut schädigen. Oder dass es S. gibt, die mehr Schaden anrichten als nützen.

Nein, die Faszination der dunklen Gläser kommt ganz woanders her. Eine S. – das ist zunächst etwas, was Aura verleiht. Attitüde. Coolness. Nonchalance. Man kann sich hinter ihren Gläsern verstecken, einerseits. Andererseits ist sie aber auch dazu da, dass sie möglichst viele Blicke auf denjenigen oder diejenige lenkt, dem oder der sie die Augen verdeckt. Die Gründe für das mitunter recht seltsame Gebaren von S. tragenden Menschen liegen zutiefst im Irrationalen. Da lassen die ganz wilden Kerle in der Disko, wo es ohnehin schon stockdunkel ist, die S. auf. Da sitzt einer im Flugzeug und gibt hinter seiner Ray-Ban den George Clooney für Arme. Da bändigen Frauen ihre wallende Mähne statt mit einer Spange mit einer hochgeschobenen S., was – zugegebenermaßen – ganz reizend aussehen kann.

So richtig in Schwung gekommen ist der Kult um die Brille mit den gefärbten, in den allerseltensten Fällen geschliffenen Gläsern bei uns in den Jahren nach dem Zweiten Weltkrieg. Es mag damit zu tun gehabt haben, dass die Sonne wieder schien – im übertragenen Sinne wie auch ganz konkret, wenn es nach Italien oder Spanien in den Urlaub ging. Und es hatte, was bis heute so geblieben ist, mit Idolen zu tun. Diesbezüglich konnten sich beide Geschlechter üppig bedienen. Wir erinnern uns vielleicht noch an die großen S., hinter denen sich die Präsidentengattin Jacqueline Kennedy versteckte. Oder an die von Ohr zu Ohr reichenden dunklen Exemplare, welche die grazile

Audrey Hepburn bevorzugte. Auch Stars wie Brigitte Bardot oder Claudia Cardinale trugen interessante Modelle spazieren. Und als die hinreißende Elizabeth Taylor irgendwann nicht mehr zu verbergen vermochte, dass die Jahre dahingingen – da hat sie es verstanden, sich mit einer S. die Aura einer Hollywoodgöttin zu bewahren.

Die jungen Rebellen Bei den Männern waren es vor allem die jungen Filmrebellen wie James Dean oder Marlon Brando, die via S. weltweit Heere von Nachahmern rekrutierten. Jean-Paul Belmondo verstand es in seinen Anfangsjahren im französischen Kino der Nouvelle Vague, mit einer S. unnachahmlich ➛ cool auszusehen. Gelegentlich stößt man noch auf dieses wunderbare Foto, auf dem der blutjunge Keith Richards – E-Gitarre im Anschlag, Haare bis auf die Schultern – mit seiner spiegelnden Sonnenbrille das ganze Lebensgefühl der 60er Jahre in einer magischen Momentaufnahme reflektiert. Und was die Brillenbranche den »Blues Brothers« John Belushi und Dan Aykroyd aus dem gleichnamigen Kultfilm von 1980 verdankt, dürfte bis heute eine sonnige Bilanz ausmachen.

Ein Dutzend und mehr In unseren Tagen sind die Vorbilder ein wenig in den Hintergrund gerückt. Sicher ist es stimulierend, einmal wie ein echter italienischer Mafiaboss mit S. an der Bar zu sitzen. Zweifelsohne gibt es der Sekretärin, die abends erschöpft das Büro verlässt, einen Kick, sich binnen weniger Minuten mit einer aufregenden S. in Melanie Griffith zu verwandeln. Doch im großen Ganzen ist es statt der Idole aus

Fleisch und Blut eher das sanfte Diktat der stilbildenden Marken auf dem Sektor der Designerbrillen, das das Kauf- und Trageverhalten bestimmt. Die S. ist – besonders in der Damenwelt – zum Schmuck-Accessoire geworden. Man wechselt sie – so wie die Kette, die Uhr, die Handtasche. Viele junge Frauen besitzen zwar nicht so viele S. wie Elton John (dessen Sammlung in die Hunderte geht), aber immerhin ein Dutzend und mehr. Von Anlass zu Anlass wählen sie sorgfältig aus, welche zum Einsatz kommt. Das kann sich von der Farbe, der Form, dem Markennamen her definieren, vor allem aber von der Frage: Wie passt die S. zum übrigen Outfit?

Logisch, dass bei dieser wahrlich günstigen Bedarfslage die Industrie nicht schläft. Schier unüberschaubar ist die Anzahl der konkurrierenden Marken, die einander mehr und mehr ähneln: Das reicht von Dior bis Davidoff, von Boss bis Givenchy, von Armani bis Versace und, wie die markenbewusste Frau gerne witzelt, von Dolce bis Gabbana. Nicht weniger bunt (im Wortsinne) ist die Palette der Farben: helles Orange, Rot, Braun, Grün in allen Schattierungen, Blau und natürlich Tiefschwarz. Die für alle Mitmenschen schwer erträgliche Spiegelbrille mag vielleicht bei einer einsamen Saharadurchquerung noch sinnvoll sein, ist aber dankenswerterweise aus unserem Stadtbild weitestgehend verschwunden. Dass es die Höflichkeit gebietet, besonders dunkle S., die dem Gegenüber einen Blick in die Augen verwehren, bei einer Begegnung oder im Gespräch abzunehmen, möge sich hoffentlich bald herumsprechen.

SONY

Zwei Ingenieure namens Masaru Ibuka und Akio Morita waren die Väter dieses japanischen Weltkonzerns. Am 7. Mai 1946 gründeten sie die Tokyo Telecommunications Engineering mit 20 Angestellten. Ihr erstes Produkt: ein elektrischer Reiskocher. Es folgten Radiogeräte und – 1950 – das erste japanische Tonbandgerät. Die beiden Herren hatten von Anbeginn den Plan, über Japans Grenzen vorzudringen, wussten jedoch, dass für Erfolg auf dem Weltmarkt ein griffigerer Markenname her musste. »Tokyo Tsushin Kogyo«, wie ihre Firma auf Japanisch hieß, schien dafür nicht unbedingt geeignet. So überlegten sie eine Zeit lang, ob die Initialen TTK bessere Chancen hätten, gerieten damit aber in einen Konflikt mit der unter der gleichen Abkürzung firmierenden Eisenbahngesellschaft des Landes.

Doch so unbeirrt und penibel wie an ihren komplizierten Transistorgeräten bastelten Ibuka und Morita auch weiter an ihrem Markennamen – bis sie 1958 auf eine geniale Wortkombination stießen: die Verbindung aus dem lateinischen *sonus* (Ton, Klang) und dem englischen *sunny* (sonnig). Auch die Sonnyboys standen irgendwie Pate. Nur das doppelte »n« störte noch, denn damit hätte man zu nahe am japanischen Ausdruck für »schlechtes Geschäft« gelegen. Und so kam dann der heutige Firmenname zustande, den die beiden Tüftler gleich in lateinischen Lettern und nicht etwa in japanischen Schriftzeichen niederlegten. Das war damals noch eine Seltenheit.

In den Folgejahren trug ein Großteil der Geräte, die die Welt der Unterhaltungselektronik verändern sollten, den Namen Sony: das erste Transistor-TV-Gerät, die Farbbildröhre Trinitron und vor allem der Walkman, das welterste, batteriebetriebene Kassettenabspielgerät im Westentaschenformat. Zur

Philosophie von S. gehörte es, für die jeweiligen Fortschritte stets selbst entwickelte Technologien zu benutzen. Das führte zu vielen revolutionären Entwicklungen und fantastischen Markterfolgen.

Doch kennt die Geschichte des Hauses auch Niederlagen. Dazu zählt der harte Kampf in den 80er Jahren um den weltweiten Standard bei Videogeräten. S. wollte dem Markt sein – technisch zweifellos überlegenes – Betamax-System aufdrücken, Mitbewerber JVC das – letztlich obsiegende – VHS-Format. Ähnlich negativ, wenn auch nicht in einer totalen Niederlage endend, lief es für S. in Sachen Mini-Disc. Bei der Ablösung der jahrelang benutzten analogen Tonkassetten hatte schließlich die Konkurrenz mit CD-R und MP3 die Nase vorn.

Coup mit Columbia Unterm Strich jedoch gehört S. zu den in der ganzen Welt erfolgreichsten Unternehmen der Unterhaltungselektronik. 1988 kaufte es dem amerikanischen Unterhaltungs-Multi CBS die Musiksparte Columbia Records ab. Im Katalog des 1888 gegründeten, ältesten Plattenlabels der Welt finden sich Künstler wie Miles Davis, Bob Dylan, Mariah Carey und Robbie Williams. 2004 dann die Fusion mit Bertelsmanns Musiksparte zum größten Musikproduzenten der Welt: Sony-BMG Music Entertainment. Auf dem Filmmarkt übernahm S. 1989 Columbia Pictures Entertainment und 2004 die Studios von Metro-Goldwyn-Mayer. So wurde S. zu einem global agierenden, voll integrierten Unterhaltungskonzern. Und Akio Morita, der 1999 starb, bekam posthum nochmals die Bestätigung dafür, dass er sich gegenüber seinen Bankern Ende der 50er Jahre durchgesetzt und seine Firma nicht »Sony Electronic« oder »Sony Teletech« genannt hatte. Als weitsichtigem Unternehmer war ihm stets daran gelegen, keine Option auf die Zukunft auszuschließen.

STEELDRUM

Sie ist das einzige neue Musikinstrument, welches das 20. Jahrhundert hervorgebracht hat, und darauf ist man auf Trinidad mit Recht stolz. Dies umso mehr, als die Musik, die aus dem Ölfass kommt, über die Grenzen der kleinen karibischen Inselrepublik (zu der auch noch Tobago gehört) populär geworden ist. Immer mal wieder bedienen sich Rock- und Jazzmusiker des verführerischen Sounds, eines betörenden, weit tragenden Klanggemisches aus Glockenspiel und Vibrafon. Noch viel berauschender als eine Einzeldarbietung ist das Klangerlebnis einer Steelband, die bis zu 120 Steeldrummer aufweisen kann.

Angefangen hat alles im Zweiten Weltkrieg. Weil die britische Kolonie Trinidad (die erst 1962 unabhängig werden sollte) fürchtete, in die Kämpfe hineingezogen zu werden, kreuzten Kriegsschiffe der befreundeten Macht USA vor ihren Küsten. Als Gegenleistung wurde den Nordamerikanern für 99 Jahre das Recht eingeräumt, auf der strategisch wichtigen Insel (die etwa so groß wie Mallorca ist) Luftstützpunkte einzurichten. Bereits Anfang des Jahrhunderts waren amerikanische Unternehmen nach Trinidad gekommen, um die Erdölvorkommen auszubeuten. Jetzt, vor allem zum Decken des Eigenbedarfs ihrer Landsleute auf den Militärbasen, ließen sie das schwarze Gold immer kräftiger sprudeln.

Recycling mit Musik Unaufhörlich wurden die großen, wuchtigen 55-Gallonen-Fässer auf Lastwagen verladen und transportiert, in den Militärlagern gestapelt. Wenn ihr Inhalt aufgebraucht war, kamen die leeren Fässer nur teilweise zurück in die Raffinerien; die nicht retournierten wurden entweder als Mülleimer benutzt oder landeten auf Schutthalden. Entsorgung war noch ein Fremdwort – aber ein sinnvolleres Recycling hat es, zumindest kulturgeschichtlich, nie wieder gegeben: Bald nämlich erklang von Hinterhöfen und aus leer stehenden Garagen der metallene Singsang der mit zwei Klöppeln bearbeiteten, bunt bemalten Öltonnen. Die S. war geboren.

Roh und ungeschliffen war anfangs ihr Sound – noch wurden die Töne mittels eingefüllter Wassermenge variiert. Doch rasch schälten sich erste Calypsothemen, südamerikanische Volksmusikfetzen, Karnevals- und Jazzmotive heraus. Dann die nächste bahnbrechende Entdeckung: Der Tonnenboden ließ sich bearbeiten, mit einem Meißel in kleine Felder einteilen. Diese wiederum konnte man mit Hammerschlägen ausbeulen – so ergaben sich die verschiedenen Tonhöhen.

Heute werden keine ausrangierten, sondern neue Stahlfässer zur Herstellung einer S. verwendet, die im Volksmund »Pan« (Pfanne) genannt wird und zwischen umgerechnet 250 und 500 Euro kostet. Merkwürdigerweise gibt es keine einheitliche, standardisierte Stimmung des Instruments. Die Töne liegen nicht wie bei anderen Instrumenten säuberlich nebeneinander, sondern sind – je nach Lust und Laune der bestellenden Musikanten oder Bandleader – kreuz und quer auf der Tonnenoberfläche verteilt. Ein Musiker, der sich aus einem anderen Orchester eine Pan ausleiht, kann also nicht sofort losspielen; er muss möglicherweise schnell umlernen. *Tuning the pan*, das Stimmen, wird nur von wenigen hochqualifizierten Experten beherrscht. Sie müssen jedes vom Hersteller vorgezeichnete Feld so subtil mit dem Hammer bearbeiten, bis der physikalisch einwandfrei schwingende Ton erreicht ist. Das ist eine hohe Kunst, und vollkommen zu Recht genießt der »Tuner« unter Steelmusikern den Ruf eines Gurus.

Gut 300 Bands konkurrieren heute in Trinidad/Tobago auf hohem professionellen Niveau um die Gunst des einheimischen und zu Besuch weilenden Publikums. Ob Calypso, Rock, Jazz, Rumba oder Reggae, Wagner oder Mozart – jede Steelband hat da ihre ganz eigene Variante. Höhepunkt der Pan-Saison ist jedes Jahr das Festival Pan-o-rama, das mit dem Karneval zusammenfällt und im Queen's Park der Hauptstadt Port of Spain ausgetragen wird. Zwölf Bands kommen ins Finale, eine Jury ermittelt die besten drei. Die Stimmung, die dann über der Hafenstadt liegt, sucht selbst in der an exotischen Reizen nicht armen Karibik ihresgleichen: unter glühender Sonne eine gleichsam stählerne Mischung aus Woodstock und Bayreuth.

STEINWAY

Über vier Generationen wurde die weltberühmte Klavierbaufirma Steinway and Sons von Familienmitgliedern geleitet. 1972 kaufte der Medienriese CBS das Unternehmen, und seit 1995 gehört es zum amerikanischen Instrumentenbauer Selmer und ist börsennotiert. Der letzte Träger des Namens Steinway, Henry Z. S., stieg 1980 aus der Firmenleitung aus und kümmert sich seitdem um die Firmen- und Familiengeschichte. Die ist spannend genug, um sich mit ihr zu beschäftigen.

1853 gründete Henry Engelhardt Steinway mit seinen Söhnen in New York die Firma. Erst drei Jahre zuvor war die Familie aus Deutschland eingewandert, wo sie den Grundstein für ihren späteren Erfolg bereits gelegt hatte: in Seesen im Harz. Dort arbeitete der 1797 geborene Heinrich Engelhardt Steinweg, so hieß er damals noch, zunächst als Tischler. Doch nebenbei stellte er schon Tafelklaviere her. 1836 baute er seinen ersten Flügel, mit dem er auf einer Industrieausstellung in Braunschweig sogleich den ersten Preis gewann. Bis zur Auswanderung der Familie 1850 fertigten die Steinwegs 482 Klaviere.

In New York florierte das Geschäft schnell. 1859 konnte das Unternehmen bereits 500 Klaviere im Jahr verkaufen. Im Jahr darauf baute die Familie eine große Fabrik an der 52. Straße. Es folgte die Eröffnung eines Verkaufshauses mit angeschlossener Konzerthalle, der ersten Steinway Hall am Union Square. Über 30 Jahre lang sollte sich da das Musikleben der Stadt abspielen – bis zur Eröffnung der Carnegie Hall. Mit dem Bau neuer Produktionsstätten 1870 in Queens expandierte das Klavierhaus weiter. William Steinway, einer der Söhne, der die kaufmännische Leitung übernommen hatte, schuf dort auch gleich eine Arbeitersiedlung, Steinway Village, mit eigener Kirche, Schule, Bücherei, Feuerwehr und Post.

»Piano wie eine Nachtigall« Nach dem Tod von Henry Engelhardt Steinway 1871 übernahmen William und sein Bruder Theodore die Firma. Theodore war für die Konstruktion des bahnbrechenden Steinway-Flügels zuständig. Seine Ideen und Entwicklungen sollten ihn zum Schöpfer des modernen Konzertflügels machen. Höchste Anerkennung wurde dem genialen Klavierbaumeister von allen Seiten zuteil: »Ihr Piano ist wie eine Nachtigall, die im Gewittersturm singt«, lobte der Komponist Giacomo Rossini. Bruder William widmete sich der Aufgabe, das Instrument nun auch unter die Leute zu bringen. Steinway sollte nicht nur qualitativ die Nummer eins werden. Wer einen Steinway zu Hause stehen hatte, so Williams Marketingstrategie, beweise damit, den sozialen Aufstieg gemeistert zu haben. Mit so genannten »Testimonials« sollte dieser Weg markiert werden: Bedeutende Künstler wurden gebeten, anerkennende Worte über das Instrument zu verlieren, und sei es auch nur den knappen Satz: »Ich spiele Steinway.« Entsprechend wurde besonderer Wert auf eine umfassende Künstlerbetreuung gelegt – bis hin zur Erfüllung der absonderlichsten Wünsche, die mit dem Klavierspielen nichts mehr zu tun hatten. Wenn ein Pianist irgendwo seinen Koffer vergessen hatte – die Steinway-Agentur trieb ihn wieder auf. Umgekehrt nutzten manche Künstler diese Beflissenheit zu eiskalter Erpressung. So verlangte Vladimir Horowitz auf einer Tournee in Europa einen neuen Flügel und drohte unverhohlen, bei Ablehnung seines Wunsches auf einem Instrument der Konkurrenz zu spielen. Doch alles in allem zahlte sich die fürsorgliche Betreuung aus. Die Künstler standen treu zu ihrer Marke und waren bereit, das auch öffentlich zu bekunden. So konnte das Unternehmen guten Gewissens den Slogan vom »Instrument der Unsterblichen« kreieren. Zu denen gehörten u. a. Richard Wagner, Gustav Mahler, Arturo Toscanini, Wilhelm Kempff, Glenn Gould und Claudio Arrau, Duke Ellington und Cole Porter. Aktuell führt das Klavierbauunternehmen über 1000 Pianistinnen und Pianisten als »Steinway Artists«.

1915 stellte Steinway über 6500 Instrumente her, die höchste Zahl in der Firmengeschichte. In den 30er Jahren änderte sich das allerdings. Man sah sich gezwungen, zunächst die Löhne zu kürzen und dann die Fabrik sogar für anderthalb Jahre zu schließen.

Im Krieg zwischen zwei Stühlen Im Zweiten Weltkrieg musste die Instrumenten-Produktion fast völlig zurückgefahren werden. Man überbrückte die Zeit mit der Herstellung von Gewehrschäften, Stockbetten und baute im Regierungsauftrag hölzerne Lastensegler. Erschwerend kam hinzu, dass die Steinways in New York als Deutsche und damit als verdächtig galten. Einige Konkurrenten versuchten gar, daraus Profit zu schlagen, und forderten zum Boykott auf: »Kauft nicht bei diesen Nazis!« Als Reaktion darauf hängten die Steinway-Brüder amerikanische Flaggen ins Schaufenster sowie Bilder ihrer Söhne, die in der US-Armee dienten. In Deutschland wiederum, wo man seit 1880 mit einer Fabrik in Hamburg vertreten war, denunzierten die Nazis die Familie als amerikanische Juden. Da der Berliner Konkurrent Bechstein den »Flügel des Führers« geliefert hatte, taten sich andere Klavierbauer ohnehin äußerst schwer auf diesem Markt. Mit dem Kriegseintritt der USA kam das endgültige Aus für das deutsche Geschäft. Das Sortiment fiel nun in die Kategorie Feindesvermögen.

Nach dem Krieg trug die Hamburger Niederlassung, die Europa und (aus amerikanischer Sicht) den Rest der Welt beliefert, zur Stabilisierung des Unternehmens bei. Doch in den USA schwächelte der Markt, und am Horizont tauchten Konkurrenten auf, die langfristig nicht zu schlagen sein würden: die japanischen Klavierbauer. Gründerenkel Henry Z. Steinway, der 1955 Präsident der Firma geworden war, konzedierte zwar: »Sie haben das Geschäft ganz allgemein belebt.« Doch für einen reinen Familienbetrieb bedeutete diese Konkurrenz den Tod. Man begab sich in den Schoß des Medienriesen CBS.

Geblieben sind der hohe Qualitätsmaßstab und die damit verbundene ganz spezielle Aura der Manufaktur: 80 Prozent der Produktion sind reines Handwerk, und ein Flügel besteht immer noch aus 12 000 Einzelteilen. Beim Bau werden ausschließlich Massivhölzer verwendet, die vor der Verarbeitung zwei Jahre lang trocknen. Bis ein Flügel fertig gestellt ist, vergeht ein Jahr. Daher produziert die Firma, die mit ihrem zweiten Käufer Selmer zur Steinway Musical Instruments Inc. mit Sitz in Waltham (Massachusetts) verschmolz, gerade mal 3000 Instrumente pro Jahr – bei einer gut 150-jährigen Geschichte ergeben das insgesamt nur rund 570 000 Klaviere. Der Preis für einen Flügel variiert heute zwischen 44 000 und knapp 100 000 Euro.

Vor den Wettbewerbern braucht Steinway (Marktanteil: 87 Prozent) keine Angst zu haben. Die größte Bedrohung kommt paradoxerweise aus dem eigenen Haus, aus der Abteilung »Gebrauchte Pianos«. Schließlich werden die Instrumente häufig 100 Jahre alt. Auf jedes verkaufte neue Klavier der Marke kommen in Amerika zwei bis drei gebrauchte. Deshalb ist man vor einigen Jahren selbst in das Geschäft mit Gebrauchtklavieren eingestiegen.

In Deutschland verkauft das Unternehmen zehn Prozent seiner Klaviere. Zum Hamburger Werk kommen Geschäfte ebenfalls in der Hansestadt, in München und Berlin.

SWAROVSKI

Die Firmengeschichte beginnt mit der Erfindung einer Schleifmaschine, die in großer Zahl Schmuck- und Kristallsteine bester Qualität herstellen kann. Ihr Erfinder war Daniel Swarovski (1862–1952). 1895 zog er mit seiner Familie von Böhmen nach Wattens in Tirol. Dort errichtet er mit seinen drei Söhnen Wilhelm, Friedrich und Alfred eine Fabrik zur Gewinnung von Rohmaterial für Kristall. Einige Jahre später gelang es ihm mit Hilfe eigens entworfener Schmelzöfen Kristall von makellosem Glanz zu produzieren. Schwerpunkte der Firma waren zunächst Schmucksteine, Beleuchtungssysteme und Reflektoren für den Straßenverkehr.

Sohn Wilhelm Swarovski, der bereits mit 17 Jahren eigene Schmelzversuche unternahm, begann 1935 mit der Herstellung optischer Gläser. Kurz darauf entwickelte er sein erstes

Fernglas. Damit war der Optik-Bereich der Firma S. geboren. Aus Platzgründen wurde diese Sparte, die heute Brillen- und Ferngläser, Teleskope und viele weitere feinmechanische Optikgeräte herstellt, ins nahe gelegene Absam in die »Fabrik im Walde« verlegt. Sie gehört inzwischen zu den international führenden Herstellern von Fernoptik.

Daneben lebt jedoch die Sparte Schmucksteine weiter: Die Brüder Manfred und Daniel Swarovski – die dritte Generation – trieben den Ausbau des Unternehmens zum weltweit größten Erzeuger von Glasstein und Kristallglas voran. Dabei wurde S. für seine handgefertigten, edlen Kristallfigürchen bekannt. Sie werden inzwischen über eigene Boutiquen vertrieben. Die Kristalle aus Tirol haben auch vielfältige Verwendung in den Bereichen Mode, Schmuck, Beleuchtung und sogar Kosmetik gefunden. Forciert wird diese Aktualisierung der Marke von der Ururenkelin des Firmengründers, Nadja Swarovski-Adams, die das Image der Marke in Richtung Topdesign trimmt, und Strasssteinchen von S. auf Designerroben, Brillengestelle und sonstigen Schmuck aufbringen lässt.

S. ist nach wie vor ein Familienunternehmen – mit sage und schreibe 60 Familiengesellschaftern. 16 davon sind im Management des Hauses tätig, angeführt von einem Vertreter der fünften Generation, dem 31-jährigen Markus Langes-Swarovski als Vorstandssprecher. Das operative Geschäft führt als Vorstandsvorsitzender Helmut Swarovski. Ob seine als »hip« bezeichnete Tochter ihm eines Tages nachfolgt, dabei werden, wenn es so weit ist, viele Verwandte ein Wort mitreden.

SYLT

An der »Königin der Nordsee« erhitzen sich die Gemüter. Das war immer so. Sie lässt kaum jemanden gleichgültig.

Schon gar nicht die glühenden Verehrer, die Jahr für Jahr wiederkommen, nach dem Urlaub die Tage zählen, bis es erneut so weit ist, und sich, damit die Menschen im Rest der Welt an ihrer Liebe teilhaben können, Sylt-Abzeichen ans Auto kleben. Auch nicht die Gegner, die häufig aus der Gruppe der enttäuschten Liebhaber kommen und ebenfalls hochgradig emotional argumentieren: »Da fährt man doch heute nicht mehr hin!« – »Keine Exklusivität mehr!« – »Immer dieser Wind!« – »Die umständliche Anreise!« Auch die Leute, die Sylter Boden noch nie betreten haben, äußern wortreich ihre teils fantastischen, teils abenteuerlichen, teils katastrophen-getränkten Vorstellungen: Sündenbabel der Schönen, Reichen und Berühmten. Dolce Vita am Strand und in den Dünen. Die Nackten. Raffgierige Insulaner, unverschämte Preise. Stürme, peitschender Regen, gierige Wellen, die den sandigen Grund Quadratmeter für Quadratmeter abtragen – bis zum nicht mehr fernen, in vielen Horrorszenarios düster beschworenen Untergang.

Alle denkbaren Sylter Impressionen sind seit über hundert Jahren, als die ersten Badegäste in Westerland aufkreuzten, in unzähligen Buch- und Zeitungsveröffentlichungen geschildert worden: von der Ergriffenheit bis zur Leidenschaft, von der glühenden bis zur enttäuschten Liebe, vom Aufjauchzen der Seele bis zum Zorn über das unbeständige Wetter. Die seit dem Bau des Hindenburgdammes 1927 mit dem Festland verbundene Insel allumfassend zu erklären, ihre eigentümliche Faszination auf Mensch und Organismus in originelle Worte zu kleiden – hunderte von Schriftstellern und Poeten haben sich daran versucht, mehr oder weniger erfolgreich.

Der Lübecker Thomas Mann beispielsweise, der 1921 zum ersten Mal auf Sylt weilte und in Wenningstedt wohnte. Der Abkömmling der vergleichsweise friedlichen Ostsee war von der rauen Nordsee seelisch dermaßen aufgewühlt, dass er der Insel, im 1924 erschienenen »Zauberberg«, zu ihrem bis heute bedeutendsten literarischen Zeugnis verhalf: »Auf Sylt hatte er, in weißen Hosen, sicher, elegant und ehrerbietig, am Rande der mächtigen Brandung gestanden wie vor einem Löwenkäfig, hinter dessen Gittern die Bestie ihren Rachen mit den fürchterlichen Reißzähnen schlundtief ergähnen ließ. Dann hatte er gebadet, während ein Strandwärter auf einem Hörnchen denjenigen Gefahr zublies, die frecherweise versuchten, über die erste Welle hinauszudringen, dem herantreibenden Ungewitter auch nur zu nahe zu kommen, und noch der letzte Auslauf des Katarakts hatte den Nacken wie Prankenschlag getroffen.« 1927, in einem Brief an seinen Bruder Heinrich, gab sich Thomas Mann dann etwas abgeklärter: »Die Reize dieser Insel sind karg und keusch und lenken den Sinn auf Grog.« Dafür lief der große deutsche Dichter dann im Gästebuch seiner Kampener Herberge Kliffende wieder zu Hochform auf: »Nicht Glück oder Unglück – der Tiefgang des Lebens ist es, worauf es ankommt. An diesem erschütternden Meere habe ich tief gelebt, und was es aufregte, das wird, gebe es Gott, irgendwie einmal ehrenhaft fruchtbar werden.«

Kampener Sünden »Buhne 16« kannte Thomas Mann noch nicht. Das Areal am Nacktbadestrand von Kampen galt in den 50er und 60er Jahren als Sylter Sündenpfuhl schlechthin. Zahllose Illustriertenartikel beschäftigten sich mit dem angeblich zügel- und schamlosen Treiben der urlaubenden Wirtschafts-, Film- und Medienprominenz. Fast alle, die in Deutschland Rang und Namen hatten, waren irgendwann mal hier. In lauschigen Nächten, bei Vollmond und Champagner, sollen die wüstesten Feste abgegangen sein. Von diesem Ruf zehrt die Inselgemeinde heute noch, obwohl er der Realität nicht einmal mehr ansatzweise entspricht. Denn die alte Kampener Protznummer ist längst megaout. Ein blutiger Anfänger, der da meint, ein heißer Schlitten und die dazu passende Superbraut reichten schon aus, um Eindruck zu schinden. Zwar ist es noch nicht so weit, dass an der legendären »Whiskymeile« nur Twingos und Smarts stehen. An einem schönen Augustnachmittag des Jahres 2005 zählten wir einen Rolls-Royce, zwei Jaguare, vier fein rausgeputzte Oldtimer, Porsches im knappen Dutzend und einen Ferrari. Doch im Unterschied zu früher ist das schicke Auto in Kampen längst kein Thema mehr. Man hat es eben und macht kein Theater darum. Wer sich mit seinem Luxuswagen wichtig tut, fällt unangenehmer auf als ein Mopedfahrer.

Denn seit die Zugvögel der ➛ Schickeria sich mehr und mehr nach Mallorca (➛ Mallorca und Ibiza) oder noch weiter weg orientieren, ist auf S. das aufgeregte Gekreische und lärmende Imponiergehabe von einst deutlich abgeklungen. Die Angeber machen sich rarer. Dies liegt auch daran, dass weniger Alkohol getrunken wird als früher. Die großen Sauforgien, die noch in den 60er und 70er Jahren für das Draufgänger-Image des Ferienparadieses sorgten, sind weitgehend passé. Den größten Umsatz machen viele Wirte mit Mineralwasser. Der »Kurgast«, wie er von den Einheimischen (21 000 Einwohner) genannt wird, ist ruhiger geworden, entspannter, unaufgeregter. Fast ein halbes Jahrhundert nach dem Wirtschaftswunder fühlt er offenbar nicht mehr die drückende Beweisnot darzustellen, was für ein toller Hecht er ist.

Nichts für arme Schlucker Das soll freilich nicht heißen, dass auf S. in aller Stille eine Art Demokratisierungsprozess eingesetzt hätte. Angesichts der stetig steigenden Preise, die teilweise die Grenze zum Skandalösen überschritten haben, lässt sich nicht gerade behaupten, dass die Ferieninsel neuerdings den Einkommensschwachen offen stünde. Arme Urlauber gibt es auf S. nicht. Die Ferieninsel gehört nach wie vor den Wohlhabenden, wobei das Wort »gehören« durchaus wörtlich zu nehmen ist. Immer mehr gut betuchte Sylt-Liebhaber, vorwiegend aus Hamburg, Berlin und dem Revier zwischen Rhein und Ruhr, immun geblieben gegen die Verlockungen des Mittelmeeres und anderer Sonnenparadiese auf dieser Welt, wollen nicht nur zu Besuch kommen. Sie wollen auch besitzen. Selbst die übelsten Preistreibereien von Eigentümern oder Vermittlern örtlichen Bodens und der darauf befindlichen Immobilien schrecken sie nicht ab. S. ist inzwischen das teuerste Pflaster der Republik.

Take Five

Der erste Millionenhit des Jazz. Renner in Musikboxen. Erkennungsmelodie zahlloser Kultursendungen im Fernsehen. Auch beliebt bei der Eröffnung einer Vernissage mit moderner Kunst. Oder zum Auftakt einer Dichterlesung im Literaturhaus. Kein Wunder, dass der Jazzpurist, der reinen Lehre ohne oberflächliche Berieselung und ohne Werbechic verpflichtet, manchmal die Nase rümpft. Das ist ihm alles zu kommerziell, zu populär. Kann doch kein richtiger Jazz sein!

Ist es aber, und was für einer! Jazz von der erlesenen Sorte, gleichzeitig mitreißend und vergeistigt, höchsten musikalischen Ansprüchen genügend und doch volkstümlich. Nur wer kommerziellen Erfolg automatisch mit künstlerischer Plattheit gleichsetzt, wird leugnen, dass »Take Five« ein Meilenstein in der Geschichte des Jazz ist. Verständlich, dass Dave Brubeck, der verschmitzte alte Indianer, in allen Konzertsälen dieser Welt Begeisterungsstürme entfesselt, wenn er auf dem Flügel die charakteristische, gut gelaunt rumpelnde Einleitung auch nur andeutet. Ein Ruck geht dann jedes Mal durch das Publikum. Die Spannung weicht aus den Körpern. Eine seltene Verzückung bemächtigt sich der Gesichter. Alles um einen herum beginnt zu swingen.

Der weit verbreiteten Annahme zum Trotz war es aber gar nicht Brubeck, der diesen intellektuellen Gassenhauer komponiert hat. Es war Paul Desmond, Altsaxofonist in Brubecks legendärem Quartett, dem noch Joe Morello (Schlagzeug) und Gene Wright (Bass) angehörten. In dieser Formation wurde das Stück 1959 auf Platte gebannt, und zwar zunächst auf eine LP. Deren Titel »Time Out« ließ eine doppelte Interpretation zu. Man konnte ihn einerseits als Aufforderung verstehen: mal ein bisschen raus auf die Szene und gute Musik hören! *Time*, das ist unter Musikern aber auch die Taktzeit. Und hier, auf dieser Langspielplatte, befanden sich lauter Stücke, wo die herkömmlichen Taktmuster außer Kraft gesetzt waren, *time out* eben. Hier gab es weder den walzerähnlichen 6/8-, noch den altbewährten 4/4-Takt. Take Five, das stellte sich rasch heraus, war das Paradestück des Albums, weshalb es alsbald als Single ausgekoppelt wurde. Wie der Name schon nahe legt, war es ein 5/4-Takt, der als Namensgeber stand: ein recht vertrackter Takt, der schon unzähligen Nachwuchsmusikern mit dem Mut, sich auf diesen Standard einzulassen, schier den Verstand geraubt hat. Ein Doppelsinn übrigens auch hier, denn *to take five* heißt im Musikerjargon auch Pause machen.

Ein Hit fürs Rote Kreuz Desmond, dessen butterweiches, flötenähnliches Timbre auf dem Alt dem Hit seine unverwechselbare Note gab, starb 1977, viel zu früh, erst 52 Jahre alt. Da er seinen Tod kommen sah und keine Angehörigen hatte, setzte er das Rote Kreuz zum Alleinerben ein. So fließen die üppigen Tantiemen, die sein Dauerbrenner abwirft, bis heute auf das Konto der Organisation, was ihm dort einen ewigen Ehrenplatz beschert hat. Dave Brubeck, inzwischen über 85, weiß, was er seinem Publikum und seinem toten Kameraden schuldig ist: Jeder neue Bläser, der mit ihm auf Tournee geht, muss ran, ob er will oder nicht. Natürlich will er, denn so viel Beifall (falls er seine Sache gut macht) wird er so schnell nicht wieder bekommen.

Im Studio hat Brubeck den Klassiker nicht noch einmal aufgenommen. Wohl aber gibt es einige hörenswerte Live-Mitschnitte, beispielsweise einen von 1972 (als Desmond also noch lebte) mit dem Baritonsaxofonisten Gerry Mulligan (Titel der LP/CD: »The Last Set At Newport«).

TAPAS

Wer jemals am späten Nachmittag in einer spanischen Tapas-Bar kleine Köstlichkeiten verzehrt, dazu zwei Glas Wein getrunken, sich dabei heiter bis aufgekratzt unterhalten und anschließend in der Abendsonne einen kräftigen Schub Optimismus gespürt hat, der ist diesem gastronomischen Genre für immer verfallen. Tapas ist so spanisch wie Stierkampf, wenngleich für unsereinen weit weniger gewöhnungsbedürftig und blutrünstig. Logisch, dass viele Gespräche in der Tapas-Bar um eben den Stierkampf kreisen. Es kann aber genauso gut um Real Madrid, den FC Barcelona, das spanische Königshaus oder die Weinernte gehen. Nur eines ist unvorstellbar: Schweigen. Eine schmackhaftere und gleichzeitig kommunikativere Art, den Arbeitstag ausklingen zu lassen, gibt es wohl nirgends auf der Welt.

Kein Wunder, dass zugereiste spanische oder einfallsreiche deutsche Gastronomen in schöner Regelmäßigkeit versuchen, die Sitte auch in Deutschland einzuführen, besonders in Großstädten. Doch die Sitten und Gebräuche anderer Länder lassen sich nun mal nicht so einfach importieren. Nach kurzer Neugierphase erlahmt meistens das Interesse.

Was der Einführung der Tapas-Kultur hierzulande vollends entgegensteht, sind die unterschiedlichen Gewohnheiten beider Völker beim Abendessen. Der Deutsche tafelt ungern später als 20 Uhr, auf der Iberischen Halbinsel kann es 21.30 Uhr werden, bis man sich am Tisch niederlässt. Und weil es kein Mensch so lange mit knurrendem Magen aushält, hat der Spanier die schöne Sitte der Zwischenmahlzeit erfunden.

Eigentlich war's der Andalusier. Wer es genau wissen will, sollte sich in die älteste Wirtschaft der Provinzhauptstadt Sevilla begeben, in das »El Rinconcillo«, gegründet 1670, heute bekannt für die Spezialität Spinat mit geräuchertem Schinken und Kichererbsen. Dort, so will es die Legende, legte der Wirt einst eine Art Deckel (auf Spanisch: *tapas*) auf die Weingläser, damit keine Fliegen hineinfallen konnten. Aus dem Deckel wurde alsbald eine Scheibe Brot, und das Brot muss dann irgendwann irgendjemand mit einer Scheibe Wurst, zwei, drei Oliven, einer Sardelle oder einer viertel Avocado garniert haben. Ein Brauch war geboren.

Heute bietet eine gute Tapas-Bar alles, was das Genießerherz begehrt: Geflügelkeulen, Pilze jeder Art, Kartoffelsalat, Fleischbällchen in Tomatentunke mit Knoblauch, Meeresgetier in sämtlichen Variationen und Darreichungsformen. Und da das alles nicht mehr auf ein Weinglas passt, wird mittlerweile auf einem Teller serviert.

TEA-TIME

Natürlich genießt auch der Ostfriese seine Teemischung mit »Kluntjes«, haben die Russen ihr Tee-Zeremoniell, von den asiatischen Kulturen gar nicht zu reden. Doch die britische Teekultur ist mit nichts zu vergleichen. Weit über 170 Millionen Tassen trinken die Engländer pro Tag; man kann das Getränk mit Fug und Recht das Lebenselixier der Briten nennen. Nur die Iren sollen noch mehr Tee trinken, legen aber nicht so viel wert auf das Zeremonielle.

Die Leidenschaft ist noch gar nicht so alt. Als das Getränk Mitte des 17. Jahrhunderts zum ersten Mal ins Vereinigte Königreich kam, waren die Engländer noch ausgemachte Kaffeetrinker. Die wild wachsenden Teesträucher der Pflanze *Camelia sinensis* waren in China entdeckt worden, und das Getränk, das man daraus gewinnen konnte, genossen als erste Europäer die Niederländer. Nachdem die Engländer zunächst in China die Geheimnisse des Teeanbaus ausspioniert und dann herausgefunden hatten, dass der Anbau in der eigenen Kolonie Indien ebenfalls funktionierte, begannen auch sie mit dem Import.

Nur die Wohlhabenden konnten sich den Tee zunächst leisten, so teuer war er. Hausbediensteten war es untersagt, ihn zu trinken – ja, sogar ihn zuzubereiten. Nur die Utensilien durften sie an den Tisch bringen. Den Rest besorgte die Hausherrin. Diese Tradition hat sich bis heute gehalten. Bei einer Afternoon-Teaparty nehme man Abstand davon, sich selbst ein- oder nachzuschenken. Das obliegt einzig und allein der Gastgeberin. Erst ab 1783, als die enorm hohen Steuern gesenkt wurden, war Tee auch für die Mittelschicht erschwinglich. Und dann begann er seinen Siegeszug quer durch alle Klassen und Schichten.

Vorher jedoch schrieb der Tee noch Weltgeschichte. Denn Britannien, als Empfänger auf die Kolonien im Osten angewiesen, versorgte seinerseits die Kolonien im Westen mit Tee. Dabei leistete die Raffgier der Behörden einem revolutionären Ereignis Vorschub. Der Tee kam nämlich aus China oder Indien zuerst in England an und wurde dann nach Nordamerika verschifft. Dies nahm man zum Anlass, doppelt Steuern zu kassieren, erst in England, dann in Amerika. Dort wurde die britische Abgabe- und Steuerpolitik ohnehin als extrem ungerecht empfunden, weshalb es bereits gefährlich gärte und brodelte. Dann, am 17. Dezember 1773, kam es zum Knall: Das war der Tag, an dem sich im Hafen von Boston die Empfänger weigerten, eine Schiffsladung Tee aus England zu löschen. Als Indianer verkleidete Kolonisten (die Kostümierung war ein perfider, wenn auch wirkungsloser Trick, um die erwartete Vergeltung auf die Ureinwohner zu lenken) warfen 342 Kisten mit teurem Tee ins Wasser; eine tollkühne Tat, die als »The Boston Teaparty« in die Geschichte einging. Zugleich begann eine konfliktreiche Phase, an deren Ende die Engländer die Herrschaft in Nordamerika abgeben mussten. Drei Jahre nach der Boston Teaparty erfolgte die Unabhängigkeitserklärung der Vereinigten Staaten von Amerika.

Unantastbare Bräuche Zurück nach England. Der Tee wurde, wie gesagt, zum Volksgetränk. Und es bildeten sich die Bräuche heraus, die bis zum heutigen Tag unantastbar sind. Die erste Teestunde beginnt oftmals im Bett: mit dem *early morning tea.* Es folgt ein meist opulentes Frühstück, das aus Spiegeleiern, Frühstücksschinken, Bohnen, gebratenen Champignons und Tomaten, Würstchen, Toast, manchmal sogar Fisch bestehen kann; dazu trinkt man mehrere Tassen *breakfast tea.* Während der Arbeit gibt es dann mindestens zwei *tea breaks:*

eine am Vormittag, eine nachmittags. Nicht immer war das so selbstverständlich wie heute. Im 19. Jahrhundert mussten die Arbeiter in den Fabriken erst streiken, bis ihnen dieses Recht zugestanden wurde.

Einer gewissen Lady Bedford, natürlich über jeden Verdacht erhaben, die Verhältnisse in den Fabriken gekannt zu haben, wird eine teehistorische Pioniertat sondergleichen zugeschrieben. Sie erfand – um 1840 soll das gewesen sein – den *afternoon tea*, auch *five o'clock tea* genannt. Was sie antrieb, war dieses kleine Hungergefühl, dieses Bedürfnis nach Belebung der Lebensgeister zwischen Lunch und Dinner. *Das* Ritual der englischen Teekultur war geboren: sich um Punkt fünf auf ein Tässchen Tee oder zwei zu treffen, serviert in edlen Silberkannen und feinstem Porzellan. Dazu Sandgebäck, Gurkensandwiches oder Scones genannte weiche Teebrötchen. Speziell die Oberschicht zelebriert diese Zwischenmahlzeit immer noch mit Leidenschaft, unterkühlter Leidenschaft, versteht sich. Auch die Queen, so wird berichtet, unterbricht täglich um 17 Uhr ihre Arbeit und genießt ihre Teestunde. Der *high tea*, eine Art vorgezogenes Abendbrot, zu dem Sandwiches mit Cheddar, Fleisch, Wurst, Ei oder Räucherlachs gehören, ist ebenfalls ein Ritual, wenngleich heutzutage nicht mehr ganz so stramm institutionalisiert. Da kommt manchmal die Dinnerplanung in die Quere.

In der zweiten Hälfte des 18. Jahrhunderts kam in England das Open-Air-Teetrinken in Mode. Was in Deutschland der

Biergarten, war auf der Insel der *teagarden:* Man genoss seinen Tee mit Orchestermusik. Für Frauen ergab sich damit erstmals die Gelegenheit, sich öffentlich zu verabreden. Gegen einen pauschalen Eintritt konnte man so viel Tee trinken wie man wollte. Teegärten in dieser Form gibt es heute kaum noch, aber einige Traditionen des Teetrinkens unter freiem Himmel haben sich gehalten.

Rendezvous beim »Tanztee« Ein weiterer sehr liebenswerter Brauch, der vorübergehend auch in Deutschland gepflegt wurde, und sei es nur partiell durch die Verwendung des Namens, hat mit dem Nationalgetränk zu tun: der Tanztee. 1908 wurde er zum ersten Mal im Londoner Waldorf Hotel veranstaltet: nachmittägliches Tanzen bei Tee und Gebäck zur Musik einer Kapelle. In den 20er Jahren wurde das die große Mode. Die noblen Hotels, vor allem in den Seebädern, baten zum Tanztee. In ausgesuchten Häusern wie beispielsweise dem Londoner Savoy pflegt man diesen Brauch noch heute.

Um auf den Tee selbst zurückzukommen: Zu den unterschiedlichen Tageszeiten verlangt er eine unterschiedliche Zubereitung. Die Mischung für den Frühstückstee ist weniger subtil als die des Fünfuhrtees, ganz abgesehen davon, dass man sich für Zubereitung und Genuss am späten Nachmittag wesentlich mehr Zeit nimmt.

Auch wenn der Vormarsch des Teebeutels selbst in England nicht mehr zu stoppen ist – immer noch ist auf der Insel die klassische Methode des Aufgießens beliebt: Der Schwarztee wird lose in die Kanne gegeben und mit kochendem Wasser übergossen. Die Teeblätter bleiben bis zur letzten Tasse in der Kanne. Dadurch wird der Tee immer bitterer und sehr stark. Also stellt man noch eine weitere Kanne mit heißem Wasser daneben, sodass immer wieder verdünnt werden kann. In England werden hauptsächlich kräftige Teesorten konsumiert, meist Assam und Ceylon, aber auch der blumige Darjeeling findet Liebhaber. So hochwertige Tees, wie man sie neuerdings in deutschen »Tee-Kontoren« verkauft, sind in England jedoch eher die Ausnahme.

Und dann wäre da noch von einem berühmten Streit zu berichten, der damit zusammenhängt, dass die meisten Engländer ihren Tee mit Milch trinken. Damit das kochend heiße Getränk das damals noch sehr zarte Porzellangeschirr nicht zerplatzen lässt, hat man früher die Milch zuerst in die Tasse gegeben – der vorbeugenden Kühlung wegen. Heute hält das Porzellan mehr aus, weshalb viele sagen: erst der Tee, dann die Milch. Da zieht sich ein tiefer Graben durch das Vereinigte Königreich. Hier die Fraktion MIF *(milk in first)*, dort die Anhänger der Bewegung TIF *(tea in first)*. Königin Elisabeth II. schenkt erst Tee ein, gibt dann Milch dazu, hört man aus dem Buckingham Palast.

TIFFANY

Der legendäre New Yorker Juwelier und Silberschmied Charles Louis Tiffany (1812–1902) konnte nicht ahnen, welchen ungeahnten Aufschwung der ohnehin schon hohe Bekanntheitsgrad seiner Marke durch Truman Capotes Roman »Frühstück bei Tiffany« erfahren würde. Es war vor allem die Verfilmung dieses in den letzten Kriegsjahren spielenden Romans mit Audrey Hepburn, die den Namen seines Geschäfts in die entferntesten Länder trug. Präsidenten, Könige und alle amerikanischen Millionäre sowieso zählten und zählen zu den Kunden des Hauses Tiffany. Noch heute ist T. für seinen millionenschweren

Schmuck und seine ebensolche Kundschaft bekannt; und doch macht das Haus den größten Umsatz mit Artikeln, die um die 100 Dollar kosten, wie etwa die populäre Elsa-Peretti-Silberkette.

Am 18. September 1837 hatten die beiden aus New England stammenden Freunde Charles Louis Tiffany und John B. Young sich einen lang gehegten Traum erfüllt und mitten in New York City, am Broadway, ihr eigenes Geschäft für Luxusartikel eröffnet. Sie nannten es »Tiffany & Young« und starteten mit zwei visionären Marketingideen: Zunächst statteten sie alle Artikel mit einem Festpreis aus, über den nicht verhandelt werden konnte; das war in jenen Tagen revolutionär. Sodann beschlossen sie, dass ein bestimmter Farbton das Unternehmen symbolisieren sollte. Den von ihnen gewählten Blauton trugen von diesem Moment an alle Verpackungen, Schachteln, Einkaufstüten und Kataloge. Das »Tiffany Blue« ist noch heute ein eingetragenes Warenzeichen.

1851, zwei Jahre bevor die Firma in »Tiffany & Co.« umbenannt und Charles Tiffany alleiniger Geschäftsführer wurde, begann die Firma für ihre inzwischen berühmten Silber-Designobjekte ausschließlich 925/1000-Sterling-Silber zu verarbeiten. 1861 dann gewissermaßen der Ritterschlag: der erste Auftrag aus dem Weißen Haus. Zur Amtseinführung von Abraham Lincoln als Präsident der Vereinigten Staaten entwarf T. einen Silberkrug. Es sollte nicht die letzte Auftragsarbeit für einen amerikanischen Präsidenten bleiben.

1877 wurde in den südafrikanischen Diamantfeldern ein besonders großer gelber Diamant mit 287,42 Karat gefunden. Im Jahr darauf erwarb ihn Charles Tiffany und beauftragte seinen Gemmologen (Edelsteingutachter und -experte), den Schliff dieses Rohdiamanten zu überwachen. Nach dem Schliff hatte der Diamant 128,54 Karat und 90 Facetten, also 32 Facetten mehr als der bis dahin traditionelle Diamantschliff (➛ Diamanten). Dieser »Tiffany Diamond« ist heute im ersten Stock des seit 1940 in der Fifth Avenue ansässigen Hauses T. zu besichtigen. Für besondere Aufmerksamkeit sorgte auch der Erwerb einiger französischer Kronjuwelen im Jahre 1887, was eine gewaltige Presseresonanz auslöste.

Der Sohn und die Glasmalerei Der Name T. besitzt aber noch eine zweite Dimension. Der Sohn des Gründers, Louis Comfort Tiffany (geboren 1848), wollte partout nicht in das väterliche Geschäft eintreten. Er fühlte sich vielmehr zur Malerei hingezogen, nahm Kunstunterricht und reiste ausgiebig durch Europa, Nordafrika und den Mittleren Osten. Die östliche Ornamentik und Elemente der maurischen Kunst und Architektur faszinierten ihn. Glasmalereien, Kirchenfenster, eigentlich alles aus Glas, fanden sein besonderes Interesse. Zurück in Amerika, begann Louis Comfort Tiffany mit Glasmosaiken zu experimentieren. 1889 gründete er die Tiffany-Studios, die Glasmalereien für Kirchen- und Synagogenfenster, aber auch Wohnhäuser herstellten.

Einen entscheidenden Impuls für seine Arbeit erhielt Tiffany jr. durch Thomas Alva Edisons Erfindung der Glühbirne. Sie inspirierte ihn zur Kreation von Glaslampenschirmen, die aus farbigen, bleigefassten Glasstücken bestanden und dem Licht zauberhafte Reflexe entlockten. Der Farbreichtum des damals populären ➛ Jugendstils mit seinen vielen floralen, der Natur entlehnten Motiven machte ihn schnell bekannt. Daneben gestaltete er Möbel, Spiegel, Keramik und Schmuck. Zum Star der amerikanischen Innenarchitekten wurde er, als er 1873 den Auftrag erhielt, für 15 000 Dollar die Repräsentationsräume des Weißen Hauses in Washington neu zu gestalten. Tageszeitungen und Magazine druckten seine Entwürfe und Pläne. Es war eine perfekte Werbung mit positiven Folgen: Bedeutende Zeitgenossen wie Mark Twain, Andrew Carnegie oder Cornelius Vanderbilt bestellten ihre Hauseinrichtungen bei dem als Künstler hochgeachteten Juwelierssohn, der heute als der bedeutendste Vertreter des amerikanischen Jugendstils gilt.

Als 1902 der Gründer des Hauses T. starb, hinterließ er seinem Sohn ein Millionenerbe. Louis Comfort, der an Tiffany & Co. bis dato nicht beteiligt gewesen war, wurde Vize-Direktor und künstlerischer Leiter. Die Studios und das Stammhaus wurden zu einer geschäftlichen Einheit zusammengelegt. 1918, als er 70 war, zog sich Tiffany, Vater dreier Töchter, die alle eigene Wege gingen, aus dem Unternehmen zurück und gründete eine Stiftung zur Förderung junger Künstler. Die Jahre bis zu seinem Tod 1933 verbrachte er auf seinem Landsitz auf Long Island, wo er sich wieder der Malerei sowie dem Sammeln ostasiatischer und indianischer Kunst zuwandte. Das Stammhaus T. ist heute eine an der New Yorker Börse registrierte Aktiengesellschaft. In vielen Ländern der Welt gibt es Filialen mit insgesamt 7000 Mitarbeitern.

TISCHORDNUNG

Manche Gastgeberin brütet tagelang über der zunächst unlösbar scheinenden Aufgabe. Der Verzweiflung nahe, würde sie zwischendurch am liebsten das Fest absagen und alle Gäste wieder ausladen. Doch tapfer zerreißt sie ein weiteres Mal ein großes Blatt Papier – mittlerweile das neunte oder zehnte – und fängt noch mal von vorn an. Irgendwie müssen sich die Leute doch optimal kombinieren lassen. Wäre doch gelacht.

Es ist die Frage aller Fragen vor der festlichen großen Abendeinladung zu Hause oder im Restaurant, dem großen Dinner, der Feier des runden Geburtstags, mindestens ebenso wichtig wie Speisenfolge und Wahl der Getränke. Wie platziert man sie: Freunde, Kollegen, Verwandte, Menschen, die man lange nicht gesehen hat, solche, die »mal wieder dran« sind, Partyprofis und Partyneulinge, Alleinstehende, Verheiratete, gerade Geschiedene, Gesellschaftslöwen und Schüchterne, Einzelgänger und Stimmungskanonen, junge Leute und betagtere, Studenten und beruflich Arrivierte. In welchen Richtungen – nach links, nach rechts, direkt oder schräg gegenüber – werden sich gute Gespräche ergeben? Könnte man nicht sogar hier oder dort einen Kontakt anbahnen helfen? Wo wiederum muss man Obacht geben, nicht versehentlich zwei alte Intimfeinde zu kombinieren? Wie hält man den unverbesserlichen Schürzenjäger von der jungen Gattin des viel beschäftigten und deshalb durch Abwesenheit glänzenden Chirurgen fern? Welchem charmanten Herren soll man die allein stehende Freundin an die Seite geben, die einer Liaison nicht abgeneigt wäre?

Gefahren lauern Man kann es sich auch einfach machen, indem man paarweise einlädt und setzt. Das beruhigt zwar diejenigen, die sich ohne ihren Partner im Griff unwohl fühlen, ist allerdings nicht unbedingt die originellste Methode. Und riskant ist sie auch. Wenn nämlich der Fall eintritt, dass man sich als männlicher Gast mit der Gemahlin des Nachbarn aufs angenehmste unterhält und darüber die eigene Begleitung sträflich vernachlässigt, die ihrerseits verdrießlicherweise keinen Kontakt zu ihrem Nebenmann findet, weil dieser sich ausschließlich seiner eigenen Partnerin widmet. Das bekommt man dann auf dem Nachhauseweg kräftig um die Ohren gehauen.

Natürlich kann die Gastgeberin es auch darauf ankommen und jeden dort Platz nehmen lassen, wo er gerade steht oder neben wem er gern sitzen möchte. Dann aber geht meist das nervöse Herumsuchen los. Die guten Freundinnen und die alten Kumpel wollen zusammensitzen. Die Gockel stürzen sich auf die schönen Frauen. Die Stillen und weniger Auffälligen haben das Nachsehen. Verlegenheitspaarungen entstehen. Leute, die nun überhaupt nicht zusammenpassen, kleben auf einmal den ganzen Abend nebeneinander und kommen über ein paar ausgetauschte Floskeln nicht hinaus. Jeder wartet verzweifelt darauf, dass der offizielle Teil bald vorbei sein und der Part des allgemeinen Herumstehens und -gehens endlich beginnen möge.

Die große Herausforderung an den Genius der einladenden Dame des Hauses sind diese Varianten gewiss nicht. Eine gute Tischordnung hinzubekommen, verlangt weit mehr als nur organisatorisches Geschick. Einfühlungsvermögen und Menschenkenntnis sind gefordert. Eine kluge Gastgeberin ist Psychologin und Regisseurin in einem. Im Gegensatz zu allen anderen »Mitwirkenden« kann sie die »Aufführung« erst hinterher so richtig auskosten. Wenn alles geklappt hat. Wenn sich alle bestens unterhalten haben. Wenn am nächsten Tag das Telefon nicht stillsteht und die Gäste sich für einen wunderbaren Abend bedanken.

TREUE

»Und die Treue, sie ist doch kein leerer Wahn«, staunt der Tyrann in der »Bürgschaft«, als der Held in diesem Schiller'schen Epos – unter Einsatz des eigenen Lebens – sein Versprechen wahr gemacht und die ihm auferlegte Aufgabe gelöst hat, um den Freund vor der Hinrichtung zu retten. In allen Kulturen hat die Treue grundsätzlich einen hohen moralischen Stellenwert. Die einzelnen Spielarten sind jedoch starken Schwankungen des nationalen Selbstverständnisses und des Zeitgeistes unterworfen.

So wird die T. des Arbeitnehmers zu seiner Firma im heutigen Zeitalter der beruflichen Mobilität nicht mehr so hoch bewertet wie noch vor 20, 30 Jahren. An »runden Jubiläen« wird sie aber immer noch mit Geschenken oder anerkennenden Reden belohnt. Die T. zum Vaterland, in Deutschland einst in besonders hoher Blüte, wird heute kaum irgendwo auf dem Erdball geringer geschätzt als eben dort (➤ Patriotismus). Die eheliche T. ist, wie immer schon, ein äußerst vielschichtiges Phänomen. Die Lust am Seitensprung, längst kein Privileg der Männer mehr, ehrliche und falsche Treueschwüre, die jeweils herrschende öffentliche und nicht selten doppelte Moral, religiöse Sittenstrenge, aber auch Libertinage und die nach konservativen Perioden immer wieder gern gepflegte Zertrümmerung althergebrachter Tabus – dieses Gemisch bleibt der ideale Nährboden für Komödien, Tragödien, handfeste Skandale und (je nach dem Grad der Bekanntheit der Beteiligten) öffentliches Ereifern. Galt noch zu Zeiten der Studentenrevolte der ironische Slogan: »Wer zweimal mit derselben pennt, gehört schon zum Establishment«, steht die T. unter Ehe- und nicht verheirateten festen Partnern zu Beginn des dritten Jahrtausends nun wieder ziemlich hoch im Kurs. Beflügelt wird dieser Sinneswandel durch hemmende, einer Affäre im Wege stehende Faktoren wie die Furcht vor Aids und (falls man im öffentlichen Leben steht) dem stets wachsamen Auge der ➛ Klatschreporter.

Die T. unter Freunden unterliegt unvermindert einem hohen Anspruch und ist seit Jahrhunderten kaum einem kulturellen Wandel unterworfen. Männer zelebrieren sie mit mehr Pathos und fordern sie bedingungsloser ein als Frauen, was besonders in Western und Gangsterfilmen ein beliebtes Thema ist. Im realen Ganoven- und Gangstermilieu wird der Bruch dieser Art T. nicht selten hart bestraft, in besonders schwerwiegenden Fällen sogar mit dem Tod.

TRINKGELD

Das Wort hat zwei Ursprünge, beide mehrere hundert Jahre alt. Der erste leitet sich aus Geringschätzung ab: Da sie den Dienstboten in deren Freizeit nichts anderes zutrauten, als sich zu betrinken, schmissen ihnen die Herrschaften zur Belohnung für gute Dienste ein paar Münzen zu eben diesem Zweck auf den Boden. Überliefert ist aber auch die Bedeutung »Tränkgeld«, vorgesehen für den Pferdekutscher, damit er unterwegs den Durst der Tiere und bei der Gelegenheit auch seinen eigenen löschen konnte.

Die heutigen Regeln für das Geben von Trinkgeld sind fast eine Wissenschaft für sich. Wer dabei Fehler macht, kann sich mächtigen Ärger einhandeln. Außerdem ist es immer wieder ein beliebtes Diskussions-, Reiz- und Streitthema – besonders zwischen Mann und Frau. Frauen sind im Allgemeinen nicht nur knauseriger in Sachen T., sondern schauen ihren Partnern auch äußerst kritisch auf die Finger, wenn die zu großzügig austeilen. Die Generosität beim *tip* (englischer, auch hierzulande häufig benutzter Begriff für T.) nimmt in Zeiten wirtschaftlicher Rezession ohnehin rapide ab. Aber auch der entgegengesetzte Trend wird beobachtet: allzu großzügiges Aufrunden in Cafés und Bars, um Weltläufigkeit zu demonstrieren.

Anders als auf vielen Dienstleistungsfeldern, etwa in den USA oder in England, ist es bei uns keine Pflicht, ein T. zu geben. Unerlässliches Ritual ist es trotzdem, vor allem beim Taxifahren, in Hotels und in der Gastronomie. Dabei gelten einige solide Faustregeln, deren Anwendung, kombiniert mit einem Quäntchen Lebenserfahrung und Fingerspitzengefühl, für einen fehler- und konfliktfreien Auftritt sorgt. Allerdings sollte der ursprüngliche Sinn des T. nicht aus dem Auge verloren werden; wer Grund zur Unzufriedenheit mit dem eigentlich zu belohnenden Service hat, von dem kann man nicht verlangen, dass er mit üppigem T. um sich wirft.

Grundsätzlich erst nach erfolgter Leistung wird ein T. verabreicht. Bei dienstbaren Geistern, von denen man weiß, dass man sie in den kommenden Tagen oder gar Wochen öfter in Anspruch nehmen wird, lohnt es sich jedoch, ihnen vorher freundlich einen Geldschein zuzustecken.

Verlegenheit im Hotelzimmer Wie viel gibt man? Faustregel: Mit etwa zehn Prozent der Rechnungssumme liegt man immer richtig. Am praktischsten ist es, zu einer glatten Summe aufzurunden, also zum Beispiel von 10 auf 11 Euro. Doch nicht immer geht es so problemlos auf – dann dürfen es ruhig etwas weniger als zehn Prozent sein, vor allem wenn es sich um eine höhere Summe handelt. Beträgt eine Restaurantrechnung beispielsweise 187 Euro, tun es als T. auch 13 Euro. Beim Einchecken im Hotel hat jeder schon am eigenen Leib das verzweifelte Herumfummeln in den Taschen erlebt, wenn es darum geht, dem Hoteldiener oder dem Pagen für das Koffertragen aufs Zimmer ein T. zu geben. Will man nicht ganz so tölpelhaft dastehen, vergewissert man sich vorher, ob das passende Kleingeld vorhanden ist: etwa ein Euro pro schweres Gepäckstück.

In der Gastronomie ist es vor allem das Kellnerpersonal, bei dem man sich für den Service am Tisch und die weiten Wege, die es zurücklegen muss, mit T. erkenntlich zeigt. Deshalb darf man am Tresen einer Kneipe, Bar oder Imbissbude ruhig etwas sparsamer sein. Dem Wirt oder Inhaber gibt man grundsätzlich sowieso kein T., es sei denn, man rundet die Zeche mit einem charmanten Satz auf, etwa: »Für den nächsten Betriebsausflug.«

Geizhälse sparen sich beim Abreisen nach mehrtägigem Aufenthalt den kleinen Anerkennungsbeitrag für das Zimmermädchen auf dem Hotelzimmertisch (Richtschnur: fünf Euro für eine Woche). Und verhasst bei allem Personal auf der Welt ist jener Gast, der beispielsweise den Betrag von 9,90 Euro mit den Worten »Stimmt so!« auf 10 Euro aufrundet und sich dabei tatsächlich großzügig vorkommt.

Ganz Schlaue, die Bewirtungsrechnungen entweder bei ihrem Arbeitgeber einreichen oder selber von der Steuer absetzen können, gaben in Restaurants bis vor kurzem besonders großzügig T. und baten dafür augenzwinkernd den Kellner, die Endrechnung etwas höher auszustellen. Der tat das dann per Hand, indem er »Speisen und Getränke« auf die Quittung schrieb. Dies hat heute keinen Zweck mehr, da die Finanzämter nur noch maschinell erstellte Quittungen akzeptieren. Dem Fiskus kann man übrigens in Sachen T. eine gewisse Schizophrenie nicht absprechen: Einerseits betrachtet er das gegebene T. nicht als abzugsfähigen Freibetrag, andererseits müssen Angestellte in der Gastronomie für empfangenes T., dessen Höhe geschätzt wird, pauschal Einkommensteuer entrichten.

TRÜFFEL

Lange stritten sich die Experten, ob die Trüffel dem Pflanzen- oder Tierreich zuzurechnen sei: Eine Pflanze konnte es nach den Kriterien der Botaniker nicht sein, da in den unterirdisch wachsenden Pilzen keine Fotosynthese stattfindet und sie daher kein Chlorophyll aufweist. Ein Tier, hielten die Zoologen dem entgegen, sei sie aber auch nicht, weil sie unbeweglich an ihrem Platz verharrt und keinen Kreislauf hat. Insofern ist die Wissenschaft in dieser Frage nicht viel weiter als zu Zeiten von Plinius, der seine diesbezüglichen Forschungen mit der Erkenntnis abschloss: Die Trüffel ist eine Verirrung der Natur.

Die T. (Mehrzahl: Trüffeln) sieht aus wie eine pockennarbige Kartoffel und erreicht die Größe einer Walnuss, seltener die einer Orange. Trotz dieses unscheinbaren Aussehens gehört sie zu den begehrtesten (und teuersten) Produkten der Feinschmeckerei. Unter den »Diamanten der Gastronomie« unterscheidet man im Wesentlichen die italienische weiße Trüffel *(Tuber magnatum)*, die in Piemont wächst, in den Wäldern um das Städtchen Alba, und die französische schwarze *Tuber melanosporum*, die im Périgord, im Quercy und in der Provence vorkommt.

Preistreibend wirkt nicht nur, dass die Vorkommen in den letzten Jahrzehnten ständig zurückgingen. Von den 2000 Tonnen jährlich im Frankreich des ausgehenden 19. Jahrhunderts gibt es heute nur einen Bruchteil. Darüber hinaus widersetzen sich T. jeder landwirtschaftlichen Produktion, zumindest jeder systematischen. Denn sie gedeihen nur in Symbiose mit bestimmten Bäumen, vorzugsweise Eichen. Diese Partnerschaft nennt man Mykorrhiza, was wörtlich Pilzwurzel heißt. Genau dieses Zusammenspiel zwischen dem Pilz und den unzähligen, nahrungssuchenden Wurzelhärchen eines Baumes ist die Voraussetzung für das Entstehen einer T. Das versucht sich der Bauer zunutze zu machen, und so pflanzt er zunächst Eichen, (auch: Buchen, Pappeln, Nussbäume); dann »impft« er den Boden an den Wurzeln mit Trüffelsporen, bedeckt sie mit Erde und wartet zehn Jahre, ob sich die Mühe gelohnt hat. Eine Erfolgsgarantie, wie bei der Aussaat von Getreide, gibt es nicht.

Schwein und Hund suchen mit Auch bei der Trüffelsuche ist der Mensch auf Unterstützung angewiesen: nämlich die Hilfe von Schweinen oder Hunden. Die Borstenviecher lieben T. ebenso leidenschaftlich, wie Menschen das tun, verfügen aber über einen viel feineren Geruchssinn. Hunde hingegen müssen intensiv trainiert werden, bevor sie mit Tricks dazu gebracht werden, T. aufzufinden. Vorteil: Sie sind leichter als ein ausgewachsenes Hausschwein davon abzuhalten, das Fundstück selber zu verschlingen. Manche Experten wollen Trüffelvorkommen daran erkennen, dass auf dem Boden darüber kein Gras mehr wächst. Auch eine in der Sonne grünlich schillernde Fliege soll auf das Vorkommen einer T. hinweisen.

Alles Gründe genug, warum diese essbaren Diamanten derart »getrüffelte« Preise erzielen. Bleibt natürlich noch die Frage: schwarz oder weiß? Die weißen Tartuffi di Alba sind im Geschmack intensiver als ihre französischen Verwandten, besitzen ein kräftiges Knoblaucharoma und werden fast ausschließlich roh verzehrt, in feine Späne gehobelt. Die schwarze Périgord-Trüffel wird hingegen weitgehend gekocht. Die kulinarische Literatur kennt hunderte von Rezepten mit T. Der provençalische Bauer aber zieht eine ganz einfache Variante vor: Rührei mit Trüffeln!

Wer nicht sparen muss, kann sich übrigens gut und gern um eine Entscheidung zwischen schwarz oder weiß drücken: Die Natur hat es so eingerichtet, dass in den Monaten November und Dezember die Albatrüffeln ihre Reife erreichen, die französischen dann im Januar und Februar. Winterzeit ist Trüffelzeit!

Türsteher

Einem charakterlichen Eignungstest muss er sich nicht unterziehen. Auch misst niemand seinen Intelligenzquotienten. Er darf sogar über ein Quäntchen Sadismus verfügen, was dem beruflichen Fortkommen durchaus nicht schadet. Weshalb man so einen auf die Menschheit loslässt, fragen sich jene in ohnmächtiger Wut, die er schroff abweist. Zum Zorn gesellen sich oft genug finstere Rachefantasien und Mordgelüste.

Doch damit tut man ihm schon zu viel der Ehre an, dem Türsteher an der Pforte zur In-Disko oder zum angesagten Nightclub. Zwar berauscht er sich gern an seiner Macht, aber aus reiner Willkür handelt er nicht. Anders als seine alteingesessenen Kollegen auf St. Pauli, die am liebsten jeden des Weges kommenden Passanten am Kragen packen und ins Lokal zerren würden, ist er einem strengen Selektionsprinzip verpflichtet. Er darf, so hat es ihm sein Vorgesetzter eingebläut, nur solchen Gästen Zutritt gewähren, die »zu uns passen«.

Dass dies ein dehnbarer Begriff ist, objektiv häufig nicht nachzuvollziehen, macht die Sache für die Ausgesonderten so schwer erträglich. Hat man sich dafür zu Hause zwei Stunden aufgebrezelt, damit nun dieser ungehobelte Klotz mit seinem hochmütigen Gebaren die Hoffnung auf einen schönen Abend zunichte macht? Während er gleichzeitig die Tussi, die hinter einem in der Schlange stand und durch kreuzdummes Gerede auffiel, nonchalant durchwinkt? Oder der jung gebliebene Abteilungsleiter, der sich extra sein ausgeflipptestes T-Shirt übergestreift hat: Muss er sich gefallen lassen, dass ihm der Weg versperrt wird, während der 18-jährige Schnösel im total uncoolen Nadelstreifenanzug ungehindert durchmarschieren darf?

Manche verlegen sich auf Betteln und Flehen. Manche drohen damit, ihren (meistens nicht vorhandenen) Einfluss geltend zu machen. Manche wedeln diskret mit einem Geldschein. Manche schwindeln, was die Fantasie hergibt: »Mein Freund ist schon drin und hat sein Portemonnaie nicht dabei.« – »Der Chef ist mein Onkel und hat mich persönlich eingeladen.« – »Ich komme von der Zeitung und soll hier eine Reportage machen.«

Alles vergebens. Ein guter T., das muss man ihm lassen, ist weder durch Geld noch gute Worte zu bestechen. Fragt man ihn im privaten Gespräch nach seinen Bewertungskriterien, merkt man schnell, dass er meistens keine präzisen hat. »Prolls« sollen nicht hinein, aber auch keine »Spießer«. Die Gäste sollen »Manieren« haben, »nicht schon vorher besoffen«, aber auch »nicht zu bieder« sein. »Kohle« sollen sie in der Tasche haben, damit sie sich drinnen an der Bar »nicht nur an einem Drink festhalten«.

Aber fast alle T. auf der Welt verhalten sich ähnlich servil und beflissen, wenn ein Promi auf der Bildfläche erscheint und Einlass begehrt. Der kann volltrunken sein, zusammenhanglos lallen, ordinäres Zeug von sich geben und den jungen Mädchen in der Schlange an die Wäsche gehen – rein kommt er immer.

UNTREUE

Sexuelle Untreue wird in fast allen Kulturen als verwerflich bewertet – besonders wenn man verheiratet ist. In Deutschland sprechen in diesem Fall das Bürgerliche Gesetzbuch, die gesellschaftliche Empörung und der Scheidungsrichter von Ehebruch. Ein Wort, das wie das Fallbeil klingt, das der oder die Betrogene in solchen Fällen manchmal am liebsten zur Bestrafung angewendet wissen würde.

Die Untreue ist eines der ältesten moralischen Vergehen der Menschheitsgeschichte, und nicht minder Tradition hat ihre Ächtung. Wobei, aller emanzipatorischen Entwicklung zum Trotz, die untreue Frau in der Regel heftiger verdammt wird als der Mann, der sich etwa bei einem Seitensprung hat erwischen lassen. Diesen Begriff, der – nicht immer zutreffend – einen einmaligen Vorgang impliziert, umweht immer noch der Hauch des Kavaliersdelikts.

Statt Entrüstung Augenzwinkern Die manchmal geradezu hysterische Empörung, wenn ein Fall der U. ruchbar wird, gilt freilich nur, wenn sich das schändliche Tun in unmittelbarer gesellschaftlicher Nähe, in der eigenen Familie gar, ereignet. Sobald der Vorgang in einem fremden Milieu angesiedelt und man der Notwendigkeit enthoben ist, selber entrüstet Stellung zu beziehen, stellt sich die Sachlage ganz anders dar. Da darf man die fast immer nach demselben Grundmuster ablaufende Dramaturgie der praktizierten U., für die sich auch das derbe Wort Fremdgehen eingebürgert hat, dann ruhig mit einem gewissen Augenzwinkern werten. Schließlich wurde und wird das Thema U. in zahllosen Romanen, Theaterstücken und Filmen durchaus auch komödiantisch behandelt.

Ihre sprachliche Verfeinerung erfährt die U. durch die Vokabeln Affäre oder Verhältnis, Letzteres meistens ein Zustand von längerer Dauer. Wobei hier die Grenzen fließend sind, denn nicht jede Affäre oder jedes Verhältnis geht zu Lasten eines oder einer Dritten. Manchmal bezeichnen diese beiden Begriffe auch nur das Versteckspiel (aus welchen Gründen auch immer) vor Vorgesetzten, Kollegen, Freunden oder Verwandten. Dann wieder gibt es die berüchtigten Mesalliancen, über die sich so vortrefflich das Maul zerreißen lässt: wenn eine ledige Frau mit einem verheirateten, also untreuen Mann ein Verhältnis hat (➤ Geliebte) oder – umgekehrt – ein allein stehender Mann mit einer verheirateten Frau. Natürlich gibt es auch die Variante, dass zwei jeweils Verheiratete ein Verhältnis pflegen.

Man sieht: ein sehr vielschichtiges Phänomen. Dass Männer ihm häufiger verfallen als Frauen, gilt statistisch als gesichert. Dass sich die Frauen diesbezüglich aber keinen Zwang antun müssen, klang schon in dem frivolen Chanson des Operettenkomponisten Oscar Straus (1870–1954) durch, von Zarah Leander gesungen und berühmt gemacht: »Warum soll eine Frau kein Verhältnis haben?«

Vacheron Constantin

Seit 250 Jahren werden von dieser ältesten aller Schweizer Uhrenmanufakturen kostbarste Chronometer hergestellt. 1755 eröffnete Jean Marc Vacheron in Genf seine Werkstatt als *cabinotier*, wie die Uhrmacher in der Stadt Calvins genannt wurden. Das Geschäft, das schon sehr bald einen weit über die Schweiz hinausreichenden Ruf genoss, wurde von den nachfolgenden Generationen weitergeführt, bis sich diese 1819 mit einem gewissen François Constantin zusammentaten, der als unermüdlicher Botschafter der Schweizer Uhrenbranche die Welt bereiste und auf den das Motto des Hauses zurückgeht, das, frei übersetzt, in etwa lautet: »Mach es besser, wenn du kannst – und das geht immer.«

Anfang des 19. Jahrhunderts revolutionierte das Haus Vacheron Constantin das Uhrmacherhandwerk durch den Einsatz von Maschinen, die austauschbare Teile herstellen konnten. Mit dieser Mechanisierung wurde den Uhrwerken eine noch größere, damals einmalige Präzision verliehen. Doch der technische Fortschritt hat die Firma noch nie von dem Prinzip abrücken lassen, jede Uhr von Hand zu fertigen. Zurzeit sind das etwa 15 300 Stück pro Jahr. Für einige besonders komplizierte Modelle braucht ein Uhrmacher ganze 2000 Stunden Arbeit, davon verlassen aber auch nur zehn Stück pro Jahr das Haus. Seit 1996 gehört Vacheron Constantin zur Unternehmensgruppe Richemont.

VERLOBUNG

Die Verlobung versteht sich als das gegenseitige Versprechen zweier Menschen, miteinander die Ehe einzugehen. Sie bedarf keiner festen Regeln. Die Entscheidung zur Ehe allein reicht aus, dass man von einer V. sprechen kann. Sind beide Partner volljährig oder haben sie das Einverständnis der Eltern bzw. des Vormundes, ist die V. rechtskräftig. Juristisch gilt die V. als eine Art Vertrag, dessen Modalitäten im Bürgerlichen Gesetzbuch geregelt sind. So gelten Verlobte bereits als Familienangehörige, die zum Beispiel im Falle einer Anklage auch Zeugnisverweigerungsrecht haben.

Lange Zeit war die V. wichtiger als die Hochzeit und ein vor Zeugen vollzogener Akt von rechtsgültiger Verbindlichkeit; einem Kaufvertrag ähnlich, bei dem alle notwendigen finanziellen und rechtlichen Absprachen zwischen dem Vater der Braut und dem zukünftigen Bräutigam getroffen wurden. Per Handschlag wurde die V. besiegelt – daher die Redewendung »um die Hand anhalten«.

Verschiedene Verlobungsbräuche sind historisch überliefert, darunter das Handgeld des Bräutigams und die Übergabe eines Ehepfands, wie Handschuh, Schwert, Münze oder Ring.

Schwerter werden heute bekanntermaßen nicht mehr geschmiedet, Ringe dafür umso mehr. Die sind zwar kein Muss, aber allemal romantischer, finden viele Verliebte, und nicht selten lässt sich der zukünftige Ehemann diese Romantik ordentlich was kosten. Der Verlobungsring (der im Gegensatz zum Ehering links getragen wird) steht symbolisch für Ewigkeit und Bindung, und das sollte die Ehe schließlich sein: ein Bündnis fürs Leben. Ob Silber, Gold oder Platin, ist nicht so sehr eine Frage der Wertschätzung gegenüber der Zukünftigen, sondern in erster Linie eine Frage des Geldbeutels. Wie tief ein Mann für den Ring seiner Verlobten in die Tasche greifen soll, liegt in seinem freien Ermessen. Ein ungeschriebenes Gesetz besagt: Wer seiner Liebe gebührend Ausdruck verleihen will, lässt mindestens einen Monatslohn beim Juwelier liegen.

➛ Diamanten sind die Favoriten unter den Edelsteinen für einen Verlobungsring. Die von ➛ Tiffany vor über hundert Jahren kreierte Sechs-Krappen-Fassung ist nach wie vor außerordentlich beliebt. Sie hebt den Diamanten förmlich ans Licht und lässt ihn besonders erstrahlen. Mittlerweile wird dieser Verlobungsklassiker weltweit von vielen Juwelieren angeboten.

Mit oder ohne Kniefall? Doch wie wird der Antrag gestellt, wie der Ring übergeben? Hier gibt es jede Menge Rituale, letztendlich entscheidet der Geschmack des Antragstellers. Ob der Antrag an einem romantischen oder originellen Ort erfolgt, mit oder ohne Kniefall, ob der Ring in einem Schmuckkästchen oder auf dem Grund eines Champagnerglases liegt – dem Einfallsreichtum sind keine Grenzen gesetzt. Traditionell stellt der Mann die alles entscheidende Frage, aber inzwischen ergreifen immer mehr Frauen die Initiative. Oft kommt es auch gar nicht mehr zu einem Antrag im eigentlichen Sinn, da man sich längst darüber im Klaren ist, heiraten zu wollen. Als veraltet empfunden und kaum noch praktiziert wird die Sitte, den Vater der Braut um die Hand seiner Tochter zu bitten.

Wie lange der so genannte Brautstand – die Zeit zwischen Verlobung und Ehe – dauern soll, dafür gibt es keine verbindlichen Vorgaben. Um 1950 rieten konservativ gelagerte Ratgeberbücher noch, die Verlobungszeit so kurz wie möglich zu halten, um die beiden Verlobten mit der geschlechtlichen Zurückhaltung nicht unnötig zu quälen. Ein halbes Jahrhundert später muss man darüber schmunzeln, denn in der Regel blickt jeder Partner auf reichlich Erfahrung in diesen Dingen zurück. So ist denn die Verlobungszeit in den seltensten Fällen noch eine Zeit des gegenseitigen Herantastens als vielmehr eine Phase der Organisation und Planung. Laut Statistik heiraten die meisten Paare nach etwa zwei Jahren Verlobungszeit.

»Drum prüfe, wer sich ewig bindet«, heißt es bei Schiller – eine Empfehlung, von der auch Verlobte noch Gebrauch machen können. In Deutschland kann im Falle einer Entlobung zwar nicht auf Eingehen der Ehe geklagt werden. Tritt einer der Verlobten ohne triftigen Grund zurück, muss er dem anderen aber den durch die Entlobung entstandenen Schaden ersetzen. Dies können Unkosten im Hinblick auf die Hochzeit, die Kündigung des Jobs oder Vorkehrungen im Vermögensbereich sein. Auch gegenseitig gemachte Geschenke können die Verlobten voneinander zurückfordern. Lange umstritten war das so genannte Kranzgeld: eine Art Schadensersatz, wenn der gute Ruf der Braut durch die Entlobung gelitten hat und ihre Heiratschancen dadurch vermindert sind. 1998 wurde es endgültig abgeschafft.

Vermouth

Die internationale Schreibweise verleiht diesem Getränk mehr Klasse als die deutsche. Beim »Wermut« drängen sich erst einmal negative Assoziationen auf, wie der im Bahnhofsviertel oder in den Parkanlagen besoffen umhertorkelnde »Wermutbruder«.

Doch Schreibweise hin, Schreibweise her – auch der Vermouth kommt aus ordentlicher Familie. Er gehört in die Kategorie der so genannten aromatisierten Weine, die aus Weißwein und in Alkohol mazerierten Kräutern hergestellt werden. Diese Kräutermischung ist das Geheimnis des jeweiligen Herstellers. Das namensgebende Kraut ist jedoch immer dabei: *Artemisia absinthium*, Wermutkraut genannt, das bereits im Altertum als Heilpflanze Verwendung fand. Die bekanntesten V. sind die – meist süßen – italienischen Marken wie Cinzano oder Martini, die früher auch gern als ➛ Aperitif getrunken wurden. Aus Italien kommt mit Carpano übrigens auch die älteste Vermouthmarke. In Küche und Bar ist dagegen die französische, meist trocken-herbe Variante zu Hause, von der es eine Marke mit Recht zu Weltruhm gebracht hat: Noilly Prat. Die Firma wurde 1813 von Louis Noilly in Marseille gegründet und residiert heute in einem kleinen Städtchen namens Marseillan im Languedoc-Roussillon.

Jeder V. ist auf Eis erträglicher als im warmen Zustand. Je süßer er ist, desto klebriger schmeckt er bei Zimmertemperatur. Zum Mixen in zahllosen Varianten kann er sich als ein durchaus vertrauenswürdiger Kompagnon erweisen. Allerdings ist jedem Barkeeper zu misstrauen, der zur Herstellung eines Martini-Cocktails nach einer Flasche der Marke Martini greift. Denn dieser Cocktail-Klassiker (➛ Cocktail) wird, so paradox das klingen mag, ausschließlich aus ➛ Gin und einem mehr oder weniger großen Spritzer Noilly Prat gezaubert. Wie überhaupt der Noilly Prat am reizvollsten immer dann ist, wenn er nicht pur genossen wird.

VESPA

Sie summt, sie brummt, sie schwirrt mit ungebrochenem Temperament über Europas Straßen. Ein bisschen draufgängerisch ist sie, diese italienische »Wespe«, aber nie aggressiv, selbst wenn sie ganz beiläufig die Konkurrenz aussticht. Denn im Grunde ist sie freundlich, friedliebend und freiheitsdurstig. Und immerjung. Sie hat eben etwas, was die anderen nicht haben. Vielleicht verrenken sich deshalb die Autofahrer, wenn sie im Stadtverkehr nur mühsam vorankommen, die Hälse, wenn sie an ihnen vorbeizieht – links oder rechts, ganz wie sie gerade gelaunt ist.

Zur Welt gekommen ist die Vespa 1946 in der Toskana. Ihr Vater war der geniale Flugzeugingenieur Corradino D'Ascanio. (Später sollte er als der Erfinder des modernen Hubschraubers erneut Technikgeschichte schreiben.) Im Auftrag von Enrico Piaggio (die Familie ist mit den Agnellis verwandt), dessen 1884 gegründete Firma im Krieg Kampfflugzeuge und Schnellboote hergestellt hatte und nun auf Friedensproduktion umstieg, wollte er ein neuartiges Zweiradfahrzeug schaffen: einfach zu bedienen, der Fahrer vor Straßenschmutz geschützt, Platz für einen Mitfahrer bietend. D'Ascanio, der bis dato noch nie ein motorisiertes Zweirad gebaut hatte, ging unkonventionell an die Arbeit. Er entschied sich für das Prinzip Direktantrieb. Kettenantrieb war mangels genügend vorhandener Ketten sowieso kaum realisierbar. Keine Motorenteile, an denen man sich schmutzig machen konnte – das war eine weitere Devise. Der Motor war komplett verdeckt. Das Reifenwechseln sollte einfach sein.

Vom ersten Modell (3,5 PS, Zweitaktmotor mit 98 Kubikzentimetern, Dreigangschaltung) gab es ganze 15 Exemplare. Vom Nachfolgemodell wurden dann bis 1949 schon 35 000 gefertigt und verkauft. In den 50er Jahren überquerte die V. die Alpen. Ein gewisser Jakob Oswald Hoffmann hatte 1949 mit Piaggio einen Lizenzvertrag abgeschlossen und baute ab Frühjahr 1950 Vespas für den deutschen Markt. Doch sein Ehrgeiz, das Fahrzeug selber weiterzuentwickeln, wurde ihm zum Verhängnis. Als er eigenmächtig das in seinen Werkstätten verbesserte Modell Königin auf den Markt rollen ließ, kündigte Piaggio den Lizenzvertrag fristlos. Ende 1954 waren die Hoffmannwerke pleite. Die deutsche Produktion ging an Messerschmitt in Augsburg.

Bis zum Jahre 1965 waren weltweit über drei Millionen V. auf die Straßen gerollt. Danach flachte die steile Erfolgskurve etwas ab. Denn inzwischen war der große Konkurrent Automobil für die breiten Massen erschwinglicher geworden. Eindrucksvoll genug sind die Vertriebszahlen dennoch geblieben. Bis heute wurden auf der ganzen Welt insgesamt 16 Millionen V. abgesetzt. Die Jahresproduktion erreicht allein in den italienischen Werken rund 490 000 Zweiräder – ungefähr noch mal so viele werden in Lizenz hergestellt, etwa in Spanien, Indien oder Indonesien. 1994 wurde sogar ein Vertrag mit China geschlossen. Bereits das 140. Modell ist mittlerweile auf dem Markt: die GTS 250. Sie ist die erste V. mit Einspritzmotor, auf Wunsch sogar mit Antiblockiersystem erhältlich. Aber auch die zurückliegenden Modelle sind aus dem Straßenbild längst nicht verschwunden. Ein erstaunlich vielfältiger Einzelteilkatalog garantiert, dass die älteren Semester immer noch repariert werden können.

Bloß keine Amerikaner! Ende der 90er Jahre, als das Motoren- und Fahrzeughaus Piaggio, in dem die V. nur ein Geschäftsbereich von vielen ist, in wirtschaftliche Schwierigkeiten geriet, zückte der amerikanische Fonds Texas Pacific das Scheckbuch: Von einer Kaufsumme von umgerechnet 600 Millionen Euro war die Rede. Der drohende Ausverkauf schlug hohe politische Wellen bis ins römische Parlament. Ganz Italien war erregt. Doch dann ließ die Deutsche Bank über ihre Fonds-Tochter Morgan-Grenfell noch 50 Millionen Euro obendrauf legen und übernahm gleichzeitig einen Großteil der Piaggio-Schulden. Jetzt gehören ihr 80 Prozent der Firma. Diese europäische Lösung ist den Italienern wesentlich weniger unangenehm als eine amerikanische Übernahme, zumal die deutschen Herren sich ins Alltagsgeschäft kaum einmischen.

Die V. ist längst ein Mythos geworden, ein lieb gewonnenes Symbol italienischer Lebensart. Im Film »Ein Herz und eine Krone« von 1955 knattert Gregory Peck mit Audrey Hepburn auf einer V. durchs römische Verkehrsgewühl – eine unvergessene Szene, die auch ein halbes Jahrhundert später noch zur Nachahmung animiert. Der von der Hepburn so gekonnt gemeisterte legere Damensitz mit kess übereinander geschlagenen Beinen ist freilich heutzutage polizeilich verboten. Auch der Petticoat, in dem einst manche flotte Vespa-Beifahrerin eine glänzende Figur machte, verbietet sich aus diesem Grund. Es hat eben heute alles viel weniger spielerische Leichtigkeit als früher. In den meisten Ländern muss man nun auch einen Schutzhelm aufsetzen, dessen klobige Anmutung es mit der vom Wind zerzausten Haarpracht von damals natürlich nicht aufnehmen kann. Vom alten, existenzialistisch angehauchten Vespa-Lebensgefühl künden aber noch der lässig um den Hals geworfene und so lustig im Fahrtwind wehende Schal und die Lederjacke.

VIAGRA

Selten hat sich ein neuer Begriff so rasch im Sprachgebrauch festgesetzt wie der Name für die Potenzpille für den Mann aus dem amerikanischen Pharmaunternehmen Pfizer. Schon die Ankündigung der bevorstehenden Marktreife und -einführung im Jahre 1998 bewirkte eine Flut von Presseveröffentlichungen sowohl zum unternehmerischen wie physiologischen Aspekt. Das Thema wurde am Kneipentresen und am Arbeitsplatz diskutiert, machte auf Schulhöfen und in Soldatenunterkünften in Windeseile die Runde. Witzeerzähler, Fernsehkomiker und Kabarettisten griffen es begierig auf.

Viagra darf inzwischen als einer der gigantischsten Erfolge der Pharmageschichte gelten. Das Mittel wird in über 120 Ländern der Welt vertrieben und bescherte seiner Herstellerfirma bereits im dritten Jahr nach der Einführung einen Umsatz von 1,5 Milliarden Dollar. In Deutschland wie in vielen anderen Staaten gilt es als Medikament und kann von Ärzten bei »erektiler Dysfunktion« verschrieben werden. Abseits der offiziellen ärztlichen Wege wird von den verschiedensten Versendern ein schwungvoller, die nationalen Grenzen sprengender Handel vor allem über das Internet abgewickelt.

Für eine Reihe von Männern (mit Bluthochdruck, Herzinfarktrisiko, Leberschaden) birgt V., das die Durchblutung des Geschlechtsorgans unmittelbar verstärkt und beschleunigt, angeblich Gefahren. Tests sollen ergeben haben, dass auch bei bestimmten negativen psychischen Voraussetzungen von der Anwendung abzuraten sei. Von vereinzelter Beeinträchtigung des Sehvermögens (»Augeninfarkt«) ist ebenfalls berichtet worden. Die große Masse der Anwender scheint jedoch keine Probleme zu bekommen.

Millionen Kunden, kaum Bekenner Erstaunlicher- bzw. bezeichnenderweise gibt es trotz der gigantischen Absatzzahlen kaum jemanden, der sich zu V. bekennt. Auf ein Potenzmittel angewiesen zu sein ist den meisten Männern schlichtweg peinlich. So ähneln die offenbar stark übertreibenden Erfolgsmeldungen wie die Schauergeschichten, die über V. in Umlauf sind, modernen Wandersagen mit ihrem klassischen, fast immer gleichen Anfang: »Dem Freund eines Bekannten von mir ist Folgendes passiert …« Auch in den Medien, sonst nicht zimperlich im Ausbreiten intimster Details, stößt man kaum auf authentische Erfahrungsberichte. Dafür blüht die Sekundärberichterstattung: Geschichten über besonders dreiste Antragsteller bei Krankenkassen und Sozialämtern.

Immerhin haben sich in den USA ein paar prominente alte Herren furchtlos und öffentlich als dankbare Anwender von V. geoutet: Senator Bob Dole (Jahrgang 1923) etwa oder »Playboy«-Gründer Hugh Hefner (Jahrgang 1926). Für eine internationale Werbekampagne nutzte der Viagra-Hersteller Pfizer die Beliebtheit des in die Breite gegangenen, kränkelnden brasilianischen Ex-Fußballstars Pelé (Jahrgang 1940). Nebulös und beziehungsreich schwadronierte er in den Werbespots über die Besonderheiten der »Manneskraft«.

Unterdessen hat V. Konkurrenz bekommen. Mehrere Großkonzerne lancierten ebenfalls Potenzmittel (Cialis, Levitra) auf dem scheinbar höchst ergiebigen Weltmarkt. »Mehr als 140 Millionen Männer leiden weltweit an Erektionsstörungen«, hat man bei Pfizer herausgefunden. Die wirkliche Zahl liege aber vermutlich wesentlich höher, da nur jeder Zehnte, den das Leiden plagt, zum Arzt gehe und damit erfasst werde. Das Unternehmen – nach wie vor unangefochtener Marktführer – freut sich an der Rechnung, dass auf dem Erdball angeblich in jeder Sekunde vier Viagra-Pillen geschluckt werden.

Im Jahre 2006, so schätzt man in der Pharmabranche, werden sich die weltweiten Umsätze mit Potenzmitteln auf fast sechs Milliarden Dollar erhöht haben.

VORNAMEN

Dass der Vorname Benedikt demnächst eine Art Auferstehung erleben wird, zumindest in der katholischen Bevölkerung, darf man wohl für ziemlich wahrscheinlich halten. Der neue Papst nennt sich so – ein ausgewiesener Sympathieträger, Deutscher obendrein. Und: Der Name zeichnet sich erstens durch Wohlklang, zweitens durch gleich mehrere außerordentlich positive

Wortbedeutungen aus. Lateinisch *benedictus* heißt übersetzt »gebenedeit«, also »gesegnet«; *bene dicere* kann heißen: über den redet man gut, er hat einen guten Leumund, aber auch: einer, der sich gut ausdrücken kann.

Warten wir also ab, ob Benedikt möglicherweise den Sprung in die Top Ten der männlichen deutschen V. schafft. Für das Jahr 2004 sah diese Hitliste, von eins bis zehn, so aus: Maximilian, Alexander, Paul, Leon, Lukas (Lucas), Luca, Felix, Jonas, Tim, David. Bei den Mädchennamen ergab sich folgende Beliebtheitstabelle: Marie, Sophie, Maria, Anna (Anne), Leonie, Lea(h), Laura, Lena, Katharina, Johanna.

Es ist die Frage mit Ewigkeitswert für fast alle werdenden Eltern auf dieser Welt: Wie soll er oder sie heißen? (Die Einschränkung »fast« deshalb, weil es in entlegenen Winkeln der Erde wohl noch Kulturen gibt, wo die Kinder der Einfachheit halber durchnummeriert werden. Auch im alten Rom bedienten viele Familien sich dieser nicht unpraktischen, wenn auch fantasielosen Methode.) Sich einen oder mehrere V. für den zu erwartenden Nachwuchs auszudenken, zu diskutieren, Vor- und Nachteile abzuwägen, eventuelle Patenschaften gleich mit ins Kalkül zu ziehen, sich dabei ordentlich in die Haare zu kriegen, weil der eine Partner unbedingt den Namen der Oma, der andere den seines Idols einbringen will – dieses immer wieder aufregende Ritual gehört zur Familiengründung wie das (meistens vorher erfolgte) »Ja« auf dem Standesamt.

Vorbilder, geheime Wünsche Ein hohes Maß an Irrationalität schwingt da jedes Mal mit, ein weites Feld für den Psychologen: Vorbilder werden zugewiesen, geheime Wünsche eingebracht. Manche wollen, dass ihr Kind aus der Masse herausragen möge, manche bevorzugen das Gegenteil, gehen lieber mit dem Zeitgeist. Dass Eltern einer Tochter mit dem Namen Elvira ein anderes Selbstverständnis mitgeben, als wenn sie sie Kunigunde genannt hätten, liegt auf der Hand. Ebenso macht es zweifellos einen Unterschied aus, ob der Sohn später als Bertrand, Adolf, Donald oder Theoderich-Kasimir auf dem Schulhof aufläuft.

Das deutsche Namensrecht ist großzügig. Es gestattet, sich nicht nur unter gebräuchlichen und weniger gebräuchlichen Vorlagen zu bedienen, sondern auch selber einen Namen zu erfinden. Nicht unbedingt Pusteblume oder Seerose, aber vielleicht Lavendel (ohne Gewähr!). Der Name darf nicht beleidigend sein oder lächerlich machen. Außerdem, so steht es geschrieben, muss das Geschlecht erkennbar sein. Nicht zulässig sind in Deutschland biblische Vornamen mit »negativer Prägung«: Kain oder Judas zum Beispiel. Auch Christus oder Jesus darf man seinen Sohn nicht nennen. Ebenfalls nicht erlaubt sind als V. benutzte Nachnamen.

Vuitton, Louis

Der 16-jährige Louis Vuitton kam 1837 nach Paris und fand hier eine Lehrstelle bei einem Koffermacher. Mit 30 fertigte er bereits für die Reichen und Schönen, die später einmal die wichtigste Klientel seines Hauses werden sollten. Seine erste Kundin aus höheren Kreisen war Eugénie, die Gemahlin Kaiser Napoleons III. Koffer glichen in jenen Tagen zwar stabilen, aber eher sperrigen, schweren Kisten und waren wohl auf dem Dach einer Pferdekutsche unterzubringen, schwieriger jedoch auf einem Schiff oder in der Eisenbahn. Deswegen richtete Louis Vuitton sein handwerkliches Können auf die Fertigung flacherer Exemplare, die er mit grauem Leinen bespannte.

Mit solchen Modellen eröffnete er 1854 seine eigene Werkstatt. Bald belieferte er neben dem französischen auch den englischen und ägyptischen Hof. Neben solider Handarbeit war es vor allem der edle Leinenbezug, der rasch zum typischen, begehrten Markenbild von Louis Vuitton gehörte. 1872 wurden die breiten Streifen in Rot und Beige eingeführt. 1888 kam das berühmte Schachbrettmuster, noch einmal acht Jahre später das noch heute verwendete LV-Monogramm. Inzwischen belieferte der Pariser Koffermacher den Herzog und die Herzogin von Windsor und – in deren Gefolge – fast die gesamte Aristokratie der damaligen Welt. Legendär wurden seine Übersee-Schrankkoffer, bis ins kleinste Detail durchgeplant, geeignet als Schreibtisch wie als Schminktisch und mit unzähligen Fächern und Schubladen für Wäsche oder Schmuck ausgestattet. Auf den Luxuslinern, die über den großen Teich fuhren, waren sie *das* Statussymbol schlechthin.

1914 eröffnete auf den Pariser Champs-Élysées das Louis-Vuitton-Building, damals das größte Geschäft für Reiseartikel der Welt. Heute unterhält das Unternehmen, seit 1987 Teil der Gruppe ➛ LVMH, Boutiquen auf allen Kontinenten und in den ➛ Prachtstraßen aller größeren Städte. Dies gehört übrigens zur Philosophie von Louis Vuitton: Der Weg von der Werkstatt zum Verbraucher geht ausschließlich über eigene Geschäfte.

WASSER

Manch einer erinnert sich vielleicht noch an den Schlager: »Wasser ist zum Waschen da ...« So undifferenziert-flegelhaft tritt man heute der Verbindung H_2O nicht mehr entgegen. In den vergangenen Jahrzehnten hat ein tiefgreifender Wandel in der Einstellung zum Wasser stattgefunden. Auch die Menschen der nördlichen Regionen, wo W. reichlich vorhanden zu sein scheint, beginnen zu begreifen, dass es ein knappes Gut ist, das nur dann für kommende Generationen in ausreichendem Maße zur Verfügung steht, wenn man verantwortlicher als bislang damit umgeht.

Zur gesteigerten Sensibilität, die Umwelt betreffend, kommt das gewachsene Gesundheitsbewusstsein: Dass man mindestens zwei Liter Flüssigkeit pro Tag zu sich nehmen soll, hat sich herumgesprochen. Und auch als Getränk hat W. bei uns erheblich an Bedeutung gewonnen. Auf französischen oder italienischen Tafeln stand immer schon ganz selbstverständlich ein Krug oder eine Flasche W. neben dem Wein auf dem Esstisch.

Wir Deutsche kannten diesbezüglich jahrelang kaum mehr als »klaren Sprudel«. Auch das möglichst zimmertemperierte Fläschchen Heilwasser aus einem der deutschen Kurbäder, freundlich platziert auf dem Hotelzimmertisch, war uns lieb und teuer. Doch schon die »stillen« Wässer bedurften der Gewöhnung. Fast ausschließlich wurden sie zunächst in der gehobenen Gastronomie angeboten.

Von Quellen und Brunnen Heute muss man mindestens zwischen Quellwasser, natürlichem Mineralwasser, Tafelwasser und Heilwasser unterscheiden können. So stammt Quellwasser aus unterirdischen Wasservorkommen und aus einer natürlichen oder künstlich erschlossenen Quelle. Natürliches Mineralwasser ist unterirdischen Ursprungs, sollte also von Natur aus vor Verunreinigungen geschützt sein. Leider ist das nicht immer garantiert, denn in vielen unserer hoch entwickelten Länder führt die übermäßige Düngung in der Landwirtschaft zu einer starken Beeinträchtigung des Grundwassers. Behandlung und Klassifizierung sind gesetzlich bis ins Kleinste geregelt. So gibt es nicht nur »natürliches Mineralwasser«, sondern auch »natürliches kohlensäurehaltiges Mineralwasser«, »natürliches Mineralwasser mit eigener Quellkohlensäure versetzt«, »natürliches Mineralwasser mit Kohlensäure versetzt« und anderes mehr. Tafelwasser, eine Unterform des Mineralwassers, enthält hauptsächlich Trinkwasser aus dem örtlichen Trinkwassernetz und darf mit Kochsalz und anderen Mineralsalzen angereichert werden. Heilwasser schließlich ist wie natürliches Mineralwasser bereits von seinem Ursprung her rein, entstammt unterirdischen Brunnen und weist einen natürlichen Gehalt an Mineralstoffen und Spurenelementen auf. Es unterliegt strengen gesetzlichen Kontrollen und benötigt einen Nachweis seiner Heilwirkungen.

Mineral- und Heilwässer erfordern in Deutschland als einzige Lebensmittel eine amtliche Zulassung. Als eine deutsche Firma vor einigen Jahren versuchte, schottisches Quellwasser als Beigabe zum Whisky zu importieren, mussten fast sämtliche Landes- und Bundesbehörden konsultiert werden und ihre Zustimmung geben. Ein Wunder, dass nicht auch noch das Verteidigungsministerium eine Expertise erstellte!

Inzwischen ist der Wassermarkt weitgehend europäisiert und orientiert sich der Verbraucher bei seiner Kaufentscheidung mehr und mehr an Wassermarken. Daran herrscht wahrlich kein Mangel. In der Getränkeindustrie ist W. ein wesentlicher Produktionsfaktor. Die großen Traditionsbrauereien verfügen über eigene Quellen und Brunnen, aus deren W. ihr ➛ Bier hergestellt wird. Auch jede schottische Whiskydestillerie betont die spezielle Qualität ihres jeweiligen W. So stammt beispielsweise das W. des ➛ Malt Whiskys Glenmorangie aus der hauseigenen Tarlogie-Quelle, deren W. hundert Jahre alt ist. Das Alter bezeichnet hier den durchschnittlichen Zeitraum zwischen den Niederschlägen und dem Wiederaustritt des W. aus der Quelle.

WEINE AUS DER NEUEN WELT

Nach der Entdeckung Amerikas durch Kolumbus galt dieser Kontinent für die Europäer lange – bis weit ins 20. Jahrhundert hinein – als die »Neue Welt«. Spricht man aber von den »Weinen der Neuen Welt«, dann ist ein viel größeres Gebiet gemeint, nämlich die USA, Argentinien, Chile, Südafrika, Australien und Neuseeland. Zum Erstaunen vieler Kenner hierzulande entstanden in diesen Ländern Weine vorzüglicher Qualität, durchaus geeignet, die alten gewohnten Hierarchien durcheinander zu bringen.

Dennoch, ohne die ungeheure Leistung mancher Weingüter aus diesen Regionen schmälern zu wollen, gibt es gewisse Unterschiede zu den europäischen Weinen: Nachdem die Römer den Weinbau in die entferntesten Gebiete Europas gebracht hatten, ergab sich im Laufe der Jahrhunderte eine natürliche Auslese der Rebsorten, die in den verschiedenen Landschaften und auf den unterschiedlichen Böden gediehen. So erwies sich das Rheintal für Riesling, das Burgund für Chardonnay oder Pinot Noir, das Loire-Tal für Cabernet Franc und der Süden Frankreichs für Syrah als besonders geeignet. Nicht umsonst besitzt der Begriff *terroir*, also das Zusammenspiel von Bodenbeschaffenheit und Mikroklima, im europäischen Weinbau einen hohen Stellenwert.

Die Winzer der Neuen Welt wählten die gleichen Rebsorten und hatten selbstverständlich den Ehrgeiz, daraus ebenfalls Weine hoher Qualität zu machen. Da sich dies aber unter den teilweise höchst unterschiedlichen Bedingungen nicht immer verwirklichen ließ, gewann die Kellertechnik eine immer größere Bedeutung. Ein sprachlicher Unterschied bringt das zum Ausdruck: In Europa wird Wein »angebaut« (englisch: *to grow*), in Amerika oder Australien »gemacht« *(to make)*. So entstand der Beruf des *winemakers*, der das, was die Natur den Reben nicht gab, teilweise durch Hightech-Maschinen, chemische Behandlung und das Wundermittel Eichenholz ersetzte. So genannte Bodybuilder-Weine mit gleichsam starken Muskeln, offensiver, fruchtbetonter Vollmundigkeit und süßlichem, eichenholzbetonten Schmelz entstanden. Sie erschlossen sich dem Verbraucher auf den ersten Schluck und definierten für viele das, was sie für einen guten Wein hielten. Allein: Die meisten blieben austauschbar, ohne Eigenständigkeit und Charakter; gefällige Designer-Weine, deren Produktionsverfahren dem von Joghurt und Fruchtsäften ähnelt.

Ganz so schwarz-weiß lässt sich die Landkarte der Weine heute nicht mehr skizzieren. Zwar bestimmen die eben beschriebenen Weine der Neuen Welt nach wie vor das untere und mittlere Preissegment. Doch etliche Weingüter dieser entlegenen Regionen haben inzwischen ein Niveau erreicht, das sie in der ersten Qualitätsliga mitspielen lässt. Andererseits muss der Gerechtigkeit halber erwähnt werden, dass es inzwischen in europäischen Ländern ebenfalls zahlreiche konzentrationsfixierte Winzer gibt, die marmeladige Weine nach internationalem Einheitsgeschmack zu produzieren suchen und Opulenz statt Eleganz in den Vordergrund stellen. Insofern geht der »Kampf der Kulturen« quer durch die alten und neuen Weinwelten.

WEINGLÄSER

Die Geschichte des Glases ist uralt. Die Kenntnisse von der Glasherstellung brachten die Venezianer um 1000 n. Chr. aus arabischen Ländern nach Europa. Da hierzulande die Schmelzöfen ein Energieproblem darstellten, entwickelte sich die traditionelle Glasindustrie zumeist in waldreichen Gegenden Europas, wo genügend Brennholz als günstiger Rohstoff zur Verfügung stand. Deshalb gelten noch heute Böhmen oder der Bayerische Wald als Zentrum der Glasindustrie; auch Lothringen, wo nach wie vor zwei Drittel der französischen Kristallhersteller sitzen (zum Beispiel Baccarat).

Glas – das ist ein weites Feld. Daher hier die Beschränkung

auf das Trinkglas. Schon immer haben reich verzierte, kunstvoll geschliffene und geformte Gläser als Schmuck der gedeckten Tafel gegolten – auch wenn sie gar nicht zum Einsatz kamen. Böhmische »Römer«, Gläser aus dem venezianischen Murano oder dem provençalischen Biot sind noch heute beliebte Geschenke.

Form beeinflusst Geschmack Das funktionale Trinkglas, das in erster Linie der Vervollkommnung des Genusses von Wein oder Spirituosen dient, ist jüngeren Datums. Wesentlichen Einfluss auf seine Entwicklung hatte Claus-Josef Riedel (geboren 1925), Spross einer aus dem Böhmischen stammenden, heute in Österreich ansässigen Glasmacherfamilie. Nach dem Zweiten Weltkrieg lenkte er die Geschicke des Familienunternehmens (Motto: »Des Weines bester Freund«). Er erkannte, dass Glasform, Glasgröße und der Durchmesser des Glasrandes entscheidend zur geschmacklichen Wahrnehmung eines Weines beitragen. Wer einmal einen guten Wein in drei verschiedenen W. verkostet, wird schnell merken, wie dessen Bouquet und Geschmack durch die Glasform beeinflusst werden.

Bestätigt wurden diese Entwicklungen durch Erkenntnisse der modernen Wissenschaft, nach denen die wesentlichen Wahrnehmungen beim Schmecken und Riechen durch den Geruchssinn erfolgen. Dass ein Wein »gut schmeckt«, ist ein Fazit, das das Gehirn aus einer Vielzahl verschiedener Sensoren des menschlichen Körpers zieht. Dabei kommt den olfaktorischen Rezeptoren, die im oberen Nasenbereich unterhalb der Augen beheimatet sind, eine überragende Bedeutung zu. Sie sind um vieles sensibler als Zunge und Gaumen und können hunderte von Aromen speichern, während über die Zunge nur süß, sauer, salzig und bitter registriert wird.

Die Form eines Glases kann diese Wahrnehmungsfähigkeit erschweren und verhindern oder aber erleichtern und verstärken. Unterschiedliche Formen begünstigen den Genuss von Weinen. Nicht für jede Rebsorte gibt es ein eigenes Glas; bestimmte Formen eignen sich eher für Chardonnay, andere für Rieslinge, einige betonen die Frucht eines Burgunders, andere die Tannine eines Bordeaux. Wahrscheinlich käme der Mensch mit einem Champagner-, einem Weiß- und einem Rotweinglas aus. Aber es ist eben auch die Vielfalt, die Freude macht und weitere Differenzierungen ermöglicht. Wer sich an der Feinheit (und dem Klang) eines Glases zu delektieren vermag, wird womöglich ein mundgeblasenes einem maschinengefertigten vorziehen. Alle renommierten Hersteller von Schott-Zwiesel bis Riedel, von Spiegelau bis Nachtmann bieten heute erstklassige Ware an, die es dem Connaisseur gestattet, das Grasige eines Sauvignon Blanc, die Pfirsich- oder Apfeltöne eines Rieslings, den Duft von roten Früchten eines Spätburgunders oder die Mandelblüten und Heublumen eines Chardonnay bewusst zu genießen.

WELTRAUMTOURISMUS

So richtig vorstellen kann man es sich nicht, noch nicht. Wird es – da oben, da draußen – eines Tages Hotels geben? Fliegen die durch die Gegend oder sind die irgendwo »angedockt?« Wird man überhaupt aussteigen können? Im Raumanzug den Boden eines anderen Gestirns betreten? Oder gilt auch im All die alte buddhistische Erdenweisheit: »Der Weg ist das Ziel«?

Wer sich zu dem Thema in den Tiefen des anderen geheimnisvollen Raumes umsieht, im World Wide Web, dem stockt schon mal der Atem. Da ist von den ersten »Olympischen Spielen im Orbit« im Jahre 2054 die Rede. Dank der Schwerelosigkeit, so liest man, werde in Disziplinen wie Weitsprung oder Kugelstoßen mit einer erheblichen Verbesserung der bestehenden Rekorde zu rechnen sein. Beim Fußball hingegen bestehe die Gefahr, dass die Bälle immerzu wegfliegen. Wissenschaftler und Propheten wetteifern um die realistischsten Prognosen, entwickeln Strategien und preisliche Konzepte.

Nach ausgiebigem Surfen und Andocken an abenteuerlich anmutenden Internetstationen tut man sich schwer, die Dinge des Lebens auf unserem Planeten noch wirklich ernst zu nehmen. Am liebsten – nichts wie weg hier! – möchte man gleich buchen, zum Beispiel: acht Tage im All, ein bescheidener Ausflug, der, als dieses Buch Redaktionsschluss hatte, mit 20 Millionen Dollar veranschlagt wurde. Ein Trainingsflug mit Überschallgeschwindigkeit war mit 20 595 Dollar angegeben. Wer weiß, vielleicht sind die Preise inzwischen schon gepurzelt. Ja, sogar Mondgrundstücke werden feilgeboten: 1000 Quadratmeter ab acht Euro.

Das alles klingt – im doppelten Sinne des Wortes – reichlich abgehoben. Bleiben wir daher auf dem Boden der Tatsachen.

Was man aus dieser wesentlich seriöseren Perspektive sieht, ist auch nicht langweilig. Möge niemand sagen, W. sei nur ein Hirngespinst von Utopisten, die in ihrer blühenden Fantasie nach den Sternen greifen!

Bei den Russen geht's ab Eines steht schon mal fest: Wer sich über die Anhebung der Mehrwertsteuer aufregt, wird sich eine noch so kurze Reise ins All vermutlich nicht leisten können. Astronomisch sind die Summen, die da durch den Raum schwirren. So bezahlten der Amerikaner Dennis Tito (2001), der Südafrikaner Mark Shuttleworth (2002) und der Amerikaner Gary Olsen (2005) je 20 Millionen Dollar dafür, von den Russen in einer Sojus-Kapsel zur Raumstation ISS und nach einigen Tagen wieder zurückgebracht zu werden. Eine »Mitfluggelegenheit«, wie man in Raumfahrtkreisen witzelte. Und eine hochwillkommene Geldspritze für die russische Staatskasse. Immerhin: Die drei Herren haben sich als die ersten privaten Raumfahrer der Menschheitsgeschichte ihren Ehrenplatz am Firmament verdient.

Im Juni 2004 kam es in den USA zu einer weiteren Sternstunde des privaten W., publikumswirksam inszeniert als spektakulärer Wettbewerb. Es ging um den von einem Konsortium ausgelobten und mit zehn Millionen Dollar dotierten »Ansari X-Prize«. Den sollte bekommen, wem es bis Ende 2004 mit privatwirtschaftlichen Mitteln gelänge, drei Personen binnen zwei Wochen zweimal auf 100 Kilometer Höhe und sicher wieder zurückzubefördern. Kosmisch betrachtet, ist eine solche Höhe zwar kaum mehr als ein Katzensprung. Aber sie gilt als Grenze zum Weltraum.

26 Teams aus sieben Ländern kämpften um den Preis. Er sollte als Anstoß verstanden werden, die Tür zur kommerziellen Nutzung des Alls einen Spalt zu öffnen. Das Rennen ge-

wann das kalifornische Raketenflugzeug Space Ship One (SS 1) des Luftfahrtpioniers Burt Rutan. Dessen Finanzpartner, der Milliardär und Microsoft-Mitbegründer Paul Allen, hatte 25 Millionen Dollar in das Projekt investiert. Zweimal innerhalb einer Woche stieg die SS 1 auf. Beim ersten Flug saß Rutan selber am Steuerknüppel, beim zweiten der Testpilot Brian Binnie, der sogar eine Höhe von 112 Kilometern meisterte. Jeweils nach 90 Minuten Flug setzte die Maschine sicher auf dem kalifornischen Wüstenflughafen Mojave auf. Seitdem wird fieberhaft an den Möglichkeiten einer kommerziellen Nutzung gearbeitet, sowohl im Unternehmen Rutans, wo man von einem künftigen Preis von 85 000 Dollar pro Sitz ausgeht, wie bei der Konkurrenz.

Auch der britische Milliardär Richard Branson will an Bord eines modifizierten Flugzeugtyps im Jahre 2007 die ersten Weltraumtouristen die Schwelle zum All übertreten lassen. Angeblich stehen bereits 7000 Interessenten auf der Warteliste. Entsprechend dem Portfolio der Branson'schen Virgin-Gruppe soll sein Unternehmen »Virgin Galactic« heißen.

Kanonenkugel-Ritt Unterdessen bereitet man auch beim europäischen Luft- und Raumfahrtkonzern EADS und seiner Münchner Raumfahrttochter Astrium die ersten Schritte in Richtung W. vor. Gearbeitet wird an einem Projekt namens »Migbus«: Es sieht vor, in einem umgebauten russischen Kampfjet zwölf Passagiere von München nach Mallorca zu fliegen – in einer maximalen Höhe von 25 Kilometern. Ein »Kanonenkugelflug«, heißt es bei EADS, bei dem mit einigen Minuten Schwerelosigkeit zu rechnen sei. Man werde die Schwärze des Weltraums sehen und die Krümmung der Erdkugel erkennen können. Ein Flug (Dauer: etwa eine halbe Stunde) soll rund 10 000 Dollar kosten.

Doch die Träume der Branche sind noch hochfliegender. Bei Astrium wird auch über ein Weltraumhotel nachgedacht, eine »Herberge im Orbit«, die 220 Gästen Platz bietet. 400 Kilometer über unserer Erde soll sie kreisen. Im äußeren Part der Raumstation, so das Konzept, könne man durch Rotation Schwerkraft simulieren, also annähernd irdische Verhältnisse schaffen. Im Zentrum hingegen würde auf einer Fläche von 30 Metern Durchmesser Schwerelosigkeit herrschen. Die 24 Quadratmeter großen Kabinen sollen den Standard von Kreuzfahrtschiffen bieten. Im Deutschen Zentrum für Luft- und Raumfahrt (DLR) in Köln sind schon mal Übernachtungspreise kalkuliert worden: Von 100 000 Dollar pro Person ist die Rede – ohne Flug.

Die große Frage ist allerdings: Wie dahin kommen? Den kühn in die Zukunft blickenden Astrium-Leuten ist der Name eines geeigneten Fluggeräts zwar schon eingefallen: »Hopper«. Um 2020 soll es erstmals unbemannt aufsteigen und fliegen, in einer atemberaubenden Geschwindigkeit von 28 000 Kilometern pro Stunde. Aber eine Wette einzugehen, dass es eines Tages wirklich Passagiere befördert, dürfte noch ein gewisses Restrisiko bergen.

Whisky, Whiskey

Er gehört neben Wodka, Rum, Cachaça und Sake zu den meistkonsumierten Spirituosen der Welt. Ob er sich mit »y« oder mit »ey« am Ende schreibt, hängt von seiner Herkunft ab: Stammt er aus Irland oder den Vereinigten Staaten, nennt er sich Whiskey; kommt er aus Schottland oder Kanada, heißt er Whisky. W. wird heute fast in der ganzen Welt produziert – von

Japan bis Brasilien. Am bedeutendsten sind allerdings die schottischen, irischen und amerikanischen Erzeugnisse.

Die ersten W. wurden wahrscheinlich in Irland gebrannt, der schottische W. hingegen schaffte es als Erster zu Weltruhm – dank der Weite des britischen Empires. Dabei war es nicht der ➛ Malt Whisky, also der Ur-Whisky, der diesen globalen Siegeszug antrat, sondern der viel später entstandene, so genannte Blended Scotch Whisky. »Blend« bedeutet Mischung oder Verschnitt, und die bekannten schottischen Whiskymarken wie Ballantines, Johnny Walker, Dimple oder wie sie alle heißen, sind ein Verschnitt aus Malt Whisky und Grain Whisky. Ersterer wird in einem aufwändigen Destillationsverfahren aus gemälzter Gerste gewonnen. Letzterer entsteht in einem weitaus industrielleren Verfahren aus Mais oder Weizen, ist geschmacksneutraler, milder und mit einem guten Kornbrand zu vergleichen. Doch ihre individuelle Note und Persönlichkeit erhalten auch die Blends – ebenso wie ihre irischen Verwandten – ausschließlich über das geschmackliche Rückgrat ihrer Malt-Bestandteile.

Die Amerikaner lernten schnell Es war ganz natürlich, dass die vielen irischen und schottischen Auswanderer ihre Erfahrungen in der Whiskyherstellung in die neue amerikanische Heimat mitnahmen. Dieser W. aus der Neuen Welt unterschied sich zunächst wahrscheinlich nur geringfügig von seinen europäischen Vorbildern jener Zeit, bis es 1783 erstmals gelang, einen W. aus Mais herzustellen. Dieses Getreide gab es dort in Hülle und Fülle, und oft wurden die Getreideüberschüsse in W. verwandelt. Eine entscheidende Rolle bei der Herstellung spielte die Qualität des verwendeten Wassers; in Kentucky, wo es das so genannte Limestone-Wasser gibt, liegt die Heimat des Bourbon, benannt nach dem gleichnamigen Bezirk dieses Bundesstaates. Doch der Name hat sich verselbstständigt und steht auch für das Herstellungsverfahren. Dieses besagt u. a., dass der Bourbon mehr als zwei Jahre in innen ausgekohlten Fässern aus Steineiche gereift sein muss. Werden diese Vorschriften eingehalten, dann kann Bourbon auch aus Ohio kommen oder aus Tennessee, dem Bundesstaat, der noch für eine andere Spezialität steht: den »Tennessee Sour Mash Whiskey« mit der bekanntesten Marke »Jack Daniels«. Eine Spezialität unter den amerikanischen W. ist auch der inzwischen rar gewordene »Rye Whiskey«, zu dessen Herstellung ausschließlich Roggen verwendet wird.

Für alle W., ganz gleich welchen geografischen Ursprungs, gilt, dass sich die ersten Produktionsabläufe von denen in einer Brauerei kaum unterscheiden: Getreide wird durch Zugabe von Wasser zum Keimen gebracht, sodass sich die Stärke in Zucker verwandelt. Das so entstandene Malz wird geschrotet, erneut mit Wasser versetzt und mit Hilfe von Hefen zum Gären gebracht. Die dabei gewonnene, leicht alkoholische Flüssigkeit – Getränk möchten wir es noch nicht nennen – wird konsequenterweise im Englischen auch als *beer* bezeichnet. Insofern ist W. destilliertes Bier. Aus diesem Grund steckt eine tiefe Wahrheit in dem englischen Motto »Grain to grain and grape to grape« – »Getreide zu Getreide und Traube zu Traube«.

Im Klartext: W. zum Bier und Brandy zum Wein.

Wine-Bar

Nach dem Boom der American Bar, ➛ Coffee-Bar und der großflächigen Designerlokale entstehen in immer mehr Städten kleine, meist modern eingerichtete Bars, die den Flaneur oder

Nachtschwärmer statt mit Cocktails, Bier oder Spirituosen mit einer großen Auswahl an offenen Weinen anziehen. Ihr eigentlicher Ursprungsort lässt sich schwer bestimmen; es muss – wie man so sagt – in der Luft gelegen haben, denn von Chicago bis Barcelona, Genf oder Mailand findet man die Wine-Bar seit einigen Jahren.

Das Grundprinzip ist meistens das gleiche: Die W. bietet ein Spitzenangebot an offenen Weinen, in der Regel überregionaler Herkunft, dazu Kleinigkeiten wie Wurst, Käse, Pasteten oder Ähnliches. Was das Speisenangebot betrifft, ähneln sie Tapas-Bars (➛ Tapas), von denen sie sich aber im Getränkeangebot erheblich unterscheiden. Weder Bier noch einfache offene Weine stehen zur Auswahl, sondern meist große Gewächse. Das Personal hinter der Bar ist zudem in Weinfragen ebenso passioniert wie kompetent und begierig, sein Wissen an den Gast weiterzugeben bzw. es mit ihm zu teilen. Und ob sie nun *wine bar* heißen, *bar à vin*, oder – auf Deutsch – Weinbar: Sie haben den Vinotheken, Weinkellern oder -stuben mit ihren Weingirlanden an der Wand den Rang abgelaufen.

Erwähnen können wir hier nur einige: in Paris das »L' Ecluse« an der Madeleine oder das »Bistrot du Sommelier«; in London Sir Simon Rattles Lieblingslokal »The Cork & Bottle Wine Bar« oder das edle »El Vino« in der City; die vielen aus einstigen Trattorien umgewandelten Bars für Weinliebhaber, die besonders in Rom und Mailand aus dem Boden schießen. Ein erfolgreicher internationaler Trend, wie sich immer mehr abzeichnet. In Deutschland waren die Vorreiter zwei Kölner Lokale: »Fischer's Weingenuss & Tafelfreuden« sowie das »Vintage«. In beiden kann der Gast große Weine glasweise probieren oder bislang unbekannte entdecken, ohne gleich eine ganze Flasche ordern zu müssen.

WITZIGMANN, ECKART

Zu Recht wird behauptet, dass man die deutsche Küchengeschichte in eine Zeit vor und nach Witzigmann einteilen muss. Der 1941 im österreichischen Bad Gastein geborene Eckart Witzigmann begann seine Ausbildung wie viele andere seines Faches – bis sein Talent einigen der seinerzeit größten Küchenchefs auffiel und diese ihn gezielt förderten: Paul ➤ Bocuse, Roger Vergé, die Brüder Troisgros und die Brüder Haeberlin waren nicht nur seine Lehrherren, sondern unterstützten seine Karriere großzügig und uneigennützig.

Nach insgesamt 13 Jahren im Ausland kam Witzigmann 1974 nach München, wo er Küchenchef des damals nicht nur architektonisch innovativen »Tantris« wurde. Dieses Restaurant kann man mit Fug und Recht als die Keimzelle des deutschen Küchenwunders bezeichnen. Vier Jahre später übergab er das Kommando am Herd seinem Mitarbeiter Heinz Winkler (heute hochdekorierter Chef der »Residenz Aschau«) und eröffnete, ebenfalls in München, sein eigenes Restaurant unter dem Namen »Aubergine«. Bereits wenige Jahre später erhielt es die begehrten drei Michelinsterne. Der französische Restaurantführer »GaultMillau« ernannte Witzigmann 1994 zum »Koch des Jahrhunderts«, eine Auszeichnung, die neben ihm nur an die Franzosen Paul Bocuse und Joel Robouchon sowie den Schweizer Fredi Girardet vergeben wurde.

Mit Ehrungen überhäuft Wie kein zweiter Koch in Deutschland ist Witzigmann mit Ehrungen bedacht worden: Der damalige französische Kulturminister Jack Lang ernannte ihn zum »Chevalier des Arts et Lettres«, 1999 wurde er in die »Hall of Fame des Grands Chefs« aufgenommen, und die American Academy of Hospitality Sciences verlieh ihm den »Five

Star Diamond Award«. Die »New York Times« beförderte ihn gar zum »Koch der Könige und Götter«; zumindest Könige und Staatsoberhäupter zählten zu seinen Gästen und Bewunderern: vom englischen über das schwedische, norwegische und belgische Königspaar, von Gorbatschow und Valérie Giscard d'Estaing bis zu George Bush sen.

Die »Aubergine« gibt es seit Mitte der 90er Jahre nicht mehr, und Eckart Witzigmann hat eine zweite Karriere als hochgeschätzter Berater und Buchautor begonnen. Sein größtes Verdienst allerdings, das alle seine inzwischen ebenfalls mit Sternen, Punkten und Kochhauben dekorierten Kollegen neidlos anerkennen, heißen sie Harald Wohlfahrt oder Dieter Müller, sind die Bataillone von begabten Köchen, die durch seine Schule gegangen sind und dafür sorgen, dass die Götter inzwischen auch in Deutschland vorzüglich speisen können.

Wohlfahrt, Harald

Wenn wir hier nicht alle großen, mit höchsten Ehren ausgezeichneten deutschen Köche einzeln erwähnen, dann ist dies keine Herabsetzung der Küchenleistungen von Dieter Müller, Heinz Winkler, Helmut Thieltges, Hans Haas und den anderen, die täglich dafür sorgen, dass Deutschlands Spitzenrestaurants sich heute mit den berühmtesten der Welt messen können. Harald Wohlfahrt verdient es dennoch, herausgestellt zu werden, weil er in seltener Kontinuität und ebenso seltener Übereinstimmung aller ➛ Restaurantführer Jahr für Jahr zum Primus erklärt wird. Er nimmt diese Ehrungen mit unaufgeregter Bescheidenheit und ohne jegliche Starallüren entgegen und widmet sich seiner Arbeit.

Die Stätte dieser Arbeit liegt im Schwarzwald, in Baiersbronn, dem Städtchen, dessen Besuch noch wegen zweier weiterer Sterneköche, Claus-Peter Lumpp und Jörg Sackmann, kulinarisch jederzeit lohnt. Wohlfahrts Restaurant »Schwarzwaldstube« gehört zur »Traube Tonbach«, die in zweihundert Jahren von einer Schänke für durstige Holzfäller und Köhler zu einem der schönsten und luxuriösesten Ferienhotels Deutschlands ausgebaut wurde. Seit Tobias Finkbeiners Gründung im Jahre 1789 leistete jede Generation der Familie ihren Beitrag. Heiner Finkbeiner, der das Haus heute mit seiner Frau Renate leitet, hat ebenfalls eine nicht nur solide, sondern erstklassige Küchenausbildung genossen, darunter zwei Jahre im Münchner »Tantris« bei Eckart ➤ Witzigmann. Danach war es sein erklärtes Ziel, die »Traube« von einem Kur- zu einem Genusshotel weiterzuentwickeln.

Dorthin kam 1976 der gerade 21-jährige Harald Wohlfahrt als Saucier. Er hatte seine Lehre absolviert und die erste Anstellung als Koch hinter sich: in der Umgebung von Baden-Baden, aus der er stammt. Er erschien just auf der Bildfläche, als das Restaurant »Schwarzwaldstube« in der Planung war. Finkbeiner erkannte das Talent seines neuen Mitarbeiters und schickte ihn zur Perfektionierung seines Könnens zu bedeutenden Küchenchefs wie Witzigmann und Alain Chapel. 1978 kam Wohlfahrt nach Baiersbronn zurück und wurde stellvertretender Küchenchef in der neuen »Schwarzwaldstube«. Nach erfolgreicher Küchenmeister-Prüfung übernahm er die Leitung des Restaurants. Seit 1992 hält er als einziger Koch Deutschlands die Höchstbewertungen in allen Restaurantführern in Folge.

WOHLTÄTIGKEIT

Milliardensummen werden jährlich umgesetzt, um den Armen, Kranken, Hilflosen, zu kurz Gekommenen, unschuldig in Not Geratenen auf diesem Erdball zu helfen. Dabei handelt es sich häufig nicht oder nur teilweise um Geld aus öffentlichen Etats. Ein gewaltiger Anteil der vielen weltweiten finanziellen Hilfsmaßnahmen setzt sich aus privaten Spenden zusammen.

Wohltätigkeit ist einer der stärksten soziokulturellen Werte unserer Zeit geworden. Derart heftig ist sie über die Menschheit hereingebrochen, dass ein »Zeitreisender« aus dem Altertum oder Mittelalter die Welt nicht wiedererkennen würde. Er müsste annehmen, dass – im Gegensatz zu seiner Epoche – im menschlichen Gefühlsspektrum heute Nächstenliebe, Verständnis und Mitgefühl an vorderster Stelle rangieren (dass dem zum Leidwesen der Menschheit nicht so ist, belegt ein Blick auf die Kriegsschauplätze und in die Verbrechensstatistiken).

Als globale Bewegung hätte die W. in früheren Epochen schon deshalb keine Chance gehabt, weil der Mensch vom Geschehen in den entfernten Winkeln der Welt zwangsläufig nichts mitbekam. Erst die Massenmedien, vor allem das Fernsehen, sorgten für die Wahrnehmung von Katastrophen und Epidemien, von Gefangenenelend und den Folgen von Terror und Gewaltherrschaft fernab der Heimat.

Charismatische Sammler Nicht immer erfolgt die Unterstützung einer Krisenregion derart spontan und massiv, wie es bei der Tsunami-Flutkatastrophe geschah, die am zweiten Weihnachtsfeiertag 2004 zahllose Urlauberparadiese in Südostasien vernichtete und über 300 000 Todesopfer forderte, darunter auch zahlreiche deutsche Urlauber. In den Anfängen der

Wohltätigkeitsbewegung (für die häufig auch das dem Lateinischen entlehnte »Benefiz« oder das englische Wort »Charity« verwendet wird), bedurfte es charismatischer Führungspersonen, um sowohl große Unternehmen wie normalverdienende Bürger zum Spenden zu bewegen. So lenkte Anfang der 70er Jahre der legendäre Chefredakteur des Magazins »Stern«, Henri Nannen (1913–1996), die Aufmerksamkeit und das Ersparte seiner Lesergemeinde in die Hungerregionen von Äthiopien. Etwa zur gleichen Zeit animierte der Ex-Beatle George Harrison (1943–2001) Kollegen der Rockszene wie Bob Dylan zu einem Benefizkonzert mit einem sich anschließenden Schallplattenprojekt zugunsten der Flüchtlinge von Bangladesch. Seitdem scheint es, als ob der Musikbranche, und hier vor allem britischen Zelebritäten, eine besondere Verantwortung zugefallen ist; die Kette von Wohltätigkeitskonzerten ist seit Harrisons legendärer Pioniertat nicht abgerissen. Bleibende Verdienste hat sich hier der ebenso engagierte wie organisationsbegabte irische Musiker Bob Geldof erworben. Erstmals 1985 (»Live Aid«) und exakt 20 Jahre später noch einmal (»Live Eight«) brachte er die Rockprominenz dieser Welt dazu, Großkonzerte ohne Gage zu absolvieren und auf diesem Weg jeweils Millionenbeträge zugunsten afrikanischer Krisenregionen einzuspielen.

Worin – tiefenpsychologisch betrachtet – die wahren Motive für die W. liegen, ist ein beliebtes Thema in Glossen oder im Kabarett. Schon Oscar Wilde (1854–1900) lästerte in seinem berühmten Essay »Der Sozialismus und die Seele des Menschen«: »Mitleid ... ist mit Egoismus durchsetzt. Es kann leicht krankhaft werden. Es liegt in ihm eine gewisse Angst um unsere eigene Sicherheit. Wir fürchten, wir selbst könnten so werden wie der Aussätzige oder der Blinde und es kümmerte sich dann niemand um uns.« Als der prominente Münchner Schneider Rudolf Moshammer (1940–2005) sich vor Jahren im Rolls-Royce auf den Weg machte, um unter den Isarbrücken kampierenden Obdachlosen Nahrung zu bringen, schlug ihm aus eigenen Kreisen Spott entgegen. Man bewertete sein Engagement als eitle Selbstdarstellung.

Ehrgeizige Charity-Ladies Gänzlich ohne Sarkasmus lässt sich tatsächlich nicht registrieren, wie steinreiche Damen der High Society sich im Organisieren und Veranstalten von Publicity-wirksamen »Charity-Events« gegenseitig zu übertrumpfen versuchen. Die ungekrönte Königin auf diesem Feld ist die Düsseldorfer Industriellengattin Ute-Henriette Ohoven, in Boulevardzeitungen und Illustrierten auch »Charity-Lady« genannt. Andererseits, und dies sei der Gerechtigkeit halber hinzugefügt: Dem hungernden Empfänger einer warmen Suppe in einem deutschen Asyl oder eines Maisfladens in einem afrikanischen Elendsgebiet gehen ironische Gedankenspiele dieser Art ab.

Natürlich gibt es Ungereimtheiten, die mit Logik schwer zu erklären sind: zum Beispiel wenn der »Big Spender«, der seinen üppigen Beitrag zur Welthungerhilfe ordentlich von der Steuer absetzt, den bein- und wohnungslosen Bettler an der heimischen Straßenecke als Parasiten empfindet, manchmal sogar als solchen beschimpft und nicht mal einen halben Euro in dessen Mütze wirft. Oder wenn Madame, die gerade erst ein hübsches Sümmchen für den Wiederaufbau der Slums von Bombay überwiesen hat, eine Bürgerinitiative organisiert, um die geplante Obdachlosenunterkunft am Rande ihres Villenviertels zu verhindern.

Die Welle der W. hat mittlerweile auch Auswirkungen auf einem ganz anderen Feld. Eingeladen zur großen Geburtstagsparty und auf die Frage, über welches Geschenk die Gastgeber sich freuen würden, wird einem neuerdings immer häufiger das Bankkonto einer wohltätigen Organisation oder einer sozialen Einrichtung genannt: Darauf möge man doch bitte schön eine Kleinigkeit überweisen. Selbstverständlich gegen Spendenquittung.

WWW.ASMALLWORLD.NET

Als die wohl exklusivste Online-Community der Welt zur Feier ihres einjährigen Jubiläums stilgerecht nach St. Tropez einlud, hat der internationale Jetset nicht lange gezögert. Neben Nicky und Paris Hilton, Ivana Trump und Sarah Marshall gaben sich in dem Szenefischerdörfchen im Juli 2005 auch viele »normalsterbliche« Jetsetter ein Stelldichein. (Wer hier in diesem Zusammenhang Anstoß an dem Wort »normalsterblich« nimmt, muss nicht automatisch falsch liegen; aber das lassen wir jetzt mal.) Was sie eint, ist ihre Mitgliedschaft im erlauchten Kreis der kleinen Welt von »asmallworld«.

Die hatte Erik Wachtmeister ein Jahr zuvor als virtuelles Netzwerk für »High Potentials« aus der Taufe gehoben. Die Idee dazu war ihm angeblich während einer Wildschweinjagd in Deutschland gekommen: Den »globalen Nomaden«, wie er sie liebevoll nennt, jenen also, die von einem Society-Treff zum nächsten eilen, wollte er ein virtuelles Zuhause geben, in dem sie sich austauschen und miteinander Kontakt halten können. Um, wie das Nachrichtenmagazin »Focus« verständnisvoll notierte, »das mitunter anstrengende Luxusleben ein wenig angenehmer zu gestalten«. Als Sohn eines schwedischen Botschafters in Washington und langjähriger Investmentbanker versteht

Wachtmeister dabei nur zu genau die Bedürfnisse seiner weltumspannenden Gemeinde: Klein, aber fein, so sein Credo, müsse sie sein. So zählt das Netzwerk auch nur knapp 80 000 Mitglieder, verglichen mit anderen, kommerziellen Gemeinschaften ein Klacks.

Um die Exklusivität dieses Rahmens zu wahren, bedarf es nicht nur des Vorschlags von mindestens zehn Mitgliedern, damit ein Aspirant in den Kreis der Auserwählten aufgenommen wird, dem etwa das Topmodel Naomi Campbell, Euan Blair, Sohn des britischen Premierministers, Alexander Fürst zu Schaumburg-Lippe, Modedesignerin Jette Joop und fast der komplette Adels-Clan der Sayn-Wittgensteins angehören. Auch innerhalb der Gemeinde ist sichergestellt, dass prominente Mitglieder wie Quentin Tarantino oder Tiger Woods nicht mit Fan-Anfragen bombardiert werden. Denn dafür ist diese Plattform nicht gedacht.

Nein, der Charme dieser kleinen Welt besteht darin, engen Kontakt zu persönlichen Freunden halten zu können: weltweit und kostenlos, via Mail, Chat oder Internet-Telefonie. Überdies lässt sich über das Forum auf das virtuelle Wissen aller Mitglieder zurückgreifen. Das können Hotel-, Club- und Restaurantempfehlungen sein. Da kann es aber auch um Führungspositionen in einem internationalen Konzern gehen oder um den garantiert öffentlichkeitswirksamen Charity-Job für Damen mit genügend Freizeit.

Auch das Teilen von Privatjets ist schon ein Thema gewesen, was wieder einmal die alte Volksweisheit bestätigt, wonach man bei den Reichen das Sparen lernen kann. Manches, was da im Forum zur Sprache kommt, geht richtig ans Herz: So die Geschichte des Engländers, dessen Hubschrauber defekt war und der jetzt schnell Ersatz brauchte, weil er doch mit seinem

Cockerspaniel zum Tierarzt fliegen wollte. Wie überhaupt die liebevolle Hinwendung zum Haustier ein ziemlich durchgängiges Charaktermerkmal der Mitglieder von »asmallworld« zu sein scheint. Zumindest lässt dies eine Anfrage »nach dem besten Hundefriseur der Stadt« vermuten. Ganz im Sinne von Erik Wachtmeisters Grundgedanken »Freunde helfen Freunden« gibt es zu jeder Frage eine hilfreiche Antwort.

ZEGNA

Gerade mal 20 Jahre alt, übernahm Ermenegildo Zegna den kleinen Textilladen seines Vaters im norditalienischen Dörfchen Trivero. 1910 eröffnete er mit drei Angestellten seine eigene Wollspinnerei und nannte sie »Lanificio«. Hiermit machte er deutlich, dass er nicht lediglich Wollstoffe herstellen, sondern sich gleichzeitig mit Markenware von den Wettbewerbern absetzen wollte; schließlich waren zu jener Zeit England und Schottland die führenden Herstellerländer. Doch Zegna war fest entschlossen, besser zu sein: Höchste Qualität der Rohstoffe, hochwertiges Design und handwerkliche Perfektion waren seine Maßstäbe. Das Konzept ging auf: 1938 exportierte er in 40 Länder.

Daneben lag ihm das Wohlergehen seiner Heimat am Herzen. Als nach den ersten Erfolgen das Geld hereinkam, baute er nach und nach ein Krankenhaus, Sportanlagen, eine Schule. Er ließ die kahlen Berghänge aufforsten und verband die umliegenden Dörfer mit einer Straße, die die Schönheit der Landschaft zur Geltung brachte: der Panoramica Zegna. Dieses Verantwortungsgefühl für die Natur hat sich über die nachfolgenden Generationen erhalten: Heute managt Laura Zegna das über 100 Quadratkilometer große Naturschutzgebiet Oasi Zegna.

Obwohl das in der Nähe von Mailand angesiedelte Unternehmen nach wie vor als reiner Familienbetrieb geführt wird, steht Z. heute im oberen Preissegment an der Spitze der weltweit produzierenden Herrenausstatter. Alle Eigentümer von Z. sind »geborene Teilhaber«, wie die »Zeit« es nannte. Die Geschäftsführung teilen sich Gildo und sein Cousin Paolo Zegna. Doch Vater, Mutter, eine Tante und acht Cousins und Cousinen der Enkelgeneration nehmen bestimmte Funktionen im Unternehmen ein – bis auf eine: Renata. Sie hat dafür den größten Rohstoffzulieferer des Unternehmens geheiratet.

ZIGARRE

Ob sie ihr Image verdient hat, sei dahingestellt. Jedenfalls gehört sie für Hollywood zu den unentbehrlichen Requisiten für Mafia- und Wirtschaftsbosse. Aber auch Politiker schmücken sich gern mit diesem Attribut der Macht – in Deutschland einst der Wirtschaftswunderkanzler Ludwig Erhard, in unserer Epoche der inzwischen abgetretene sozialdemokratische Regierungschef Gerhard Schröder. Einer der berühmtesten Zigarre rauchenden Staatsmänner war der britische Premier Winston Churchill, der sie nicht mal bei offiziellen Fototerminen aus dem Mund nahm und nach dem sogar ein Zigarrenformat benannt ist.

Wann und von wem die erste Z. geraucht wurde, ist nicht bekannt. Sicher ist, dass die spanischen Eroberer das Rauchen von Tabak aus Röhren und aus Pfeifen oder in Rollen bei der Entdeckung Amerikas als eine indianische Sitte vorfanden. Diese wurde 1587 durch den britischen Seefahrer Sir Walter Raleigh und seine Matrosen nach England eingeführt. Trotz anfänglicher Verbote und scharfer Strafbestimmungen verbreitete sich das Zigarrerauchen schnell in Europa. England blieb das Land, in dem die Zigarrenkultur mit Hingabe zelebriert wird: In den vornehmen Londoner Clubs und Hotels entstanden »Smoker's Rooms«. Sogar ein Kleidungsstück wurde kreiert, das man nach dem Dinner zum Genuss von Portwein, Cognac und Z. überzog: der Smoking.

Das Schlüsselwort ist Genuss – im Unterschied zur Zigarette. Man kann die Z. weder am Automaten ziehen, noch ist sie für das kurze Vergnügen zwischendurch geeignet. Sie verlangt, dass sich der Raucher Zeit für sie nimmt. Vom sauberen Schnitt über sachgemäßes Anzünden bis zum gleichmäßigen, nie hastigen Rauchen entwickelt sich dieser Genuss nur mit viel Ruhe und Muße.

Parallelen zum Wein Die Z. stammt aus unterschiedlichsten Gebieten dieser Welt (Kuba bis Sumatra), weist zahlreiche Formate auf (Panetela bis Gran Corona) und nahezu unendlich viele Tabakmischungen. Sie bestimmen wesentlich den Geschmack. Bei dieser Vielfalt kann die Welt der Z. für den Laien so verwirrend wie die Welt des Weines sein. Und tatsächlich, es gibt erstaunlich viele Parallelen in der Herstellung von Wein und Zigarre: von der Pflege der Pflanzen im Weinberg bzw. in der Tabakplantage, der Selektion der Beeren bzw. Blätter bei der Ernte, der Fermentation, der beide Produkte unterworfen werden, bis zur Assemblage bei Wein oder Champagner, der das Blending verschiedener sich harmonisch ergänzender Tabaksorten entspricht. Bei einer wirklich erstklassigen handgerollten Z. (nur sie vermittelt den höchsten Genuss) kommt noch die kunstvolle Abstimmung von Einlage, Umblatt und Deckblatt hinzu.

Eine weitere Gemeinsamkeit mit dem Wein besteht in der Art, in der sich der Genießer dem Objekt seiner Begierde nähert: Das Auge prüft die Farbe, den Glanz sowie die Gleichmäßigkeit und Maserung des Deckblatts. Sodann prüft der Tastsinn (der beim Wein nicht zum Zuge kommt) die Geschmeidigkeit und Konsistenz des Körpers, und schließlich (dies eine weitere Gemeinsamkeit) entdeckt die Nase die verschiedenen Aromen und bereitet den eigentlichen Genuss vor.

In diesem entscheidenden Stadium ist es dann nur noch eine zweitrangige, wenngleich immer wieder leidenschaftlich geführte Debatte, ob man bei einer großen Havanna oder Dominicana die Bauchbinde entfernt oder nicht. Dabei ließen sich bei dieser Frage aller Fragen die rauchenden Köpfe ganz einfach vermeiden – mit einer weiteren Anleihe bei der Weinkultur: Von einer guten Flasche löst man das Etikett jedenfalls nicht vorher ab.

Zuchtperlen

Der japanische Perlenkönig Kokichi Mikimoto wurde 1858 als ältester Sohn des Besitzers eines Nudelrestaurants in Toba (Region Shima) geboren. Mit 13 Jahren verließ er die Schule und unterstützte seine Familie finanziell durch Aushilfsarbeiten an einem Gemüsestand am Hafen seiner Heimatstadt. Dort konnte er am besten die Perlentaucher beobachten, wenn sie ihre kostbaren Schätze an Land brachten. Kostbar und für Normalsterbliche unbezahlbar deshalb, weil nur unter tausenden von Austern hin und wieder eine mit einer Perle gefunden wurde. So wuchs bei Mikimoto schon in jungen Jahren die Leidenschaft für Perlen. Und der Wunsch, sie durch Züchtung zu gewinnen, nahm bereits damals immer mehr Gestalt an.

1888 erhielt Mikimoto ein Darlehen und gründete gemeinsam mit seiner Frau und einem Partner eine Austernfarm. Weil Naturperlen so selten vorkamen, wurden zu jener Zeit die Austern massenweise aus dem Meer geholt. Schon drohten sie auszusterben. Andererseits hatten Meeresbiologen Mikimoto bestätigt, dass theoretisch die Züchtung von Perlen in Austern möglich sei, wenngleich es bis dato noch niemandem gelungen war.

Wie Perlen entstehen, war dagegen erforscht: Einen Fremdkörper, der ins Innere ihrer Schale gelangt und nicht abgestoßen werden kann, umschließt die Auster mit ausgeschiedenem Perlmutt. Im Laufe der Jahre wächst es zu einer Perle heran. Mikimoto experimentierte mit allen denkbaren Methoden, winzige Fremdkörper in das Innere der Auster zu verpflanzen. Körbeweise stellte er die derart präparierten Austern dann in das Meerwasser und wartete auf den Erfolg. Er wartete und wartete, musste Fehlschläge wegstecken und bewegte sich immer hart am Rande des Bankrotts. Doch dann der erregende Tag: Am 11. Juli 1893 hielt Mikimoto die erste Zuchtperle der Welt in der Hand. Drei Jahre später erhielt er sein erstes japanisches Patent. Noch einmal neun Jahre sollte es dauern, bis seine Perlen kugelrund waren und genauso aussahen wie Naturperlen.

»Tränen der Götter« In der Zeit vor Mikimoto waren Perlen teurer als Diamanten gewesen. Das Mysteriöse ihres Ursprungs hatte die Menschen bereits im Altertum fasziniert. Bibel, Koran und Talmud versuchen sich mit mythologischen Erklärungen – vom Einfluss des Mondes, über Tränen der Götter bis zu dem Tropfen Morgentau, der sich nach der chinesischen Mythologie in der Auster zu einer Perle verwandelt. In Indien, Ägypten, Griechenland und Rom wurden ihr geheime Heil- oder aphrodisische Kräfte zugesprochen.

Perlen waren der erste Exportartikel Japans, und noch immer ist das Land mit 70 bis 80 Prozent der Weltproduktion Hauptlieferant für Z. Sie müssen strengen Qualitätsanforderungen genügen. Die Hauptkriterien sind Form, Farbe und Größe. Die Akoya oder japanische Perle misst zwei bis zehn Millimeter Durchmesser. Die Südseeperle, die in wärmerem Wasser heranwächst, ist größer und weist seltenere Farben auf. Die goldfarbene ist teurer als pures Gold. Schließlich kommen von Tahiti oder Okinawa die so genannten schwarzen Perlen mit einem Durchmesser von 8,5 bis über 15 Millimeter. Sie brauchen allerdings auch sehr viel länger, um zu dieser Größe heranzuwachsen. Man sagt, dass für eine Kette mit schwarzen Perlen zwölf Erntejahre nötig sind, um genügend Perlen gleicher Größe, Farbe und Form zu erzielen.

Bei den Farben unterscheidet man rosa, weiß, silberweiß, milchig weiß, golden, blau und schwarz. Ebenso bedeutend ist der Glanz, der durch die Dicke der Perlmuttschichten bestimmt wird. Mikimoto setzte hier die Standards. Nach seinem ersten Perlengeschäft in der Tokioter Luxusstraße Ginza entstanden Filialen in Paris, London und New York. Im Alter von 96 Jahren starb der Vater der Z.

Danksagung

Wir sind stolz auf und dankbar für die Beiträge unserer Gastautoren. Mit Georg Fischer (»Cabriolet«) und Ulrich Kaiser (»Golf«) hatten wir das Privileg der Mitarbeit zweier ausgewiesener Journalisten vom Fach. Gudrun Thiel, Herausgeberin von Kundenzeitschriften, versorgte uns mit drei Artikeln aus dem Gebiet Kosmetik und Schönheitspflege: »Anti Aging«, »Lippenstift« und »Parfüm«. Bevor Katrin Gretzmeier, in der Presseabteilung eines großen Rundfunksenders tätig, ihren Nachnamen per Eheschließung in Hrubesch ändern ließ, schrieb sie für uns das Thema »Verlobung«; nahe liegend, dass wir ihr auch die Inspiration zum Stichwort »Ehenamen« verdanken. Wenn einer eine Reise tut, dann kann er viel erzählen – vor allem offenbar, wenn er dort auch eingekehrt ist: Der Romanautor und Journalist Mathias Nolte brachte seine Story über den »Club 55« aus St. Tropez mit; die Theaterleute Jan Linders und Stephan Barbarino drängte es, die Welt auf eine Bar der Extraklasse in Jerusalem aufmerksam zu machen (»Fink's«). Auch Wolfgang Hansen, Student der Kommunikationswissenschaft, reist gern: mit Vorliebe im Internet. Dort dockte er an einer besonders originellen Adresse an: »www.asmallworld.net«.

Mit schlafwandlerischer Sicherheit bewegt sich auch Lucie Schwarzkopf sowohl im virtuellen Raum wie auch in solchen Archiven, in denen es noch nach Papier riecht. Die Studentin der Philosophie und französischen Literatur war uns beim Recherchieren eine große Hilfe – merci bien!

Last, not least ein herzliches Dankeschön an die uns im Verlag betreuenden Lektorinnen Monika König und Cornelia Hanke, die nie drängeln und mäkeln, sondern Geduld haben und ermuntern. Es macht Freude, mit ihnen zu arbeiten. Und eine dankbare Verbeugung vor Annette Baldszuhn, der verantwortlichen Redakteurin, deren Sprach- und Stilempfinden perfekt mit den speziellen Erfordernissen des Genres Lexikon korrespondiert.

München, im Dezember 2005 A.O. und G.S.

Register

Fett gedruckte Stichwörter: Zu diesen Begriffen finden Sie auf den **fett gedruckten Seiten** ausführliche Informationen

A

B

S

T